哈布斯堡王朝

THE HABSBURGS

EMBODYING EMPIRE

13th－20th Century

翱翔欧洲700年的

双头鹰

[英] 卫克安 著

ANDREW WHEATCROFT

李丹莉 韩微 译

中信出版集团 · 北京

图书在版编目（CIP）数据

哈布斯堡王朝：翱翔欧洲700年的双头鹰 /（英）卫克安著；李丹莉，韩微译．-- 北京：中信出版社，2017.12（2025.4重印）

书名原文：The Habsburgs: Embodying Empire

ISBN 978-7-5086-7694-4

Ⅰ．①哈… Ⅱ．①卫… ②李… ③韩… Ⅲ．①欧洲—历史—研究 Ⅳ．① K500.7

中国版本图书馆 CIP 数据核字（2017）第 120366 号

哈布斯堡王朝：翱翔欧洲700年的双头鹰

著　　者：[英] 卫克安
译　　者：李丹莉　韩　微
出版发行：中信出版集团股份有限公司
（北京市朝阳区东三环北路27号嘉铭中心　邮编　100020）
承 印 者：三河市中晟雅豪印务有限公司

开　　本：880mm×1230mm　1/32　　印　　张：15
字　　数：349千字　　插　　页：8
版　　次：2017年12月第1版　　印　　次：2025年 4 月第12次印刷
京权图字：01-2017-4352
书　　号：ISBN 978-7-5086-7694-4
定　　价：66.00元

CONTENTS 目 录

引言 viii

致谢 xii

序言 xvii

1. 鹰堡（1020—1300） 001

2. 我们的事业（1300—1400） 047

3. 普世帝国（1400—1500） 085

4. 金色男人（1500—1550） 127

5. 决不妥协的血战（1550—1660） 171

6. 幸运的奥地利——幸福的国度（1660—1790） 227

7. 最后的侠士（1790—1916） 287

8. 奥地利的终结：真的结束了吗？（1916—1995） 357

家谱 368

注释 374

专有名词对照表 431

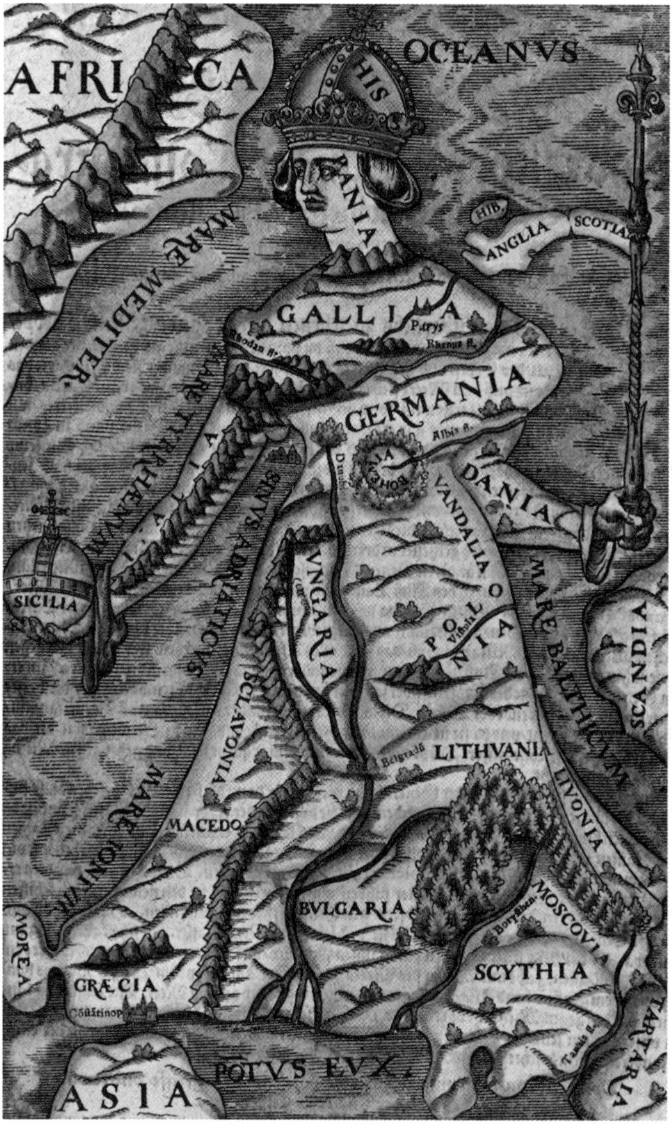

约翰尼斯·帕奇在1537年绘制的地图将欧洲呈现为一整个帝国，哈布斯堡的西班牙是其戴着冠冕的头部。

米赫尔贝格战役的胜利者查理五世，1547 年，由提香创作。画像中的盔甲被保存在马德里的宫中。

1741年6月25日，奥地利女大公玛丽娅·特蕾莎来到普雷斯堡（今布拉迪斯拉发），加冕为匈牙利女王。

在1764 年约瑟夫二世的加冕仪式上举行仪式的三位教会选侯。

1832 年，奥地利皇帝弗朗茨二世的画像，他头上戴着1602 年为鲁道夫二世制作的哈布斯堡帝国皇冠。

引言

Preface

在过去的几个世纪里，哈布斯堡家族几乎没有得到过多少好评，有时甚至被“妖魔化”了：一位作家在20世纪30年代时表示，哈布斯堡家族应该对“漫长的残暴史”负责。有人则将他们看作是渡渡鸟一般奇怪的活化石，不再适合现代社会。似乎从17世纪（甚至更早）开始，他们就已经跟不上时代的潮流了。哈布斯堡家族本身也促成了这种误解。他们（几乎无一例外地）寻求的并不是一个崭新的、拥有着火热能量的君主政治，而是古老权力的复兴。

处在恶魔和渡渡鸟这两种极端说法之间的是一系列的现代史学编纂。在这些史书中，当权的哈布斯堡家族无论在行为、思维还是影响上，似乎都同其他王室没有太大区别。大量的历史作品中推行的也是这一中心命题。这里所说的“大量”毫无夸张之意。哈布斯堡家族似乎总能引发一系列书籍的出版，从 19 世纪的利赫诺夫斯基（Lichnowsky）到雨果 · 韩奇（Hugo Hantsch）的千页作品，再到 C. A. 麦卡特尼（C. A. Macartney）的九百页作品（但他的作品覆盖的历史时期比较短）。当然，这些作品都不能同另一部作品——《西班牙哈布斯堡家族》（*Casa de Austria En Espana*）相媲美，后者本身又催生了大量的相关文献。

因此，我们现在对哈布斯堡家族统治过的土地比较了解，同时也熟知该家族中的一些成员，有统治者、艺术赞助人、战士等等。但是，相比之下，很少有人将哈布斯堡家族作为一个整体去研究，总是将这一“家族王朝”似“教会”般一笔带过。这种类比可能不太准确，但却是有道理的。尽管二者都有着许多其他权力行政机构的特点，但二者都是独一无二的。二者都作为整体而存在，尽管都自称是永恒不变的，但同时又在不断地变化以适应新的条件。这本书围绕的正是这种形而上的家族概念：着眼点是作为整体的哈布斯堡“王朝”，而非其家族走出的某位君主或家族中发生的某个事件。

哈布斯堡家族建立其“王朝”的手段并不稀奇。但是，他们对于艺术、印刷制品、建筑及公共陈列的熟练运用却是罕有的。我们有很多个人形象推广宣传的例子，从路易十四到拿破仑，甚至是 20 世纪的希特勒和斯大林。但是，哈布斯堡家族的实践手段却不尽相同。为更清晰地阐述这一点，我们可以将路易十四与利奥波德一世、拿破仑 · 波拿巴与弗朗茨一世进行对比。路易十四的宣传着重体现君主个人，而利奥波德则是以各种可见的形式或象征的符号同他的先人们共享这份殊荣。拿破仑展示给我们的是孤独的伟大，而弗朗茨展示给我们的则是一种温馨的休戚与共——简单、朴实的统治者被仰慕他的人所围绕。王朝的图腾和象征符号为了适应需求可能会改变或重新配置，但其中的本质是纯粹的，亘古未变的。

哈布斯堡家族对于家族公共形象一直非常看重，尤其是当家族王朝受到挑战或处于过渡时期时，这种愿望更是强烈。即使是在约瑟夫二世的非常统治时期，王朝的公众形象仍然是关注的焦点，是重中之重。与其说这位“革命皇帝”要否决家族的过去，倒不如说他是在努力褪去过去的硬壳，在新时代背景下重塑家族形象。皇帝指导耕作的朴实图像同他那些前任和继任者被王冠环绕的更为传统的形象一样，承载着象征的含义。

将哈布斯堡家族看成一个整体，一个有着自己的神话和内在思想意识的宗族，这更像是一种文化人类学的视角，而非历史学视角。这既得益于克利福德 · 格尔茨（Clifford Geertz）、皮埃尔 · 布迪厄（Pierre Bourdieu）及莫里斯 · 布洛赫（Maurice Bloch）三人的详尽研究，又得益于在阅读这些作品时浮现出的新见解。同时，本书也得益于埃尔文 · 潘诺夫斯基（Erwin Panofsky）及其后继者发展出的艺术史传统。理查德 ·S. 沃特曼（Richard S. Wortman）的著作《权力情景：俄国皇室的神话与礼仪》（*Scenarios of Power: Myth and Ceremony in Russian Monarchy*）出版的时候正值本书第一版开始印刷。他书中的结论与我的观点有许多相通之处，这也使我更加坚定了信念：这种研究、写作方法具有普遍的有效性。同沃特曼对待罗曼诺夫王朝一样，我的中心假设也相当简单：哈布斯堡家族对于自己身份地位和家族神话的构想是可以被理解的。尽管这个家族对于当时的人来说似乎很古怪，甚至时至今日我们还是觉得他们很奇怪，但他们的仪式其实并不是空洞而没有意义的，他们的“文化政治”也是经过深思熟虑、精密策划的。从所有这一切中，我们其实可以更好地了解哈布斯堡家族对于自身以及自己在这个世界上所扮演角色的定位。

致谢

Acknowledgements

一本书的致谢总是要留到最后去完成。这本书的写作漫长耗时，给这一部分的书写带来了更大的困难。我的相关笔记最早出现于 1967 年，之后在 70 年代著写了一些材料，然后写作稳步增加到目前的规模。在大多数情况下，每一个新阶段都会带来一系列新的义务，需要致谢的人员名单也会越来越长。令人沮丧的是，越来越多的让我感激的人现在已经去世了，这也让我认识到我在这个看似简单的任务上花费了多长时间。

在我一直都心存感激的人中，有两位现在已经成为历史的一部分。沃尔特·厄尔曼（Walter Ullmann）也许会被历史永远铭记；我觉得叙任权争夺（Investiture Contest）比汽车时代对他更真实。但他将历史鲜活地呈现给了他人，包括我在内。他向我们展现了，思想可以比任何物质力量都更强大。另外一位是格哈德 · 贝内克（Gerhard Benecke），他本应活着继续向世界贡献他的成果。我们之间珍贵的友谊，知识和思想的交流共享，都是我所难忘的。当我重读他关于“马克西”的研究时，我仿佛听到他的“口述脚注”在进一步充实他的先锋之作。约翰 · 布鲁尔（John Brewer）和西蒙 · 沙玛（Simon Schama）可能并不清楚他们的友谊对我意味着什么，正是他们在学术丛林中的披荆斩棘才使得我可以在其间行走自如。在过去的 20 年里，历史学家对物质对象及其消费群体的重新评估，特别是在视觉艺术领域，很大程度上都应该归功于他们。同样，从彼得 · 伯克（Peter Burke）和杰弗里 · 帕克（Geoffrey Parker）那里，我得到了友谊和恒新的见解。

然后，我还有份更长的名单，名单上的各位总是不厌其烦地帮我找信息。他们是：弗朗茨 · 耶茨、A. J. P. 泰勒博士、乔纳森 · 斯坦伯格博士、博赫丹 · 胡多巴教授、J. H. 普拉姆教授（我欠他很多）、菲利普 · 格里尔森教授、埃里克 · 盖布里埃尔博士、理查德 · 勒基特博士、大卫 · 柯林斯、何塞 · 莫利纳博士、伊恩 · 麦高因博士、尼尔 · 基布尔博士、汉斯 · 库登霍韦、奥托 · 卡罗伊（感谢他阅读了本书的大部分篇章）、朱迪 · 德林博士、戈登 · 布鲁克－谢普德、格伦妮丝 · 斯蒂芬森博士、贾斯帕 · 里德利、爱克哈德 · 赫尔穆特教授、杰姬 · 塔西乌拉斯、戈登 · 拜伦、J. 恩特兰巴萨瓜斯教授、I. A. A. 汤普森博士、理查德 · 斯通曼、罗斯玛丽 · 摩根教授、H. H. 费恩霍尔茨教授、J. 布赖滕巴赫博士、卡罗尔 · 斯塔普教授、约翰 · 鲍尔斯教授、沃恩 · 哈特博士、约翰 · 基根、盖瑞 · 施瓦兹博士、罗伊 · 布里奇教授、克里斯托弗 · 达菲博士、P. 路易斯 · 纪伦、诺曼 · 斯通教授、卫安妮、艾伦 · 谢德、P. 达里奥 · 卡瓦内拉斯 · 罗德里格兹。有些人比别人忍受了我更多的折磨。安东尼 · 古德曼教授阅读了本书中世纪部分的章节，我非常感激他的仔细阅读和启发性的建议。他让我避免了一些严重的错误；剩下的错误当然是我自己的责任。塞莉纳 · 福克斯博士极富耐心地为我解释了许多图片的内涵，解答了我的问题。我要特别感谢格拉茨的苏珊娜 · 彼得斯博士，她为我收集了广泛的材料，并为我的奥地利访问铺平了道路，没有她的帮助，我对奥地利各机构的走访将变得非常困难。在这方面，我还要感谢格拉茨约翰州立博物馆前馆长弗里德里希 · 瓦达荷西博士，维也纳城市历史博物馆前馆长罗伯特 · 维森伯格博士和博物馆现任馆长贡特尔 · 杜里戈尔博士，维也纳军事史博物馆前馆长约翰 · 阿尔梅尔－贝克博士和现任馆长曼弗雷德 · 劳赫斯坦纳博士，维也纳美术历史博物馆的威尔弗里德 · 塞佩尔博士，维也纳战争档案馆的伊迪斯 · 沃尔格穆特博士及全体职员，拉文萨尔圣保罗修道院（Abbey of Sankt Paul im Laventthal）的档案人员及所有工作人员，巴特伊舍尔皇家别墅（Kaiservilla, Bad Ischl）的档案人员及所有工作人员，阿姆布拉斯宫（Schloss Ambras）的阿尔弗雷德 · 奥尔博士及所有工作人员，以及拉克森堡（Schloss Laxenburg）的管理员保罗 · 科特劳切科工程师。

有些人的名字我现在想不起来了，还有一些人默默地给我提供了帮助。比如，穆尔塔斯（Murtas）的市长和市民热心照顾的一位孤独的阿尔皮加拉斯山（Alpujarras）访问者，在我的印象中，上一位造访该地的还是 20 世纪 20 年代的杰拉尔德 · 布雷南（Gerald Brenan）。还有佩佩 · 埃雷迪亚（Pepe Heredia）的妻子和家庭成员，以及圣卢卡尔－德－巴拉梅达（Sanlúcar de Barrameda）的唐 · 华金 · 迪亚兹 · 伊达尔戈（Don Joaquín Hidalgo Díaz）。另外，还有许多匿名的图书馆员帮助我获取和搬运资料，以及查找文献的古老来源。本书的完成离不开以下人员：斯特林大学图书馆的布鲁斯 · 鲁瓦扬及全体工作人员，苏格兰国家图书馆的伊恩 · 麦高恩及全体工作人员，卢塞恩中央文献馆（Zentralbibliotek, Luzern）的保罗 · 赫斯博士，阿尔罕布拉档案馆（Archivo del Alhambra）的赫苏斯 · 贝穆德斯 · 帕雷哈和斯拉 · 安格尔 · 莫雷诺，剑桥大学图书馆的馆员和摄影人员，以及加州大学洛杉矶分校图书馆特藏室的工作人员。本书最后阶段的大部分工作在华盛顿国会图书馆和福尔杰图书馆（Folger Library），以及得克萨斯理工大学图书馆完成，衷心感谢这些图书馆里工作人员的安静和高效。

我在斯特林大学英语系和出版研究中心的同事有时会互相问道："卫克安还在这个部门工作吗？"我努力地告诉他们："是的，我还在这儿。"我希望他们能将这本书看作对哈布斯堡家族文化（视觉和文本）产品的文本细读，这是我们集体事业的一个组成部分。我要感谢他们的陪伴，更感谢他们跟我这个历史学怪人分享他们关于语言、语言学、文学和文学理论的专业见解。

我要感谢巴塞尔的梅莱斯夫妇，拉伯克（Lubbock）的埃德森夫妇，以及剑桥、伦敦及阿姆斯特丹的戴维 · 达曼特（David Damant）——不仅仅要感谢他们的款待，更感谢他们给了我新的研究思路；没有来自他们的启示，我可能永远无法获知这些研究路径。

埃莉奥·戈登（Eleo Gordon）是无与伦比（*sans pareil*）的编辑，没有她的督促，我不可能达成最终目标，完成本书的写作。对她，我感激不尽。

我无法用言语表达我对卫珍妮（Janet Wheatcroft）的感激之情。我知道，在过去的25年里，她已经放弃了摆脱我这个“梦魇”的想法。为了此书的完成，她一直陪在我身边——我们一起到维也纳皇家墓室参观玛丽亚·特蕾莎的棺木，一起在巴特伊舍尔皇家别墅观看明信片放映，一起看着当地的农民在空闲的日子茫然地看着埃斯科里亚尔（El Escorial）皇家修道院……然后心领神会地对望。这些年来，无论是在生活中还是本书中，最棒的想法都是来自她的。

衷心感谢在本书的编写过程中所有提供帮助的人们，我无以为报，谨此表达最深的感激之情。

序言

Preface

爱德华·吉本在他的自传中有一段自述很有名，在那个段落中他写明了《罗马帝国衰亡史》的思想萌芽进入他头脑中的时刻。同吉本的大部分作品一样，这本自传也是对事实的精美加工，但某本书的著写源自一刹那的灵感一说至少在我看来是不假的。我的这本书开始于位于格拉纳达的查理五世宫殿的一个狭小房间里——这里的风格同摩尔人纳斯瑞德宫殿的金碧辉煌格格不入。阿尔罕布拉档案馆摇摇晃晃的古老桌子上，堆放着各种历史记载和图书目录。人们常说文献有“霉味”，但我想第一个使用这个词的人肯定不会天天在这样的环境里，闻着陈旧羊皮纸散发出的有机物气味——格拉纳达的夏天让这种气味愈发浓重。

一天天过去，我越来越不愿意去爬那绵延的库埃斯塔·德·察皮兹（Cuesta de Chapiz）山路，去到那“宽恕之门”（Gate of Pardon，门上面有“法蒂玛之手”）。在去的路上有一些石凳，石凳的后面流淌着一条浅溪。溪水的声音和气味是对爬坡疲劳和沉闷的最好解药。有些早晨，我会推迟阅读那些刺鼻的文本，在山脚下的广场品尝一杯柠檬冰沙。但后来，我更喜欢在到达山顶前驻足一阵，读读信，写写信。在一家廉价平装书书店，我发现了唯一一本看似还可能有趣的书，书皮有些破旧，是一位奥地利作家作品的英文译本——书的作者是亚当·万德鲁兹卡（Adam Wandruszka），书名则是《哈布斯堡家族》（*The House of Habsburg*）。因为我也是天天埋头研究哈布斯堡家族，所以我花了100比塞塔买下了这本书。在凉爽的石凳上我飞快地阅读了前几页，到达我在修道院的房间时已经很晚了，在那里我又一口气读完了剩下的部分（书本身不是很厚）。那个下午，那些手稿似乎变得更有趣，更有意义了。在我开始填写档案卡时，我脑中不断回荡着一个问题：**为什么哈布斯堡家族会是这样的**？他们为什么在山下的城市修建了那座大教堂，摧毁了古老的清真寺（当然，原因也可能是显而易见的）？为什么他们把壮观的总理府大楼建在努埃瓦广场（Plaza Nueva）的另一端？有一次，我在那里品尝柠檬冰沙时，那里的档案管理员告诉我（可能完全是不真实的），他们每天都在与老鼠竞赛，看能不能在老鼠将这些资料文本吃掉之前将其整理出来。

因此，这本书开始于西班牙。时至今日，我仍然在使用那些日子里制作的文献卡片和笔记。近年来，出现了越来越多的关于西班牙哈布斯堡家族的书籍，同样，关于其奥地利堂亲的书籍也屡有出现。但关于这两个家族分支的英文作品却很少见到。奥地利的哈布斯堡家族对于我来说是谜一样的存在，只是从我的外祖母给我讲述的，她在奥匈帝国度过的少女时代的故事中听到过片段。我记得有一次我曾经说她是德国人而不是奥地利人，她一反常态地愤怒。直到许多年后，我才知道这是为什么。长期以来，我在收集材料、寻求我最初问题的答案之余，一直在奥地利和西班牙工作，当然也去过许多其他国家。这本书是我的部分答案。说它是部分答案，是因为一个人倾其一生也不可能就这个问题给出完整的答案，当然也是因为每个人都有个人的局限。我没有掌握所有的相关语言：伟大的奥地利学者普里布拉姆（A. F. Pribram）在上世纪20年代早期告诉年轻的英国学者麦卡特尼（C. A. Macartney），他若想胜任这项工作，就需要具有14种文字的阅读能力（我认为这一数字还没有包括奥斯曼土耳其语和伊比利亚语）。

随着时间的推移，我的关注和兴趣很自然地发生了改变。当我沉浸其中时，我开始从哈布斯堡家族的角度去看事情，所有那些曾经（从外部角度）看似平庸、荒谬的事情，原来有着那么多的深刻内涵。我意识到，如果我也可以将家谱追溯到700多年前，感受到自己同那些逝去的先人之间的血缘关系，我同样会对过去有不同的看法。当然，我不是要谄媚君主制，这是我所读到的大部分相关书籍的基调，深入阅读本书的读者会发现这远非我的观点。按照奥地利人的说法，我本质上是“红色”，而不是“黑色”。但这并不妨碍我去欣赏哈布斯堡家族几个世纪以来在棘手的领域中施展出来的手腕和专业才能。

本书的写作始于格拉纳达，然后缓慢地向中心腹地（维也纳）推进。其实，本书的推进还有另外一个维度。随着研究的深入，我越来越发现，哈布斯堡家族通过一种符码暗中表达了他们的使命感和政治目标。这种符码的使用者彼此心照不宣。例如，关于哈布斯堡家族曾经被"上帝之手"触碰过这种信念。几个世纪以来，他们家族中没有一个人明确地声明过这种信念。他们会间接地谈论使命，服从上帝的旨意等内容。但是在图像中，我发现这种含糊其词的情况完全不存在了。艺术家们描绘的王朝成员，或是触摸着全能之主的手，或是沐浴在圣光之下。此外，这些图像在不同的时代反复出现。我在维也纳买的明信片上面，弗兰茨·约瑟夫像天堂的云彩一样飘浮在他的军队之上，就像他两个世纪前的先人利奥波德二世一样。起初，我觉得这只是巧合，但后来我慢慢地明白，这不是偶然。通过赞助甚至审查，哈布斯堡家族保证了自己"正确的"形象被呈现给世人。循着这些线索向前追溯，这些图像渐渐地消失在遥远的中世纪，远在马克西米利安之前（这本是我最初的时间起点），一直回到瑞士布鲁格（Brugg）山上的那座小城堡。这一历程限定了本书的形式和时间跨度。

许多年前，在剑桥，别人指着一位精神矍铄、脚穿着笨重棕色大靴子、正自信地大步走在街上的老人告诉我："那就是约翰·萨特马斯博士，最后一位行走的历史学家。"萨特马斯博士的学生们被要求一定要到实地去考察，以便对过去的真实轮廓有所把握，然后再深入文献学习研究。我再也没有见过他，但他的这一形象和他的有效研究方法留在了我的头脑中。我努力走访了尽可能多的哈布斯堡家族的遗迹，这一做法的回报远超我的想象。通常，当地热情的研究人员会对来访者敞开胸怀，来访者也大可探究当地传统。我经常在实地考察后发现泡图书馆的学者们提供的版本并非准确无误。也许我的实地考察不能算作骑士对圣杯的寻求之旅，但至少也是一次次探索发现之旅吧。

要应付如此庞大又如此朦胧的王朝，我意识到，仅使用一般的历史学工具是不够的。所以我尝试使用一些考古学家的思维方式，一些社会学和文化人类学的见解，以及艺术史学家的眼界；但同时也意识到这多少是专业知识的一种欺诈性累积：与其说是深层知识，不如说是一种花式舞蹈。虽然我并没有完全掌握这些技术，但它们为我收集的大量资料提供了新的理解角度；如果说我只是这些学科领域的一个游客，那么显然我是带着尊敬和感激之情完成了我的观光。

以上是初级层面的冲突。我想我曾经读过1850年后出版的用至少四五种文字写成的关于哈布斯堡家族的书籍，1850年之前写成的书籍我则进行了选择性阅读。名单上的人现在扩展到四个了。为什么要再添加一个呢？简单地说，因为没有人完全地回答了我的问题。我个人最喜欢的亚当·万德鲁兹卡（自从在格拉纳达的第一天我就喜欢上了他）和埃文斯（R. J. W. Evans）的作品都不能充分地满足我，而我努力在做的其实是在他们的身后孜孜以求，为他们已取得的成就填补空白和细节。但至少在一个方面，我认为自己挖掘了丰富的矿脉，也体现了本书的价值——没有人对哈布斯堡家族对图像和文字的使用进行过合理的研究。

这也带来了一个问题。我的大部分论点都是视觉性的，是关于图像的解释；而且，我在文本中提到的图像比列出的图像要多得多。是只谈论那些出版经济学允许印刷的少量图片，还是先展示诠释那些少量的图片，进而用相同的方法引领读者去感知更多的图像？我必须在这二者之间进行选择。对于那些我在文中提到但是没有列出的图片，我努力给予充分的诠释，以便这方面的爱好者可以自己发现这些图片。但是，我有一个原则，任何我没有看到或未经我仔细研究的图像，我绝不会在书中谈论。

最后，关于本书的结构。这里既有文本，也有次文本。在文本中，我着重于叙述，有展望也有回顾，寻求去感知、去呈现一种模式。但是，本书的注释也不仅仅是学术符号。注释在话语的草原上徘徊，追逐野兔或树上的浣熊。它们比表面的文本为我带来了更多的愉悦感。这就像安伯托·艾柯（Umberto Eco）的《玫瑰之名》（*Name of the Rose*）中紧锁之门后面的图书馆一样，那里才是真正的行动之地。

关于人名和地名

关于如何处理这么长历史时期中的名字，从来都没有一个百分之百理想的答案。在本书中，我努力坚持以下原则：对于神圣罗马帝国的皇帝，我通常使用他们拉丁名字的英文版本。所以腓特烈的名字是 Frederick 而不是 Friedrich，查理的名字是 Charles 而不是 Karl。但是，也会有例外，鲁道夫用的是 Rudolf，而不是 Rudolph。对于弗朗茨一世之后的奥地利皇帝，我用了他们最常见的名字形式。所以“弗兰茨·约瑟夫”（Franz Joseph）的名字不写作 Francis Joseph，也不是另外一种拼写 Franz Josef；“卡尔”（Karl）不写作“查理”（Charles）。对于其他的名字，我也努力将他们在哈布斯堡家族中区分开，比如说各种玛丽亚（Maria）、特蕾莎（Theresa）、路易莎（Luisa）等等，做同样处理的还有其他类似的男性名字。

对于地名，我努力保持一致，但同时也意识到一些例外，比如布达（Buda），在某段历史时期曾被叫作 Ofen。

本质上，我选择了那些我认为读者可以弄清楚谁是谁的名字，尽量避免混淆；同时，我认为能够挑出其中不够精确之处的专家，本身就不会因我选择的名字产生任何混淆。*

* 在中文版本中，则对人名和地名采用对读者而言较为常见的译法。——编者注

I

鹰堡

The Castle of the Hawk

(1020—1300)

1386年6月下旬一个闷热的日子，瑞士北部小镇布鲁格挤满了全副武装的士兵，各路人马聚集于此。来自莱茵兰地区的一队队骑士和雇佣兵在巴塞尔渡过莱茵河，一路披荆斩棘向东南方向前进到达湍急汹涌的阿勒河（Aare）。阿勒河向南流经阿尔高（Aargau）大峡谷，最终流入阿尔高以南的瑞士高地。各队人马的将领骑马行在最前方，身后跟随着一列轻装的侍从。队伍在行进中不时遇到为响应同一召唤奔波而来的其他军团。眼下行进的这一军团中，手持长矛的骑兵后面跟着不计其数的随侍和步兵，显示出骑马将领的强大权力。骑兵目测有3000多名。逐渐地，这些军团会合到一起，绵长的队伍蜿蜒前行，沿着阿勒河一路向南。而在河的对岸，是从东部奥地利公国为同一使命集结而来的军团。

这些骑士，除了旗帜、盔甲及羽冠略有不同外，看上去并无太大区别，但从他们的随行人员却能看出东、西两岸的巨大差异。东岸的队伍中，可以看到骑着小马驹的随行士兵，穿戴着带有马鬃和羽毛装饰的羽冠以及动物皮革[1]。

其实，很多随行士兵单纯是为了掠财而来，视忠诚如无物。很多骑士亦是如此，只不过他们用对哈布斯堡统治者奥地利公爵利奥波德的宣誓粉饰了自己的真实意图。真正的职业军人只有那些十字弩手。十字弩曾一度被教皇禁止用于对付基督徒，但现在因为其精准的攻击力被认为是战争取胜的关键。无论是在同全副武装的骑士的战斗中，还是在攻城大战中，十字弩都是不可或缺的。但是，相对于他们的敌人，这样声势浩大的备战似乎过于夸张了。利奥波德公爵的用意只是去镇压一小撮暴动的农民。这些农民大部分来自林区和山区，然而竟然夺走了属于哈布斯堡家族的城池领地，这种不忠的叛乱行为给瑞士高地的民众带来了“极坏”的影响。对利奥波德来讲，这些暴民不可饶恕，要全体歼灭，借用伏尔泰的话——“以此杜绝此等行为”。尽管如此，为了这样一种目的而这样大规模出兵，仍显得过于声势浩大。

奥地利公爵利奥波德三世（Leopold Ⅲ），似乎堪称骑士精神的完美化身——（以当时的审美标准来看）英俊、高大。偏向哈布斯堡家族的编年史学家将他描述为“35岁，男子气概十足，风度翩翩、无所畏惧……高尚、宽宏、尚武，战无不胜、疾恶如仇……他充满勇气、一往无前”。[2]利奥波德因为躲避敌人追捕，在洪水期全副武装横渡莱茵河而闻名[3]，其誓要收复家族失地、恢复家门荣光的雄心亦令人惊叹。以往哈布斯堡的统治者也曾为此目的出兵，或派遣下属领兵，或雇用将领领兵。但如今，公爵集结部队于布鲁格，即将亲自征讨。布鲁格小镇由公爵的祖先沿阿勒河而建，由于其对唯一横跨阿勒河的桥梁的垄断而逐渐繁荣起来。[4] 实际上，这个各路人马集结涌入的小镇位于三条河流的交汇处。其中的两条河流，阿勒河和罗伊斯河（Reuss），河水源自瑞士境内高山融化的雪水，因此水流富足通畅；相对而言，利马特河（Limmat）更像是一条小溪。早在1000多年前，罗马人就已经意识到了小镇的战略重要性，在附近的温多尼萨（Vindonissa）建立了重要的军事据点。从此据点出发，罗马人可以向东或向西进攻，同时还可以进军瑞士的腹地，继而翻过阿尔卑斯山进入意大利。自从罗马人离开后，布鲁格小镇还是第一次涌入如此大规模的全副武装的士兵。

不仅是骑士贵族奔波而来响应利奥波德的召集令，这几日不计其数的志愿兵及军队随侍也蜂拥而至，而这一切，站在利奥波德的城堡上可以尽收眼底。公爵的城堡即哈布斯堡，正是公爵家族名字的由来。城堡矗立在小镇背靠的乌尔皮斯伯格山脉（Wülpisberg）之上，方圆几英里内都清晰可见。实际上，这一地标建筑才是集结部队第一眼所见之物。城堡本身，其实只是增建了一些外围设施和城墙上的塔状建筑，建造城堡用的是当地的白色石灰岩，因此在阳光下夺目耀眼。但无论是公爵还是其家族，都早已不在这里居住。尽管如此，公爵家族对该城堡依然充满感情，将其视作家族的发源地。而外人对此堡亦充满敬意，因为从这里走出了享受无限荣光的哈布斯堡家族，其享有的特权和地位是神圣罗马帝国（Holy Roman Empire）任何一个诸侯国的君主都无法比肩的。哈布斯堡家族奉尤利乌斯·恺撒（Julius Caesar）和古罗马皇帝尼禄（Nero）为自己的祖先。城堡的守护人此时同他的护卫队一起，遵从其主人的召集，站在下面的人群中，站在"鹰堡"（哈比希茨堡，Habichtsburg）脚下。哈布斯堡家族要亲率部队南征，这在家族近两代的历史上还属首次。利奥波德从自己管辖领地的四面八方召集他的臣下和部队，发誓要去惩罚那些瑞士农民和市民，那些侵占了他的城池、教堂，甚至还用以往的战败侮辱他的特派使者的暴民。

* * *

刚刚过去的春季降雨稀少，几条河流的水面也低到极点；小镇其实无法供给聚集而来的众多人马。小镇内外人头攒动、喧嚣嘈杂；然而在见惯大场面的人眼里，喧嚣只是表面，行进的队伍实则井然有序。利奥波德精心部署了他的队伍。队列的核心是重甲骑兵——一些骑兵身披新式铠甲，大多数则穿着老式锁子甲，按地域或家族组成多个骑兵方阵。华丽外表掩盖的是精湛的战斗技能。几乎所有的骑兵（除去极端贫困的）都带有自己的随侍，有些随侍甚至也骑着马。响应利奥波德召集而来的贵族们无不精于战争艺术。无论是骑在马背上还是徒步战斗，他们都是轻车熟路。各类格斗武器他们样样精通，且惯于长时间作战。来自东部的奥地利骑士占队伍的绝大多数，主要是因为利奥波德西部辖地的一些统治者编造各种借口没有派出其全部的队伍。但绝大多数神圣罗马帝国的属国都派遣了军队参战。即使南面遥远的意大利城邦，如米兰城，亦派遣了一队十字弩手。熙攘喧嚣的人群中，一眼便可分辨出队伍的不同领属。标旗上、角旗上、精美的帆布披风上，不同的徽章象征着不同的领属。一些骑兵随身携带着他们沉重的头盔，盔顶还镶着木制的羽冠[5]，甚至还有骑兵将头盔戴在头上；比较明智的士兵则选择在烈日炎炎下减轻负重。在战斗中，这些五彩缤纷的羽冠让士兵们显得像一群动物：银鹰、野猪、雄狮、公牛、黑熊、老鹰、猎鹰，甚至是更为奇特的野兽——狮身鹫首怪兽、独角兽、王蜥等等。铁骑掀起的尘土为这场大型木偶戏拉开了帷幕，各个参演者笨手笨脚而又栩栩如生地演绎了一场动物总动员。在这人群混杂的场面里，羽冠可能多种多样，徽章可能形状各异，但骑士的装备法则却是不变的，最富有的人永远穿着最新式、最华丽的盔甲。

步兵队列则同前往布鲁格时一样，装备纷杂，千差万别。佛兰德斯的弩兵身着轻型盔甲，将自己珍贵的武器包裹在油革里；来自斯拉夫地区的士兵手持长剑、连枷，非正规军则手持长矛或砍斧；还有来自边荒之地的士兵，其中的奥斯曼土耳其人骑着矮壮的小马驹，其余成千上万的士兵则手持长矛。虽然较之骑兵，步兵的装备没有那么沉重，但头上顶着锥形金属头盔，身着锁子甲式的护颈、护肩及短铠甲，或是由硬质皮革制成的镶嵌铁盘和铁条的护甲，恐怕也轻不到哪里去。这些士兵手中的长矛柄长达12英尺，顶端带有坚硬的宽刃，宽刃和长柄之间有柄脚加以固定。除了长矛，他们还随身携带短剑，有些则携带匕首。据称，匕首由一位早期的哈布斯堡公爵[6]设计，用来割开骑兵坐骑的肚皮或是在近身搏斗时刺入敌人的盔甲。这种匕首有一个恰如其分的名字——睾丸刀。

史学家遐想的灯火通明的营帐其实基本上是不存在的。步兵和骑兵都睡在地上，身边堆列着自己的随身武器，哨兵则在岗位站岗。公爵和他的高级指挥官分开休息。这些人有营帐用来休息，但绝不是史家记载的那种华丽营帐，深棕或深红才是主色调。倒是布料上的徽章刺绣、木制工具上的徽章雕刻和涂描（或金黄，或银白，或血红）色彩明亮，同时也微妙地显示了贵族阶级的等级划分。鲜明的徽章骄傲地诉说着家族的历史、忠诚的演绎、政治的宣誓，以及宿敌的仇恨。武器上的纹章在向全世界宣告自己的土地或家族领属。后世流行的用以指引无知士兵的战旗，其实源自中世纪的这种做法。只不过，经过几世纪的洗礼，这些徽章褪去了原来的象征意义，或者说是被赋予了新的含义。在那个时代，徽章代表着其所属家族的特质和素养。徽章的选择从来都不是小事，因为这是该家族置身于世界的形象。徽章的选择是一门学问，羽冠的样式，作为个人选择，也是深思熟虑的结果。如史学家基斯·托马斯（Keith Thomas）所说[7]："精美的徽章、华丽的场面构成的象征艺术氛围中，头盔上的羽冠展示着个性的魅力。"

在这具有历史意义的一天，发生在布鲁格的一切其实再平常不过：部队集结，踏上征讨之旅。这样的事件在历史的长河中被无数次地演绎。这次集结的历史意义在当时还无从得知。在布鲁格小镇到底发生了什么，队伍南征、越过阿尔高地区的葱翠沃野和山丘，最终在另一小镇郊外的森帕赫（Sempach）湖畔又遭遇了怎样的命运？表面上看来，利奥波德和他的指挥官们的这次征讨是为了惩罚那群"暴民"。史料上并没有记载他们关于征讨动机和用意的讨论，这不足为奇，因为这种问题本身根本不需要讨论。

当时的世界只有两种人：占有武器的人和不占有武器的人。占有武器不单单是手持长剑、长矛或是十字弩，而且一定要能熟练操用。公爵营帐内运筹帷幄的指挥官们更是如此，一场从 6 月一直持续至 7 月的战争即将拉开帷幕。

“占有武器”还有更深一层的含义：它给予了战斗者合法的社会地位，象征着男人的荣耀。战争本身是中立的：杀伐叛乱农民的行为本身毫无荣誉可言。但出于勇者的天职和忠诚而去杀伐，则为这一行为赋予了荣誉的光辉；而带有独特徽章的武器、盾牌、军旗及羽冠恰如其分地折射出了这种光芒。所有的荣誉感都镶嵌在徽章里，于是后世的士兵为了军旗不倒而抛洒热血，后世的机枪手宁死不会交出手中的武器。长剑、头盔和羽冠，无一不代表着荣耀：于是数日后，利奥波德牺牲时，（据后世传言）手中依然紧握绣着哈布斯堡之狮的旗帜。这一切使得利奥波德的指挥官们，以及所有那些以盾牌和披风上的徽章彰显自己高贵血统的将领们，不同于镇上那数以万计的武器使用者；那些暂时放下耕犁，拿起长矛、长剑、长戟打仗的敌人更是无法跟他们相提并论。从这个意义上讲，这是一场“占有武器”方同“拿起武器”方之间的战争。

征讨阿尔高的深层含义在于维护受到威胁的社会等级制度，同以下犯上的暴民决一死战。利奥波德的目的不仅仅是夺回被敌人窃取的本属于他的领土，更主要的是去羞辱那些不知天高地厚的反叛者。在利奥波德看来，那些邪恶的瑞士山区民众违抗了他的命令，蔑视了他的权威，他们已经对周围城镇（如卢塞恩和伯尔尼）的居民产生了很坏的影响，虽然这些城镇的居民目前仍然向哈布斯堡家族进贡纳税。瑞士农民的武力反抗颇有历史。早在1315年，一整队奥地利骑士在莫尔加滕湖畔就惨遭瑞士人蹂躏。11月冰冷的天气中，正当全副武装的骑士纵队经过湖边的一条小径时，瑞士人从狭路上方的高地上滚下巨石和树干，直接砸向狭路上的骑士。未被砸倒的战马受到惊吓，踩踏推搡，一片混乱。

很多骑士被迫跳入冰冷的湖水中，湖水涌入，盔甲愈发沉重，直至将这些骑士坠入湖底。大部分人葬身湖底，侥幸生还的人被岸上战马和士兵的尸体挡住了撤退的道路。正当这些生还者准备重新投入战斗时，瑞士人的箭铺天盖地射向他们。瑞士人随后扔下十字弩，挥舞着长戟从高地冲下，一时间长戟成了世间最致命的长杆武器。（有的人则认为，最致命长杆武器这一称号应该颁给一个世纪后瑞士人发明的长矛。）在肌肉发达的农民手里，长戟的威力令人战栗。抡起的长戟，带着3英尺长的斧刃，直接将马背上的骑士挑落。骑士一旦落马，长矛或长戟另一尖端就直刺铠甲缝隙，抑或是斧刃一抹，贵族的生命就此终结。[8]后来，奥地利人从莫尔加滕湖畔带回了士兵的尸体，但却没有从此次交锋中得到教训。他们错误地认为，这些人只是些山野匪徒，诡计多端，善于伏击偷袭，在正面交锋中绝对不是训练有素的正规军的对手。事实并非如此。随着时间的推移，人们慢慢地意识到这些农民、山区民众拥有的是军事技能，而绝不仅仅是初学者的幸运。瑞士人一次又一次地在战场上展示着自己的技能。1339年6月，1000名瑞士林区民众受伯尔尼市雇用，击败守护敌城弗莱堡的骑兵和准骑兵。屠杀规模之大，使得贵族统治者们开始意识到来自瑞士人的致命威胁。[9]

利奥波德其实还有两次与出身低微的瑞士人作战的记录可以参考，不过可惜，这两次的作战结果正好相反。第一次的主角是瑞士人。距此次布鲁格集结 10 年前，一整队雇佣兵（一般称为“尖帽兵”，因穿戴羊毛制的尖帽斗篷以保暖而得名）入侵阿尔高[10]，他们在 1375 年 12 月到达阿尔高地区后，对阿勒河和罗伊斯河沿岸的城镇和村庄烧杀抢掠。然而，他们进入瑞士腹地后，却发现这些山区、林区的民众并不像之前那些地区的人那样可以轻易被恐吓。突然，他们发现自己周围危机四伏。在森帕赫湖附近，布蒂斯霍尔茨塔下，他们在夜间被一群瑞士人偷袭。300 多名雇佣兵被杀死，大多数则逃进一所教堂避难，却被当地愤怒的民众活活烧死。在距离伯尔尼很近的村庄吉尔尼斯，双方再次遭遇，又有 300 多名骑兵被杀。数日后，瑞士人袭击了他们的主营所在地——位于弗劳布伦嫩的修道院，经过一番殊死肉搏，杀死雇佣兵 800 余人，将其部队成功驱逐。由于四面受敌，“尖帽兵”最终败北撤退。这让哈布斯堡等家族不得不开始思考战败的原因及其后续影响。很快，各家族给出了一致见解：瑞士人强壮而野蛮，莽撞而无畏，身上带着一股与生俱来的蛮劲，但是不具备军事部署才能和协同作战能力。瑞士人的所有胜利都被看作基于其体内残存的凶残的动物本性；他们被看作非人类，地球上的“另一种存在”，无法被纳入欧洲文明。

另一次作战记录的主角是法国国王：法王于利奥波德此次集结的 4 年之前，在卢斯贝克全歼佛兰德斯民兵。这一事件帮助利奥波德确认了家族对于瑞士人的理解。深冬的地面覆盖着薄薄的白雪，刺骨的寒风中，佛兰德斯地区各城市的士兵对取得战争的胜利信心满满：他们有胜利的传统，就是那一次多年来一再被讲述的著名胜利。80 年前的科特赖克战役（battle of Courtrai），手持长矛及类似瑞士戟的古腾塔克长矛的勇士们，在一番横冲直撞后摧毁了骑士队伍。科特赖克和莫尔加滕战役令人震惊地成为平民对贵族的第一次武装胜利。1382 年，他们把战场选在了距离伊普尔市西北大约 10 英里的地方。法国军队和佛兰德斯城市近在咫尺：双方都能看到对方的营火，听到对方备战的喧嚷。有人说，喧嚷声是“地狱的魔鬼在战场上跑跳的声音，因为那里有吸引他们的死亡的味道”。所有人都知道，这场战斗将是一个伟大的时刻。如果法国赢了，这个传统的荣誉社会将会得到巩固；如果佛兰德斯人成功了，那么那个骑马者的霸权就将结束。

第二天一早，两军准备交战。在法国骑士统帅的率领下，在年轻的国王查理六世（Charles Ⅵ）的面前，法国军队采取了一系列针对佛兰德斯人战斗习惯的战术。法国统帅将大量的披甲骑士改为步兵。手持长矛的骑兵与手持长矛的步兵肩并肩，共同抵御佛兰德斯方阵的前进。披甲骑士给法军战线带来了强度和刚性，法军统帅相信这将保证法军不会倒在佛兰德斯人的突击重压下。但他同时也预见到，胜败的关键不在中心部位，而在两翼：在那里埋伏着骑兵，将在收到他的命令时冲向没有盔甲保护的民兵，切断他们的联系。这样，左右两翼的骑兵不断施压，中间又牢不可摧，他就可以像砸碎核桃一样在对方最薄弱的点歼灭敌人。

苏瓦松伯爵（Count of Soissons）昂盖朗 · 德 · 库西（Enguerrand de Coucy），同时也是 1375—1376 年“尖帽兵”的领袖，参与了这些作战计划的制订，且一直战斗在最前线。佛兰德斯领袖阿特威尔德指示其手下要保持紧密队形，“这样就没有人可以击败你们”。他让自己的士兵伸臂相连，有时甚至将士兵捆绑在一起。清晨，在进攻之前，佛兰德斯人先是用弓箭和弩箭冲击法国战线，但骑士的盔甲基本是射不穿的。之后佛兰德斯人集体冲向法军的长矛，用编年史家富洛伊沙（Froissart）的话，像“愤怒的公猪”一样向前冲。起初他们成功了，切向法军的队伍，但始终没能破坏法军的阵形。像许多事先精心策划的计谋一样，法国人的计划现在似乎要被破坏了，因为佛兰德斯人的侧翼已经不可见了，它像楔子一样钉进了法军的心脏。波旁公爵和苏瓦松伯爵指挥的马上骑兵本来要从两翼切入，现在却只能站在一旁束手无策。在苏瓦松伯爵的建议下，他们兵分两路，向左右两侧冲去。有些人认为他们在逃跑。但他们包抄到敌人后方，冲向佛兰德斯人的队伍，击溃了佛兰德斯人的储备民兵。结果对于佛兰德斯人是毁灭性的，因为大部分处在队伍后方的士兵都没有盔甲。尸体在战马的铁蹄下越垒越高，下马的骑士看见这样的情景，大吼一声，发起总攻。法军一举歼灭了佛兰德斯人，不像是砸核桃，倒像是踩烂李子。许多民兵被踩踏致死，其中包括他们的指挥官腓力·冯·阿特威尔德（Philip van Artevalde）。地面上血流成河。为显示对草根敌人的蔑视，法国指挥官下令让尸体自行腐烂，或是被野兽吃掉，用富洛伊沙恐怖但精确的话讲，尸体成了“野狗和乌鸦的食物”。

* * *

这正是利奥波德为瑞士人安排的命运，他的作战计划也与卢斯贝克战役有着惊人的相似。首先，他不想把时间浪费在围攻瑞士城市上，而希望将他们拖入旷野战。他也知道，瑞士戟是近身搏斗的致命武器，马上的骑士不可能成功应对。剑的长度无法超越戟柄的长度。瑞士人可以肆无忌惮地接连进攻，因为他们知道那些骑兵永远无法靠近他们挥剑。然而，下马后，手持长矛的披甲骑兵却可以扭转战局。瑞士人若要使用他们的武器，就得先穿过长矛的丛林。而当利奥波德那些下马的骑士困住瑞士人的时候，同卢斯贝克战役一样，他的马上骑兵就从侧翼切入瑞士队伍，将敌军撕得粉碎。这样，他就可以把瑞士人的凶猛、野性反过来施加在他们自己身上，将他们紧扣在自己骑兵的胸甲前。一旦瑞士人的力量被削弱，那些东方的野蛮人——库曼人、瓦拉几亚人等等——将会继续追捕逃回森林的瑞士人。为了表明步行作战并非可耻，公爵自己会站在旗帜旁，手持长矛，与自己的骑士和战士同在。

只此一击，便可推翻两代瑞士人的好斗史。一旦这些山区民兵在旷野战斗中惨败，那些城市就将重新归顺哈布斯堡君主，履行其职责。利奥波德的队伍从布鲁格出发，向西前行，之后向南穿越阿尔高，进入森帕赫以及瑞士中部的反叛城镇，他们对赢得战斗充满信心。军队南行时经过了一个充满敌意的村庄，这个村庄名义上在哈布斯堡家族统治之下，实则对这个来自他乡的军队怀有强烈的憎恶之情。远征的目的是让那些背叛了哈布斯堡家族的人付出代价，给像森林州的瑞士人那样大胆侵占哈布斯堡家族财产的人一点颜色看看。最先因鲁莽地拒绝哈布斯堡家族而遭受惩罚的是维利绍人。利奥波德的军队在 6 月末到达了这里，要求维利绍人投降，但被拒绝。结果，几个小时内，城墙被攻破，所有的人遭到屠杀，整个城市火光冲天。据说血肉烧焦的刺鼻气味，即使在东面 30 英里外的森帕赫都能闻得到。那里的人已经感受到了他们的命运。维利绍和森帕赫一直是哈布斯堡的城镇，然而在诱惑下，两个城镇都抛弃了他们的君主。

但利奥波德的策略绝不仅仅是惩罚反叛的小城镇。他抵押了财产，负债集资，绝对不只是想看到维利绍被摧毁。他想将瑞士人诱至森帕赫外围的战场进行公开对决，以永远结束他们的反抗，报复 60 年来他的家族在瑞士人身上遭受的屈辱。所以他继续前进，穿过森帕赫湖旁，引诱瑞士人展开攻击。首先，他在 7 月 8 日的傍晚召集了部队包围小镇森帕赫。次日一早，他的人开始嘲笑那些躲在城墙后面的人。他的一个骑士挥舞着套索，高喊要擒住对方的领袖。另一名骑士则嘲弄地指向那些放火焚烧成熟谷物的士兵，让他们送早餐给收割庄稼的人。这时，城墙的后面有人叫道："卢塞恩和它的盟友会给他们送去早餐。"这正是公爵希望看到的。不久，利奥波德得到消息，瑞士人正从东边靠近。在小镇上象征性地留下一队人马后，他赶去迎战。他的密探带来消息，瑞士人扎营在距离森帕赫几英里的森林边缘，但人数不多。带着对战斗的渴望，哈布斯堡家族的军队从森帕赫爬上了绵长的山脉，指挥官们和公爵自己冲锋在前。他们到达一个山顶后，隔着一小块高原，可以看到瑞士人处在一块高地上，下面正是天赐的战场。利奥波德很快就把计划付诸行动。他的部下下马、持矛，在小高原的边缘严阵以待。这些士兵和利奥波德一样，渴望与瑞士人一决高下。这一天是 7 月 9 日，当时正午刚过，是一天中最热的时候。

当他们骑马上山时，利奥波德和他的骑士们很快将成为历史的一部分；当他们下山回来时，已成了血肉模糊的尸体，也蒙上了神秘的面纱。结果对于哈布斯堡军队而言无疑是灾难性的。但那一天到底发生了什么事，又为什么是这种结果，无人知晓。后世流传下来的描述充满了丰富的细节和事件，肯定不可能完全是捏造的。当哈布斯堡军队前进准备进攻时，

> 马匹由于之前的上坡爬行已经非常疲惫，在（瑞士人聚集的）树林里马匹无法前行，因此骑兵都下了马。这时，瑞士人按照习俗跪地并高举双手，祈求上帝的援助。一些奥地利人看到了他们的这个举动，认为“他们正在乞求原谅”，但他们很快就明白过来，因为看到瑞士盟军立即离开林地，涌入平原。只有少数人穿着盔甲，一些人挥舞着他们的祖先在莫尔加滕挥舞过的那种战戟，还有人手持双手剑及战斧……反观那些奥地利人，他们从头到脚武装着明晃晃的盔甲，整齐地亮出坚实的盾牌及可怕的尖矛。

在山顶上的小高原上，瑞士的同盟军——来自瑞士腹地的粗壮的高地人发现敌人的行动出乎他们意料。他们发现自己面对的不是一条骑兵战线，而是坚不可摧的长矛阵。他们的戟也没有利奥波德揣测的那么长，还不足以为他们在哈布斯堡的骑兵阵中杀出一条血路。

“瑞士人摆出了楔形阵形，一如既往地发起了激烈的进攻，但在固若金汤的方阵面前毫无作为。卢塞恩的旗帜岌岌可危，高地人中 60 个最勇猛的勇士倒下，敌人却毫发无伤。”如预料的一样，

披甲战士稳步向前对战轻装的瑞士人，用尖矛蹂躏着他们。瑞士人卷土重来，

> 犹豫了片刻，眼中充满了愤怒和绝望；而敌方的方阵，正在以月形阵形前进，向他们的后方逼近。在这种可怕的危急时刻，一个来自下瓦尔登的骑士阿诺德·德·温克里德（Arnold de Winkelried）挺身而出，高呼："我会冲进敌阵杀出一条血路。亲爱的同胞和伙伴们，请保护我的妻子和孩子。"然后，他冲向敌阵，抓住尽可能多的长矛，将它们刺向自己的胸膛，利用体重将长矛生生压于地上。他的同伴们踏着他奄奄一息的身体冲了过去，强攻进敌阵的腹地。其他人则以同样的无畏精神，在敌人震惊的瞬间冲入敌阵，庞大的军队顿时陷入混乱。

流传的故事继续描述对哈布斯堡的复仇：

> 骑士们穿着笨重的盔甲，拖着他们的长矛，根本无法抵御瑞士人猛烈的攻击，也不可能从混乱中恢复。他们的随侍惊慌失措，骑上主人的马匹逃走，将绝望留给了主人。战斗一度靠个人勇气和骑士的大无畏精神维持，但没过多久，场面就陷入混乱，敌人的剑下死伤无数。许多士兵死于同伴的挤压和高温。2000余人被杀，其中近三分之一有伯爵、男爵或是骑士头衔。

战斗中最惨烈的片段仍然是一个谜。哈布斯堡的骑兵包夹作战计划在生效前就崩溃了。瑞士人瞬间粉碎了哈布斯堡军队的进

攻，让他们陷入混乱，屠杀了成百上千人。但瑞士人是如何做到的呢？瑞士人知道的战斗方式只有一种。

> 烈日当空，天气闷热……瑞士人在祷告之后迅速投入战斗，平原上充斥着喧嚣声；他们想要在敌阵中打开一个缺口，但面对着如铁刺栅栏般的尖矛阵却只能无功而返。卢塞恩人多次试图猛攻敌阵，但收效甚微。伴随着骇人的步伐，哈布斯堡的骑兵将阵形变为月牙形，企图迂回包围敌人。一个已经定居在乌里峡谷的米兰人安东尼·杜·旁德（Antony du Port）高喊“攻击长矛的杆，杆是空的”，这确实有效，但破损的长矛立刻被新的长矛替换，而杜·旁德自己也在格斗中丧生。因为技术不够熟练，更因为笨重的盔甲，骑兵发现很难形成预期的月形阵形；但他们依然毫不动摇地坚守阵地。

直到这时，优势似乎都在“毫不动摇地坚守阵地”的骑士一边。瑞士人感觉到他们的战术失败了。他们可以看见山下正在向他们挺进的哈布斯堡军队，同时“又担心自己的后方被（奥地利人的）先遣队偷袭；他们不认为自己可以抵挡得住（指挥哈布斯堡高地部队的）邦施泰滕伯爵的攻击”。瑞士人需要的是奇迹，而奇迹恰在此时发生了。温克里德的故事纯属虚构，真正的阿诺德·德·温克里德是生活在16世纪的一名瑞士士兵，他的故事从16世纪30年代起才被写进史书。但除去故事的英雄色彩，战术的描写还是符合经验的。虽然原因不明，但一旦在长矛阵的铜墙铁壁上打开缺口——一说是瑞士的十字弩手发射的武器在奥地利人中打开了缺口——前线的牢固即被打破。冲在前方的利奥波德立即被人认了出来。根据一些叙述，利奥波德穿着金色的盔甲。但在所有关于这场战斗的描述中，令他鹤立鸡群的是其高耸的孔雀羽冠。编年史家一般认为他同自己的骑士并肩作战的决心是极富英雄主义色彩的。

> 人们纷纷劝说公爵：在战争中各种意外都有可能发生；主将的职责是指挥军队，而军队的职责是保卫首领；指挥官的牺牲比损失一半部队还具毁灭性。起初，利奥波德只是报以漠然的微笑；但面对大家的一再劝告，他温和地回答说："难道你们要利奥波德站在远处旁观，看着他的骑士为他英勇战斗直至牺牲吗？在这里，在我的国家，面对着我的子民，我将征服，或者死亡。"

随着瑞士人冲入哈布斯堡军队的阵形，

> 奥地利的旗帜倒了下来……阿博格的乌尔里克（Ulric of Arburg）重新举起了战旗，竭力恢复战斗，但他很快受到了压制，倒下时仍在高喊："上帝啊，请助奥地利一臂之力。"利奥波德公爵冲向他，从他的手中接过血染的战旗，再次将战旗高高挥起。战斗在这时变得激烈而胶着。数位战士围绕在公爵身边。许多杰出的同伴倒在了他的身边。最后，所有的希望破灭，他高喊："我也将光荣地倒下！"[11]

瑞士人一旦冲破战线，便可以使用战戟攻击敌人，战斗的局面立刻改变。查理 · 欧曼爵士（Sir Charles Oman）这样写道：

> 来自阿尔卑斯山脉的高山牧民用他们粗壮的手臂挥舞着战戟，像要劈开纸牌一样劈向骑士的头盔、盾牌以及披风。哪怕是最勇猛的敌人都会被那可怕的伤口吓倒。感受到战戟利刃的骑士无须受到第二击。正是这种战戟让哈布斯堡王朝的利奥波德在森帕赫倒在了自己的战旗上……同样是这种战戟使勃艮第的查理（Charles of Burgundy），从太阳穴到牙齿被一刀劈开，倒在了南锡（1477）冰冷的水沟里。[12]

旗帜一旦倒下，狼狈的撤退就不可避免，因为战斗对于哈布斯堡军队来说显然已经失败了。那些对战后余生的描述记录了几个关键的因素。[13] 所有史料记载都强调了高温的天气；我们知道，那是一个炎热干燥的夏天，甚至经常看到飞扬的尘土。当大多数士兵跌跌撞撞地来回穿过小高原攻击对方时，扬起的尘土让处于低地的哈布斯堡战线上的士兵（以及处于高地的瑞士军主力）无法看清到底发生了什么。起初，头盔上的羽冠还清晰可见，之后就只能看到战场上飘扬的旗帜了。但当哈布斯堡的旗帜倒下，在一片尘土中再次飘扬，接着再次倒下，又再次出现，最后倒下后不再扬起时，可能的结论只有一个：他们已经战败。

战斗直接的结果是双方都已筋疲力尽，两天后他们才返回战场抬回遗体。哈布斯堡王朝旗帜下牺牲的伯爵、领主以及骑士有 600 余人。其中最有名望的约 60 人的遗体，连同利奥波德的遗体一起，被北归的军队带回，其他人的尸体则被他们的家人认领后埋葬。但绝大多数人都被埋葬在战场上一个巨大的坟墓里，后来，人们为了纪念逝去的战士，在那里建起了一座小教堂。按照瑞士人的说法，在森帕赫战役中，上帝“审判了肆意狂妄的贵族”。

* * *

许多中世纪的战争都笼罩着神话幻想的色彩。罗兰（Roland）在龙塞斯瓦列斯战役（Battle of Roncesvalles）中是否真的吹响了求救的号角（778）？[14] 图尔战役（Battle of Tours）中，“北方的士兵一动不动地排出人墙；他们像结实的冰带一样，永不融化，持剑对阿拉伯人展开杀戮。奥斯特拉西亚人用宽大的四肢，铁一般坚硬的双手，勇敢地砍杀酣战，正是他们发现并斩杀了撒拉逊王”。[15] 真的是这样吗？波希米亚（Bohemia）的盲人国王约翰无疑是死在克雷西战役（Battle of Crécy）中的，他大概是靠骑士和乡绅的指引对敌作战的。但获胜的英王真的从死去国王的羽冠上扯下了三根鸵鸟羽毛，将其赠予自己的儿子“黑太子”（黑太子后来把这三根羽毛和那句著名的“我效忠”一起刻在了自己的盾徽上）了吗？在荣誉统治的世界里，行为或是事件都是可以修改的；失败可以转化为胜利，事实可以变为传说或不解之谜。森帕赫的与众不同之处在于：第一，实际的战斗行为是如此的神秘——只有神秘的不解之谜，鲜有事实记载；第二，对交战双方来讲，森帕赫战役都是传说产生的灵感源泉。传说塑造的温克里德，体现了对家族的关爱和瑞士人无私的爱国主义精神。“我会冲进敌阵杀出一条血路。亲爱的同胞和伙伴们，请保护我的妻子和孩子，光耀我族”，故事中，他将奥地利人的长矛刺入自己的胸膛，泪洒战场。早期作品中的温克里德被描述为“拥有高大壮硕的身材，用自己的体重生生地将奥地利人的长矛压到地面”。然而，从 18 世纪末开始，温克里德变成了具有超凡中性美的金发少年。在这些描述中，最后致命的一击是由利奥波德自己完成的。

对瑞士人而言，利奥波德是暴君，甚至是虚构的温克里德殉难的罪魁祸首，但在自己的家族中，他却是功勋卓著的烈士。他的名字在接下来的 7 个世纪中成了家族后世最喜欢选用的名字之一。这部分是因为早期的奥地利统治者，巴本贝格王朝（Babenberg dynasty）的一位藩爵被册封为圣利奥波德，而后成为奥地利的守护神。巴本贝格的圣利奥波德显然被哈布斯堡家族移到了自己的家族里，成了他们家族的一员。两位利奥波德的性格——前一位利奥波德的圣洁和后一位利奥波德的英勇被糅合到一起。传说中他在森帕赫的陈词是笃信荣誉高于生命之人会说的话，“难道你们要利奥波德站在远处旁观，看着他的骑士为他英勇战斗直至牺牲吗？在这里，在我的国家，面对着我的子民，我将征服，或者死亡”。这句话可能有一定的真实性，而他的临终遗言“我也将光荣地倒下”则肯定是虚构的。利奥波德死后，他的族人以国王的规格为他建了衣冠冢。装载着利奥波德和他的骑士的遗体的灵柩车向北驶向布鲁格，它们的目的地非常明确。在河流的对岸，他们出征的地方，有一座修道院教堂，名为科尼希斯费尔登（Königsfelden），意为“王的领域”。它正缺少一位国王，现在利奥波德将进入那里的地下室，在那里沉睡四分之三个世纪。

* * *

烈士利奥波德是家族的第十代人，然而哈布斯堡的家谱并非超凡卓越。他们在大约 1020 年时开始进入历史记载，当时的斯特拉斯堡主教（Bashop of Strasbourg）维尔纳（Werner）和他的兄弟拉德波特（Radbot）在罗伊斯河上搭建了名为“鹰堡”的白塔。后世的护教论者一直试图证明他们只是扩建了原来已有的建筑，因为这片土地自古以来就是由“那个荣耀的家族”世袭的。事实上，这更可能是一种机会主义行为的结果，一名雄心勃勃的贵族占领了尚未完全处于其他领主控制下的土地。仅仅几年前，一个匈牙利部落从东面兴起，到处烧杀抢掠，甚至连巴塞尔的城墙都抵挡不住他们，唯一留下的是建得好似堡垒的一座大教堂。阿尔高地区仍然无人占领[16]，因此很容易在这里建立包括几个村庄和两三个城堡在内的据点。站在白塔的顶端，可以看到第一个哈布斯堡领地的全貌，南北以山为界，占地几千亩。

11 世纪末，他们的财产被皇帝所认可，维尔纳和拉德波特的后人开始使用他们的祖传宅第命名，称自己为“哈比希茨堡家族”（Habichtsburg），而后又改为“哈布斯伯克家族”，最终定名为“哈布斯堡家族”（Habsburg）。但同当时的权贵相比，他们还处在最底层。然而，他们随后的崛起却令人瞩目。到 12 世纪中期，他们已将辖地向北拓展到莱茵河及黑林山，向南拓展到瑞士。他们占领土地后，不是四处搭建城堡，而是忙着建设城镇，尤其是盖造教会建筑。1027 年在穆里建起的第一座修道院成为后世建筑的典范。一开始，修道院由家族付款建造，且在家族的保护之下。后来，修道院获得了土地和财富，并在其庇护者的支持下得到了保障。一个世纪之后，哈布斯堡家族成为穆尔巴赫修道院的庇护者，该修道院的势力范围从巴塞尔延伸至卢塞恩。随着权力和财富的增长，家族开始了极为明智的联姻，获得了非直接管辖领域的司法权。

因此，哈布斯堡家族作为皇帝的代表，成了莱茵河以南大部分地区的法律权威——行政总督。1173 年，他们继承了森帕赫和维利绍的管辖权，以及苏黎世伯爵（Count of Zürichgau）的头衔，从而获得了遥远的施维茨和下瓦尔登山谷的管辖权。苏黎世和卢塞恩这些繁荣的城市落入哈布斯堡家族的手中，没有动用任何军事力量，这些地方只是通过较宽松的共同利益关系捆绑到一起。哈布斯堡家族可以提供庇护，而这些城市也需要和平来发展商业和贸易。通向意大利的山路的开放——非凡的桥梁横跨在圣哥达山脉的最高峰之间——使得哈布斯堡家族的小镇，例如布鲁格、布雷姆加滕、马林贝格，甚至莱茵河畔的塞京根，可以直接通往南部的市场，他们可以在那里谋取利润。此后，哈布斯堡家族的贸易份额以及货物通过其管辖城镇的过路费使得家族富裕起来。到 1212 年，哈布斯堡伯爵（Count of Habsburg）已经可以比富有的美因茨大主教（Bishopric of Mainz）、沃尔姆斯大主教（Bishopric of Worms）及另外四个帝国最有影响力的领主为皇帝筹集到更多的钱财。这样一个积极而又实际的支持注定不会被遗忘。

这是一个朝臣多于勇士的家族。哈布斯堡家族早期的成员很少有人因军事实力出名，令他们享有盛誉的是其对霍亨斯陶芬王朝（Hohenstaufen dynasty）皇帝的忠诚和奉献精神。哈布斯堡伯爵鲁道夫二世（Rudolf Ⅱ）是1198年最先宣布支持年轻的皇帝腓特烈二世（Frederick Ⅱ，即后来的“世界奇迹”）的人之一。在前面提到的1212年的筹款中，他为腓特烈二世筹集到了1000马克。对此的褒奖在六年后到来，皇帝成了伯爵孙子的教父；正是这个孙子，另一个鲁道夫，将成为第一个从哈布斯堡家族走出的皇帝。[17]其他的家族也许更为华丽，更为显赫。相比之下，哈布斯堡家族似乎只满足于追求财富和领土扩张。在当时的人看来，对荣誉和权力的欲望似乎在这个家族的人的身上是不存在的。

这些富有、沉闷的哈布斯堡伯爵到底掩饰了多少自己傲慢痴狂的野心？也许正如亚当·万德鲁兹卡所说，在家族崛起之处兴建的家庭小教堂模仿的是查理曼（Charlemagne）位于亚琛（Aachen）的大教堂，从中我们看到该家族在创立伊始“就藏有对皇权的渴望，也说明了家族在11世纪初时的重要性和自信”。[18]当然，两个世纪后，科尼希斯费尔登修道院教堂变成了这个王朝的精神圣地。没有哈布斯堡家族的成员可以愉快地接受“世界奇迹”的名号，即使是建立了“日不落帝国”的查理五世（Charles Ⅴ）也无法承担这个名号。早期的哈布斯堡家族并不想让世界震惊；他们寻求的是隐藏的权力。

* * *

那个在1218年被皇帝腓特烈认作教子的孩子，成了这个大家族里第一个拥有超越忠诚朝臣身份的人。年轻时代的鲁道夫就因“进取精神”而闻名，他的功勋也填满了家族史。鲁道夫身材瘦长，头发稀疏，头比较小，有着宽阔的肩膀和一个贵族模样的大鼻子；这样的他站在人群中显得格外突出。家族的历史学家都竭力强调他的军事才能：他在 22 岁继承财产时，已经是一个技术熟练、足智多谋的战士，“善于摔跤和赛跑，精于马术，标枪投掷技术优于他人，拥有无穷的力量和活力，同伴与他不可同日而语”。但无论致颂词者说他如何善于夜间突袭，如何大胆占领城镇和城堡，他恐怕都很难当得起后世的哈布斯堡家族给他的称号——“奥地利皇室的伟大缔造者”。[19] 但他无疑创造了属于自己的财富。他从 1240 年死于十字军东征的父亲阿尔布雷希特（Albert）那里继承的遗产份额，只有阿尔萨斯（Alsace）的一些土地，以及布鲁格、穆里和“鹰堡”周围的地区。没用几年，他便扩大了自己的领土，当然很大程度上是从自己的家族中取得的，因为哈布斯堡家族的传统是分割继承。他甚至大胆地索要他的叔父——基尔堡伯爵（Count of Kyburg）的土地。他的叔父乃是当地名流，完全有办法碾死这个傲慢的晚辈。但鲁道夫却以自己独有的方式，用纯粹的精力和决心冻结了他人的意志，迫使基尔堡家族低头认输。有时他会做得更过分，比如他夜袭了巴塞尔并放火烧毁了一座女修道院，因此被教皇逐出教会。但几年后他又被解除了教皇禁令，甚至可以和他的叔父和平相处。

所有记录都强调鲁道夫为人温和、坦率而和蔼。他的亲切友好和真诚谦卑毋庸置疑，但他也有强硬的一面，威慑着站在他面前的人。对持有曾属于自己母亲的领土的斯特拉斯堡主教，他友好地提供援助，但同时要求其返还那些领土，说毕竟那只是主教巨大财产中很小的一部分。主教断然拒绝了他的请求，而鲁道夫平静的答复带着几个世纪的寒意：

> “既然你不领受我的诚意，更愿意去冒犯你的朋友，而不是去安抚他，那么哈布斯堡的鲁道夫不再是你的盟友，而是将成为你最顽固的敌人。”他将手放在自己的剑上，补充道：“只要我还是这武器的主人，你或任何其他人都不能夺取我从母亲那里继承来的疆土。既然你违反了一切正义的原则，占有了别人的财产，你就很快将失去自己的财产。”

鲁道夫兑现了他信中的威胁。1259 年，他占领了斯特拉斯堡，驱逐了主教，没收了他所有的剩余土地，并对其展开了无情的追捕。不久后，主教就死了，有人说是鲁道夫亲手击倒了他，但无史料可查。新的主教很明智，立刻同意了鲁道夫之前的要求，并且进献大量赎金以赎回哈布斯堡伯爵之前占领的城池。鲁道夫接受了他应该继承的领土，但拒绝接受赎金。他将科尔马（Colmar）、米卢斯（Mülhausen）和下阿尔萨斯还给了主教，成功地化敌为友。

骑士风度通常有着强烈的文学色彩。这种风度是人们在伟大的人物身上期望看到的美德，但也有许多平实的记录会提到这一风度，尤其是关于鲁道夫的记载。如果我们丢掉一些英雄主义色彩，慷慨解囊、步步为营、说话云淡风轻却足以震慑人心的鲁道夫绝对是骑士风度的代表。其实，很难将英雄主义和骑士风度区分清楚。鲁道夫的一些特质，如简单、亲切，也经常被用来评论查理曼。[20] 鲁道夫和查理曼的共同点被后世的哈布斯堡史学家反复强调。但鲁道夫采取行动时的冷漠和步步为营并不是君主的传统属性。历史记载中，鲁道夫不止一次“化敌为友”，然而这种友谊多少带些恐惧的成分。得知鲁道夫被选举填补德意志王位的空缺时，巴塞尔主教的回应——“上帝啊，请坐稳啊，不然鲁道夫就会占据您的宝座”——往往被看作讽刺的颂词，但其中隐隐藏着些担忧。

选帝侯们在皇城法兰克福会面，经过一番争论，终于在 1273 年 10 月的第一天将宝座授予了哈布斯堡伯爵。这是经过细致考虑做出的微妙抉择。他们不想再创造出一个主人，担心再出现一个腓特烈二世。但他们也不想要一个极为软弱的君主，从而被法国国王那样强大的外部统治者干预内政。他们最终得出结论，哈布斯堡的鲁道夫可以满足他们的一切要求。鲁道夫当时已经 55 岁，似乎不太可能再统治几年了。而且他同任何选帝侯都没有矛盾，事实上帝国的总理大臣美因茨大主教在其罗马之旅中曾受益于他的庇护和好客。人们都知道在夺回母亲遗产的时候，他多么光明磊落地对待了斯特拉斯堡主教。他对世俗的王侯们一视同仁，对他们来说也不存在什么明显的威胁。只有波希米亚国王奥托卡·普热米斯尔（Ottokar Przemysl）这位霍亨斯陶芬王朝的后裔极力反对鲁道夫当选。但奥托卡被排除在了选举团之外，他的声音不带有决定性的分量。相反，他还破坏了自己的候选资格，因为没有任何一个德意志的王侯想要如此强势的皇帝。当时没有人预测到鲁道夫能统治帝国达 17 年之久，且威望不断攀升。

当升迁的消息到达时，鲁道夫因为与主教关于土地和位次的长久争端正在围攻巴塞尔城。史料记载鲁道夫对自己的好运气表示了惊讶，然后表现出极大的谦虚和谨慎。我们有理由相信他的惊讶是表演给公众看的，因为他知道普法尔茨伯爵（Count Palatine）一直在积极主张他的当选。但无论是不是伪装，他的第二反应都非常高明。这位候选的“罗马人民的国王”立即向正在里昂主持教会大会的教皇格里高利十世（Gregory X）提交了一份卑微的申请。鲁道夫作为教会恭顺的孩子，去寻求教皇对其任命的批准，并承诺将带领欧洲进行十字军东征。教皇的许可令到来，新国王可以宣称他同时得到了德意志人民和上帝在世上的代理人的支持。两年后，教皇与新皇帝[21]在洛桑进行了一次会晤，且被大肆宣传。两个多世纪以来教皇和皇帝之间的激烈冲突似乎以教皇的绝对胜利结束了。新皇帝似乎不太关心他的前任们奋力维持的皇权。而其他候选人中，只有波希米亚国王奥托卡仍决心破坏鲁道夫的升迁，拒绝接受选举结果，并且与新皇帝竞争，试图吞并奥地利公国。这个帝国东部的边区毗邻波希米亚，自从巴本贝格王朝的最后一个公爵于1246年去世后，爵位一直空着。[22]波希米亚国王娶了公爵的遗孀，将公国作为嫁妆收入自己账下。而他后来与前公爵夫人离婚时，仍然保留了公国并享受其财产收入。无论是否有权享有这一切，奥托卡的确是著名的战士，其主力军队驻扎在东欧，他在布拉格的宫廷显示了其持有巨大财富。鲁道夫的第一个任务是在东端领土上重振帝国的权威；如果输给奥托卡，他的统治也将随即结束。

很显然，奥托卡只将鲁道夫看成选帝侯们为了打击自己的合法野心而推举出来的傀儡皇帝。鲁道夫没有展开公开的敌对行动，尽管波希米亚国王毫不掩饰自己对“穷酸伯爵”的鄙视。他记忆中的鲁道夫还是那个曾在他征讨波罗的海一个部落的战争中为他打仗的穷小子。皇帝听取了帝国律师的建议，发出一个邀请，要求波希米亚国王出席帝国会议（Imperial Diet），为他所获得的东部土地宣誓效忠。这是礼节性的程序，如果当时奥托卡应召出席会议，鲁道夫很难拒绝授予他东部的封地。事实上，没有任何迹象表明他会保留公国，因为奥托卡的索取优先于其他索取者。也没有任何证据显示鲁道夫决心与波希米亚国王开战，以扩充自己的家族财产。鲁道夫的想法可能正好相反，因为从当时的情形看，如果开战，鲁道夫肯定敌不过东欧的联合部队及那位著名的战士。

奥托卡没有回应第一次召唤，为其维尔茨堡（Würzburg）的领土宣誓效忠。当再次被奥格斯堡的帝国会议召唤时，他依然没有出现，不过这次他派了一名使者说明情况。塞考主教（Bishop of Seccau）作为波希米亚国王的发言人，用拉丁语宣读了他冗长而复杂的致辞，鲁道夫打断了他："主教，如果你要高谈阔论，讲你的教会，你完全可以使用拉丁语；但当你谈论我的权利及帝国王侯的权利时，为什么还要选用一种这里绝大多数人都不能理解的语言？"鲁道夫"庄重的斥责"达到了他想要的效果，成功地"激起了与会人员的愤慨不满，各王侯，尤其是普法尔茨选帝侯，从座位上跳了起来，而且似乎没有人要阻止他们使用暴力"。[23] 主教见情势不妙，找个借口匆匆离开，回到了他布拉格的主人那里。

鲁道夫总是被形容为善良、不易发怒、谦虚、虔诚。但历史记载向我们展示的（也许背乎记载者的本意）却是一个有着精明政治手腕的人。在奥格斯堡，他选择在恰当的时刻打出了一张

“德意志牌”，因为他知道自己当选的部分原因是帝国内部在连续几代外国皇帝后（如康沃尔的理查，Richard of Cornwall）渴望一位真正的德意志统治者。尽管他本人可以与教皇和平相处，但帝国内部反教皇的情绪依然强劲，他适时地将教会的语言同诸侯的德意志语言对立起来，从而达到了他所期望的结果，同时也表达了对奥托卡的拒绝。几乎所有人都支持他，他带领着3000人的重装骑兵向东挺进奥地利，去解决那片土地上的争端。他沿着多瑙河的南岸前进，到达维也纳并马上包围该城。被剥夺了权利的奥托卡火速赶往南面救援。当得知帝国军队的规模和实力时，他意识到了鲁道夫要对他执行法令的决心，很明显他现在很危险。所以奥托卡决定求和，派使者到鲁道夫处，迅速达成协议。

> 11月25日，既定的致敬日子，他在大批波希米亚贵族的护送下渡过多瑙河，来到鲁道夫的营地，在诸侯面前被神圣罗马帝国皇帝接待。带着无论如何也无法隐藏的阴沉表情，他垂头丧气地正式宣布放弃其在奥地利、施蒂利亚、卡林西亚（又译作“克恩顿”或“克恩滕”）以及卡尼奥拉的头衔，跪在地上向他的对手致敬，并按照传统的仪式从皇帝那里得到了波希米亚和摩拉维亚职位的授权。

从任何角度讲，这都是合理、体面的解决方式。波希米亚国王为领地宣誓效忠，其职权得到确认。协议得到了最有效的保证——哈布斯堡家族和奥托卡一脉的联姻。

事实上，波希米亚国王并不想固守协约，他唯一的目标是撤销神圣罗马帝国对其施加的禁令。一旦摆脱这个诅咒，他就准备再次攻打他的哈布斯堡敌人。安全回到布拉格后，他撕毁了联姻计划，拒不承认协约，他声称协约是在胁迫下签订的。他召集盟友和封臣同他一起与暴发户哈布斯堡伯爵在战场上展开最后的对决。奥托卡的联盟和领地从波罗的海一直延伸到亚得里亚海岸，在 1278 年的夏天，整个东欧似乎都在蠢蠢欲动。奥托卡召集组建的与其说是一支部队，倒不如说是一个部落；与鲁道夫率领的德意志骑士相比，奥托卡的部队五彩缤纷，“野蛮未化”。穿着黄衣的塞克勒人长发披肩。鞑靼人和罗马尼亚人戴着宽檐的猞猁皮帽，大多数人手持短弓、军刀或者东方的长矛，骑马挺进布拉格。不断壮大的军队中又加入了立陶宛骑兵，他们将手中的长矛掷向敌人时准度惊人。波兰人戴着奇怪的圆锥形头盔，抬着镶嵌着铆钉的沉重木盾。有记录记载，共有超过 3 万这样的“野人”响应了奥托卡的召唤。6 月末，奥托卡朝南向多瑙河和维也纳进军。

955 年 8 月，鲁道夫最著名的一位前任奥托大帝（Otto the Great）在奥格斯堡附近的列希菲德迎战了东面来犯的军队。三个世纪后的 1278 年 8 月 26 日，鲁道夫将战争带入敌人的领土。黎明时分，德意志人的军队站在马奇河（奥地利名称是 March，意为流入多瑙河的支流）旁被称为马希费尔德的平坦湿软的地面上。在帝国的黑色鹰旗和鲁道夫自己的红狮子军旗旁[24]，一位身着长袍的十字架执事高举着基督的象征。当然，双方都是基督徒，但正如与异教徒匈牙利人在列希菲德战斗的奥托大帝宣称自己得到了神的庇护，鲁道夫也将这场战斗变成了信仰之战。战斗打响之前，双方穿着盔甲的士兵隔着狭窄的草地互相嘲弄对方。波希米亚军队的捷克人高喊“布拉格，布拉格”，而帝国军队则高喊“罗马，罗马”“基督，基督”。一些骑兵用剑击打着盾牌，一片嘈杂。但喧嚣之上，巴塞尔主教及他的司铎和辅祭用德语吟唱着赞美诗：“神圣的马利亚，母亲和少女，愿你担当我们的悲伤。”声音依稀可闻。之后，帝国的骑士们也加入齐唱，嘹亮的胜利赞歌响彻天地，双方策马扬鞭，在喧嚣中展开厮杀。

混乱场面的背后，双方的普通士兵都在旁观，几乎没有参加战斗。在第一阶段，鲁道夫的佛兰德斯投石兵将石头用索具砸向对方战线，奥托卡的库曼人和萨尔马提亚人则一齐发箭反击。但一旦战争打响，这几千名士兵就成了观众，只不过波希米亚军队后方的马群因弥漫着的喧嚣之声和血汗气味而惊恐不已。接下来的早晨和下午早些时候迎来的是一场野蛮、狠绝的战斗，双方的披甲骑士实力相当。鲁道夫战斗在队伍的最前面，其带有皇冠的头盔和哈布斯堡红狮子标识极易辨认。

> 一些有着非凡力量和勇气的骑士，受到奥托卡奖励和承诺的激励，发誓一定要合力杀死或活捉罗马帝国皇帝。他们冲进鲁道夫率领的军队中……但鲁道夫早就习惯了这种战斗……他刺穿了对手的护面甲，将其摔死在地上。

然后，一个“身材壮硕、力大无穷”的图林根骑士一路砍杀冲向鲁道夫，将长矛刺向皇帝战马的肩部。鲁道夫从马上摔落到地上，敌人的弓箭如雨点般射向他。一个奥地利骑士看到鲁道夫从马上摔了下来，及时冲过去挽救了皇帝的性命。下属马上又找来一匹战马，鲁道夫上马并重新召集军队，士兵们呼喊回应，继续冲向波希米亚战旗。有一刹那，战斗似乎停滞不前；然后，波希米亚人和他们的盟友似乎突然失去了抵抗能力。他们如退潮般开始远离战场，很快变成了溃败，匆忙撤退的骑兵撞上了自己后方的轻骑兵和步兵。

奥托卡的“勇猛不亚于”鲁道夫，但最终被一个跟他有仇的奥地利贵族砍倒，被剥得一丝不挂。败军残部被胜利者不断追赶，要么被俘虏，要么被劈碎，其余的则在试图渡过马奇河时淹死。这是一场史诗级的战斗，有着莎士比亚作品的高度，吸引了奥地利剧作家和诗人弗朗茨·格里帕泽（Franz Grillparzer）。他的戏剧讲述了国王奥托卡的生平和死亡（写在拿破仑逝世之后），巧妙地运用鲁道夫这一主题评论了哈布斯堡家族后来的伟大。[25] 在最后一幕的结尾，皇帝下令将波希米亚国王的赤裸尸体“以皇帝的规格埋葬”，他

如同一个孤独而悲惨的乞丐般死去
……让他庄严地躺下吧
直到他回到先祖身边安息

然后，在最后一个场景中，鲁道夫看着跪在自己面前的两个儿子，对长子说道：

要坚强而伟大。光耀你的种族和家族，
使它延展到四面八方，

让哈布斯堡的名字像星辰一样璀璨！
站在兄弟的身旁，给予他支持。
你如若因为傲慢而迷失方向，
傲慢地统治，那么抬起头来，
想想这个躺在这里的自负之人，
上帝会惩罚罪行，
奥托卡的所有罪行，他的崛起和堕落……
我向你致敬，这是你的土地，
如惊雷般在空中回荡：
万岁，奥地利的第一个哈布斯堡国王，万岁，哈布斯堡，
万岁，万岁！
万岁，奥地利
永远的哈布斯堡，

我们今天看到的所有关于鲁道夫的描述——他在奥格斯堡会议上的讲话，他在马希费尔德战场上的坚毅和勇敢，以及之后发生的一切——都兼具真实性和理想化色彩。[26] 哪些是历史上的鲁道夫，哪些又是理想化的鲁道夫？几乎从一开始，在他死后的几十年里，他变成了一个象征。“哈布斯堡太阳的微笑光芒万丈[27]/ 我们践踏过的草地因为阳光而再次变绿”，格里帕泽写道。[28] 这种神秘化的过程在关于鲁道夫和神父的传说中表现得再明显不过。在这个故事中，皇帝外出狩猎，在一个村庄里遇到了一位正背着主走向垂死之人的神父。皇帝驻足下马，坚持让神父骑上自己的马，穿过洪水过后湍急的土褐色山间溪流。据传，鲁道夫说：“我主和我救

主的仆人在徒步，我怎么能骑马呢？”穿过溪流之后，他将马赠予神父，因为（他说）他不能将载过主的马匹再次用于战争或狩猎。[29]这个故事的第一个版本出现在鲁道夫死后的50年间，这个时期的哈布斯堡家族正处于低谷。这个故事不断被传颂，一直在画作中出现[30]，强有力地表明了哈布斯堡是得到了神的恩赐的家族。他们失去了帝国，且四面受敌。这个故事呈现的是一种血统，来自家族缔造者同时也是大英雄的血统，他始终将服事上帝摆在自己的目的之前，言外之意，总有一天，上帝将眷顾这个家族，要保持耐心。

但这个故事还有更深的寓意。1264年，教皇乌尔班四世（Urban Ⅳ）创立圣体节（Corpus Christi）作为教会的主要节日之一，耶稣的身体“成为”圣餐上的饼。通过鲁道夫和神父的故事，哈布斯堡家族在耶稣的身体和自己的命运之间建立了联系。哈布斯堡家族的后代将这一节日看作自己的特殊节日。从鲁道夫开始，哈布斯堡家族就宣示了对圣礼的特殊尊敬。直到6个世纪后哈布斯堡家族统治的最后，大部分的皇帝都尽职尽责地完成圣体节的年度庆祝活动。[31]皇帝弗兰茨·约瑟夫的副官冯·马尔古蒂男爵（Baron von Margutti）描述了基督圣体节在20世纪时是如何庆祝的：

> 早上的第一件事是，皇帝从霍夫堡皇宫出发……乘坐由6匹马牵引的皇家马车……大公则乘坐由4匹马牵引的皇家马车，行在皇帝之前……这些马车——玻璃和黄金交相辉映——华丽的马具和马饰——卓越的西班牙良马——车夫、骑马侍从、马夫身着黑色镶有金边的洛可可风格外套、白色长袜、扣带鞋，

巨大的三角帽下戴着假发……帽子上饰有金色织物和鸵鸟羽毛。

在圣斯德望大教堂望过大弥撒之后，皇帝步行穿过这座城市的街道，以显示自己的谦卑：

> 游行队伍由全体奥地利和匈牙利的骑士团领导，按等级和军龄顺序排列。后面跟着神职人员，由枢机主教在华盖下**手持圣体**（粗体为笔者所加）。皇帝紧随其后，脱帽，手捧一支点燃的蜡烛。皇帝的后面跟着大公、职位较高的政要、市长及维也纳市议会人员，另外还有一些团体人员跟随。游行队伍蜿蜒穿过凯隆特纳大街、奥古斯丁大街、诺伊尔市场、罗波克维茨广场、迈克尔广场及壕沟大道。

也就是说，游行队伍穿过了旧城的整个中心地带，将皇帝作为圣礼的第一仆人展示给大家。“在诺伊尔市场、罗波克维茨广场、迈克尔广场及壕沟大道都建有露天祭坛……在这些地方会宣读福音书。回到圣斯德望大教堂后，完成祝福仪式……回到霍夫堡皇宫。”马尔古蒂将其描述为“有着几个世纪传统的仪式，足以令世界惊叹”。[32]

在其继承者的眼中，鲁道夫是哈布斯堡王朝第一个虔诚的模范。他在加冕为神圣罗马帝国的新皇帝时，没有象征世俗权力的权杖，于是他从主祭坛上取下一个十字架并宣布：“这是救赎了我们乃至整个世界的标识，让它成为我们的权杖吧。”[33]这一姿态表明了皇室和教会的统一。在哈布斯堡家族史学家的笔下，他传奇人生中的每一个元素都被精心安排来支持这一中心主题。同查理曼一样，德意志民族的第一个皇帝率领他的军队赢得了伟大的胜利，带来了和平与安定。用当时一位编年史家的话讲：

> 放荡的贵族听到他的名字感到恐惧，勤劳的人民听到他的名字变得欢乐。光明总是浮现于黑暗中，走出了战争和荒凉，人民迎来了和平与安宁。农民经历长时间的中断后重新开始耕种，从前害怕抢劫不敢出门的商人自信而安全地穿越这个国家，曾经在光天化日下游荡的强盗和土匪现在躲在丛林和废墟中。[34]

1291 年，73 岁高龄的鲁道夫认为死亡将近。他人生最后的目标就是让他尚在人世的儿子阿尔布雷希特被选为罗马人民的皇帝，但这个目标并没有实现。选帝侯们则推诿搪塞，因为这时的他们已经不像 1273 年选举贫穷的哈布斯堡伯爵时那样，希望一个新的强大王朝掌控帝位了。他们忠诚地宣布，不能同时有两个皇帝坐在宝座上。但事实却是，他们对阿尔布雷希特的恐惧远超对鲁道夫的惧怕：阿尔布雷希特同他的父亲一样精力充沛、有政治智慧，但是却没有鲁道夫的温和风度。鲁道夫在战胜奥托卡后将奥地利授予了阿尔布雷希特，而阿尔布雷希特公爵对贵族和对庶民一样施加着高压统治。从他的外表也似乎可以看出些端倪。鲁道夫俯视着他的臣民，是一个英俊的男人，浑身充满魅力。阿尔布雷希特则长得黝黑、结实，在一次战斗中还被刺伤了眼睛，空空如也的眼窝损毁了他的容貌，使他的脸部扭曲狰狞。他被世人称为“独眼龙阿尔布雷希特”。[35]

关于鲁道夫如何平易近人的故事有很多，比如讲述他如何深入民间，跟大家讲那个“调皮的鲁道夫”的故事，或是他如何接见并记起几十年前为自己战斗过的普通士兵。但是关于阿尔布雷希特，则没有什么温和、仁慈的故事可讲。他被认为是忠诚、尽职的丈夫，但是在其他场合则显得冷漠。所有的记载都说他坚定、精力旺盛、体力充沛。但一些记载则说“作为君主，他的性格傲慢、专横、躁动、贪婪，为光耀门楣不屈不挠，但却很少对他人展现出怜悯或正义的情感”。总之，阿尔布雷希特被认为“外貌粗野庸俗，举止粗暴不得体，性格阴沉内敛”，他的优点被忽视，缺点则因其身体缺陷而被夸大，一位瑞士历史学家有这样的激烈言辞：“美德在他身上也变成了自私。”在威廉·退尔（William Tell）的传说中，瑞士人反抗的正是阿尔布雷希特的“专制”：盖斯勒（Gessler）挂在柱子上命令瑞士人鞠躬行礼的帽子代表的正是阿尔布雷希特。

1291 年 7 月 15 日，鲁道夫在去往保存着早期皇帝遗体和纪念碑的施派尔（Speyer）大教堂途中，死于格尔梅斯海姆（鲁道夫曾经以他一贯的幽默方式开玩笑说，他打算去“看看他的前任”）。帝国一下子变得群龙无首。即便如此，凭借其“出色的才华”以及“强大的号召力”，阿尔布雷希特似乎是鲁道夫必然的接班人。但是，当第二年在法兰克福附近召开帝国会议时，人们对阿尔布雷希特的惧怕占了上风，因而选择了一个选帝侯的表弟作为新皇帝。阿尔布雷希特从自己的父亲那里学会了忍耐和狡猾，所以并未像奥托卡那样反抗诸侯的决定。相反，他欣然地承认了拿骚的阿道夫（Adolf of Nassau），但却在暗中密谋推翻他。他的耐心是有道理的，因为在推选新皇帝5年后，选帝侯们与自己选出的皇帝产生了纠纷，因此宣布废黜了阿道夫；阿尔布雷希特早就预判出了选帝侯的决定，亲手在格尔海姆战场上杀死了阿道夫。两军交战时，阿道夫策马奔向战斗的人群，直到与对手仅一剑之隔，然后要求和对手单挑。阿道夫在之前的打斗中已经失去了头盔，面对阿尔布雷希特时头部没有任何保护。怒斥对手后，阿尔布雷希特将长矛刺进了对手裸露的脸颊，将其挑落马下。拿骚伯爵被钉在地上，他的敌人从马背上跳了下来，用随身匕首完成了最后的任务。阿尔布雷希特不是鲁道夫，因此不可能像后者对待奥托卡那样体面地表示遗憾：阿尔布雷希特像杀小牛似的剖开了他的对手，再次站起来时，阿尔布雷希特的披风上浸满了敌人的鲜血。

1298年6月，选帝侯们不得不选立阿尔布雷希特为罗马人民的国王。他们对阿尔布雷希特的怀疑和恐惧后来被证明是有道理的。刚一上任，阿尔布雷希特就似乎做好了准备，要履行《圣经》里罗波安王的角色。罗波安王曾经对他的臣民宣称："我父亲用鞭子责打你们，我要用蝎子鞭责打你们。"阿尔布雷希特在亚琛的查理曼教堂加冕，并于同年8月在纽伦堡举行了登基后的第一次帝国会议。据说，会议"场面宏大，超过了以往所有的帝国会议"。他要把帝国推向新的高度，在下一个十年以哈布斯堡家族的名义稳步壮大德意志帝国，直到帝国成为欧洲的主导。他扩张领土的欲望似乎永无止境。每当低地国家（Low Countries，即尼德兰、比利时、卢森堡）或者波希米亚有封地空缺时，无论大小，阿尔布雷希特都会宣布占有该地，然后分配给自己的家族成员。对于阿尔布雷希特这一野心勃勃的主张，反对声越来越盛。帝国诸侯拒绝预选阿尔布雷希特的儿子——另一个鲁道夫作为下一任皇帝，同时试图阻挠他的开拓政策，因为这种扩张在扩大了哈布斯堡家族势力范围的同时威胁到了他们的利益。但一次又一次，阿尔布雷希特义无反顾地继续前行。

阿尔布雷希特的仇敌不仅来自世俗方面。他面对的教皇卜尼法斯八世（Boniface Ⅷ），比之前鲁道夫面对的任何一个教皇都要有城府、有决心。多年来，教皇和皇帝互相侮辱、争论，但最终，像他父亲一样，阿尔布雷希特找到了权宜之计。他宣布接受卜尼法斯的诏书《一圣教谕》（*Unam Sanctam*）中的条款，接受教皇的权威高于任何世俗君主的声明。《一圣教谕》可能是有史以来最著名的教皇诏书。此外，他还答应成为教皇的圣骑士，捍卫教皇的权威，并直接承认属灵领域对世俗领域的绝对权威。他认为，有了教皇的支持，他便可以在帝国内部更容易地推进自己的政策，甚至在帝国以外也会有效果。阿尔布雷希特对匈牙利、波兰以及瑞士山地野心勃勃，甚至在卜尼法斯八世威胁要将法王“美男子腓力”（Philip the Fair）开除教籍（并将其头衔和国土分给阿尔布雷希特）时，曾经一度觊觎法国王位。[36]

然而在1308年5月，这一辉煌的憧憬消失了。瑞士人接连的反叛让阿尔布雷希特震怒，眼见自己统治下的城镇和城堡不断被瑞士人占领，阿尔布雷希特决心要惩罚叛逆者。他召集他的骑士去往阿尔高，自己则在王后、年长的儿子利奥波德及其他儿子的陪同下，一齐去往家族城堡——哈比希茨堡。在他的随行人员中，有一个19岁的侄子约翰，那是他死去的弟弟唯一的儿子。阿尔布雷希特曾多次拒绝放弃约翰认为自己应该从父亲那里继承的土地。

在去往布鲁格的路上，约翰再次索要土地，言辞有些激烈，阿尔布雷希特则轻蔑地驳回了他的要求。据说阿尔布雷希特送给约翰一个野花做的花圈，并告诉约翰："花圈跟你父亲更配。"约翰跟他的伯父很像，个性阴沉凶暴，决定报复阿尔布雷希特当众侮辱他血统的行为。阿尔布雷希特和他的随行人员到达罗伊斯河北岸，目的地就在眼前，但河水水位很高，因此必须叫船摆渡一行人过河。约翰和4名同伴自告奋勇先过到河对岸，去通知城堡主人他们的到来。阿尔布雷希特由于急于到达城堡，只带了一个随从和几匹马过河，然后一路前进，将其余陪同人员留在了对岸。当他骑马缓行穿过田野，在哈布斯堡城堡的山脚下[37]与他的随从交谈时，叛逆者从身后突袭了他，其中一人抓住了他的缰绳。他的侄子一边大喊着："现在你会还给我遗产了吧？"一边刺伤了他的脖子。四个同伙一起上前，用剑和匕首杀死了他。"国王从马上坠落，浑身是血。他的儿子利奥波德及他的侍从眼睁睁地看着这样恐怖、残暴的行为发生在自己面前。当他们渡过河流时，发现国王已经躺在一个赶去帮忙的女人的臂中，死去了。"凶手，哈布斯堡的约翰，在这之后被称为"弑亲者约翰"（John the Parricide）。哈布斯堡家族对此久久不能忘怀，一直到15世纪，"约翰"这个名字才再次作为家族成员名出现。

* * *

阿尔布雷希特的死亡对哈布斯堡家族来说是灾难性的。他们建立一个王朝的希望破灭了。两位霸道的哈布斯堡统治者已经够选帝侯们受的了[38]，11 月召开的选举会议上诸侯并没有选择哈布斯堡家族的候选人——阿尔布雷希特的儿子腓特烈，而是选择了卢森堡伯爵（Count of Luxemburg）亨利。哈布斯堡家族再次坐稳皇位是 130 年后的事了。尽管在这期间，他们仍然是大土地领主，但阿尔布雷希特和鲁道夫那种无限广阔的扩张雄心受到了遏制。哈布斯堡家族的第一反应是报复所有参与谋杀阿尔布雷希特的人。4 名凶手已经逃走，但阿尔布雷希特的子女们对整个约翰一族执行了古德意志传统的“杀人罪”判决。那一天，利奥波德和他的姐姐艾格尼丝坐在台上，看着 63 个无辜的萨尔姆男爵的家族成员逐一被带到他们面前斩首。尸体在他们面前排成长排。头颅砍下、鲜血喷出的刹那，艾格尼丝疯狂大喊：“我沐浴在 5 月的甘露里。”她的家臣们阻止了她掐死另一个逆谋者尚在襁褓中的儿子。超过 1000 人倒在哈布斯堡复仇的血泊中。阿尔布雷希特的遗孀伊丽莎白，连同嗜血的艾格尼丝，决心为她们被杀害的家主建立一座永久的纪念碑。那就是科尼希斯费尔登修道院，这一修道院教堂在此后哈布斯堡家族身份的发展中发挥了重要的作用。[39]

失去了世俗帝国统治权后，哈布斯堡家族退进了一个想象的帝国中。被剥夺了实权后，他们在另一个层面上精心塑造自己的正面形象——在图像里，在建筑里，在彩色玻璃窗上，在符号和意象中。[40] 在这个神话创作的过程中，科尼希斯费尔登发挥了根本性的作用。伊丽莎白和艾格尼丝建造教堂的初衷是纪念被谋杀的阿尔布雷希特。按照传统，祭坛应该精准地设立在他去世的地点。但事实上，祭坛的选择很可能距离阿尔布雷希特死亡的地方还有段距离。教堂建造在巨大的罗马军团温多尼萨要塞上。城门遗迹、防御工事和道路都很显眼。遗迹的墙壁就裸露在最外面：存放阿尔布雷希特和他妻子及女儿尸骨的墓穴则嵌入古罗马的地基中，位于古巷道下方，掘开坚固地基颇费了一番周折。

为什么要选在这个地方？因为这里暗藏着和罗马帝国的联系。千辛万苦将修道院建在这里，难道不正是因为这里是不可否认的罗马起源吗？埋葬在地下的正是古罗马的过去。虽然哈布斯堡家族成员是被选为皇帝的，但家族成员都觉得他们的当选只是确认了家族天然被授予的执政权力。当后来的哈布斯堡家族成员鲁道夫四世（Rudolf Ⅳ，1358—1365 在位）宣称自己的宗族在帝国内有特殊地位时，给听者的感觉似乎是他们的古罗马祖先尤利乌斯·恺撒和尼禄将权力赋予了哈布斯堡家族。[41] 他的《大特权》（*Privilegium maius*）其实只是传递了这个家族一直以来根深蒂固的思想传统。[42] 这种抬高自己血统地位的做法在很多家族中都很常见，而对于哈布斯堡家族来说，这种做法似乎合理地诠释了鲁道夫和阿尔布雷希特的崛起和成功。正是现实世界中权力的丢失、被剥夺继承权的冲击，以及阿尔布雷希特的被杀，使得哈布斯堡家族撤退到这个想象的世界里。

科尼希斯费尔登纪念教堂非常大，但结构很简单：一个宽广的广场，中间有台阶通往地下室。矗立在周围的修道院建筑群中，它看起来好像翻过来的挪亚方舟。这里既有修道士也有修女，他们的职责是为阿尔布雷希特和他后裔的灵魂祈祷。在东面的尽头是一个小的圆形唱经楼，那里摆放着祭坛。祭坛上面以及周围，11 面彩色涂窗将唱经楼映射得光彩夺目。这一建筑被许多人看作中世纪最伟大的艺术作品之一。那些彩色玻璃窗通过教会仪式展现了哈布斯堡家族的形象。[43] 哈布斯堡家族成员的形象被画在描绘耶稣故事和圣徒生平故事的图像边上。在第四面彩色玻璃窗上，年轻的阿尔布雷希特公爵——被谋杀的皇帝之子——和他的妻子一起，与图林根的圣伊丽莎白（Saint Elizabeth of Thuringia）并肩而跪。第六面彩色玻璃窗上，是阿尔布雷希特的另一个儿子亨利公爵。在第八面彩色玻璃窗上，是奥托公爵和他的妻子，他们在圣方济各（St Francis）两侧保护，在他们头顶上是一排哈布斯堡狮子勋章。在第十一面彩色玻璃窗上，利奥波德公爵和他的妻子并肩而跪。描绘“哈布斯堡受难记”的彩色玻璃窗紧挨着描绘“基督受难记”的彩色玻璃窗，呈半圆形环绕着圣坛。

这一组彩色玻璃窗充满了与哈布斯堡家族相关的意象。在第三面彩色玻璃窗上，复活的基督展示着钉痕，跨过门槛走向坟墓。门槛下面睡着一个士兵，他的盾牌上有太阳图案的盾徽。复活的神子基督的形象与太阳有了关联，后来的哈布斯堡家族将太阳跟自己家族联系起来。图像的延展含义是在告诉人们，正是哈布斯堡家族——基督的精兵——守卫着坟墓中的神子，他们是基督复活的默默支持者。科尼希斯费尔登教堂传递的信息是，哈布斯堡家族是基督教世界的缔造者、支持者和保护者，基督教的最深奥义就围绕在这个家族周围。这些彩色玻璃窗表明了家族与信仰之间独有的关联。

科尼希斯费尔登教堂细长的柳叶窗引人注目，我认为这是对哈布斯堡家族希望维持的象征性关联的最早记录。[44] 这里成了焦点，家族里光荣的逝者都会被送到这里安息。所以利奥波德公爵和他骑士们的遗体被带到了这座教堂。大部分的彩色玻璃窗是在他的教堂葬礼举办前后造好的。直到森帕赫战役之前，这一教堂都还缺乏聚焦点。被谋杀的阿尔布雷希特没能被埋葬在为他设计的地方。他的遗体在科尼希斯费尔登教堂建造时暂时下葬，之后并没有转移至伊丽莎白的新教堂，而是被运往施派尔大教堂，同其他神圣罗马帝国皇帝一起安葬。烈士的教堂里缺少一个烈士，利奥波德正好填补了这一空缺。尸骨安葬后，利奥波德和他的骑士们出现在一系列纪念画作里，装饰着教堂和宝库的墙壁。在瑞士人眼中，他们是傲慢的暴君；但在家族祠堂里，他们是为神圣事业献出生命的殉道者。

科尼希斯费尔登获得了大量捐赠，吸引了众多的朝圣者，但本质上，它是一个家族的祠堂、一个王朝的见证。[45] 那么它对于哈布斯堡家族意味着什么呢？阿尔布雷希特和替代他的利奥波德是勇于献身的君王，为服务上帝和他们的血统光荣牺牲。他们周围的彩色玻璃窗上画的是其他殉道者，比如圣凯瑟琳（St Catherine）和施洗约翰（John the Baptist），两人都死于他人剑下，同阿尔布雷希特和利奥波德一样。这样的纪念，那些不住为亡者灵魂祷告的弥撒，是要提醒后来者。让我来打个有些牵强的比方吧。我相信在罗伊斯河岸发生的谋杀（在他的妻子和孩子们的面前）和森帕赫战役，对哈布斯堡家族来讲大致相当于侯赛因为伊斯兰教的什叶派分支殉道的英雄事迹：对他们死亡的纪念在不断地加强家族的王朝观念，明确着家族的独特精神。几个世纪以来，他们的故事被无数次地讲述，第一份这样的文献是《科尼希斯费尔登编年史》（*Königsfelden Cronik*）。但是，重要的精神品质总是一再被重述。因此，杀害阿尔布雷希特的凶手被描述为外貌丑陋、行径卑劣的人。事实上，“独眼龙阿尔布雷希特”才是面容丑陋的人。安息于科尼希斯费尔登教堂的利奥波德和他的骑士们，是骑士精神、十字军美德的象征。科尼希斯费尔登还体现了哈布斯堡家族的另一个观念：同基督、圣徒及殉道者一样，不幸使他们变得神圣。他们取胜，可以依靠信仰，依靠信仰教会的奥义，依靠退回家族传统的保护中。这种内在的韧性是家族在接下来的几个世纪里得以存续的关键。[46]

2

我们的事业

Cosa Nostra (Our Cause)

(1300—1400)

想到中世纪，就会想到家族的城堡和设防的城镇。它们似乎无处不在，在手抄本中精致的插图（特别是在与哈布斯堡家族斗争的瑞士人的编年史中）、木雕、画作等各种装饰物中都可以看到它们。简单的农村塔楼，坚固的法国中部防御乡镇，还有巴塞尔和巴黎等城市周边的复杂防御工事，无不表明那是一个危险重重的世界。放眼欧洲，坚固的高塔或墙壁往往是唯一的生存保障。地方性的战争阻碍了人类的发展。

11 和 12 世纪，战争肆虐，导致妻离子散，家破人亡，同时也严重地破坏了贵族生活的环境。由于害怕从低处发射的武器或是被敌人利用云梯攻击，人们被迫躲进没有几扇窗户的塔楼里。为起到御敌作用，地面的城门被封死，只留下距离地面大约 18 到 26 英尺的狭窄入口。为通过入口，人们不得不爬上可移动的梯子或摇摇欲坠的楼梯。[1]

在更为荒凉的匈牙利和苏格兰边界，这种情况更是生活的常态。但到了 14 世纪，欧洲大陆上像布鲁格镇的哈布斯堡这种不大起眼的城堡，已成为那个野蛮年代逝去的记忆。

城堡越来越多，越来越大，越来越精致。出现了许多大型堡垒，比如爱德华一世（Edward Ⅰ）在威尔士建造的防御链，苏瓦松伯爵的库西城堡（Coucy-le-Château）镇，英王理查一世（Richard Ⅰ）在诺曼底建造的盖拉德城堡（Château Gaillard），这些不仅仅是军事建筑，正如罗伯塔·克里斯特（Roberta Gilchrist）所说：空间决定了人们在何时及如何见面、工作和交流。空间成为表达个人身份以及社会群体之间界限的地图。[2] 同大教堂一样，军事建筑表达了社会秩序的本质。事实上，到了 14 世纪，它的军事功能已经是次要的了。[3] 城堡变成了权力的象征，而不再是战争武器。无论城墙多么坚固，塔楼多么高耸，城堡真正的威慑力其实在思想层面。几乎没有统治者或领主愿意去围攻城堡。如果一个城堡没落，往往是因为内部的政权颠覆和背叛行为。

建造城堡是一种政治行为，是一种权力的声明。堡垒方圆数英里，仿佛有无形的栅栏包围、控制着其中的土地。然而，与很多大家族不同，哈布斯堡家族建造的城堡寥寥无几，在幅员辽阔的大地上并未留下几座地标。利奥波德的前任，他的哥哥鲁道夫四世被称为“缔造者”，因为他以新哥特式风格重建了维也纳的圣斯德望大教堂（因此保住了其大教堂的地位），他还给这座城市一所大学。他的一族也建造了其他修道院和城镇，并且美化了他们的公爵宝座——因斯布鲁克（Innsbruck）或格拉茨（Graz）——以与他们的新地位匹配。但是除此之外，他们几乎没有留下明显的痕迹。其他许多财富无法同哈布斯堡家族媲美的贵族的宅邸，则建筑规模巨大。神圣罗马帝国皇帝、波希米亚国王查理四世（Charles Ⅳ）建造了一个新的城市——布拉格，去挑战西欧竞争对手的中心城市。相比之下，哈布斯堡家族的沉寂，他们表面上的反应迟钝就更为突出了。阿尔布雷希特一世突然被害所带来的震惊难道给家族带来了如此严重的精神创伤，以至于整个家族直到15世纪末年轻有为的皇帝马克西米利安（Maximilian）出现之前，都陷入了一种麻木状态？沉沦，然后崛起，平步青云，这正好同马克西米利安的自我认知相符——真正的骑士精神，典型的皇帝气度。

* * *

我们现在进入了一个幻影的世界，一个信仰的力量无所不在的世界，在这个世界中，一些君主（被认为是）被基督亲手膏抹了圣油。[4] 这是一个想象的力量超越刀剑力量的世界。现代人可能永远无法跨越这一鸿沟去理解当时的世界。在我们眼中，带有真十字架上一枚钉子的圣矛（Holy Lance）只不过是一个残破的矛头，上面缠了银线，其破损的各个部分用皮套束在一起。据说曾经盖在死后的基督脸上的圣布看起来只不过是一块粗糙的染色织物。但这些图腾般的文物中所蕴含的力量和权威是无法估量的。信仰的力量可以创造奇迹：只要站在圣物的旁边，一个人的未来就能改变。在这样一个世界，在这样一个背景下，稳步搭建哈布斯堡家族的无形力量有其明确的目的，因为这可以赋予家族一个无可比拟的武器，一座敌人永远无法征服或颠覆的“无畏城堡”。

这种无形保护的构建和扩展同真正的防御工事的搭建相似。事实上，如果真像许多现代作者认为的那样，一座城堡在人们心中的力量同它在地面上的力量一样，那么这种类比是很恰当的。城郭是一点点扩建的，新的塔楼、新的城墙、新的吊桥、护城河等等。照样，哈布斯堡家族一步一步地美化着自己的神话起源及仅存的公国，这是一项复杂且需要很多想象力的历史任务，起源故事一部分基于家族本身的传统，另一部分则传承自与霍亨斯陶芬王朝紧密相连的巴本贝格的奥地利公爵的传统。渐渐地，新的故事出现，暗示着是上帝将帝国赐予了鲁道夫，作为对他圣洁的内在品质的天然认可，似乎一切都是事先早已安排好的。阿尔布雷希特的殉难，同科尼希斯费尔登教堂里关于施洗约翰的描绘一样，预示着家族的伟大未来。鲁道夫和阿尔布雷希特是真实存在过的皇帝，如同他们的“祖先”圣查理曼一样，彰显着家族的高贵地位。通过其与基督圣体的密切关联，鲁道夫也被认为是神圣的。[5] 渐渐地，这个家族开始坚信，他们既然有这样的美德，帝国就应属于他们。只要上帝愿意，皇帝的宝座就会重新回到家族手中。

同中世纪的许多理论一样，这样的理论与现实发生了碰撞。鲁道夫一世（Rudolf I）的伟大，阿尔布雷希特的殉道者光环，以及后来利奥波德公爵在森帕赫的壮烈牺牲，这些是所有哈布斯堡家族成员生来就有的属灵遗产，是这一奥地利家族的共同财产。然而，哈布斯堡家族这些刚创造出来的关于自身命运的说法没有得到来自其领土外的任何认同：对鲁道夫的崇拜，甚至是原有的对巴本贝格的“好人利奥波德”（Leopold the Good）的尊崇，仅限于其领地内，或者说仅限于哈布斯堡家族内部。如何将这一内在的宿命感放进现实的政治世界里，是家族需要解决的问题，也正是缔造者鲁道夫四世发表《大特权》的目的。习俗和记忆在法庭上也许是可以接受的，但没有什么比书面文献更有力度。奥地利公国的创始宪章是一组被称为“小特权”的特权集合，由皇帝“红胡子腓特烈”（Frederick Barbarossa，Barbarossa 音译为“巴巴罗萨”，意为“红胡子”）在 1156 年授予巴本贝格家族。这在一定程度上使奥地利公国具有了独立性，也成了后来声明的基础。如此重要的文件竟然缺少金印或教皇印玺，而是用的普通蜡封。甚至当鲁道夫的大法官法庭按照传闻试图在克洛斯特新堡（Klosterneuburg）修道院寻找该文件时，竟找不着。最终，在维也纳的巴本贝格家族档案中找到了这一文件。

也许这一放错地方的宪章会让人想到，如果一份重要的文件不翼而飞，那么也许其他同样重要的材料也已经丢失了。带着这种想法很容易就会想到要“换掉”错放的文件。迈克尔·克兰奇（Michael Clanchy）讲到了发生在英国的类似事件，他指出，如果有些重要的契约或文件丢失了，而这些文件又能得到口头证据的支持，修道院往往就会制作出相应的文件，以此“证明上帝对人的安排”。[6] 鲁道夫的《大特权》往往被视为对事实的大胆修饰，甚至是赤裸裸的伪造。这种判断没有抓住重点。在《大特权》中，哈布斯堡家族并不是在索取新的权利和特权。他们寻求的是公众对其家族独特地位的永久承认。在他们眼里，家族的独特地位已经存在，不需要任何批准。当皇帝查理拒绝下达圣旨推行该法令时，在哈布斯堡家族看来这是在颠倒黑白，根本不会影响他们的信念。用法律的语言讲，他们索取的是权利，不是恩赐。因此，奥地利公爵表现得好像《大特权》早已经写入了法律一样。举一个简单的例子，鲁道夫声明了自己佩戴王冠的权利，并仿照帝国皇冠制作了王冠，他将此看作将自己和继任者同帝国其他王侯区分开来的外在标志。皇帝要求这一形象不得出现在硬币上或公众视线内，但鲁道夫显然没有遵守。[7]

史学家对查理四世向来善待有加。无论他的行为有什么问题，都一向被认为有其崇高的动机。事实上，他所担心忧虑的与哈布斯堡家族没什么不同。不论家族多么强大，皇位的继承都需要依靠选举，卢森堡王朝曾不止一次失去皇帝宝座，因此他也会担心再次失去皇帝称号，让家族落入敌人之手。[8]皇帝总是比公爵更容易巩固自己的家族势力。查理四世的崇拜者认为，在1356年的《金玺诏书》（*Golden Bull*）中，查理试图结束关于谁有权选择神圣罗马帝国皇帝的长年争吵。同时，他制定了新的政府条例，规定了各帝国官员的职责和权力。但比这些更重要的是，他在试图保护他的家族和他们的地位。他自己的波希米亚王国的地位经常受到质疑。现在，《金玺诏书》的第四条规定波希米亚被奉为帝国的一个选帝侯国。从此以后，波希米亚国王将坐在皇帝的右手边，地位高于帝国的其他诸侯。[9]因此，在未来的选举中，卢森堡家族都不会被排除外在外。《金玺诏书》提高了波希米亚的地位，却忽视了奥地利公爵的请求。更糟的是，公爵和他的哈布斯堡家族显然被永久排除在德意志的王侯圈之外。

他们的地位一直很不确定。无论是哈布斯堡家族还是之前的巴本贝格家族的奥地利公爵，都没有出现在选帝侯名单中。但是他们认为自己的地位同波希米亚国王是平等的，强烈要求皇帝给予承认。他们在历史上贡献了两位神圣罗马帝国皇帝。而且，他们与霍亨斯陶芬王朝的联系（当然，这点比较有争议）包含着强烈的德意志爱国主义情怀。根据传说，“红胡子腓特烈”沉睡在山脚下，等待着在危难之际再次复活拯救德意志。《金玺诏书》[10]不仅威胁到了他们的政治地位，将他们降格为帝国次等统治者，而且打击了他们新产生的身份认同。[11]

今天的我们只能去猜测鲁道夫的动机和意图。文件确实存在，即查理四世的《金玺诏书》和鲁道夫的《大特权》，但我们只能摸索着推测它们的真正含义。故事主角的性格和态度都是朦胧的，不论是查理四世和他的儿子西吉斯蒙德（Sigismund），还是鲁道夫四世和他伟大的侄子阿尔布雷希特五世和腓特烈五世（二人帮助家族夺回了帝国皇冠）。即便如此，我们也可以从中做出一些合理的推论。特别是《大特权》这一事件，可以让我们窥见哈布斯堡家族的心态。《大特权》一书长期被嘲笑为明显的伪造，关于“特权”到底指哪些要求则缺乏足够的研究，因此只能进行推断。五段法令[12]的风格不同——最后一部分文件，鲁道夫向他的两个儿子发布的法令，甚至使用的是德文而非拉丁文，但《大特权》却试图建立一个前后一致的说法。不管它的真实性如何，它在构建哈布斯堡家族连贯的思想意识方面都发挥了关键的作用。[13]将哈布斯堡家族的权利从私人领域推向公共法令是一个大胆甚至鲁莽的举动。鲁道夫四世在这份赋予家族独有等级地位的书面声明上赌上了所有。

我们所知道的鲁道夫四世有着敢于冒险的无畏气质。在 27 岁英年早逝之前，他是那个并不算耀眼的家族里一颗闪耀的明星。在他短暂的一生中，他取得了自鲁道夫一世以来最伟大的成就。他知识渊博、涉猎甚广，

> 作为有着高尚情操和远大抱负的王子，他十分喜爱纹章和古物，并从中获得了独特的气质。他研究了古奥地利公爵已经发霉的记录，刻意地查阅了家族的档案，构建了恢复家族所有（前任所占有或声明的）特权和头衔的伟大工程。很早，他就开始使用新颖的工具、象形文字和神秘的文字作封印。[14]

对于他的真实意图或期望，我们只能猜测。然而，他做决定的时空背景却可以对我们有所启发。在 14 世纪中期的欧洲，口述传统还很盛行，但文字记载显然更有分量。一代接着一代口头传述传统习俗仍然占主导地位。法庭上的呈堂证供必须读出，哪怕有文本记录也必须如此。在见证人面前正式宣读出来之后，书面材料才具有正式效力。[15] 反过来说，书面文字一旦经口头或法律程序批准，便有了特殊的分量，因为它的存在本身证明了事件的真实性。正如杰克 · 古迪（Jack Goody）所说，书面记载绝不仅仅是将知识以一种方便可得的形式存储下来。“一旦被记载下来，‘习俗’就不可能再消失。因此，尽管书面记载大大增加了存储下

来的信息，并且从这个意义上讲增强了人类的智力潜能，但同时也使得消除信息变得更难。换句话说，删除代表着信息存储创新的另一面。”[16]陈述一旦经过宣誓，被记载下来，用帝国图章封印，在一定程度上就将变成永久存在的了；更重要的是，这等于获得了君主的批准。而记录一旦被铭记，就更难否认它的真实性和有效性了。鲁道夫试图实现的正是这一关键的过渡，从私人领域到公共领域。

在《大特权》中，鲁道夫——是他创作了《大特权》一书无疑[17]，因为他一直都沉浸在祖先的传统和历史中——结合了奥地利各地区领土的传统，巴本贝格公爵的家族关系和习俗，以及上文提到的哈布斯堡的家族神话。他努力把这三者从口述传统转变为正式的书面法律文件。正是在统筹编织这些论据的过程中，其他的猜想内容被加了进来——尤利乌斯·恺撒和尼禄的授权，以及作为他们直系后代的哈布斯堡家族享有这些权利。[18]这已经是一种成熟的政治论证了。鲁道夫的创新之处在于，他把这种联系引入哈布斯堡家族，把古罗马祖先、基督教美德和伟大德意志诸皇真正继承者的名号混到一起。鲁道夫把自己变为这一复杂混合遗产的化身。雅各布·富格尔（Jacob Fugger）在其《荣耀镜像》（*Ehrenspiegel*）一书中指出，鲁道夫使用了一个多面男子作为自己的个人标识。这是罗马神雅努斯（Janus，双面神）的传统形象。霍亨斯陶芬王朝的宣传者将雅努斯看作挪亚的孙子。这样一来，鲁道夫一下子把自己的祖先追溯到了历史的开端，这是早期的帝国拥护者已经铺好的路。“红胡子腓特烈”的宫廷神父维泰博的霍德弗里德（Godfried of Viterbo）在其《政权镜像》（*Speculum regium*）一书中，令皇帝颇为满意地证明了“德意志人和罗马人本是同根……德意志人和罗马人本是同族”。查理曼是第一个双重血统的化身，兼具古罗马血统和德意志血统，而哈布斯堡家族则是神圣罗马帝国奠基者的直系继承人。[19]

“缔造者鲁道夫”还试图索取——或者说是索回——一直空缺的头衔，其中对斯瓦比亚公国（Duchy of Swabia）的索要具有一定的合法性。这一头衔原本属于鲁道夫一世的小儿子，后来传给了他的孙子“弑亲者约翰”。但在约翰刺杀了皇帝阿尔布雷希特之后，哈布斯堡的后人没人愿意再提及这个肮脏的名字或是与之相关的头衔。[20]因此，在《金玺诏书》的第五条中，查理四世将斯瓦比亚公国的土地治理权分配给了普法尔茨伯爵。也就是说，他并没有否认哈布斯堡家族的这一头衔和权利，只是将其暂时搁置。因此，哈布斯堡家族——作为一个古老的斯瓦比亚家族，一个曾经拥有此头衔的家族，伟大的腓特烈皇帝的后人[21]——收回该公国的领地并非不合理。鲁道夫的索要并不仅仅是对莱茵河流域一块土地的索要。他宣称，哈布斯堡家族不仅仅是“红胡子腓特烈”领地的继承人，更是腓特烈所代表的伟大的德意志传统的继承人。这在他追加的其他头衔中表现得极为明显。“帝国狩猎之主”是霍亨斯陶芬治下的头衔，早已随着那个王朝一起埋葬了。如今，鲁道夫宣称，按照法律和习俗，自己是这个头衔的继承人，这将使他足以位列皇帝的右手边（就是查理四世在1356年的《金玺诏书》中赐予波希米亚国王的那个位置）。

鲁道夫的计划如此宏大，任何统治者见了都会犹豫。在《大特权》的条例下，皇帝的权力将被大幅度削弱。他将被禁止以任何方式干涉奥地利公国。公爵的统治只对上帝负责。皇帝必须屈尊去往公国授予公爵头衔，而不是公爵以谦卑的诸侯身份来到皇帝的朝堂受封。同样，公爵对帝国的职责也将大幅减少。在战争时期他对帝国军队的贡献义务本已受到之前1156年发布的《小特权》（*Privilegium minus*）的限制，而在《大特权》的条款下，这种义务将成为纯粹名义上的。甚至封地的授予都变成了一种形式，因为公爵在皇帝批准之前已经在卡林西亚被“选举”为公爵了。

从某种意义上讲，鲁道夫只是照搬了《金玺诏书》中的条款，把其中每一点中要求分配给选帝侯的权利，同样给予哈布斯堡家族。虽然他并没有要求在皇帝选举中扮演任何角色，但他宣称哈布斯堡家族在任何方面都与诸侯是平等的，甚至是高于后者的。通过尤利乌斯·恺撒和尼禄的“授权”，鲁道夫公开宣布哈布斯堡家族及奥地利公爵比德意志任何一位统治者都有着更为悠久、更为尊贵的血统。只有皇帝自己才被认为是罗马帝国的后裔，现在这一优越条件被鲁道夫打破，因为后者声称自己无论从血统上还是政治上都是罗马帝国的直系后裔，是恺撒甚至查理曼的继承人。这暗示着哈布斯堡家族的血统比查理四世尊贵得多。当然这层含义只能暗示，不能明说，但饱读帝国和教皇经书的读者不可能看不透这层含义。对此，我们恐怕只能接受阿方斯·洛斯基（Alphons Lhotsky）的观点：《大特权》反映了鲁道夫的“虚荣心”。但鲁道夫的说法其实只是反映了整个家族内部一直以来存在的信念。[22]

关于家族和公国古老传统和遥远起源的说法，很大程度上只靠口耳相传，但是却相当有分量。哈布斯堡家族充分利用了奥地利公爵的身份地位。公国相对来讲比较年轻，由 1156 年的帝国法令创建，但它继承了早期马奇领地的权利和传统，马奇最初是为抵御东面蛮族入侵而建造的堡垒。这种通过声明血统，利用潜移默化的影响索要甚至创造权利的做法并不是第一次出现。哈布斯堡家族通过联姻、继承、土地权甚至夺取，获得了其他家族的众多权利和传统。这可以从他们与自己的前任（巴本贝格王朝的奥地利公爵）的逐渐融合中明显看出。[23] 直到哈布斯堡家族接手奥地利公国的空缺，利奥波德和腓特烈这些传统的巴本贝格王朝的名字才开始在哈布斯堡家族内部广泛使用。但从那时起，这两个名字就成了家族内最经常使用的名字。目的很明确：通过命名，哈布斯堡家族可以将自己同本来关系甚远的家族绑定在一起。[24] 渐渐地，他们不再仅仅是巴本贝格土地的继承人，而是将巴本贝格家族纳入了自己的族谱中。巴本贝格家族成了准哈布斯堡家族。巴本贝格家族的公爵经常在哈布斯堡家族整理家族血统时被提及，哈布斯堡家族的后代经常称呼巴本贝格的圣利奥波德为“我们的先人”，如同称呼自己家族的“圣”鲁道夫一样。[25] 这种先索求权利，然后移花接木，最后吸收同化的手法，从鲁道夫一世起，哈布斯堡家族就一直在玩。

* * *

对于所有这些声明和主张，包括哈布斯堡家族的罗马起源假设，以及对那些长期空置头衔的索要，我们需要从两方面考虑。首先，哈布斯堡家族认为自己被上帝特别拣选的信念是不受其罗马血统或头衔数目影响的。他们对自身的认同感是从这一信念中自然发展而来的，所有的事实和证据都只是增强了他们的使命感。相关论证只是补充性的，并不是线性的。抛开皇权、战争的胜利及成功的治理，除去土地和财富，哈布斯堡家族的使命仍然在那里，完好无损。只要还有一个家族成员活着，哪怕他（或她）只是一个孩子，他（或她）也是奥地利王室的化身。即使是脆弱的一脉——实际上有很多脉——也可以将纯粹的血统传递给后代。这一中世纪经院式的论证逻辑，在接下来的几个世纪里一直支撑着哈布斯堡家族。他们的拣选观念是在 14 和 15 世纪的思想世界中成形的，当时新一轮关于主权本质等问题激烈的讨论正在进行。[26]

但是，如教皇格里高利七世（Gregory Ⅶ）、英诺森三世（Innocent Ⅲ）、卜尼法斯八世等宣称的教皇普世权威论很难获得认可，哈布斯堡家族的计划也不得不在恶劣的政治环境中谋求生存。1198 至 1216 年间担任教皇的英诺森三世强势声明了教皇的权力："那么你现在应该看清楚了谁是站在这个家族之上的守卫者了吧——没错，就是基督的代理人，圣彼得的继承者，是被主——法老的神所膏抹的，位于上帝和人类之间，上帝之下、万人之上，判断一切，却不受论断。"[27] 他们继承者虽然也这样声称，但实际得到的却很少。在其著名的《一圣教谕》中，卜尼法斯同样宣示了他的职位所拥有的可怕力量，声称其有权废黜国王、监督地上所有的王侯。但他最终却沦为来自罗马的逃犯和难民，因为他的对手法王腓力 · 奥古斯都（Philip Augustus）不但可以同样有力地为国王的权力声辩，更重要的是他拥有强力的武装。对于哈布斯堡家族来讲，他们的这种独立宣言其实是一种高风险的投机行为，很容易搬起石头砸自己的脚。

查理四世非常喜欢夸耀自己及其家族的地位，鲁道夫真的认为他会允许自己的权力受到这么大的削弱吗？现在回想起来，鲁道夫声明的独特之处与其说是其论述的新颖，倒不如说是他近乎鲁莽的冒险精神。他冒着惹怒皇帝被杀头的风险毅然前行，就如当初他坚持要把哈比茨堡或他的任一领地变成一个坚固的要塞那般坚毅。《大特权》传递的信息是：我们，奥地利王室，独立于你的君权之外。没有皇帝能够欣然接受这样一种挑衅。[28] 也许只有查理对鲁道夫的感情可以解释为什么他始终没有对鲁道夫采取更为激烈的行动。但他威胁要剥夺他的女婿在蒂罗尔（Tyrol）的权利，因为蒂罗尔的领土权利按照协议是需要经过帝国批准的。他还要求鲁道夫立即放弃使用虚假的头衔和“王冠”，否则将对其治罪。

四年后，也就是 1365 年，鲁道夫在新的冒险征程中死在了意大利，他本是去寻求与强大的米兰维斯孔蒂家族（Visconti family）联姻。由于没有子女继续发扬他的事业，随着他的死亡，他对哈布斯堡家族命运的精致幻想也破灭了。在“跛子阿尔布雷希特”（Albert the Lame）的法令下，共同获得他头衔继承权的几个弟弟中没有一个人有意愿或欲望去实现《大特权》中的声明。哈布斯堡家族的神秘主义精神再次跳过一代，当然这并不是最后一次。在他的侄子和侄孙中，阿尔布雷希特五世（成为神圣罗马帝国皇帝后改名为阿尔布雷希特二世）和腓特烈五世（成为神圣罗马帝国皇帝后改名为腓特烈三世）继承了这一精神。事实上，腓特烈完成了鲁道夫四世的工程，承认了《大特权》在神圣罗马帝国的合法性。

* * *

第一个哈布斯堡皇帝鲁道夫一世当选皇帝之时，帝国正处于初期的无政府状态。当哈布斯堡家族重新回归帝位时，情况更加糟糕，整个世界的秩序都受到了挑战。阿尔布雷希特五世于1437年当选为神圣罗马帝国皇帝，更名为阿尔布雷希特二世，而早在半个世纪前，旧的宗教和世俗社会模式就已经崩塌了。在他之后的300年中，没有任何一个罗马帝国皇帝不是出自哈布斯堡家族。他们重新定义、定位并大大扩展了帝国的概念。当然，阿尔布雷希特和他的继任者们继承了旧秩序的碎片，正是这些模糊的传统成了他们成功或失败的度量。但从皇帝马克西米利安开始的继任者不断强化这些理念，时至今日，我们仍然可以听到这些思想的回声。

哈布斯堡家族从他们的卢森堡前任那里继承的可以说是一杯毒酒。查理四世似乎又是一个查理曼（马克西米利安后来称之为“帝国的继父”），死于1378年。他有两个儿子，大儿子文西斯劳斯（Wenceslaus）在其父死后于1378年继任为罗马帝国皇帝，直到1400年由于愚蠢无能被德意志诸侯废黜；随后，文西斯劳斯同父异母的弟弟西吉斯蒙德于1411年当选，死于1437年，这两兄弟占据皇位的时间加在一起几乎跨越了半个世纪。在他们的手中，查理四世的政治遗产几乎不复存在。西吉斯蒙德无疑比他的哥哥更具活力也更坚定，但他复杂而微妙的策略几乎没有一个能完全实现。同时代的人只是将他看作一个阴谋家。维也纳的艺术史博物馆里陈列着他的肖像画。一顶巨大的毛皮帽子下，苍白发青的肤色、薄唇、长鼻，狭长稀松的棕色胡子，折射出的是圣洁而非权威。他既缺乏自己父亲那种牢固的君权，又没有他的继任者哈布斯堡的阿尔布雷希特那种朴实的能量。他面临着一系列无法解决的问题，社会上出现了权威危机，又兴起了反对教会的声浪。经过几个世纪，教皇比较成功地获得了人类社会中的巨大权力。现在，这些权力受到了来自各方的挑战。

1347 年 10 月，一艘战舰进入墨西拿港（Messina），对于惊恐的旁观者来说这是一艘来自地狱的船只。船体散发着恶臭，甲板上躺满了已死和垂死的水手，脓血遍地。仅存的几人也生了病，没过几天就都死了。[29] 之后，从其他与东方有接触的地点传来类似的瘟疫，并以惊人的速度传播开来。10 年之内，欧洲大概有三分之一的人口死亡；锡耶纳（Sienna）的一位编年史作家阿尼奥洛 · 迪 · 图拉（Agnolo di Tura）为当时的所有人写下了墓志铭："没有人哭泣，无论损失多大，因为几乎所有人都感受到了死亡的气息……人们说，'这是世界末日'。"图拉本人亲手埋葬了自己的 5 个孩子。这场世界劫难后来被称为"黑死病"（Black Death），然而其间教会并未做出任何回应，不愿意接受当时盛行的观点，承认瘟疫代表着上帝对罪恶、腐败的世界的愤怒。[30] 人们很快找到了替罪羊，四处残杀犹太人。许多人是被流浪的苦修者杀害的，这些苦修者在德意志和法国街头鞭打自己赎罪，后来则化身为上帝之鞭，杀死犹太人，"净化世界"。

瘟疫在两方面威胁着社会的稳定。首先，它破坏了农业和城市生活的经济基础。在欧洲许多地方，土地本来就不受重视，现在既然缺乏耕作的人手，田地干脆就被放弃了。其次，教皇一直是站在神与人之间的必要中间人。现在，上帝直接干预了俗世，那么"圣教会”这一上层建筑还有效吗？况且，教会由于派别和教义之争已经四分五裂。事实上，很可能是教会本身的腐败臭气惹恼了上帝，他才会降下这样的惩罚，惩罚人类竟然一直允许这样的污秽行为存在。教士们“根本不在乎我们，他们过着可耻的生活，踩在我们头上……普通人创造一切，奉献一切，却仍然无法摆脱这些神职人员的折磨，生活被弄得支离破碎……高级教士们都是凶暴的狼”。[31]

教皇至上，纯洁而强大的教会领导人类完成上帝的意旨——过去的这些理论在现实中却变质了，贪婪、腐败的神职人员压榨人民，养肥自己。这种腐朽对所有人都是显而易见的。然而，民众信仰却还是同以往一样，人们仍然在继续拓展教会势力，建造教堂，尊崇圣母马利亚，庆祝圣体节。人们对于教士的期望提高了，在许多教会内外人士看来，教士们在过去的几个世纪里从忠诚信徒那里搜刮而来的财富也是肮脏的。这种越贫穷越属灵的颠覆性教义受到了教皇权力的反对。教皇职位与罗马的关联在 1309 年被打破，此后，罗马教皇不再居于这座“永恒之城”施行统治，而是搬到了法国境内的飞地阿维尼翁（Avignon）。显然，身在阿维尼翁的教皇处在法王的统治下。这种“被掳至巴比伦”的状态一直持续到 1377 年，其间阿维尼翁教皇坚决地拒绝了所有来自教会内部的革新压力。

教皇格里高利十一世（Gregory Ⅺ）最终于 1377 年结束“被掳至巴比伦”的状态回到罗马，教会似乎终于要进行改革了。但当格里高利于次年去世，枢机主教团选举巴里主教成为教皇乌尔班六世（Urban Ⅵ）时，法国枢机主教们逃离了罗马城，宣称他们选举乌尔班是因为生命受到了罗马暴乱的威胁。他们废黜了乌尔班，并选举法国国王的表亲为教皇克雷芒七世（Clement Ⅶ）。乌尔班拒绝接受对他的废黜，致使基督教面临同时拥有两个教皇的局面，双方都宣称拥有绝对的教皇权力。根据教会的理论，解决纠纷的唯一途径是由两人自行解决分歧，其中一个向另外一个交还“圣彼得之钥”。争议一直延续了30多年，无论是罗马教皇还是阿维尼翁教皇（两位“教会大分裂”的主角乌尔班和克雷芒去世后选举出来的接班人），谁都不愿意放弃自己的地位。同时，来自世俗和教会内部的对这个僵局的不满情绪不断高涨，终于在1409年，枢机主教们抛弃了罗马的格里高利十二世（Gregory Ⅻ）和阿维尼翁的本笃十三世（Benedict XⅢ），在比萨会面，宣布两位教皇因主张异端邪说而被废黜。他们立即选出新的教皇亚历山大五世（Alexander Ⅴ）。如果说罗马和阿维尼翁双方还能达成什么一致意见的话，那么就是他们异口同声地宣称亚历山大的当选是非法的。因此，到1410年，基督教世界有了三个教皇、三组枢机主教、三套普世法则，却没有合理的方法来消除这个异常现象。最终的解决方案是仿照早期基督徒解决教义和实践分歧的方法，召开教会大会来解决问题。特殊情况要求采取特殊措施：

> 教皇可以被教会大公会议废黜，大公会议的召开也可以不经教皇同意，甚至可以不顾教皇的反对。通常情况下，……没有教皇召集和批准的议会是不合法的……同语法和道德一样，通则都是有例外的——尤其是在特殊个案涉及很多特殊情况时。因此，我们需要用更高等的法律来解释法律。[32]

反教权主义的浪潮与其说是在反对宗教制度，倒不如说是在反对教会的腐败，遣责其未能履行职责。[33]这样的观念，势必令教皇至上主义者深恶痛绝。西方社会中的人们开始认为世界上的困境需要一个革新的教会。如史蒂文·奥兹门特（Steven Ozment）所讲："彼得受上帝委派'喂养我的羊群'，并不是要将羊群赶至悬崖。'上帝并没有赋予他特殊的地位、荣耀或神职，'格尔森写道，'只是让他为大众服务。'"[34]

如果没有合法的教皇来召集人员召开大公会议，那么谁还可以这样做呢？唯一拥有这种普世权力的人，就是那个按照最严格的天主教义站在教皇旁边的人——皇帝，上帝为了基督教的弘扬所设立的职位。这可能造成的结果是教皇权力被弱化，皇帝的权威得到加强。西吉斯蒙德被视为基督教的希望，向往着改革和更新。《西吉斯蒙德改革》（*Reformatio Sigismundi*）手册首次出现于15世纪30年代后期，显示了那个时代人们的恐惧和期待。

万能的神啊，您的愤怒降临到我们身上，您的愤怒牢牢抓住了我们，我们是没有牧人的羊群。

顺服已死，
公义被滥用，
世上已无秩序。

因此，上帝收回了给予我们的恩典。我们无视他的命令。上帝下达的命令我们只选择喜欢的去服从。我们的服从没有正义可言。

但我们应该意识到：事情不能再这样继续下去。我们必须让属灵和世俗的事务回归正确的秩序。

书中继而指出，正是好皇帝西吉斯蒙德召集了康士坦茨（Constance）教会会议和巴塞尔教会会议，以开启复苏的进程，而世俗的王侯及教会的领袖们则令其改革的渴望受挫。

会议的法令向那些高层人士表明了他们需要取得的成就、应该做的事情和不应该做的事情。然而，他们用心执行了吗？一点儿也没有。议会的渴望贴了他们的冷屁股（请原谅我这样表达），因为他们根本不想改革。

那些统治者和教会一起抛弃了上帝的子民，只有真正的皇帝才能把正义带到世界上："这一时刻到来的时候，所有忠实的基督徒将见证合法秩序的颁布。让我们每个人都加入虔诚信徒的行列，立誓遵守这样的秩序吧。很明显，教皇、神父和其他的王侯都已经放弃了上帝设定的任务。也许上帝已经指定了一个人来纠正这一切。"[35]

所有这些恐惧背后是一种巨大的恐惧。《西吉斯蒙德改革》手册中有一段基督教骑士和土耳其人之间的对话。骑士说："你是个聪明人……你应该知道我们的基督教信仰是一种高尚的信仰。地上万物在我们这里都是有序的，你不会找到任何不妥。为什么不受洗成为基督徒呢？"土耳其人回答：

> 我知道，根据你们的《圣经》，基督用自己的死亡救赎了你们，给予你们永生。但观察你们的行为，我发现，你们之中没有一个人是真正爱基督的，也没有人想遵循他的教诲。事实上，你们否认他。你们拿走邻居的货物和财富，损伤同胞的尊严，甚至占有他人的身体。这是在执行你们救世主的教诲和命令吗？现在你漂洋过海，要来发动战争，战胜我们来获得你们的永生。但是，你们欺骗了自己。留在家中，与你们中间的虚假基督徒开战，将公义的道路指示给他们，这才是更正确的选择。

手册作者评论道："这虽是异教徒的情感，但我们应该去聆听。"在故事结尾他说道："土耳其人还说：'如果你们之前就做出改变，转向你们的上帝，维持你们的传统法律，你们恐怕早就打败我们了。'"

这段基督徒和土耳其人之间的对话不太像真的，但它并非随随便便的文学手法，而是反映了当时残酷的现实。其实并不需要跨海去寻找土耳其人。因为土耳其人已经跨海来了，正准备像黑死病瘟疫一般，蹂躏这里的上帝的子民。西吉斯蒙德是匈牙利国王，他在匈牙利度过了大部分青年时光，还迎娶了玛丽——匈牙利国王安茹的路易（Louis of Anjou）的唯一继承人。在他作为皇帝统领基督教世界的 10 年前，他曾试图发起十字军东征，讨伐土耳其人这一新兴的威胁，因为 14 世纪 30 年代时，土耳其人开始进军巴尔干半岛。1389 年，他们在科索沃战场上摧毁了塞尔维亚帝国。仅仅一天，巴尔干半岛上最伟大的基督教政权的贵族们就遭到屠杀，成千上万的尸体被留下自行腐烂，成了食腐动物的食物，那里后来被称为“乌鸦之地”。距此事发生还不到一年，土耳其士兵又袭击了西吉斯蒙德的匈牙利领土。西吉斯蒙德在1393年击退了土耳其人的先锋队，但是他知道他们还会再次来犯。他想到要联合基督教世界诸侯率领十字军东征，摧毁土耳其军，继续收复耶路撒冷之旅，完成寻求圣杯的使命。[36]

十字军东征还可以弥补教会大分裂的创伤，重新统一基督教。圣战的观念激起了西欧统治者和贵族的想象。罗马的卜尼法斯十一世（Boniface Ⅺ）和阿维尼翁的本笃十三世都宣布讨伐。人们对圣战满怀激情，特别是在法国和勃艮第，军队展开了空前规模的备战。法国军队由勃艮第公爵的长子讷韦尔伯爵（Count of Nevers）率领，军队里有1000名骑兵和他们的随从，有24辆马车运载他们华丽的深绿色天鹅绒帐篷，帐篷上用塞浦路斯金线绣有讷韦尔伯爵的纹章。骑士的装备均由法国财政部提供，马鞍和马具上配有金、银以及象牙装饰。华丽的光彩使征讨像是游行或巡演，不像是集结出征的军队。但这是幻象：骑兵和步兵的身体里都燃烧着圣战的热情，渴望仿效自己的祖先。德意志也不甘落于人后，从帝国各地派出征战队伍，虽没有法国军队的华丽装饰，但在人数方面不相上下，在1万到2万之间。

军队在1396年的夏天集结，沿着多瑙河前往维也纳，在那里他们受到了奥地利公爵利奥波德的热情款待，进行了一周的精彩庆祝活动和比赛。讷韦尔趁机从主人那里借了10万达克特金币（Ducat，当时通行欧洲的一种金币）。温馨的待客环境让讷韦尔流连忘返，因此直到7月，这支来自西方的军队才集结完成，沿着多瑙河进入匈牙利，向东西方军队的集结点布达进发。在布达，来自神圣罗马帝国和法国的骑兵与波希米亚和波兰骑兵、来自罗德岛和马耳他的骑士队伍，以及陪同苏瓦松伯爵昂盖朗·德·库西从意大利伦巴第奔波而来的骑兵会合。在这里，西吉斯蒙德欢迎招待了十字军，并建议他们缓慢谨慎地推进。这一建议受到了蔑视，因为在苏瓦松伯爵的率领下，十字军声称他们将“征服整个土耳其，进军波斯帝国……叙利亚王国及‘圣地’耶路撒冷”。他们中的一些人，包括这位勇猛的伯爵，确实到了土耳其，但不是作为征服者……

会合后的部队过于庞大，因此他们兵分两路，河北岸和南岸各一路，南岸的部队前进缓慢。他们的推进伴随着大规模的奸淫掳掠，而所有这一切就发生在天主教国家匈牙利的土地上。当他们越过边界进入信仰东正教的巴尔干半岛时，他们将暴行推向极致。9 月，军队通过了标记多瑙河上下游的铁门，遇到了来自威尼斯和热那亚载有善堂骑士团（Knights Hospitaller）的船舰。1396 年 9 月，部队来到土耳其人占领的第一个重镇——拉霍瓦。在这里，法国和勃艮第的骑兵尝试突袭土耳其人，结果伤亡惨重。之后法国军队全面出击才力克驻军，但在战斗之后，这些基督徒变得嗜血，大肆屠杀信奉东正教的市民和土耳其驻军。他们的下一个目标是尼科波利斯，一个更难逾越的障碍。这一城镇建在矗立于多瑙河畔的峭壁上，南面绝壁陡峭，东面俯瞰奥斯马河（Osma）峡谷，地势险要，拥有天然的屏障。人类在其之上又增加了坚固复杂的防御工事，建造了多个防护墙和高塔。土耳其的驻军配备齐全，有充足的食物和水；而且他们已经把城内信仰基督教的居民送到了城外，这样他们就不需要浪费存粮供养多余的人了。十字军决定围城，逼对方弹尽粮绝后投降，因此围城驻扎，并在河岸驻扎军舰以切断水路。同在维也纳和布达时一样，围城的军队里举办着宴会和各种竞赛，而步兵则试图挖开一条通往城内的地道。

9 月下旬，十字军得到消息称土耳其苏丹巴耶塞特（Sultan Bayazid）正率领军队从南面向他们攻来。苏瓦松伯爵率领的先遣队前去迎战，在一系列的战斗后取得了全面的胜利，之后信心满满地返回营地，其他试图跟可恨的异教徒一决雌雄的十字军成员则懊恼自己未能参战。这一仗的轻松获胜使得十字军的西方领袖们决定将“部队精华”——法国骑兵——部署在进攻的最前线。西吉斯蒙德要求他们遵循土耳其人的模式保留最精锐的部队，但他的指示被推翻了，因为法国人的习俗是骑兵冲锋在前（这一战术在 1346 年的克雷西战役中其实已经给他们带来了灾难性的损失）。虽然苏瓦松伯爵赞成匈牙利国王的计划，但他却无法说服他的同胞。西吉斯蒙德只能决定在法国军队的后方组织自己的战线。同时，土耳其人在听取了其侦察兵关于地形的详细报告后——巴耶塞特本身对地形就了然于心——精心计划以抵抗十字军的进攻。他们将部队集结于一个陡峭的山坡，这样十字军就必须从山下爬坡进攻。队伍最前面安排的是辅助军团阿金基轻骑兵，他们分散在一片削尖的木桩后面。在他们的身后远处是步兵和弓箭手，而藏在坡后的则是土耳其军队的主力，封建骑士——西帕希弓骑兵（sipahis）。

9 月 26 日清晨，法国骑兵部队在山脚下集结。队伍上方飘扬着 300 面银线刺绣的丝绸三角旗。而在队伍的最前面，4 个骑士高举印有圣母马利亚纹章的横幅。进攻停了下来，因为一些士绅要跪下来，在战场上被授予骑士头衔。对他们来讲，能够站在队伍前列是一项殊荣。然后伴随着一声声“圣丹尼斯万岁”和“圣乔治万岁”，庞大的披甲队伍剧烈震动起来，蹒跚前行。开始时踏步前行，然后一路小跑，到了爬坡时则疾驰而行。当他们接近土耳其阵线时，迎接他们的是一阵箭雨，很多箭矢都找到了目标，造成了大量的人马伤亡。战马撤退到削尖的木桩森林前，但一些倒霉的马匹被追兵逼到了木桩尖上。法国指挥官下令停止进攻，暂时撤回一段距离，然后他们再次尝试进攻，这次他们以步行的速度穿过木桩丛林，进攻丛林后面埋伏的阿金基轻骑兵。[37] 一旦杀入轻骑兵队伍，十字军的高级武器装备就开始显露优势，土耳其人的尸体越堆越高。但是渐渐地，烈日下的十字军开始显出疲态，而且他们到这时都还没有碰到苏丹率领的土耳其主力部队。第一批冲到山顶的骑兵狂喜地喊着战斗口号，突然发现另一面的山坡上静静地站立着大量土耳其马匹——大概有 4 万匹。巴耶塞特下令冲锋，绵长的土耳其队伍中，最前面是绿黑战旗，士兵高喊着“阿拉－胡－阿克巴”（意为“真主最伟大”），冲上山顶，朝着下面的基督教骑士进攻。法军的节奏瞬间被打乱，只剩下几小股人各自作战——一些人正在誓死保卫着圣母马利亚的标旗，比如法军元帅，其他人则围绕在法军指挥官的周围。随着土耳其人的逼近，年轻的讷韦尔伯爵投降了，紧接着战场上的法军向敌人缴械。

默默站在残余的法军骑兵后面的，是西吉斯蒙德的军队，背对着尼科波利斯。阿金基轻骑兵打乱了法军的进攻节奏，而法国骑兵的投降也增强了土耳其人的进攻势头。尽管一些盟友背信弃义逃离战场，匈牙利国王仍然下令立即救援讷韦尔伯爵，随之而来的是惨烈的肉搏，土耳其人有些招架不住。但土耳其人的基督教盟友的5000匹战马赶到，西吉斯蒙德随之战败。他和一些指挥官逃至停泊在多瑙河上的帆船，在土耳其人的箭雨下迅速乘船逃离。

这一天，双方都伤亡惨重，但更糟的还在后面。第二天的早晨，苏丹下令将几千名战俘剥光衣服绑在一起。战俘的领袖讷韦尔伯爵由于可以换取赎金而被留在一旁，但其余人，包括一些法国、勃艮第及德意志最古老家族的成员，则被分组拖到苏丹面前，苏丹喝令他们放弃自己的信仰。所有的人都给予了拒绝的答复，因此被立即斩首，砍下的头颅整齐堆放在苏丹面前，尸身则被拖走。一组又一组的战俘被拖到苏丹面前，等待他们的是同样的命运。很快，头颅越堆越多，可怕的骨堆覆盖了整片土地。直到傍晚时分巴耶塞特才喊停，他的复仇欲望终于得到了满足。那一天，有3000到10000名基督徒被处死，比前一天在战场上牺牲的人数要多得多。

西吉斯蒙德沿着多瑙河向下游驶去，穿过黑海到达君士坦丁堡，随后经过亚得里亚海的罗德岛和拉古萨回到匈牙利。这个事件揭示了他性格中的优点和缺陷。他对十字军的部署是正确的，但是却缺乏统领十字军的权威。他在尼科波利斯战役之前的谨慎，以及在战役中的进攻决定都是有道理的，但因为缺乏决心这一关键因素，他再一次与实现自己的目标失之交臂。爱德华·吉本曾对此简明扼要地做出评论："如果法军服从了匈牙利人的谨慎，也许就不会在尼科波利斯战役中失利；但如果匈牙利人有法国人的勇气，他们完全可以光荣地赢得战役。"[38] 缺乏足够的决心使得西吉斯蒙德在另外一项他所负责的运动中也败下阵来——宗教改革。

* * *

西吉斯蒙德最终于 1411 年当选为神圣罗马帝国皇帝，基督教内部的裂痕使得他决心通过召开大公会议来寻求解决方法。他前往意大利，并说服（比萨的）教皇若望二十三世（John XXIII）于 1414 年 11 月在康士坦茨召集教会大公会议，皇帝亲自出席会议并给予荫护。整个 1414 年的冬天，康士坦茨的道路上随处可见载有教会王侯的马车和马匹，来自欧洲各大学的神学和法律博士，以及随军商贩。在康士坦茨会议召开的 3 年中，共有 29 位枢机主教、3 位牧首、33 位大主教，以及 100 多名神学博士来到这里会面，讨论如何解决基督教信仰和实践的危机，以及如何为基督徒建立真正的政府。此外，康士坦茨的编年史作家乌尔里希·理森陶（Ulrich Ricenthal）还记载，1700 名号手、音乐家及笛手，1400 名店商、客店老板及零售商，还有 700 名妓女，都参与到了这一盛大集会中。[39]

被召唤到康士坦茨的人中，捷克传教士、宗教改革家扬·胡斯（Jan Hus）赫然在列，他被很多人视为异教徒，是威胁基督徒世界稳定的力量。虽然知道赴会等于将自己交到了敌人手中，但他还是勉强自己服从了召唤。在得到了可以获得完全保护的帝国护照的承诺后，他于 1414 年 11 月南下。然而，康士坦茨主教无视帝国护照，软禁了这位捷克改革家，同时准备控告他犯了异端罪。西吉斯蒙德抵会后，并未对胡斯的审判表示异议，虽然这已经违背了他的安全通行证指示。看过针对捷克人的不利证据后，他确信捷克人是一个可耻的异教徒，并私下建议不能允许他返回家园。然而这些私密的话很快传到了捷克人的耳朵里，西吉斯蒙德也将因此付出惨重的代价。

在最后一次审判中，胡斯试图回答对他的指控，但却被指控者喊停。胡斯最后放弃了回答，只是说道："在这样的会议中，我原本期望看到更多的礼仪、虔诚和秩序。"他被判有罪，他在接下来的四个星期里顶住了让他放弃异端主张的可怕压力。最终，他被宣布为不可救药的异教徒，他亲口承认有罪，任凭世人处置。7月6日，他被带到康士坦茨市场，被绑在浸泡过焦油的巨大柴堆上活活烧死。他在去往火刑场的路上留下的最后遗言是："我用一生著写、教授、宣讲福音书，现在我将在这一真理中快乐地死去。"[40]火焰上升时，人们听到他在窒息之前一直在吟诵《求怜经》（*Kyrie eleison*）。

处决了胡斯之后，会议开始着手解决政府和权威这一中心议题。讨论结果与基督教世界原本的期望相去甚远。当然，大分裂的核心问题得到了解决。博洛尼亚（Bologna）教皇、罗马教皇以及阿维尼翁教皇一道被抛弃了，会议于1417年选举出了新的领导人——马丁五世（Martin V）。但当会议于次年结束时，对于改革教会这一问题与会者却只字未提，只是声明在后续会议中讨论。[41]在康士坦茨会议中处于统治地位的是那颗帝国之星。西吉斯蒙德得到了他的许多前任都会艳羡的教会权威。他出色地完成了一个被选定的德意志皇帝所应该履行的职责——纠正世间的错误。大众开始热切盼望一位"普世皇帝"，帕多瓦的马西利乌斯（Marsilius of Padua）等学者则希望能有一位拥有广泛权力的世俗君主。然而，西吉斯蒙德的成功却是短暂的，复苏的帝国意识很快就消逝了。一方面，皇帝的权力似乎得到了加强，但另一方面他却表现出自己没有实权。而在贬损哈布斯堡家族的努力中，他进一步表现了自己的无能。[42]

卢森堡家族和哈布斯堡家族通过联姻而将利益紧密交织在一起，但西吉斯蒙德对这种关系始终抱有恐惧和怀疑，而不像他父亲那样表现得友好。这也许是因为哈布斯堡家族缺席了十字军的尼科波利斯战役，利奥波德慷慨承诺的 10 万达克特金币也从未兑现。又或许是《大特权》一书引发了怨恨。但他也不是讨厌哈布斯堡家族的所有成员，他对即将迎娶他唯一女儿也是唯一直接继承人的阿尔布雷希特视如己出。但只要有贬低潜在对手的机会，他都会充分加以利用。1415 年，鲁道夫四世的侄子、蒂罗尔公国的腓特烈很不明智地加入了帝国和教皇宝座竞争者的复杂辩论中。他支持三个并存“教皇”[43] 中的若望二十三世，却违反了西吉斯蒙德的意志。[44] 他同教皇在梅拉诺会面，并接受了教皇授予的“教廷旗手”的头衔，领取奖金 6000 达克特，之后派遣 500 名全副武装的士兵陪同教皇参加大公会议。

西吉斯蒙德抵达后，要求腓特烈解散随从并正式宣誓效忠。无奈之下，腓特烈服从了命令。然而，他担心皇帝会利用大公会议的时机来攻击他，因此支持教皇关闭会议。若望二十三世本希望被确立为唯一的教皇，却发现皇帝现在想要采用更为激进的解决方案，想要废黜他。他希望退出会议以逃避制裁，使会议不了了之。1415 年 3 月 21 日，腓特烈邀请皇帝和与会的所有名人参加了自己举办的骑士赛事。当赛事进入高潮时，教皇乔装出城，躲进腓特烈的一座城堡中。比赛一结束，他就离城，并公开宣布反对会议。

然而，有皇帝权威作为后盾的会议不可能因此而被迫解散。4月15日，议会通过了名为《圣礼仪》(*Sacrosancta*)的法令，声明会议独立于任何教皇权力之外。在全员出席的会议上宣布会议以圣灵的名义合法集结，其权威由基督直接授予。它的宣称直接威胁到腓特烈及任何一个像腓特烈一样违反法令支持某个现有教皇的人："任何人，无论等级和背景，如若拒不服从这一神圣会议的命令、法令、法规或指令……除非痛改前非，否则都将受到相应的惩罚以赎罪。"

另一个会议中热议的论题是："基督的代理人应当比下属更忠心地跟随基督"，如果教皇没有达到应有的高标准，就应受到谴责。在会议舆论的重压之下，若望二十三世被即刻废黜（罪名是异端、买卖圣职、谋杀、鸡奸及乱伦等），腓特烈则被逐出教会，并被剥夺了帝国的法律保护。这意味着任何人都可以拥有他的领地和财产，而不需要担心因此被惩罚。所有邻近的统治者都抓住这个机会去夺取他的土地和城堡。从封建义务中解放出来的瑞士人聚集在莱茵河以南剩余的哈布斯堡的土地上，包括哈比茨堡，腓特烈陷入了困境。摆在他面前的，是在失去所有财产和服从会议及西吉斯蒙德中选一样，他选择了后者，到康士坦茨投降忏悔，等待着对他的惩罚。

这一天，对蒂罗尔公爵的羞辱仪式开始了。

没有任何一个王侯曾经像腓特烈这样投降，经历如此的侮辱。[45] 为了见证和展示自己的胜利，西吉斯蒙德召集了帝国所

> 有知名的王侯、意大利国各大使，以及参加康士坦茨会议的主要神父，走进康士坦茨方济各会修道院的餐厅（胡斯也是在这间屋子被审判和定罪的）。皇帝坐在宝座上，腓特烈在侄子纽伦堡领主（burgrave of Nuremberg）和姐夫巴伐利亚的路易的陪同下走进房间，对西吉斯蒙德进行三次拜礼。所有与会人员的目光都在这位不幸的公爵身上，房间里死一般寂静，直到西吉斯蒙德问："你有什么愿望？"纽伦堡领主回答说："最伟大的国王，这是奥地利的腓特烈公爵，我的叔父。我带他前来祈求您和教会的赦免，希望您能宽恕他犯下的罪。他已投降，并将自己所有的财产奉上，恳请您的怜悯……"皇帝提高了嗓门："腓特烈公爵，你会履行这些承诺吗？"公爵颤声回答道："是，我会的，并且谦卑地祈求您的宽恕。"

之后，腓特烈交出了他所有的封地，并且表示封地任由皇帝分配。西吉斯蒙德从宝座走下来，扶他起身，高举起他的手，向所有人宣布："尊敬的神父们，你们都知道奥地利公爵的力量，也看到了他的结局；希望你们从中可以学到德意志的国王到底能做到什么。"[46] 自从亨利四世（Henry Ⅳ）在1076年1月的卡诺萨（Canossa）雪地里赤足披毡向教皇格里高利七世（Gregory Ⅶ）忏悔请罪以来，还没有哪个统治者在如此的仪式中被公开羞辱。这戏剧性的一幕再次巩固了皇帝的权威。

但西吉斯蒙德没能保持住自己的优势。哈布斯堡家族其他更为积极主动的成员立即做出回应，表现了"奥地利家族"的自我保护意识和家族荣誉感。腓特烈的兄弟埃内斯特（Ernest）绰号"铁人”，掌管着从父亲手里接过的东部施蒂利亚和卡林西亚领地。这是两个富裕的省份，农业发达，铁器产业蓬勃发展，并且同位于阿尔卑斯山脉另一边的意大利保持着密切联系。他其实也可以被称为“有着钢铁意志之人”。埃内斯特富有能量和决心，他管理的家族旁支在哈布斯堡家族中占据着主导地位。他出兵占领了蒂罗尔，挑战皇帝，用武力强行驱逐他。然而又一次，西吉斯蒙德逃避了挑战，放弃了权利。在尼科波利斯，在战役的关键时刻，他未能维护自己在十字军中的权威，只能独自追求自己的主张。在战斗的决胜阶段，在只要坚持到底就会取胜的时刻，他逃离了战场。在更为宁静的康士坦茨，他再次暴露了自己性格中的缺点。面对挑战，他选择了退让。他没有强行通过改革的提案，也没有真正降服哈布斯堡家族。其他统治者沉迷于炼金术，试图把铅变成黄金，而西吉斯蒙德似乎有着将自己的黄金机会转变为废铁的能力。

他在康士坦茨浪费了机会，接下来他的统治更是充满了一系列灾难。他对于胡斯的处置使他尝到了恶果。捷克的452位领导人联名发表宣言，谴责他对改革者不公正的死刑判决。皇帝回应说，很快所有的异教徒都会被“清除”。捷克民众起来反抗西吉斯蒙德的权威。当波希米亚国王、他同父异母的兄弟文西斯劳斯于1419年去世后，捷克人拒绝接受西吉斯蒙德为合法继承人。排斥卢森堡家族的声音回荡在波希米亚的各个社会阶层和群体，随后的“胡斯革命”更是让西吉斯蒙德被驱逐出他的新王国长达17年。他在匈牙利和在神圣罗马帝国的权威逐渐减弱。1431年在巴塞尔召开的会议也并没有带来康士坦茨会议承诺的宗教改革，反倒逆转了1414至1417年间启动的进程。

如果说以前存在着彼此相争的多位教皇，那么现在则出现了相互敌对的大公会议。西吉斯蒙德四面受敌，又长期缺乏资金，已经无力再率领众人。

困境中的西吉斯蒙德发现，他唯一可靠的盟友是年轻的奥地利公爵阿尔布雷希特五世。无论是对阵土耳其人还是对抗胡斯的信徒，阿尔布雷希特都派兵支持。1422 年，这一联盟得到了巩固：阿尔布雷希特迎娶了西吉斯蒙德的女儿——卢森堡的伊丽莎白，皇帝随即宣布阿尔布雷希特将在他死后继承他所有的财产和头衔，支持他成为未来的波希米亚和匈牙利国王。西吉斯蒙德在晚年取得的一些成功要归功于阿尔布雷希特的不懈努力。阿尔布雷希特得到的奖赏则是自 130 年前与他同名的先人被谋杀后，他的家族一直认为应该属于他们的头衔和权力。1437 年 12 月，西吉斯蒙德知道自己大限将至，他将两个王国的贵族传唤至摩拉维亚的茨纳伊姆（Znaim），向他们嘱托：

> 在这一刻，我唯一担忧的是在我死后发生纠纷和流血事件，这些足以毁掉我的王国，因此我热切渴望这样的事件不会发生。对于统治者来讲，能治理好百姓当然是值得称颂的，但更值得称颂的是他选出一个比他还优秀的继承人……一个国王如果能在身后留下一个能使之黯然失色的继承人，是一件福荫子孙的事……你们都知道，我在诸侯中特别看重奥地利公爵阿尔布雷希特，并把女儿嫁给他，对他视如己出……我把他推荐为我的继承人。我给你们留下了一个虔诚、尊贵、智慧、勇敢的国王。我将我的王国留给他，并不是赠予他，因为世上实在没有什么配得上他的品

> 质的了。其实，你们是属于他的，因为他的妻子，我的血脉，匈牙利和波希米亚的公主……我再次声明，我这样做并不仅仅是因为我对女儿和阿尔布雷希特的宠爱，更是因为我希望在我生命的最后时刻为我的人民谋求更多的福祉。[47]

他退出房间，精疲力竭。他告诉自己的贴身仆人给他拿来全套的皇袍、皇冠和其他皇权标志。仆人们慢慢地给他穿上十字褡、长袍还有披风，把皇冠戴在他的头上。之后，卢森堡家族的最后一位皇帝在各种象征权力的纹章中间坐了下来（他实在不善于运用权力），等待着死亡的降临。最具有讽刺意味的是，他甚至不能死在他父亲在首都布拉格建造的宫殿里，因为那里再次发生了叛乱。

年轻的奥地利公爵于 1438 年 1 月 1 日正式加冕为匈牙利国王，并于同年 3 月 18 日经（法兰克福举行的）帝国会议成员一致同意，当选为罗马人民的国王。他在同年 5 月也被选为波希米亚国王，不过在确保拥有那个王国之前，他还需经过一番斗争。对于这位集匈牙利、波希米亚和奥地利公国的王权于一身，又充满活力的强力统治者，人们寄予了厚望。对此美因茨的韦恩赫尔（Wernher of Mainz）写道："帝国获得了一位强有力的统治者，我珍视这一希望，希望他可以恢复和平和法律，督促其他王侯及自私的领主履行职责。阿尔布雷希特是一位伟大的领袖，在战争中得到锤炼，总是充满能量，不知疲倦，拥有足够的人力和钱财。"[48] 如果说西吉斯蒙德的统治领域是会议室或法庭的话，阿尔布雷希特则是一位实干家。高大、强壮，粗壮的脖颈及浓黑的胡须，这一切都使他看起来像一名战士，他也确实是一名合格的斗士。他在 8 岁时继承了公国，并在那里成长到 17 岁。他率领军队东进匈牙利边界与土耳其人厮杀，并在 1420 至 1421 年间北上镇压捷克人的反叛。

同他伟大的伯祖父鲁道夫四世一样，他的政治生涯短暂却充满成就。在使教会再次陷入僵局的争论中，他保持着指挥者的姿态。他开始改革帝国的法律规范。但鲁道夫最起码有 7 年的统治时间，而阿尔布雷希特却只有 2 年。1439 年年初，阿尔布雷希特接到土耳其人进攻匈牙利的消息，努力集结了一支军队准备击退土耳其人。他在布达竖立起自己的旗帜，然后穿过巴奇卡（Bácska）的沼泽平原，在多瑙河沿线截击敌人。但战斗并没有打响。两支军队都遭遇了痢疾，土耳其人撤退了。而在帝国军队一方，其中的一个受害者就是阿尔布雷希特本人。他返回到布达时，身体已经虚弱得不能再骑马了。他命令随从将自己用担架送回维也纳，在那里，他的妻子正怀着他们的第四个孩子。他告诉随从："只要我能再看一次维也纳的城墙，我就会痊愈。"但是，他于 1439 年 10 月 17 日死在了匈牙利境内。

哈布斯堡家族的事情具有一种奇怪的对称性。第一个阿尔布雷希特在布鲁格被杀害，英年早逝。他的继任者"美男子腓特烈"，即要求以"腓特烈三世"的称号继承王位的奥地利公爵，没能成为合格的继任者。第二个阿尔布雷希特出现时，人们仿佛再次看到了光明的未来，但继任的腓特烈同样缺乏其前任的能力、意志以及能量。而结局也是相似的。（第二个阿尔布雷希特的继承者）腓特烈三世被德意志人民选举为罗马人民的国王，成为第一个也是最后一个在罗马由教皇加冕的神圣罗马帝国皇帝。有人将他看作与其同名先人一样的失败者，但更恰当的说法是，他应该被看作哈布斯堡家族伟大成就的先驱。

3

普世帝国

Universal Empire

(1400—1500)

腓特烈二世是西西里国王、神圣罗马帝国皇帝、耶路撒冷国王、圣地保护者、“世界奇迹”，他于1250年12月13日去世。他的遗体被安葬在巴勒莫大教堂一个巨大的墓穴中。或者那个墓穴同复活的基督的墓穴一样，只是一个空坟墓？因为根据一些信徒的说法，他并没有死，只是睡着了，等到德意志再次需要他的时候，他就会回来施行拯救，带来一个和平的黄金时代。关于他的祖父“红胡子腓特烈一世”，也有同样的传说。腓特烈死于从圣地回来的路上，他的坟墓没有人能找到。据说，他仍然坐在图林根屈夫霍伊泽山（Kyffhauser Mountain）下的宝座上，等待释放的时刻。这些传说融合在一起，铸造出了一个名为“腓特烈”的皇帝原型。

万福的世界之主
万福的恺撒……
世上诸侯之首
皇帝腓特烈……
不会有人怀疑
神赋予你力量
统管其他国王[1]

在“世界奇迹”死后的一代人中，腓特烈再次出现在世上。1284年，一个自称返世的腓特烈的年轻人煽动整个德意志反对哈布斯堡的鲁道夫，皇帝不得不因此包围韦茨拉尔镇（Wetzlar），抓住骗子，并将这个异教徒兼巫师公开处以火刑，骚动才得以平息。但传说又演变出了新的版本：阿比西尼亚神秘的基督教统治者祭司王约翰，用防火披风救下了那个年轻人。14世纪大瘟疫（黑死病）肆虐时，神秘的腓特烈曾多次走过这片土地：

……按照上帝的旨意，腓特烈皇帝出现了，那么高贵，那么文雅……和平降临了。堡垒不再构成威胁，也无须再担心任何力量。没有人反对十字军向着那棵枯萎的大树进军。皇帝把他的盾牌挂在树上，大树立即长出了新的树叶和花朵。圣墓被释放，从现在起，无须再剑拔弩张。尊贵的皇帝为所有人恢复了同样的法律……所有的异教徒都向皇帝表示效忠。[2]

许多人认为，返世的皇帝将是世界末日的统治者，而瘟疫、地震及饥荒则是末日的前兆。这些人怀着仇富心态，但即使是统治者和贵族本身也免不了被神秘的腓特烈所诱惑。在《西吉斯蒙德改革》中，皇帝西吉斯蒙德在1403年的耶稣升天节（Ascension Day）得到来自天国的告诫："西吉斯蒙德，起身，信奉上帝，准备恢复神圣秩序。法律和正义因被忽视、蔑视而凋萎。你不会完成伟大复兴，但你要为你的继任者铺平道路。"（救世主的身份被确认为一位名叫腓特烈的神父，神父很可能是《西吉斯蒙德改革》的作者本人。）这一消息并没有让西吉斯蒙德高兴起来，相反他"非常难过"。但是不久，他接受了这一命运，并宣布：

> 经过反思，我们明白了，我们被上帝选中为新秩序的建立铺平道路……从我们成为帝国仆人的那一天开始，我们一直努力维持教会和帝国的正确秩序。我们整合了教皇职位，召开会议，将秩序带入教会。但在上帝所选之人出现前，还需继续努力。

至于神父腓特烈，书中没有再提及。但是后来的皇帝将纠正世间的错误这一预言则引起了巨大的期望。如果西吉斯蒙德为其继任者铺平了道路，那么满足了所有标准的阿尔布雷希特二世应该被公认为"真正的腓特烈"，尽管他没有起这个神奇的名字。然而，他的突然死亡搅浑了清澈的命运之溪，直至上帝的无限智慧再次渐渐变得清晰。选帝侯正在寻找一个新的皇帝，一个明显的候补人是施蒂利亚公爵、"铁人埃内斯特"的长子腓特烈。似乎有许多证据表明这个腓特烈就是基督教已经注定的领导者。首先，他是一名基督教战士的儿子。埃内斯特进行了危险的圣地之旅，回国后又同土耳其异教徒进行了战斗。新的腓特烈同样前往了耶路撒冷，追随他的父亲及两个同名者——“红胡子腓特烈”和腓特烈二世的足迹。其次，也许这是一个更重要的征兆，他诞生于腓特烈二世在亚琛的查理曼教堂加冕整整200年后。

对于先例和隐藏含义的探索为其加冕推波助澜。传说，腓特烈不愿接受帝位。但基督本身不是也不愿意接受自己的使命吗？腓特烈的不情愿难道不正说明了他是被拣选的吗？即使选帝侯可能并不相信末世皇帝的传说，但他们不可能对腓特烈的神秘传说充耳不闻，不受诱惑。施蒂利亚公爵的最大资本就是他的名字，还有这个名字承载的所有期望和信任。同时，他也继承了哈布斯堡家族的强大传统，他们坚信“奥地利家族”是神所拣选的。他和他的弟弟阿尔布雷希特是“铁人埃内斯特”和马佐夫舍的西姆博加（Cymberga of Masovia）所生的仅有的两位男性继承人。同时，他也继承了埃内斯特的突出特征——下垂的厚嘴唇。[3]他的父母都力量十足。据说他的母亲可以用手指夹碎坚果，用拳头将钉子敲进橡木板。他的父亲完全与他的母亲相配：人们常把他描绘成身穿黑色盔甲、全副武装的强大形象，佩戴着一把巨大的双手剑。他似乎是战士的化身。腓特烈同样高大、强壮，但相似之处仅此而已。他脸色苍白，有着长而突出的鹰钩鼻，还有大下巴及深陷的小眼睛，完全缺乏父母那种活力。他在青年时被描述为“庄重”，这也许是他笨重而缓慢的步态带来的假象——这一特征也随着他年龄的增长愈加明显，他贪婪地吃掉食物，好给魁梧的身体供应能量。有人说他死于贪吃，在一个炎热的夏天吃了太多西瓜。[4]腓特烈简直是他健康的前任阿尔布雷希特二世的反面。最近，一位研究神圣罗马帝国的史学家弗里德里希·希尔（Friedrich Heer）评论道："他是'大胖子腓特烈'，根本不符合许多人期盼的霍亨斯陶芬家族继承人'腓特烈三世'的形象。他缺乏皇帝、太平王侯、救世主国王应该具备的品质。"[5]然而，没有人能满足关于"真正的腓特烈"的所有期望，而只有这个腓特烈拥有这一名字和血统。上帝的意旨永远不是脆弱、罪恶的人类所能完全理解的，但无论如何，他似乎选择了腓特烈。

当然，希尔是正确的，这个腓特烈不可能在现实世界中取得什么成就，他也因此被人诟病。他的土地被邻国侵占，甚至连他的首都维也纳也落入匈牙利国王之手。他与弟弟——更有活力和魅力的阿尔布雷希特争吵。考克斯（Coxe）在其特有的自信、动人的人物描述中对比了二人。"腓特烈冷漠、迟钝、吝啬。阿尔布雷希特则显得坦诚、欢乐、活泼，平易近人而又彬彬有礼，大方开朗。对军事荣耀，他孜孜以求，无视疲劳和危险。腓特烈热衷于探索大自然的奥秘，专心学问，而阿尔布雷希特则会加入舞蹈狂欢，甚至会参加并赢得比赛。"[6]他看不起他弟弟的政治和军事功绩，他后来不相信自己的儿子马克西米利安（Maximilian）多半也是出于同样的理由。然而，另一方面，他的家庭生活却很温馨：他和葡萄牙的利奥诺拉（Leonora of Portugal）的"政治婚姻"最终变成了真爱[7]，他在维也纳新城（Wiener Neustadt）[8]的宫廷，与其早期的家园和位于格拉茨（Graz）的公国首都仅一道之隔（塞莫灵大道），相当于查理四世的布拉格的微型版本，堪称东欧最令人惊叹的文化建筑之一。在这里，以及林茨（Linz）的夏季行宫中，他可以沉醉于园艺爱好。一位当时的作家曾经这样评论他："相对于自己的领土是否被蛮族侵占，他似乎更担心他的植物受到霜冻。"人们往往把腓特烈的统治时期看作阿尔布雷希特二世和马克西米利安两位活跃的统治者之间的幕间休息——这一休息时间颇长，因为腓特烈在位时间长达58年。尽管在各方面都很失败，但他却从未向敌人让步。用里尔克（Rilke）的话讲，这正体现了哈布斯堡家族的精神实质："谁在谈论胜利？最重要的是活下去。"[9]

然而，我们也可以换个角度去看待他。在腓特烈那无力、笨拙的身体中蕴藏着活跃的思维和富有远见的思想，而且，同他的父母一样，腓特烈有着钢铁般的意志。他可能是鲁道夫四世之外最清楚自己家族的传奇和神秘身世的人。他拜访了祖先的古老圣地。穿越阿尔高时，巴登堡垒给了他无限的遐想空间。他到祖先们安息的科尼希斯费尔登献上了自己的祈祷。当他骑马穿过邻近的平原时，他忧郁地望向那座哈布斯堡城堡的残垣断壁，他显赫家族的摇篮。[10]他试图建立联盟，在阿尔高地区沿着莱茵河重建自己的家园。埃涅阿斯·西尔维厄斯·皮科洛米尼（Aeneas Sylvius Piccolomini）就是后来的教皇庇护二世（Pope Pius Ⅱ），他于1442年应腓特烈之邀任其私人秘书，他描写了腓特烈的生平，将他的朝圣之旅同哈布斯堡家族的使命联系在一起：

> 从这个奥地利望族中，走出了多位国王和皇帝，他们坚信只有忠诚、坚定地服事上帝才可能取得成功。腓特烈追随他的先人，在没有护卫照料的情况下就深入险地，他前往耶路撒冷，渴望亲吻那片我们伟大的救世主踏过的神圣大地。[11]

这位未来的皇帝非常清楚自己角色的象征意义，以及相应的权利。腓特烈原本就对统治权的神秘、崇高方面很感兴趣，与这一帝国头衔相关的传奇和象征更激发了他的兴趣。他的前任中几乎没有人如此关心加冕以及皇帝徽章的深刻含义。在1452年于罗马被教皇尼古拉五世（Nicholas V）加冕为神圣罗马帝国皇帝之后，他做的第一件事就是用帝国封印确认《大特权》的合法地位。[12]根据《大特权》，他下令奥地利公爵（他宣布，奥地利公爵可以自称国王，但他的继任者并没有这样称呼自己）应该穿戴君主的披风和王冠[13]，加盖在公爵帽子之上。这里有两个象征元素，一个是帽子（三角形尖塔状的天鹅绒帽是公爵头衔的象征），另外一个是从皇冠借用的单拱桥和十字架，这是皇家权力的精髓。[14]腓特烈之后的哈布斯堡家族大公都会仿照皇帝加冕仪式隆重地举行即位仪式。而对于他自己的帝国就职典礼，新皇帝对仪式的细节表现出了狂热的关注。经过了几个世纪的变迁，仪式程序变得松散、陈腐，许多从前的仪式元素也被遗忘或丢弃了。腓特烈重建了帝国加冕仪式的架构，发现（或发明）了新的象征意义。

传统上，早期在亚琛举行的帝国加冕仪式有几个主要元素，包括查理曼皇冠[15]以及宝球和权杖等物件，此外，还有圣矛、圣布等圣物。腓特烈三世在亚琛加冕时，观众见证了一场更复杂、更高调，也更有“皇家风范”的仪式。比如，呈递宝球时要说：“请陛下接过圣果，以圣三一的名义统治世界。”皇帝的长袍是仿照主教或教皇的款式制作的，以强调皇帝是受上帝指派的，既是君王又是祭司……[16]自古以来，包括最近的卢森堡家族，教皇都会在罗马为新皇帝戴上主教法冠，法冠勉强戴在皇冠之内[17]，以此表明皇帝对教廷的依赖，如同几百年前教皇向君王送上王冠一样。渐渐地，世俗的权力开始避免使用这种依赖的象征，而在1442年，腓特烈将这一解放的进程又向前推进了一步。他没等教皇授予他主教法冠就自己佩戴上了。腓特烈让纽伦堡的金匠为他打造了一顶新的皇冠[18]，主教法冠被合并在内，上面装饰着光芒四射的镀银基督像，基督像下面则是福音书的图案。同时，他为珍贵的帝国瑰宝——圣桌布、圣围裙及圣矛——定制了精美的圣物箱。

此外，他开始重新定义皇帝的角色和权威。新的罗马人民的国王是最后一位在罗马由教皇加冕的头衔持有人。1453年，他出发准备翻越阿尔卑斯山参加加冕仪式时，随身带着在亚琛加冕典礼上用到的所有装备，目的是为了向意大利人炫耀。腓特烈精心设计了他在罗马的加冕仪式，以及在罗马举行的婚礼。他听取占星家的建议，选在他们所称会出现最吉祥征兆的日子举行典礼。[19]同时，他肯定也很清楚德意志民间的预言——重生的腓特烈将在罗马加冕，再次统一基督教世界，甚至在自己的职责中吸收进教皇的角色。1451年的晚冬，腓特烈和他的弟弟阿尔布雷希特、受他监护的拉斯洛（Ladislaus）——前任皇帝阿尔布雷希特二世的遗腹子，以及一众德意志贵族、骑士和教士，起程翻过阿尔卑斯山，到达维罗纳，从那里再去往帕多瓦（Padua）和费拉拉（Ferrara）。

在每一个阶段，他都受到了盛大仪式的欢迎，各个城镇争相以最奢华的方式迎接皇帝。在到达罗马之前，他将前往锡耶纳去和他的准新娘、葡萄牙国王的女儿利奥诺拉完成第一次会面，在那里他将受到最奢华的接待。在侍从和拥护者的陪同下，他于1452年2月4日到达锡耶纳，迎接他的是来自最有名望家族的

200多名年轻人，他们在距离城墙4英里处等待。阵列的最前方是3名衣着华丽的正义旗手，中间的旗手挥舞着帝国旗帜，旗帜以黑色丝绸为底，绣有金色雄鹰，而两边较小的旗帜则绣有锡耶纳纹章。正义旗手骑马向前，将帝国旗帜交予腓特烈，腓特烈抓住了木轴，在一片欢呼声中接过了旗帜。然后队伍再次排好队形，由正义旗手引领，腓特烈则在新的护卫的保驾下向着锡耶纳的大门前行。在城墙边和城门口成千上万人的注视下，他受到公民首领、神职人员及大学学生和博士的欢迎，他们都唱着古老的赞美诗《求造物主圣神降临》(*Veni, creator spiritus*)，接着城市的行政长官将一串城镇的钥匙呈给腓特烈，象征着对他的服从。据他的翻译官埃涅阿斯·西尔维厄斯（此处细节描述都来自其记载）说[20]，锡耶纳的公民也加入了骑马的队列，穿过布满丝绸旗帜、用无数火炬装饰的街道和拱门前往大教堂。欢快、喜庆的接待气氛和令人热血沸腾的场面，似乎让人想起了庆祝基督君王进入耶路撒冷的棕枝主日游行庆祝仪式。当腓特烈走近教堂时，四面八方传来高呼声："皇帝万岁！"两天之后，皇帝再次出现在城门口，这一次是用相同的仪式迎接他的新娘。[21]

锡耶纳之后的每个城邦都更热烈地竞相以壮观的场面来迎接皇帝，但腓特烈深知教皇的担心，知道他担心自己是来卷走教皇的世俗权力的，因此在进入教皇的领域时公开宣誓效忠教皇的职位及其本人。[22]誓言通常被解读为对教皇权力的服从，是德意志尊严的对立面。但是外交手段老练的腓特烈没有犯这样的错误。他仔细撰写了宣誓文件，将誓言表达为一种让步，而非义务：他答应尊崇教皇和神圣的教会，不是因为他必须这样做，而是因为作为皇帝，他选择了这么做。他深知从前鲁道夫和阿尔布雷希特一世对教廷表示的服从，因此格外小心，以保证任何时候都不会像他的先人那样向教皇做出顺服的承诺。

颇为高明的政治策略，只做很小的让步，又给未来获利留下空间。腓特烈巧妙地提升了皇帝的地位，使其位于教皇和教会之上。或者说，如果誓言是写于1250年而不是1453年，也许效果会更好。在15世纪，人类被瘟疫蹂躏，而还未来得及从“被掳至巴比伦”和教会大分裂阴影中走出来的教会被异端思想和宗教改革问题弄得焦头烂额，因此腓特烈这么做有些不合时宜。这也说明了腓特烈性格中的优点和缺点，揭示了后人为什么如此严厉地指责他。他一心想着加冕、皇权、占星术、圣物、《大特权》，以及象征的力量，却脱离了那个时代的现实和急需解决的一系列问题。但是，这些在他自己的眼里能算作弱点吗？我认为，这些都恰恰符合哈布斯堡家族的传统。在那个讲求超越的图腾或力量的镜像世界里，腓特烈并不像许多历史学家认为的那样是个不堪的失败者，而是哈布斯堡家族未来权威的伟大缔造者。[23]

* * *

最终，在维泰博接受热情接待后，规模已经十分庞大的帝国队伍来到了他们的目的地。在靠近罗马城的第三个里程碑处，志得意满的皇帝像极了凯旋的恺撒，他接见了一整队的枢机主教，在他们的护送下前往罗马城外一个挂满奢华丝绸的帐篷，他将在那里度过一夜，然后以胜利者的姿态进入永恒之城。第二天清晨，他穿过城门和街道来到圣彼得教堂前面的广场，在那里，瘦弱的教皇一动不动地坐在象牙宝座上。腓特烈走上前去，单膝跪下，亲吻教皇的手和额头，然后是他的弟弟和受他监护的拉斯洛，之后是一大群德意志、奥地利和意大利的政要。真正的加冕授权仪式持续了数天。1452 年 3 月 16 日，他从教皇手里接过伦巴第的铁王冠，三天后戴上了查理曼皇冠，迎娶了利奥诺拉。加冕弥撒的一位在场者，帝国大臣卡斯帕·埃嫩克尔（Kaspar Enenkel）描述："皇帝身披查理曼的圣袍出席加冕典礼，这在过去的几百年里从来没有发生过，这是上帝给予的伟大荣誉和仁慈。然后，他戴着皇冠骑马穿过台伯河，授予他的受监护人、弟弟和其他 300 名'杰出人士'骑士头衔。"

早期的几位腓特烈皇帝之后，还没有出现这样强调皇权的仪式。加冕后，腓特烈南下前往那不勒斯王国，据说在那里圆了房。传说他当时并不十分情愿，因为担心这样生下的孩子可能会像意大利人；更可能的说法是他痴迷于占星术，介意孩子出生时的星象。[24]然而，他不需要担心，因为无论他的婚姻激情多么热烈，他的第一个孩子都要等到 1455 年才会出生。在那不勒斯短暂停留后，他缓慢地沿原路返回，一路赐下封地、头衔和财物。这一皇家队列在威尼斯结束了他们的意大利之旅，在那里举行了 10 天的庆祝活动，最终北上回到格拉茨。

如果腓特烈的统治可以在 1453 年或稍晚一点结束，他可能会被视为一位伟大的帝国空想家，致力于重建帝国的权力大厦。在他自己眼里，这正是他所取得的成就。他很好地平衡了教皇和帝国，使二者可以和平相处，尤其是在埃涅阿斯·西尔维厄斯于

1458 年被选为教皇庇护二世之后。他取得了“突破”——重新确立了哈布斯堡家族的帝国头衔。[25] 但他的政绩却被时间渐渐冲淡，我们甚至可以说，“腓特烈三世的统治是德意志历史上最漫长、最枯燥的时期……缺乏哲学的头脑无法找到持久感兴趣的东西，最精细的审察也只能发现一点点值得铭记的回忆”。[26] 人们往往站在后人立场上读历史，这有风险。16 世纪的欧洲被宗教改革运动和反宗教改革运动所分裂，已经不可能再重现神圣罗马帝国的辉煌。因此，在这之前的 15 世纪的最后几年，似乎是最后的教会复兴的机会，然后却被腓特烈浪费掉了。这当然也是许多当时的评论者一直坚持的观点。在奥地利广泛流传的小册子里，腓特烈被称为神圣罗马帝国的“大睡帽”[27]，而另一个从 15 世纪 80 年代开始流传的册子则说腓特烈在林茨虚度光阴，整天收集老鼠粪便、捕捉苍蝇。还有一些则嘲笑他患有痛风的腿，这不公平，因为到了 1493 年的春天，由于医生的无能，他的腿已经开始腐烂，并且发出恶臭，他不得不在住所内藏一些硬币来吸引他的仆人，免得没有人理会他。[28] 当然，无论他个人是否懒散，他确实没有推动十字军东征的手段，也不具有成为“普世皇帝”的素质。

尽管有很多头衔，但腓特烈真正能够有效控制的只有施蒂利亚公国，而且还必须同他的弟弟阿尔布雷希特分享这些土地的收入。奥地利的其余土地，以及匈牙利和波希米亚的王冠，都属于受他监护的拉斯洛。而家族的另一个分支，他的表亲西吉斯蒙德公爵则享有蒂罗尔的收入。如皇帝西吉斯蒙德所发现的，帝国的职位并不能带来利润，反而耗资巨大，而腓特烈又没有资源来保持活跃。他甚至没有钱支付他昂贵的意大利加冕之旅的费用——是教皇出的钱。

拉斯洛 1457 年的死亡将腓特烈和阿尔布雷希特这两兄弟之间的对立公开化。从拉斯洛死亡直到阿尔布雷希特于 1463 年去世，两兄弟一直处在战争状态，他们各自的拥护者在对方的土地上劫掠。更危险的是，阿尔布雷希特六世（Albert Ⅵ）同家族以外的人结成了联盟，这完全不符合这个奥地利家族的传统。阿尔布雷希特的结盟对象是强大的波希米亚军阀、未来的波希米亚国王波蒂布拉德的乔治（George of Podiebrad）。二人联手围攻维也纳的皇家城堡，腓特烈的妻子和年幼的儿子被困其内。阿尔布雷希特猝死，大批的施蒂利亚的忠诚骑士和随从赶到，才最终解除了围城。腓特烈显得很软弱，又深陷家族内战，因此开始有人策划剥夺他帝国皇帝的头衔，密谋最终失败，因为没有找到合适的替代人选。

阿尔布雷希特之死虽然解了燃眉之急，但却并没有让腓特烈舒舒服服地拥有他的土地。他的东面是强大而又野心勃勃的匈牙利君主，被称为“考文纽斯”的黑军首领马加什 · 匈雅提（Matthias Hunyadi）。[29] 1463 至 1480 年间，腓特烈的领土没有受到挑战，很大程度上是因为他对匈雅提做出了一系列领土和政治上的让步，但在 1481 年，匈雅提终于找到了入侵奥地利的借口。[30] 此后，他逐年蚕食腓特烈控制下的领土。匈牙利军队中加入了雇佣军，又经过多年与土耳其人的战争锤炼，可能是当时欧洲实力最强的军队，皇帝没有可以与之抗衡的军队。在长时间的围攻后，腓特烈于 1485 年失去了维也纳，次年又失去了他最喜欢的住所——维也纳新城。此后，腓特烈在 800 名忠诚骑士的陪护下，向西前往林茨，并试图唤起民众抵抗这种对帝王尊严的冒犯。但真正让他恢复失地的是 1489 年匈雅提的死亡和他儿子马克西米利安的军事才能。

处处受挫的腓特烈总是努力将损失轻描淡写，表示自己已经满足。他的一句名言是“幸福，就是忘却无法挽回的”。[31]他长达半个多世纪的统治中发生了一系列颠覆动乱，掩盖了他操纵手中政治、财政及道德资源的能力。从他遗留的记载中，很明显可以看出他使用资源时的细心，甚至有些吹毛求疵和吝啬。账簿前易怒的腓特烈，同那个呼唤普世权力的梦想家腓特烈似乎互不相容。难道是纯粹的虚荣心诱使这位“半公爵”声称他的领地和血统会统治世界吗？人们通常认为他在口号、象征物甚至巫术上的投资只是为了补偿他在处理世俗事务方面的失败。但我们现在知道，他的这些信念和愿望在世界跟他翻脸前就已经存在了。故事很简单：统治者都会选择一个口号或座右铭以浓缩表达自己统治的本质。（马克西米利安选择的短语也很能表达他的本质——“把握分寸，拭目以待”。）[32]根据腓特烈日记关于1437年的记录，他发现所有的元音字母放在一起，可以构成一个神秘的缩写词“AEIOU”，其含义有许多版本。17世纪的宫廷图书管理员彼得·拉贝修斯（Peter Lambecius）记录了40多种可能的含义[33]，从巧妙的“神选之鹰征服一切”（Aquila Electa Iovis Omnia Vincit）到更为平实的“奥地利乃终极世界之国”（Austria Erit In Orbe Ultima）。腓特烈在临终时揭示了谜底：“世界臣服于奥地利脚下”（德语版本为Alles Erdreich Ist Österreich Untertan）[34]。这一字母组合图案装饰在各个地方——他图书馆的书籍上，他的建筑上，钱币和勋章上。但这并不是他唯一把玩的东西，他还选择了视觉符号。一个图案是一只握有宝剑的手放在一本打开的书上，旁边配有格言“这个用来统治，那个用来防卫”[35]，这也许正说明了他视战争为次等的态度。另一个图案是一座高塔，其上电闪雷鸣。这让他的大臣们感到困惑，他们问他应该如何解释。腓特烈的回答是："难道你们不知道，雷击高塔时，王子被当作箭靶，以使下面的塔顶免遭雷击。"这也许跟"收集老鼠粪便"一样，是一种奇怪、没有特定目的好古癖。另一种可能是，这是一种全新、有效的神话制作技术。

艾维尔德·拉宾（Aviad Rabin）在叙述圣体仪式的复杂意义时曾经说："知识在充满象征符号的仪式中被不断地精挑细选，以传达嵌入其中的含义……因此，符号传达知识，承载情感。他们传递信息，诱导情绪，这些是语言无法做到的。人们通过这种共有的符号进行沟通和互动，并借此互相理解。"前文已经谈过，哈布斯堡家族从一开始就能敏锐察觉行为或事件中隐藏的多种含义：鲁道夫和神父的故事，阿尔布雷希特变为殉道者，利奥波德变为"勇于献身的君王"[36]，都是这样的例子。腓特烈三世更是向前迈了一大步，为哈布斯堡家族创造了新的惯用语和神奇象征力量的源泉。但是，这个新的帝国，奥地利家族的普世统治，不会由腓特烈实现，而是由他的后来者完成。他像施洗约翰一样，只能在旷野中呼喊："修直主的路。"

在境况比较好的时候，利奥诺拉和腓特烈曾梦想他们的孩子可以领导一个新的、经过革新的基督教世界。二人似乎都为这个神秘的想法所吸引。利奥诺拉想要成为罗马大帝君士坦丁的母亲海伦娜那样的女性。当她在1458年怀上第二个孩子时，这对夫妻确信这个孩子会是男性，他将成为基督教世界的领袖。他们考虑着君士坦丁、乔治（腓特烈对圣乔治有着特别的痴迷）一类的名字，但最终这个孩子被称为马克西米利安（Maximilian），很可能是受到那个时代一个名不见经传的巴尔干圣徒——切里的马克西米利安的影响。他们为其他孩子选择的名字在哈布斯堡家族也并不常见。他们的第一个儿子名叫克里斯托弗（Christopher）[37]，第三儿子叫约翰，二人都夭折了。[38] 他们的两个女儿只有一个长大成人，名叫库尼贡德（Cunegunde）。1467 年，利奥诺拉去世，腓特烈拒绝考虑再婚，因此整个哈布斯堡家族的命运落在了三个人的身上——马克西米利安、他的妹妹，以及一个远房表亲蒂罗尔公爵西吉斯蒙德。为什么腓特烈没有像阿拉贡的斐迪南那样在晚年焕发第二春，没有尝试再婚、为家族填充基因库，我们不得而知。但也许同自己的弟弟阿尔布雷希特为争夺遗产而进行的长期殊死斗争对他产生了一些影响。父母的热切期望伴随着马克西米利安在维也纳新城度过了整个童年。马克西米利安身体轻柔，动作敏捷，长着同父亲一样的长鼻子，同时有着其祖父的力量——他似乎是出生在马背上的。在孩童时代，他便开始在其父城堡的主门外或圣乔治教堂的庭院中玩骑士游戏，骑着小马驹模拟骑士长矛比武，模拟战争，或者玩土耳其人和基督徒的游戏。

马克西米利安早年，实际上是在他出生前发生的决定性事件是土耳其人占领君士坦丁堡。腓特烈的最大梦想就是发动十字军圣战讨伐劫掠基督教世界的力量，但由于缺乏资金和其他统治者的支持未能实现。而他的反应也独具特色。他在维也纳新城创建了一支新的骑士队伍——圣乔治骑士团（Order of St George）。在同一年，他第二次访问罗马。1469 年 1 月 1 日，教皇保禄二世（Paul Ⅱ）在拉特兰圣若望大教堂举行仪式，发表教皇诏书，宣布新的骑士团受教皇保护。马克西米利安作为新骑士团的一员，致力于恢复基督教世界的统一和强盛。作家葛伦佩克（Grünpeck）[39]在描述腓特烈和马克西米利安的生平时表示，马克西米利安从小就被告知他是上帝选中的“神童”，长大后要成就伟大的事业。从他出生的那一刻起，神奇的故事就不断流传着。据葛伦佩克称，新生的婴儿非常强壮，他可以在用来清洗出生时沾上的血液和体液的澡盆中站起来。赤裸的婴儿被描绘成哈布斯堡大公，戴着大公的帽子。后来这孩子变成了流行印刷物上的“德意志大力神”。[40]他早年的生活非常简朴，食用简单的食物，日益强壮。他最喜欢的消遣活动是剑术、射箭和马上长矛格斗。并且据传他很小的时候就学会了德语、本地方言及拉丁语（这门语言他一直都不太擅长）。据说他后来可以讲7种语言，但其实他很可能只能比较流利地说法语和佛兰德斯语。

他的外表很像他的父亲，金红色的长发，长鼻子，但马克西米利安健壮，而其父仅仅是肥胖。他们有着相同的身体缺陷：马克西米利安最终也遭受了令其父晚年痛苦不堪的痛风，二人也都因此变得性格暴躁。一枚1490年的双肖像勋章中，老皇帝戴着皇冠，穿着披风，而马克西米利安则戴着一顶时髦的帽子，佩戴着金羊毛骑士团（Order of the Golden Fleece）的勋章。两人的形象非常相似。然而，二人在性格和行为方面却大相径庭：腓特烈喜静，可以久坐不动，幸福地看着他的鲜花和蔬菜生长；马克西米利安则好动、敏捷，他很少能在同一个地方待上几个星期。他抱怨“四处奔走”的生活，而他一辈子却都在奔波，不断地做这做那（有时做的事互相矛盾）。他被各样活动束缚，却是心甘情愿的。他生性浪漫，颇有传说中的亚瑟王的骑士精神。他被称为“最后一个骑士”，并引以为傲。

马克西米利安是很多关于哈布斯堡家族的小说中的主角。其中，颇受欢迎的作家夏洛特·玛丽·荣格（Charlotte M. Yonge）的小说在20世纪初首次出版就成为畅销书。马克西米利安的浪漫形象如此动人，个性如此有魅力，如此坚定地书写属于自己的传奇，让人很难不对他着迷。他是过去的所有希望和恐惧的化身，一个真正的腓特烈、基督的战士、学者、预言家、作家、政治家，一个同时拥有强烈的人类欲望和深厚的宗教情感的男人。除了马克西米利安，还有谁会在晚年的时候想要成为皇帝兼教皇？还有谁敢去想象这种可能性？马克西米利安让哈布斯堡家族走出了一个“普世英雄”（他居然是大胖子腓特烈生的）。[41] 第一次，我们感受到一个哈布斯堡家族成员是一个有血有肉的人，而不是一个符号或密码。这在腓特烈三世的身上似乎还有那么一点可能性，但在他的前人身上几乎看不到。这有两个原因：首先，肖像画艺术已经从描绘类型（“国王”或“教皇”）转向了描绘个人；其次，马克西米利安很喜欢看到自己的形象出现在钱币、勋章、绘画或是肖像画上。从前君主的形象很少被如此广泛传播。但即便如此，往往也很难说清楚哪一幅画更接近于他的真实形象，因为他时常穿戴各种伪装。有些画作有阿谀之嫌，另外一些画得较为自然。只有他在韦尔斯死后的面部模型，才可说是其真实样貌的准确再现。

但马克西米利安非常善于用图像代替现实，因此，在我们掉入他编织的陷阱之前，让我们先来看看他的现实成就吧。表面上，他成就非凡。他收复了哈布斯堡在匈牙利的失地，并在1477年迎娶了勃艮第公爵唯一的女继承人——那个时代的大富豪，从而成为低地国家的执政公爵。在妻子去世后，他为捍卫自己孩子的财产而战斗。他于 1486 年当选为罗马人民的国王，并在 1508 年宣布成为“当选皇帝”（Elected Emperor）。他对帝国进行了行政改革，恢复了帝国的和平与正义。1496 年，他的儿子迎娶了天主教国王阿拉贡的斐迪南和卡斯蒂利亚的伊莎贝拉之女。次年，他的女儿嫁给了二人的儿子——西班牙王位的继承人。他的孙子中，查理（五世）于 1519 年继承了他的帝位，成为横跨新旧大陆的君主。他的另外一个孙子斐迪南于 1531 年被选为罗马人民的国王，统治奥地利和德意志的土地。哈布斯堡家族在 1526 年保住了匈牙利和波希米亚的王位。[42] 马克西米利安的统治方式较为温和，不采取高压手段。他死于暴怒，因为因斯布鲁克商人不肯让他再赊账。也许马克西米利安真正的成就同他的父亲一样，就是用少得可怜的钱财完成了这么多事情，而且这些钱财大部分还是借来的。

他未来所有功绩的基础——同勃艮第的联姻——是靠贷款完成的。1473 年，享有巨大财富和广阔领土的勃艮第公爵“大胆的查理”，急于将自己的公国提升为王国。这个野心勃勃的男人可能成了马克西米利安效仿的对象。他统治的领土情况复杂，一些封地来自他的表亲——法国国王，另外一些则属于神圣罗马帝国的领土，呈弧形包围着法国的领土，从马贡地区一直延伸至尼德兰角港。勃艮第金碧辉煌的宫室盖过了所有其他的欧洲王国，然而，他只是一个公爵。只有皇帝可以提升他的地位，因此他提出将自己唯一的女儿勃艮第的玛丽（Mary of Burgundy）嫁给腓特烈的儿子——14 岁的马克西米利安。事实上，将他的公国升为王国符合双方利益。玛丽和马克西米利安的孩子将成为勃艮第国王和奥地利大公，当然，将来很可能成为帝国皇帝。腓特烈借了钱，抵押了房产，带着一队出众的队伍前往特里尔（Trier）与勃艮第公爵会面。即使这样，出现在特里尔的奥地利队伍同辉煌的勃艮第相比还是显得十分寒酸，但协议最终还是达成了。然而，腓特烈在最后时刻却拒绝缔造一个勃艮第王国，因为害怕（这种判断很可能是正确的）查理一旦成为国王，就会觐觎帝国宝座。协议于是受到了破坏。但三年后，“大胆的查理”死在了南锡城外的一条沟渠里，头颅也在交战时被瑞士戟劈开。他的继承人玛丽，虽然可以嫁给更富有、更强大的人，却坚决要嫁给马克西米利安。很明显，马克西米利安在特里尔的第一次见面中给她留下了深刻的印象，使得这位欧洲最富有的女继承人非他不嫁。因此，虽说腓特烈的外交提供了一次机会，但最终起了决定性作用的还是他儿子自身的人格魅力。

勃艮第的玛丽于 1482 年 3 月去世，这对马克西米利安本人和他的政治蓝图都可以说是灾难性的。玛丽任性却又意志坚定（这从她坚决要嫁给马克西米利安就能看得出来），她的死法也跟她的人生一样轰轰烈烈。玛丽有着勃艮第人特有的狩猎热情，尤其是放鹰狩猎，甚至婚后没几天就叫人把她的大鹰带到卧室。[43] 马克西米利安尽管也擅长狩猎，但还是觉得妻子的热情有些过度。没有什么能阻止她去追逐、狩猎，即使是在 1481 年怀第三胎的孕晚期，她还是带着自己的大鹰出去狩猎。而在 1482 年的这次狩猎中，她骑的马在快速追逐中被绊倒了，她则被狠狠地摔在一棵树上。她被扶起时几乎失去意识，体内大出血，被带回布鲁日后就去世了。马克西米利安能继承勃艮第的遗产完全是因为联姻，因此，现在他只能作为还是幼儿的儿子腓力的摄政王[44]，但并没有自己的领地。

马克西米利安逐步收复了马加什·匈雅提手中的奥地利失地。更重要的是，他于1490年继承了表亲蒂罗尔公爵西吉斯蒙德的爵位。蒂罗尔的矿藏和其他资产使他变得比父亲富有，而后他定都因斯布鲁克。终其一生，因斯布鲁克都是他最喜欢的居所，他用了很多年时间来扩建和重建摇摇欲坠的宫室。因斯布鲁克很快就使腓特烈在林茨那死气沉沉的宫室相形见绌，而父子关系也在这期间不断恶化。1486年，马克西米利安在其父尚在人世时就被选为罗马人民的国王。一些学者认为这违背了腓特烈的意愿，因此腓特烈曾试图阻挠其当选。但这似乎不太可能，因为虽然皇帝对他的独生子缺乏尊重，但他的王朝意识和家族延续意识是非常强的。虽然马克西米利安在允许葛伦佩克《生平》(*Life*)一书出版前，精心地编辑了书中比较刺耳的部分，但当选后的马克西米利安同父亲的争吵确实愈加激烈。腓特烈的晚年生活十分阴郁，他越来越沉迷于占星术、炼金术和巫术。最终，在78岁高龄，带着一身的疼痛和溃烂，腓特烈于1493年8月去世，马克西米利安没有受到任何挑战，顺利继位。

对于马克西米利安的神圣罗马帝国皇帝生涯，人们做出了两种完全不同的解读。[45]有人认为，他是伟大的改革家：他重组帝国，建立了更先进的全新行政架构。但也有人认为，他并非善于规划协调的人，而是重实用、总在随心行事的人。然而，这两种形像本身并不矛盾：架起两者之间桥梁的是他长期的贫困状态。[46]他在15世纪90年代中期进行的帝国改革（大部分受阻）旨在将帝国机构变得同勃艮第的一样高效、赚钱。他的失败很大程度上是因为德意志诸侯并不希望看到一个强大到可以自给自足的皇帝。但他的行政活动的确很多，一系列的法令、章程、宪章及信函如旋风般下达。格哈德·贝内克在描述马克西米利安的“实用政治”时说，在他的奥地利领地上，每座狩猎城堡中他自己的房间内都必须摆有写字桌，其他的家具陈设再少也没有关系。他这样描写工作中的“马克西”：[47]

> 通信用的是德文、拉丁文和法文，不过马克西米利安自己写信、批注时，大多用的是德文。他要处理的，有写在羊皮纸上的正式协议（diplomata），还有处理封建领地事务的公开文告（patents）……指令和教皇信件也有。对于马克西米利安来说，最耗时费力的可能是处理行政和财政事务的信函……还有草稿，通常写在有很大页边距的活页纸上，上面批有马克西米利安用其厚实、有力的手写下的修改。

贝内克为我们呈现了一个被迫进入文件世界、日理万机的男人的形象。

> 虽然有着一众忠臣辅助（大臣、财务主管、侍臣、使节、秘书、文书及仆人，既有陪他到处游走的，也有固定在一个镇或者因斯布鲁克的城堡服务的），马克西米利安还是将大部分的工作时间用来拟写和检查草稿……这个男人的特点从他写在草稿信件上的简短评论就可见一斑……马克西米利安是一个头脑

中有着许多方案的政治家，总是不耐烦，总是匆匆忙忙，过于雄心勃勃。因此他的档案有着一种紧张、混乱、意想不到的魅力，这一切反倒更符合现代政治家在面对媒体和压力集团时的快节奏。

然而，他对架构和良好秩序的孜孜以求，以及他对行政细节的直接参与，确实也影响了他后来的继任者查理五世及其子西班牙的腓力二世（Philip Ⅱ），他们创建和维护良好秩序的能力远超马克西米利安。马克西米利安的长期规划能力以及对未来的耐心憧憬，其实并不体现在他对帝国制度的局部调整上，而是体现在他对哈布斯堡王朝联姻的远见上。在这个方面，他获得了真正的成功。他让女儿和儿子分别与西班牙王位的继承人和继承人的妹妹联姻，无疑是其政治生涯中的妙笔，因为这确保了他的孙辈可以坐上西班牙王国的王位。但事情并没有那么简单。马克西米利安的女婿、西班牙亲王唐·胡安（Don Juan），婚后 6 个月就去世了，据说是由于纵欲过度，但他的妻子玛格丽特却没有任何怀孕的迹象。因此，继承权转移到了他的姐姐葡萄牙女王和她的儿子手中，马克西米利安的宏伟蓝图也就无法实现了。但死亡再次来袭，这一次则对哈布斯堡家族有利。1500 年，西班牙王室的所有男性继承人都去世了，继承权最终落在了卡斯蒂利亚的胡安娜（Juana of Castile）和她的儿子查理和斐迪南手中。查理于 1500 年的圣马蒂亚斯日出生于根特，他的兄弟斐迪南则于 1503 年 3 月出生在埃纳雷斯堡，两人的成长地点相隔半个大陆。查理出生后即成为勃艮第公爵，并在自己的公国领地长大，而斐迪南后来则在与他同名的外祖父阿拉贡的斐迪南的保护下，在西班牙长大。两兄弟初次见面要等到 1518 年。在这两个男孩和他们的姐妹身上，集中了哈布斯堡家族未来的所有希望。

贵族家族的未来往往是系于一人。马克西米利安只有一个儿子和一个女儿，他在 1494 年与比安卡·斯福尔扎（Bianca Sforza）成婚，这第三次婚姻既没有帮助他繁衍后代，也没有帮助他填补自己的小金库。[48] 比安卡既不能生育[49]，又挥金如土——这次婚姻是一场灾难。腓力和胡安娜的婚姻也因为 1506 年腓力的意外死亡而走到了尽头，这使得胡安娜精神错乱。这些年来，胡安娜一直非常迷恋她的丈夫，疯狂嫉妒着所有让她丈夫目光停驻的女人（她曾用剪刀责打一名年轻女子），丈夫死后，胡安娜精神崩溃。她拒绝让他下葬，带着他的棺材从一座城堡搬到另一座城堡，每天检查他（部分做了防腐处理）的尸体看是否有复活的迹象。直到在她父亲的直接干预下，她才勉强让丈夫下葬。胡安娜的父亲把她囚禁在托尔德西里亚斯城堡的一个小庭院里，只留下她的小女儿凯瑟琳给她做伴。[50]

马克西米利安在 1506 年儿子死后，开始作为哈布斯堡家族的家主负责他孙子的未来；而作为一个好统帅，他有效地部署了他的军队。他安排孙子斐迪南和孙女玛丽各自成婚，前者娶了匈牙利国王的姐姐安妮·雅盖隆（Anne Jagellon），后者则嫁给了匈牙利国王，再现了一次“西班牙攻略”。但有时他的这种精心策划却又会碰到不可逾越的障碍，风险很高。没有任何一位奥地利公爵可以对匈牙利和波希米亚王冠置之不理。马克西米利安从匈牙利手中收复哈布斯堡家族的失地还不到 15 年。只有哈布斯堡家族当上了匈牙利和波希米亚的统治者（像皇帝阿尔布雷希特二世短暂实现的那样），其领地才会真正安全。[51]

马克西米利安的战略发展了近 20 年，在他死后才最终开花结果。他利用了一切机会。1506 年，在获悉匈牙利王后怀有身孕后，他许诺让自己还在襁褓中的孙女玛丽嫁给还未出生的匈牙利国王的“儿子”，而这位王后最终确实诞下了一个男孩——拉约什（Lajos）。次年，他许诺如果玛丽可以同拉约什完婚，那么年轻的匈牙利公主安妮可以嫁给他两个孙子中的一个。但是，这样的初步协议很可能被撕毁[52]，因此需要一个正式的仪式，在众多证人面前交换誓言以确保协议生效。1515 年，他安排将玛丽从梅赫伦（Malines）送到了他所在的因斯布鲁克，腓力和胡安娜的孩子（除了斐迪南和凯瑟琳）在这里由他们的姑母、马克西米利安的女儿玛格丽特抚养长大。至于他的两个孙子，联姻障碍则较大。查理已经成年，想要自己决定自己的婚姻[53]，尤其是他还将继承西班牙王位。而斐迪南则远在西班牙，他的监护人阿拉贡的斐迪南不同意马克西米利安提出的联姻方案。[54]

结果，1515 年 7 月 22 日在圣斯德望大教堂举行的仪式中，12 岁的匈牙利公主安妮身旁跪着许诺孙子联姻的马克西米利安，同另外一对——拉约什和玛丽一道确认了婚约协议。但仅仅两天之前，1515 年 7 月 20 日，马克西米利安正式领养了匈牙利的拉斯洛的唯一继承人——波希米亚的拉约什，并称将来会劝说选帝侯选择他为罗马人民的国王。与匈牙利和波希米亚代表的谈判历经曲折，气氛紧张。最终，双方达成一致，如果马克西米利安的孙子在一年之内不能履行协议，那么马克西米利安自己将与安妮完婚，使其成为皇后。1516年，阿拉贡的斐迪南去世，障碍被消除，马克西米利安（从未谋面）的孙子斐迪南履行了婚约。但直到1521年斐迪南才来到维也纳，最终完成了这桩婚事。

拉约什和玛丽这对名义上的叔侄成了夫妻，对于马克西米利安而言这些都不是问题，因为这本就是他的即兴杰作，只要可以给他带来东面疆域的安宁，一切代价在所不惜。但是，跟西班牙联姻的情况一样，这次联姻远比他预期的幸运。没有人能预见到年轻健康的匈牙利国王拉约什会在1526年同土耳其人的莫哈奇战役（Battle of Mohács）中淹死在小溪里，他的继承人只剩下他的姐姐和姐夫斐迪南，后者将成为匈牙利的摄政王。一系列的好运眷顾了哈布斯堡家族。正如马加什·匈雅提在谈到马克西米利安的勃艮第联姻时所说，别人是靠发动战争，哈布斯堡家族则是靠一路联姻到达了权力和荣耀的顶峰[55]。后世的人们也许还可以继续评论道，哈布斯堡家族的成功是建立在别人的不幸之上的。马克西米利安的联姻政治，不可否认是极为精明巧妙的，但他也不应该因受到命运女神的随机眷顾而被过度赞扬。

* * *

马克西米利安如何看待自己，又希望后人如何看待他呢？对于这两个问题，我们似乎有一定的发言权，因为马克西米利安一生都在竭尽所能来保证自己的不朽名声。我们见到的许多图像中，他都穿着平民服装，姿态随和。在贝尔纳德·施特里盖尔（Bernard Striegel）为其所画的著名家庭肖像上，有马克西米利安，有他（早已故去）的妻子玛丽，她双眼仰望天空[56]，还有其子腓力（已逝）及他的孙子斐迪南和查理。马克西米利安的手环绕、保护着年幼的孙子，年幼的孙子拽着他的衣袖，而年长的查理则把手放在他的领养叔父、未来的匈牙利国王和姻亲——年幼的（波希米亚的）拉约什的手臂上。这张画像没有一处是真的。马克西米利安从未见过自己的幼孙，斐迪南出生在西班牙并在那里长大，其名也和他的西班牙外祖父一样。查理在画像制作时远在尼德兰。画中的马克西米利安、腓力和查理都戴着金羊毛骑士团沉重的金羊毛勋章和领圈——勃艮第骑士的标志。他们被画成哈布斯堡家族的统治者，以侧脸示人，而玛丽、斐迪南及拉约什则露出了正脸。画作的主题是“家族王朝”，描绘作为“奥地利家族”首领的马克西米利安和他的后代。但其实这幅画像只是为马克西米利安个人画的，也许是为了怀念他深爱的妻子、早逝的儿子，还有虽然不在身边却让他思念的孙子。

马克西米利安的官方肖像则大为不同。晚年时，他非常关注自己的身后事，他让最喜欢的雕刻师汉斯·布克迈尔（Hans Burgkmaier）为他在因斯布鲁克的墓地刻了许多雕像——全副武装骑上战马的雕像。[57]这是准备出征或参加决斗的马克西米利安，长矛在手。他年轻时热衷于骑马决斗，且技艺高超。他的盔甲保留了下来，因此我们知道他是一个强壮的男人，胸肌发达，虽然不如他的父亲高，但对于那个时代的人来说依然十分高大。布克迈尔为这一主题雕刻了很多作品，还有一张描绘他工作室的雕刻画，画中他正在绘图，而皇帝则凝视着画像进行指点。对于要呈现给后人的自己的画像，马克西米利安不会放过任何一个细节。

然而，年轻的马克西米利安却从未像孙子查理和曾孙西班牙的腓力二世那样，邀请提香（Titian）那种宫廷画师为自己作画。[58]具有讽刺意味的是，在他去世半个多世纪后，一位画师画出了马克西米利安心目中自己的样子。彼得·保罗·鲁本斯（Peter Paul Rubens）在进行了相关研究后，凭想象画出了马克西米利安，样子有点像施特里盖尔的家庭肖像画上的形象。但鲁本斯抓住了马克西米利安的战士精神。画作可以跟一个具体事件联系起来。在 1479 年的第一次根盖特战役（Battle of Guinegate）中[59]，法国军队击溃了他的骑兵，只剩下头戴铁盔、身着胸甲的长矛步兵。同鲁本斯的肖像画表现的一样，马克西米利安下马站在队伍的最前列，用粗俗的语言跟士兵们开着玩笑，带领他们重整方阵，激励他们迎战扑来的敌人。他在顷刻间稳定了军心，迎击法军的全面进攻。他们经受住了第一次的冲击，他随即下令让队伍向前冲，而自己则走在了最前面。见敌人阵脚大乱，这些长矛步兵随即抛出长矛，拔出短剑和匕首进行肉搏。一些士兵像瑞士人用战戟那样将法国骑兵挑落马下。穿着沉重盔甲的马克西米利安总是冲在队列的最前面。最终，马克西米利安率领军队打赢了这场看似必败的战斗，也保住了他妻子所要继承的产业。

鲁本斯描绘的马克西米利安是一个战斗中的男人，这从画中他头上佩戴的轻盔即可看出，但这并不是马克西米利安特质的全部。胸甲上耀眼的太阳象征着帝国。这是基督教骑士马克西米利安，这一形象在广为流传的出版物中经常出现，很大程度上提高了哈布斯堡家族的声望和财富。从来没有哪位统治者拥有过这样的宣传意识，进行了这么多自我宣传。法国的路易十四也非常重视宣传自身光辉的君主形象，但把他这一政策的执行和管理留给了别人。马克西米利安不但亲自制订计划，而且正如布克迈尔的雕刻画所表达的，他会不断干预宣传的制作，演示过程中的每一个步骤。1450 年，美因茨的约翰内斯 · 谷登堡（Johannes Gutenberg）模仿榨酒机原理改装出了一台新机器，使得多副本活字印刷成为可能，也就是说，人们可以通过重新排列字模来印出新的文本。这种大规模印刷生产其实并非全新的概念：早期的抄写员车间[60]——甚至可以说是工厂——产出了许多文本的副本。15 世纪早期，人们也已经开始使用雕版。谷登堡的发明迅速传遍德意志和意大利，很快使得文本可以进行批量生产，几年后文字和图像就都可以进行批量生产了。

马克西米利安是什么时候注意到这种新技术的，我们不得而知。[61] 不过，到 1500 年，他已经开始批改修正葛伦佩克的《生平》校样了。1510 年，他准备出版第一部自传，而 1512 年时他制订了一系列书籍的出版计划。[62] 他的动机在《白色的国王》（*Weisskunig*）一书中有直接的阐述：

> 一个人死后，他的作品不会跟随他死亡。凡是生前没有为自己建立纪念碑的人，死后肯定无人纪念，必将随着（葬礼的）钟声而被遗忘。因此，我花费金钱以这种方式构建将来对我的纪念，是值得的。[63]

这么多的活动正体现了他们在现实政治世界里的受挫——哈布斯堡家族一贯如此。16 世纪的初期对于马克西米利安来说充满挫折。他最希望的是像其父一样去罗马被加冕为皇帝，但意大利持续不断的政治阻碍和反抗使这一切变得不可能。当他 1508 年宣布自己为“当选皇帝”时，这其实只是一个不得已的替代选择，实际上，他的皇位仍然面临挑战，尤其是来自法国野心勃勃的国王查理八世（Charles Ⅷ）的挑战，之后是路易十二（Louis Ⅻ）和弗朗索瓦一世（Francis Ⅰ）的挑战。也许年龄的增长和身体状况不佳也在其中起了作用。然而，他的这种公共宣传计划远远超越了政治需求，也不仅仅是对抑郁心情的慰藉。[64] 马克西米利安想要在公众心目中建立哈布斯堡家族的世界威望，并非仅限于欧洲宫廷和法庭。

> 马克西米利安的历史使命感及他对自身地位的认识，反映在他所有的作品中。因此，他试图将古典时期和异教的人物纳入自己的家谱，也就不足为奇了。他需要塑造他的公众形象，需要赋予他最珍视的雄心勃勃的战略以权威，因此这种做法势在必行。这确是有效的方法，因为这样可以使更多民众接受他的主张，无论是博学的还是无知的民众，无论是贵族还是平民。他在自己的作品中喜欢将文字和图像结合起来，将陈述和想象放在一起，这表明他想要更好地了解过去，让自己的形象和时代同过去相一致，从而在自己和未来之间建立起和谐的联系。[65]

马克西米利安将自己视为哈布斯堡家族使命的缩影，他想要利用知识和研究来实现自己的不朽，从而保证家族未来的地位。在他发表的和计划发表的主要著作中，一直贯穿这一类主题。在那样一个迷信星宿的时代，可以说他构建了一种新的宇宙结构学。宇宙的中心是圣父、圣子、圣灵的三位一体。在三一神身旁，是他的仆人兼俗世代言人马克西米利安，他既是君王，又是祭司，而奥地利家族则被上帝选中，向世人展现上帝的神圣存在。[66]马克西米利安和他手下的人文主义者们发现他的祖先中有超过 100 名圣徒。更重要的是，他们发现，“在他的祖先中，除了古希腊罗马诸神和古埃及奇特的神灵，还有犹太君王、特洛伊王子和罗马皇帝，以及圣徒查理曼”。[67]马克西米利安为了此项调研工程雇用了学者、艺术家、雕刻家和印刷商，其中有些人甚至从事这项工作近 20 年。[68]

马克西米利安的生平像基督生平一样，为人类提供了救赎的教训。首先，马克西米利安的人生可以被看作是一部寓言。他计划完成三卷本的自传。只有第一卷《珍贵的恩赐》（*Theuerdank*）在其生前出版，第二卷《白色的国王》只存有潦草的手稿，直到 18 世纪才出版，第三卷名为《骑士决斗》（*Freydal*），则直到 19 世纪 80 年代才出版发行。所有材料均由马克西米利安口述或他自己书写完成。大部分的内容由他口述，文员记录，然后再由他编辑和修订手稿。有些情节马克西米利安会自己书写及修改。书的整体架构和调整则需要在他和他的文员马库斯 · 特赖茨索尔温（Markus Treitzsauerwein）及梅尔基奥 · 普芬京（Melchior Pfinzing）商议，之后二人负责剪辑文本工作。但马克西米利安会监督书中使用的图像和版画，传令给艺术家并审查他们的初稿。[69]

《珍贵的恩赐》主要描述的是马克西米利安追求勃艮第的玛丽，并最终赢得佳人芳心的故事。该书用诗歌体写成，共有 118

个诗节，求爱旅途中的每一段独立情节都配有版画。这本寓言极其复杂，梅尔基奥·普芬京不得不在该书（约于1506年完成）于1517年首次出版时附上人物及活动表。马克西米利安变成了“恩赐王子”（Prince Theuerdank），需要在迎娶新娘“荣耀公主”（Ehrenreich）的途中征服三个敌人。“恩赐王子”的巡游很像亚瑟王圆桌圣杯骑士的经历，最终以他在一项伟大赛事中获胜而告终。后来，他的三个敌人“小聪明”（Fürwittig）、“状况不断”（Unfalo）以及“嫉妒”（Neidelhart）相继死去——一个被斩首，一个被绞死，另外一个从“荣耀公主”城堡的城墙上被扔了下去。这些都是“恩赐王子”或者说马克西米利安自身性格中的缺点，他本人成功地克服了这些人性的弱点，所以他现在可以去发起十字军圣战，重建破碎的基督教世界。但《珍贵的恩赐》一书使用了许多复杂的文学典故，没能明确传达政治信息。马克西米利安自传的第二卷《白色的国王》中的说教意味则十分明显。该书塑造的形象是一个英明的“白色国王”——“主的受膏者”[70]，书中描述其出生及早期生活中的挣扎和最终胜利，这样的故事恰好为正在寻求指引的混乱世界提供了榜样。

> 从一开始，主人公就有着一种超越一切的伟大……只有从前的骑士和殉道者才可与之相媲美。马克西米利安的殷切期望是……所有的人都应该明白，正因为他的伟大，他才必须用许多版画来诠释“白色的国王”的含义，以便让所有普通人都可以明白。[71]

马克西米利安越来越相信图像的说服力远高于文字。当时，识字的人很少，德意志各地区、各阶层也缺乏统一的语言或方言[72]，这显然是个明智的策略。但它也带来了问题。《白色的国王》的进度因为缺乏合适的版画而一度被耽搁[73]，尤其考虑到大量作品几乎完全由图像构成。虽然《珍贵的恩赐》一书的文本晦涩难懂，但其中的两个视觉作品却广为人知。第一个是凯旋门（Triumphal Arch），让人联想起那些民间节日中临时搭建的拱门（通常由木头和帆布制成）。通常，这样的巡游和拱门，比如腓特烈进入锡耶纳和罗马，以及马克西米利安的勃艮第公国流行的华丽入场仪式，都会用小册子草草记录下来。马克西米利安将这一常见做法加到了他的生平和成就叙述中。凯旋门有着更深刻的文学根源。它呼应了罗马皇帝建立的石拱门，那些拱门在永恒之城的一些地方仍然可见。历史学家约翰内斯·思达比斯（Johannes Stabius）策划了整个复杂的操作过程，使用了绘图员、艺术家、印刷员及一群学者，他曾评论说，“拱门的形状同昔日罗马皇帝在永恒之城所建立的凯旋门一模一样”。建筑包括三个开放的拱门入口——“名誉之门”“荣耀之门”“高贵之门”，这些主题，借用思达比斯的儒雅语言讲，“陛下常常反复思量”。但它只是观念上的拱门：仅仅是一系列的画面和场景构建出来的概念框架，一些场景来自马克西米利安的生活，另一些则来自家谱或神秘的符号。其目的和作用类似于维也纳新城的圣乔治教堂，在那里腓特烈三世的雕像被他（以及马克西米利安的）后代的丧徽环绕着。

当然，这个“纸上谈兵”的建筑从来没有真的建造起来。这一“建筑”构思只是用来为哈布斯堡神话提供架构和秩序的。马克西米利安生前发布了200份左右这一拱门的副本，后来在他的孙子斐迪南的命令下又出版了500多份，这些版画有许多流传至今。它是目前尚存的最大的版画——覆盖面积超过10平方米，由190多个单片粘连组成，高度在3米以上。站在它面前，即使最锐利的眼睛也很难看清最上面的塔楼中的细节。那么，为什么会采用这种形式？古历史学家保罗·贝内（Paul Veyne）在研究罗马的图拉真柱（Trajan's column）时考虑过类似的问题，柱子上面的面板即使借助望远镜也几乎看不到。[74] 他认为这种结构如此设计，不是为了让人在传统意义上“看清”上面的细节：凡是看到它的人都知道，这是对皇帝图拉真皇权的赞颂，是对他的征服和胜利的永久宣告。同样，马克西米利安的拱门，其存在本身，其内在的逻辑和思想能展示给世人，就已经足够了。

拱门所传达的思想非常复杂，很难说清。它采用了所有已知的赞美手段，从历史事件的简单记录到神秘的象征性典故都有。两个侧门上方的24块面板上展示了他的军事胜利和政治胜利，包括皇室联姻。角楼上则展现他个人的成就（艺术赞助人、技艺高超的猎人、语言学家）和准宗教成就（维护圣乔治勋章、发现特里尔的圣物遗迹）。柱子的基座上刻有马克西米利安祖先的形象，有些是现实中的，有些则是想象的，有尤利乌斯·恺撒、鲁道夫一世、西班牙国王和英国国王，以及与哈布斯堡家族有关联的圣徒，如圣利奥波德（由腓特烈三世追封）。此外，还有其他后来被纳入家谱的人，如传说中加洛林王朝（Carolingian）的奠基者圣阿努尔夫（St Arnulf）。位列柱子之上的是4位哈布斯堡家族的皇帝——鲁道夫一世、阿尔布雷希特一世、阿尔布雷希特二世和腓特烈三世。

前方最中央的荣誉之地留给了马克西米利安的族谱，暗示着家族的特洛伊起源，但实际是从克洛维（Clovis）和梅罗文加王朝（Merovingians）开始的。主线血统的两边是旁支血统卡斯蒂利亚和阿拉贡血统及巴本贝格血统，他们是被“移入”哈布斯堡家族的。家谱的最顶端画着宝座上的马克西米利安，受22位胜利之神，还有其子腓力和其女玛格丽特的敬拜。在中门的最顶端，炮塔之下，画着马克西米利安的标志性形象，围绕他的是一些从“新科学”埃及象形文字中得来的象征性的细节。所有这些细节需要一个串联的线索，思达比斯则提供了这一线索。他指出，中门基座上的两位大公象征着严格的秩序与正义。被处以绞刑的海妖代表着“现实世界中的各种灾难”，但这些灾难并没有破坏“荣耀之门”（马克西米利安及其家族），而且拜上帝所赐，永远都不会带来破坏。每一个图像都在回响着对其创造者的赞美。甚至是象征着繁育和团结的石榴图像，据说“皇帝在年轻时也使用过，因为他觉得这就是自己的形象：‘虽然石榴的外皮不那么漂亮，但其内部充满着颗粒饱满的种子，象征着高贵的慷慨。’”思达比斯认为：“其他的装饰图案也都蕴含深意，但我们让观赏者自己去诠释吧。”

埃尔文·帕诺夫斯基（Erwin Panofsky）用一句简洁优雅的话概括了凯旋门的复杂结构：“要像读一本书一样去解读它，像研究密码一样去解码它，像欣赏珍宝一样去欣赏它。”[75] 拱门如公共剧院一般，有立柱、塔楼、望楼、阁楼，以及不断壮大的“奥地利家族”演员表。马克西米利安组织的家谱研究[76]，加之他本人对该主题的热情，拓宽了可能的祖先范围，让他们有了更多旁支亲戚。哈布斯堡的家族族谱其实已经完成但从未发表，而其中的内容则体现于拱门和最后一项大工程——“凯旋游行”（Triumphal Procession）。马克西米利安大约在1512年亲自设计了这一项目，表达的概念比凯旋门复杂的空想更为简单、直接。许多参与过以往项目的艺术家和版画家都参与其中，包括丢勒（Dürer）和布克迈尔，而阿尔特多费（Altdorfer）、胡贝尔（Huber）和绍夫林（Schaufflin）也参与制作了其中的一些版画。图像工作直到1518年才完成，1519年马克西米利安去世时，这个项目仍然没有完全结束。

同凯旋门一样，这一工程规模巨大。长达60多码的“游行队伍”像一卷纸饰带一样铺开，而按照马克西米利安的设计，还应该更长、更精致。但即使在这个“缩水”版本中，也充斥着各种奇思妙想。在狮鹫、鼓手、笛手、鹰猎者和猎人的引领下，一场盛大的巡演拉开帷幕。精心装饰的车辆，用牛、鹿、马和骡子甚至骆驼牵拉着，承载着马克西米利安的生平场景和胜利的画面。一队人马——宫廷弄臣、步兵、骑士、土耳其人、匈牙利人、波希米亚连枷兵走在车辆的后面、游行队伍的前面。紧随其后的是为巡游而全副武装的骑士，然后是一队骑马者，他们高举着马克西米利安统辖下各城镇的旗帜以及他参加过的战役的标旗。之后，风格突变：一辆巡游车“载着勇敢的皇帝、国王、大公及公爵走过，他们的纹章和头衔现在归马克西米利安所有，他们的土地现在归马克西米利安管辖”。在传统的哈布斯堡先人之上，又加入了亚瑟王、查理曼、克洛维、布永的戈弗雷（Godfrey of Bouillon）、耶路撒冷国王、勃艮第公爵、奥多贝尔（Odobert）及普罗旺斯国王。这还只是新入选奥地利家族的名单的一小部分人员。汉斯·布克迈尔为 77 位这样的先人制作了版画，而莱昂哈德·贝克（Leonhard Beck）则为“哈布斯堡家族圣徒”准备了更多的版画。[77]

游行队伍中，接下来出场的是帝国的旗帜和宝剑，之后是帝国的诸侯、伯爵等贵族。游行队伍的最后，在行李搬运车前，是一队“卡利卡特人，其中一些骑着大象，佩戴羽毛，带着弓箭”。旁边的铭文是：

傲视群雄的皇帝陛下
征服了远敌近邻
不断扩展的我们的帝国
将卡利卡特纳入其中
我们在此庄严地宣誓
永远效忠他，服从他[78]

暗示哈布斯堡家族的使命开始超越欧洲，延伸到整个世界，这还是第一次。但是，游行场面少了重头戏。丢勒没有在马克西米利安生前画完载着皇帝及其家族成员的凯旋车，尽管他的第一稿在 1512 年就有了。本来的设计只是一辆简单的马车，皇帝坐在后排的宝座上，他的孩子和孙辈坐在前排。在 1522 年出版的版本中，其他家庭成员都消失了，车里只剩下神圣的马克西米利安。马车的每一个细节都具有象征意义。例如，车轮被标记为“尊严荣耀”“辉煌荣誉”，寓意正是这些力量元素贯穿了皇帝的一生，马的缰绳上标着“高贵”和“权力”，那是皇帝统治的特质。骄阳下，马克西米利安如今独自坐在马车里，头顶是一面横幅，上面写着："太阳在天上如何，恺撒在地上也如何。"[79]

* * *

马克西米利安的神圣形象和他所具有的人性有时很不协调。当然，他痴迷于血统和族谱，痴迷于研究死亡和生存，但这些基本都是他晚年的爱好，只不过是他的能量和强烈好奇心的最后寄托。马克西米利安是热情的人。他喜欢舞蹈和戏剧，他自己曾写道："我喜欢跳舞、进行长矛比武、享受狂欢。我追求女人，并得到了她们的感谢。大部分时候，我的欢笑都发自内心。"[80] 他有动物般的激情，体现在他那长长的私生子名单上（他们是他在进入与比安卡·斯福尔扎的无爱婚姻后生的），这些私生子长大成人后，他会授予他们主教职位，或帮助他们进行体面的联姻。激情似乎是一种遗传特征。他的儿子腓力第一次见到未来的妻子卡斯蒂利亚的胡安娜后，立即要求主教让他们于当天下午完婚，以便立即圆房。腓力的妹妹玛格丽特则在自己的丈夫身上唤起（或者说是相互唤起）了巨大的毁灭性欲望……

但马克西米利安同时也是虔诚的。如果他不是一个虔诚的基督徒，又怎么可能会在1512年奇迹般地发现藏在特里尔大教堂祭坛之下的"基督（受难前所穿）的无缝外衣"？根据民间的传说，一位天使来到他身边，告诉他去往特里尔。在那空荡荡的教堂里，祭坛上神秘地燃烧着15根蜡烛。马西米利安下令移动祭坛，然后在下面发现了"圣衣"，以及那些将基督钉在十字架上的人曾经用过的骰子（用以决定衣物归谁）。[81] 同之前保卫“圣餐”的鲁道夫一世一样，马克西米利安开始成为哈布斯堡家族的又一位“圣徒”，再次展示了哈布斯堡家族是上帝所拣选的，是真正信仰的保卫者。

血统的神秘力量很难理解，因为只有当其统治受人尊敬、被人服从时，血统的力量才能生效。一旦信任被打破，血统便失去了力量和价值。在人生的最后几年中，马克西米利安将全部精力都用于探究死亡，他希望为自己建造一个有形的纪念物。20 多年来，因斯布鲁克都是他最喜欢的城市，他把那里变成自己的私人住宅。在那里，他可以到山上打猎，可以在旅行归来后放松休息。他决定安息在因斯布鲁克的大教堂，因此开始在那里建造坟墓，从阿尔卑斯山以北最好的雕塑家那里定制雕像及大理石板和青铜板。他坟墓的形式和意义都效仿凯旋门及“凯旋游行”：他的两侧会有各位国王守护，而他则躺在一个巨大的石墓中，周围装饰着他的胜利图像。1518 年，虽然坟墓的细节还没有完善（马克西米利安的计划总是如此），但它已经做好了准备，等待着它的主人的到来。

11 月，马克西米利安骑马南下前往因斯布鲁克，似乎也预感到了这可能是他最后的旅程。当他到达那里时，镇上的旅店老板拒绝在他还清之前的欠款以前接纳他的随从人员，市议会也拒绝正式接待他。马克西米利安被激怒了，这可能诱发了癫痫，他离开那里北上前往多瑙河，计划从那里乘船去往维也纳。但在多瑙河的韦尔斯，他意识到自己快不行了。在他人生中的最后几周，陪在他床边的是他最喜欢的狗和他常常带在身边、在阳光下歌唱的笼中鸟。他最喜欢的是聆听约瑟夫·门内（Joseph Mennel）为他朗诵《哈布斯堡家族的高贵事迹》（*Noble Deeds of the Habsburgs*）。最终，1519年1月，他安静地死去了。他在因斯布鲁克的巨墓一直空置，按照他的指令，他被埋葬在维也纳新城圣乔治教堂的祭坛台阶之下，因为他在维也纳新城长大，在那里进行了第一次比赛，在那里被授予了圣乔治骑士勋章。他说，躺在那里，当神父主持弥撒时，他会感到神父站在他的胸口上。但他的胸部其实只是一个空腔，因为按照他的最后命令，他的心脏经过防腐处理后被运往布鲁日，与他第一任妻子勃艮第的玛丽的遗体团聚。上帝珍贵的恩赐，“最后的骑士”，终于走到了他不断求索的人生的尽头。

4

金色男人

El Dorado (The Golden One)

(1500—1550)

1548 年 9 月，提香完成了查理五世的骑马肖像图，那是为了纪念米尔贝格战役（battle of Mühlberg）的伟大胜利。传统上画家在为将领画像时，都喜欢用交战的军队当背景，比如鲁本斯后来画查理的曾孙——枢机主教因方特时，画作背景就是诺德林根战役（battle of Nördlingen）。但在提香的这幅中，除了身着半身铠甲、衣着华丽的皇帝外，场面一片祥和。查理骑在他的战马上，安静地驰骋在一片绿地上，甚至交织着云彩的天空也如黄昏般宁静。战争似乎很遥远。画面散发出一种对未来胜利的平静的信心。皇帝看起来更像是圣徒而非战士，他眺望着远方的双眼充满了遐想。只有他正在蹬地的战马似乎蠢蠢欲动。真正占据画面的是查理握在右手中的那柄细长矛，从左侧沿对角线向右延伸，贯穿整个画面。提香将他的庇护人画成骑士精神的化身，长矛自然更是精髓所在。他把查理画成了金羊毛骑士的代表，在其颈上有两股深红色的丝绳，虽然在镀金精雕的胸甲上不易发觉，但丝绳上面挂有一头公羊和羊毛饰——正是金羊毛骑士团的勋章标志。

提香的画作中用了许多古典典故和宗教典故。皇帝右手拿的不是统帅的指挥棒，也不是贵族使用的长枪，而是一柄长矛。这并不是他真正带上战场的短粗狩猎矛或沟形矛那样的普通武器，它实际上是在暗指基督受难时从侧面刺穿基督身体的那柄圣矛。丢勒版画中的基督教骑士，肩上扛着的正是这样的长矛，而提香则效仿了丢勒，将查理描绘成了一个基督教战士。这是一位重生的君士坦丁大帝[1]，又一位圣乔治，他战胜了黑暗势力和异端之龙，赢得了伟大的胜利。这里，看不见的敌人是德意志的新教诸侯。在温和的棕色、黑色及金色背景下，威严的深红色甚为突出，马具、马头上的朱砂羽毛和查理左肩上斜挎的金边肩带都是深红色的。[2]这是查理陛下、普世皇帝[3]、十字军首领，同时也是一位和平之君。提香的作品让查理很是高兴，因为它无言地体现了他心中的自我形象。20年前，他的宠臣兼顾问默库里诺·加蒂纳拉（Mercurino Gattinara）将世界置于他的脚下："陛下，上帝对您真的很仁慈：他将您置于基督教世界的所有国王、诸侯之上，您的先人查理曼之后还没有哪位君王可以享有如此权力。他希望您成为全世界的君王，统一所有的基督徒国家。"[4]

帝国内的许多国家都将他视为自己的君王。但其实按血统，他同德意志最不沾边。他的祖父马克西米利安的母亲是葡萄牙人，他的父亲腓力的母亲是富有的勃艮第继承人玛丽。查理出生于他的勃艮第公国，根特的“王子宫殿”，同他的姐姐埃莉诺（Eleanor）、伊莎贝拉及玛丽一道由姑母奥地利女大公玛格丽特在距离其出生地不远的马利纳抚养长大。他的母语是法语和佛兰德斯语，他在其漫长的人生中仅访问过德意志 9 次。西班牙其实跟他有着更亲密的血缘关系，也更受他青睐。他在那里娶了他的表妹葡萄牙的伊莎贝拉，他们的孩子也被当作西班牙人抚养长大。他在成为神圣罗马帝国的皇帝之前是西班牙国王，后来在他的西班牙领土上去世，死后亦葬于此。20 岁后，他习惯于用西班牙语对话和书写。[5] 但尽管如此，正如卡尔·布兰迪（Karl Brandi）所说，我们不应该将其看作是德意志人或西班牙人，因为本质上他应该被看作勃艮第公爵，而他戴在脖子上的金羊毛饰圈正是勃艮第的标志。

后来哈布斯堡统治者的肖像中，很少有不佩戴这种金色公羊坠饰或肩上那种金羊毛领圈的。[6] 仅仅一代人之后，这就成了哈布斯堡家族的徽章标志。哈布斯堡家族与金羊毛骑士的融合通常被认为是历史发展的必然，是自然、不可避免的进程，但事实上远非如此。有很多其他的骑士团同哈布斯堡家族联系更为密切，比如腓特烈三世建立、马克西米利安推崇的圣乔治骑士团。[7] 而且，金羊毛骑士团也没有十分悠久的历史或是杰出的成就。英国嘉德骑士团（Order of the Garter）的谱系仅次于那些圣战兄弟团——善堂骑士团、圣约翰骑士团（Order of St John）及德意志骑士团（German Order）等。但是查理与金羊毛骑士团之间的渊源决定了后者的地位。被授予骑士头衔时，查理还只是一个婴儿，这其实不符合骑士团的规定。长大成人后，骑士团的历史和雄心开始占据他的心灵。在自传中，查理提到召开金羊毛骑士团会议时的用词，和他谈国家大事时一样。此外，他的骑士战友也沐浴着他的恩泽，享受着特权。他压抑着自己唯我独尊的骄傲，接受所有的卑微的骑士职责。当骑士团会面时，所有的成员都必须批评、责备他们的战友，包括骑士团的领主——皇帝本人。有两次，查理都心甘情愿地忍受他的骑士同胞们对他统治的严苛评估。而且，他也从未动摇过只有骑士团本身才能管教其成员的决定。这种夸张的神秘敬畏为查理所特有，他后来的继承人并未表现出此种特质。

成为金羊毛骑士团一员是查理与生俱来的权利。骑士团于1430年1月10日成立于第戎[8]大教堂的圣礼拜堂，以庆祝他的高祖父——勃艮第公爵“好人腓力”与葡萄牙的伊莎贝拉的婚礼。建团旨在“表达公爵对骑士精神的热衷，以及保护和宣扬基督教信仰”，或者如一位当时诗人所写：

不是为了娱乐，也不是为了消遣
只为上帝可以被赞美
信仰可以得到荣耀

每个骑士都穿着厚重的猩红色斗篷，斗篷衬着黑貂绒，并用金线刺绣，他们颈上挂着沉重的金项圈及公羊团徽饰坠。他们开会时，会安静地坐在菱形纹章和横幅下，聆听他们的领主对他们表现的赞扬或斥责。他们必须体面、严肃，为上帝和骑士团的荣誉奋斗终生。当我们读到对他们奢华宴会和华丽仪式的描述时，往往很难相信他们具有这些高尚动机。1454 年，君士坦丁堡刚刚失守，公爵想让自己和他的贵族投入十字军圣战中以恢复基督教在东方的荣誉。金羊毛骑士争相举办最豪华的宴会来推进这一事业。在一个庆典中，一位骑士从头到脚穿着白色，将自己打扮成传说中骑士精神的化身——天鹅骑士罗恩格林。在接下来的宴请中，成员竞相将宴会组织成华丽的炫富宴。房间装饰着昂贵的天鹅绒、丝绸和锦缎，悬挂着金铃和银铃，发出悦耳的声响。客人有男性也有女性，穿着新颖独特的服装，披着颇具异国情调的毛皮披肩，上面点缀着珍珠和宝石。

厨师们为了超越以往宴会上别人所展现出的烹饪艺术，也不断提升自己的烹饪技术。在腓力的宴会上，亮点是一道可食用的“伊阿宋智取金羊毛”场景造型。大厅四周的墙上悬挂着描绘大力神赫拉克勒斯事迹的佛兰德斯挂毯，对于即将经受美食考验的宾客而言，这样的背景正合适。贯穿房间的长桌上铺着丝绸锦缎。盛大排场尽显：每位宾客面前都摆着金质、银质的餐具，而公爵的右手边则是一尊高大的青铜裸体女性雕像，由一头凶猛的狮子守卫。桌子的尽头，一股巧妙设计的水柱从宝石洞穴中涌出。即使是上菜，厨师们和管家们也会绞尽脑汁。大部分的菜品按礼仪端上，伴以号角齐鸣，最好的菜则从昏暗的天花板上用绞盘运下来。每道菜都是展示新烹饪艺术的机会：苍鹭追逐喷火巨龙，栩栩如生的动物，飞翔的鸟儿。最后，从大象的背上传来声音[9]，集合的骑士们被告诫：“亲爱的孩子，拔出你的刀剑，为上帝和你的荣誉而战。”然后一只活雉鸡被带进了大厅，展示给在场的每一个人，宾客将手放在它的羽毛上，念诵十字军的誓言，“以上帝、圣母马利亚、尊贵的女士和雉鸡的名义”。身为金羊毛骑士团领主的公爵，同时还要承诺挑战奥斯曼苏丹，以真正的骑士风度解决耶路撒冷问题。庄严的仪式结束了，一位漂亮的年轻姑娘走进来，代表“上帝的怜悯”，伴随着她的是代表着“十二美德”的侍从，向骑士行屈膝礼，并叮嘱他们要遵守刚才在雉鸡宴上宣下的誓言。短暂而意味深长的停顿之后，乐师们开始演奏，新的十字军战士开始用尽最后一丝精力狂舞，“上帝的怜悯”及“十二美德”也热情地加入。[10]

但尽管如此喧闹狂欢，骑士团对于重振骑士精神、再现骑士美德确实是严肃、认真的。按照金羊毛骑士团的规定，一旦战旗拉开，每位金羊毛骑士就必须战斗到底，绝不可以中途离开战场。在骑士团成立后不久的安东战役（battle of Anthon）中，有两名成员趁乱逃跑。这两名成员被认为给自己的同伴带来了极大的耻辱，因此被逐出骑士团，其中一人无法忍受羞辱，随即离开骑士团前去朝圣，之后再也没回来。任何时候，骑士们都必须佩戴金绵羊徽章，而在战斗中，他们要将沉重的金项圈置于盔甲之上。任何对手见此都会知道他面对的是一名金羊毛骑士。骑士团的领主有责任为团员更换战斗中丢失的项圈。尽管陷入极大的财务困难，马克西米利安也不得不为在根盖特战役的肉搏中丢失的四个金项圈付账。

* * *

正如扬·赫伊津哈（Jan Huizinga）所指出的，金羊毛骑士团创建的时候，各王侯或贵族无不渴望拥有自己的骑士团。奥尔良、波旁、萨伏依、埃诺-巴维埃、吕西尼昂、库西，所有这些家族都在致力于发明奇特的徽章和与众不同的纹章。吕西尼昂的皮埃尔的“宝剑骑士团”的锁链由黄金制成的“SS”拼成，代表“沉默”（silence）。奥尔良的路易的“箭猪骑士团”威胁要将其勃艮第对手钉在自己的（箭猪的）刺上。勃艮第的财富和权力使得“好人腓力”创造出了最壮观华丽的骑士团，但其背后深层动机很难从表面上光鲜的宴饮和仪式上看出。十字军东征的思想在勃艮第根深蒂固。腓力的祖父“勇者腓力”第一个对圣战骑士兄弟会的想法做出回应，以传承勃艮第的骑士传统（公爵的儿子——讷韦尔伯爵正是那场对阵土耳其人的尼科波利斯战役的不幸指挥官，许多勃艮第骑士在战后的可怕屠杀中牺牲）。“基督受难军团”[11]从所有基督教国家征募兵员，致力于击退土耳其人，团结整个基督教界。腓力去世之前并没有实现这一伟大目标，而把它留给了他的孙子。1431 年 11 月 27 日，“好人腓力”征召 24 名骑士集结于里尔，召开第一次金羊毛骑士大会。

金羊毛骑士团的成立使得骑士团团长腓力跻身欧洲国王之列。这在一定程度上弥补了勃艮第家族一直以来的遗憾。在他们的眼中，勃艮第绝对配得上一个高于公国的地位。历史上曾经有过一个伟大的勃艮第王国，统治着从地中海到阿尔卑斯山之间的广大领土，后来变成了洛泰尔尼亚（Lotharingia）王国，即加洛林王朝的中法兰克王国。直到 11 世纪，勃艮第王国，或者说阿尔勒，才并入神圣罗马帝国，丧失王国地位。后来的勃艮第公爵继承了这一南方王国的所有传统，一直渴望恢复那光芒一度胜过巴黎和巴黎大区的王国的辉煌。然而，无论他们的渴望多么强烈，姿态多么坚定，勃艮第依旧是一个公国，他的统治者依旧是法国国王和神圣罗马帝国皇帝的臣子。金羊毛骑士团的创建不但使“好人腓力”实现了其父亲和祖父的雄心，提高了家族的地位，同时也使自己作为统治者的地位甚至高于法国国王和神圣罗马帝国皇帝。

骑士团原本要用基督的名字命名，但腓力以兄弟会的原型——金羊毛兄弟会——为名创建了骑士团，传说中的阿尔戈英雄（Argonauts）在伊阿宋的率领下，曾经航行到天涯海角寻找科尔基斯金羊毛。阿尔戈英雄的气概和勇敢给腓力留下了深刻的印象。在他最喜欢的位于埃丹的城堡的客室中，挂满了描绘他们功绩的挂毯，在他的图书馆里也收集了大量关于特洛伊战争和伊阿宋航行的手稿。他命令王宫神父给他新著一本伊阿宋航行的历史书，挖掘其中更深层次的含义。在腓力的眼里，阿尔戈英雄的旅程显然就是十字军圣战。基督自己不正是上帝的羔羊，来除去人世的罪恶吗？阿尔戈英雄不正是努力收复“圣城”耶路撒冷的十字军战士吗？两组图像——阿尔戈英雄和十字军战士、伊阿宋和腓力——交融在了一起。

产生这种认同其实还有一个原因：“好人腓力”的祖先可以经由查理曼追溯到古罗马和特洛伊，甚至更早以前。传说中，伊阿宋烧毁了特洛伊后开启了他的东向航行，经过了一系列的冒险，一系列事件最终导致埃涅阿斯发现了新特洛伊（罗马）。许多代以后，这一血统传到了腓力。他相信，特洛伊的血液流淌在他的血管里。所有这些象征性的关联并不是偶然的巧合，而是一个逐渐显露出来的神圣逻辑。赫伊津哈描述了这一思维框架：

> 眼前的世界似乎是一系列象征符号的集合，像一座思想的大教堂。有节奏的世界上充满了各种符号，协奏着永恒的和谐……在中世纪，这种象征主义的思维要比因果逻辑或遗传逻辑更易为人接受……从因果关系的角度看，符号可以看作一种思维的捷径：不是追寻隐藏的弯路去探索两个事物之间的因果关系，而是在思维跳跃中发掘一种象征含义。[12]

金羊毛骑士团的创立成就了腓力的个人使命，也实现了家族的宿命。在腓力位于第戎大教堂的坟墓上刻着下面两行字：

> 为了维护上帝之家和神圣的教会，
> 我将高贵的骑士团命名为“金羊毛”

正如在亚瑟王的传说中只有真正的国王能拔出石中宝剑一样，只有真正的阿尔戈英雄的后代才能创立高贵的骑士团。事实已不言自明，叠加上去的象征意义进一步巩固了事实。

> 象征思维可以在事物之间建立无限的联系。每一件事物的不同品质可以代表一系列不同的想法，每一种品质又可以有很多象征意义。最高等的思想可以有上千种象征标记。哪怕再卑微的事物也可以代表崇高的荣耀。核桃可以象征基督：带甜味的核桃仁是他的神格，绿色柔软的外皮是他的人性，中间的木质硬壳代表十字架。这样，所有的事物都升华为和永恒相关……每一颗宝石都既有自然的光彩，又闪烁着象征

意义的光辉。玫瑰与处女的同化不仅是诗意的比方，这一同化揭示了他们的共同本质。象征的逻辑能从一个观念创造出一系列和谐的思想。

赫伊津哈[13]展示了中世纪的人是如何接受思想的象征性同化的。

金羊毛的标记也是一种象征性同化。金色公羊代表了简单的骑士精神，为混乱世界的各种危机提供了统一的解决方法。金羊毛骑士也将同传说中的亚瑟王圆桌骑士一样[14]，在敌基督力量快要获胜时扭转乱局，恢复世界秩序（敌基督在那时一般被描绘为粗陋残忍的土耳其人形象）。这些骑士，这些新的阿尔戈英雄，都是基督教世界里最无私、最忠诚、最乐于献身的人，这一团结的力量将会从勃艮第公国兴起，他们是第一流的骑士。最终，和谐的秩序将为这个混乱的世界带来和平。

* * *

这些誓言有多少是出自真心，又有多少人相信这一解决世界危机的伟大方法的魔力，我们不得而知。后世的人在回溯历史的时候，通常认为中世纪的晚期是一个极端轻信的时代，于是用“文艺复兴”[15]的观念来区分开逐渐消亡的保守旧世界和对人类进步充满期待的新世界。[16]其他人则对这种划分保留意见，警告说：“中世纪社会的惯性非常强大。宗教并没有被推翻或瓦解……社会的贵族阶层也没有被淹没……当旧的确定性逐渐消失或变得越发有限时，好奇心就开始占据上风。当然，几个世纪以来总是不乏有足够好奇心的人，但以往的社会并不鼓励出于好奇的行为，也未能激发好奇心。”[17] 文艺复兴开始和结束的时间被前后进行了延展，其地理范围也从意大利的腹地扩大到整个欧洲，甚至是整个已知世界。人们再也无法在新旧世界之间划定一条明确的分界线。巫术、占星术及炼金术这些完全起源于中世纪、深具中世纪色彩的做法[18] 空前繁荣，新的印刷技术的出现更是促进了这些思想的推广。[19] 新的艺术技巧可以用更复杂的形式表现传统的信息。在所有宣传领域，哈布斯堡家族都是信心满满的先锋。

1515 年，8 岁即获封为公爵的查理终于被宣布成年。他站在聚集于布鲁塞尔公爵宫殿大厅的众多勃艮第显要人物前宣布：“如果你们做忠实的好臣民，那么我将成为你们的好君主。”（40 年后，还是在这个大厅，在年轻的奥兰治亲王的搀扶下，他向他们告别。）次年，他当选为金羊毛骑士团的团长。在那个仪式上，年轻的查理被要求公布他的徽章，于是他递给了团长一个不寻常的图样：大海中升起两根古典式立柱，上面写着“更远”。关于图像和口号的含义有许多种解释，图像和口号的形式也有很多版本。有的图样上，哈布斯堡之鹰用翅膀绕住两根柱子，而皇冠则盖住雄鹰和立柱。也有的图样是两根柱子缠绕在一起，如同节杖，代表着墨丘利神所持的双蛇杖。还有一种图样，查理将两根立柱扛在肩上，柱上的铭文将其比作大力神赫拉克勒斯。[20]

这些图像中蕴含的意思是，查理是古典世界的化身，且超越了古典世界；他既是旧世界的统治者，又是大洋彼岸新世界的唯一统治者。所有图像都指向大洋彼岸新发现的世界，他这位西班牙国王是这一世界的宗主。它们暗示查理越过了象征着天涯海角的“赫拉克勒斯之柱”，冲破了中世纪的边界极限。他把这些图像刻在钱币、奖章、建筑物上，甚至印在书面文本和文件上，他在此事上的热情和挥霍不亚于他的曾祖父对神秘元音字母组合AEIOU的热衷。但最重要的是，“更远”这一口号表明没有什么是金羊毛骑士团团长能力所不及的[21]，因为不久之后他将成为新的普世皇帝。

历史学家们[22]不断地指出查理的失败之处。最近的一个评论家指责他说：

> 到1550年（米尔贝格战役胜利之后），他已经达到了权力的顶峰……他的言行表现得好似只要他决心去做的事，没有什么是他无法实现的。也许他也开始相信自己的宣传。他非常傲慢且贪得无厌，但对于同时代的一些人来说，他又浓缩体现着一位勇士国王的骑士精神。他们可以站在他面前，但却经常对他的权力感到敬畏。他能散发出一种温和的气质，而他的一些缺点也使他看起来就像一个普通人。他暴饮暴食，不喜欢文书工作，无论在露天场所还是卧室里都很好动，这些缺点使得年轻时的他给人以非常真实的感觉。但在16世纪50年代，他性格中阴暗的一面占了主导地位……固执，对于不符合自己预想和欲望的意见绝不接受，他的勇气和决心都体现在对权力的维护上，而这也带了更大的灾难。[23]

他远没有实现自己的野心和期望。[24]

当时的人深信他出生时，摩羯座正在升起，这预示着未来的伟大："上升在摩羯座 1° 的人将成为国王或皇帝。"[25] 这是奥古斯都皇帝的标志，人们开始称颂刚刚出生的查理为"新奥古斯都"。1500 年 4 月 8 日的洗礼仪式上，他收到的礼物也暗示着他未来的地位。他的父亲腓力任命自己还在襁褓中的儿子为卢森堡公国的统治者，而他的监管人和首席导师，谢夫尔的威廉（William of Chièvres），则给了他一副内里镶金的银甲，胸甲上刻着一只凤凰。[26] 长大一些后，他的老师乌得勒支的阿德里安（后来的教皇阿德里安一世，Pope Hadrian Ⅰ）试图引导他阅读新旧约时，他很难集中注意力；但当讲到有关战争和胜利的"英雄"（法官、国王及马加比家族）书籍时，他则兴趣盎然。他将修昔底德代表作《伯罗奔尼撒战争史》（*History of the Peloponnesian War*）的法译本放在床边，并一直随身携带。他整日所想的都是骑士的英雄事迹。他听说过祖父在根盖特战役中的事迹，于是他在退位后于西班牙度过生命最后的时光时，开始着手将奥利弗 · 德 · 拉 · 马尔什的《骑士的奉献》（*Le Chevalier Délibéré*）翻译成西班牙文，书中尽是描写勃艮第家族英雄事迹的寓言诗（在雉鸡宴上骑着大象号召金羊毛骑士作战的正是奥利弗 · 德 · 拉 · 马尔什）。尽管他的姑母及监护人玛格丽特在马利纳的宫殿与"大胆的查理"在埃丹的城堡相比过于朴素，但其王宫仍然充满着勃艮第骑士精神的色彩。[27] 查理从他姑姑收集的书籍手稿、精美图片以及挂毯中看到了很多这方面的材料。

查理喜欢从强制学习中溜出来，跟一小群他选出的伙伴练习骑马、打猎及骑士技能。这些都是马克西米利安所喜欢的，他因此在孙子身上看到了传承。但也正是在他的祖父的坚持下，查理不得不努力地跟着乌得勒支的阿德里安学习语言。法语是他的母语，但在他9岁那年，谢夫尔写信给马克西米利安："为服从陛下的愿望，我会保证只要他的舌头达到一定的柔软度就开始学习佛兰德斯语，并用它去阅读。"他也学会了西班牙语，但很不情愿[28]。在他1518年参加第一次卡斯蒂利亚议会会议时，议会提出的一个特殊要求是为符合西班牙国王的身份，他应该学会说西班牙语。[29]后来，虽然他跟在西班牙出生和长大的弟弟斐迪南说话时会用西班牙语，但当他们相互通信时，斐迪南用西班牙文，而查理则用法文回复。

骑士的荣誉和事迹才是查理渴望的。其父于1506年去世后，尚未成年的查理成了名义上的卡斯蒂利亚国王。但是由于他的外祖父阿拉贡的斐迪南摄政，因此他到25岁时才能真正掌权。但是，1515年的秋天，阿拉贡的斐迪南的健康状况明显变差。他在第二段婚姻中，与法王路易十二18岁的侄女杰曼·德·富瓦（Germaine de Foix）有了一个儿子，但夭折了。许多人认为虽然卡斯蒂利亚留给了斐迪南自己的女儿和"美男子腓力"的后代，但斐迪南还是迫切想要生下一个阿拉贡的男性继承人，而这耗尽了他的精力。他患有水肿，胳膊和腿胀痛难耐，呼吸困难。但他仍能打猎，而正是在帕伦西亚（Palencia）的一次猎鹿后，他意识到自己快不行了。但即使是在那时，他仍拒绝接受现实。起初，他拒绝接受忏悔神父的照顾，但病情的持续恶化使得他不得不接受现实，与上帝和平相处。1月22日的晚上，他签署了自己最后的遗嘱，随后于清晨死去。次日，一行人南下前往格拉纳达，按照他的命令将其与伊莎贝拉一起葬在阿尔罕布拉宫（Alhambra）

的圣方济各修道院。伊莎贝拉希望后世所有的西班牙国王都葬在格拉纳达，以感谢上帝帮助他们从摩尔人手中夺回西班牙。

约两个月后，1516 年 3 月 13 日，查理——现在作为毫无争议的西班牙国王——身着黑色丧服外衣，同他的金羊毛骑士同胞从布鲁塞尔公爵宫殿出发，前往圣古都勒大教堂为一位死去的骑士举行安魂弥撒仪式。2000 名市民站在街边注视着浸油的大烛台，烛柄裹着黑布，而大教堂则灯火通明，点满蜡烛。精美的挂毯壁挂，奢华的金布祭坛帷幕，镀金的侧祭坛及高耸的主祭坛，在摇曳的灯光中闪闪发光。骑士们坐在各自的旗帜下，查理离讲坛最近。骑士团的神父开始布道："这是死亡之舞，无人能免，哪怕是国王和王侯。这是生命不可逆的法则。权杖和皇冠都会落下。让我们不要忘记筵宴狂欢转眼即成悲伤哀号。"然后骑士团传令官发出召唤："斐迪南大人！斐迪南大人！"声音回荡在寂静的教堂里。随后在教堂中响起回答："他死了。他死了。他死了。"之后他的旗帜被降到地面，再由传令官重新升起，大声呼喊："天主教胡安娜女王和查理国王万岁！"然后，查理走上前，甩下丧服，独自站在主祭坛前。巴达霍斯主教从坛上拿下一柄已被祝福的镶有珠宝的短剑，呈给国王。他向着象征世界的大教堂的四角高举短剑，教堂里传来震耳欲聋的呐喊："国王陛下，万岁，万岁！"

新国王将如何统治他从意大利南部一直延展到新世界的王国？三年后，他还将成为神圣罗马帝国的当选皇帝，他的统治疆域将向东一直延展到伊斯兰世界的边界。普世君王的理论无法解决时空的问题。根据费尔南 · 布罗代尔（Fernand Braudel）的计算，从北向南穿越地中海需要一到两周的时间，从东到西跨越则需要两到三个月，这还要排除自然和人为灾难的影响，如暴风雨或海盗。[30]与新世界联系可能需要几个月的时间，难怪西班牙征服者会讽刺地说："如果死亡是从西班牙而来的，那我们就都不会死了。"[31]时间和距离还不是唯一的问题，在欧洲，很多小的司法管辖区都想要捍卫自己的特权和权力。各种问题交织在一起，使得统治的车轮运转缓慢。查理的辩护者认为他之所以失败，主要是因为他面对的问题实在太多了。

查理继承了他的勃艮第外祖父誓要恢复其王国边界的决心，因此这位普世君王的利益不可避免地与法国国王的利益发生了冲突。查理要扩张领土，只能从法国那里夺。而法国希望将其北部领土拓展到尼德兰，敌对态势愈演愈烈。在意大利，矛盾是多方面的，涉及更多领主——包括教宗的领土利益及意大利大小城邦的利益。在德意志，普世君王同时也是奥地利大公，在其他诸侯眼中，皇帝肯定会打着基督教的旗号为哈布斯堡家族谋利。所有的反对力量如土壤中的杂草般潜伏着。查理决心打破现状，冲破各方面的阻力。他的努力因此也必以失败告终，何况，他还面对着来自崛起的新教和入侵的土耳其人的巨大威胁。他想走得"更远"，得到的却"更少"。

在他看来，激进的新教徒和肆虐的土耳其人有许多共同点。二者都是邪恶的力量，一个从内部摧毁基督教，另外一个从外部攻击基督教。对于教会内部的很多问题——滥用教权、教会的不作为，查理本人也是抗议者。他在尼德兰的改革宗的熏陶下长大，他的老师都是伊拉斯谟（Erasmus）的朋友或弟子，他真诚地相信天主教需要改革和净化。在献给查理的《马太福音释义》

（*Paraphrases of the Gospel of St Matthew*）一书中，“普世学者”鹿特丹的伊拉斯谟提出了普世皇帝的职责，他的阐述非常接近查理（虽然从来都不是一个伊拉斯谟主义者）为自己制定的职责。他在心目中勾勒了改革的路线：由皇帝或教皇召开大公会议，由与会的忠诚信徒共同解决种种冲突。他作为皇帝要面对的第一个问题就是 1520 年秋天来自马丁 · 路德（Martin Luther）的挑战。[32] 起初，路德认为查理是改革的希望所在。“上帝赐给了我们一个年轻而高贵的统治者，再次唤醒了我们心中的希望。”他从未完全丧失可以将查理争取过来一同致力于宗教改革事业的信念。

然而，当次年在沃尔姆斯召开的第一次帝国议会上面对面时，他们便发现两人之间的鸿沟是不可逾越的。1521 年 4 月 18 日，路德在公众及查理面前陈述了自己的基本立场，即除了上帝的话，他不接受其他任何绝对权威：“只要不违反《圣经》或明确的理性，我便不能也不会让步，因为违背良心是犯罪是危险的。所以，上帝，请帮助我，阿门。”良心使得个人成了最终的法官。

相比之下，查理在次日的演说中展现了所有基督徒的智慧结晶，但这些智慧是围绕着哈布斯堡家族的特殊使命展开的。他的发言用法语写下，也先用法语演说，然后再翻译成德语，这样与会的大多数王侯和官员就都能理解了。他以哈布斯堡家族领袖的身份开始了他的演说：

> 你们知道我出生于高贵的德意志民族家族，那里走出了最忠诚的基督教皇帝、西班牙的天主教国王、奥地利大公、勃艮第公爵，他们都是罗马教会真正的孩子，天主教信仰的捍卫者，

> 至死不渝。他们共同捍卫着神圣的宗教习俗、惯例和法令，他们将一切馈赠与我，而我作为他们的继承者，一直以他们为榜样生活至今。因此，我决心坚决维护康士坦茨会议以来发生的一切。因为，若一个修道士站在整个基督教世界的对立面，那么错的肯定是他。如若不然，那就是基督教本身错了一千多年。因此，我决定奉献一切——我的王国和领地，我的朋友，我的身体，我的鲜血，我的生命，我的灵魂，誓死捍卫基督教。

他的听众们同他一样，都听到了前日路德的陈述，而现在查理向他们宣布："我很后悔对他的讨伐推迟了这么久。我不会再听到他的言辞：他有他的安全通行证。但从现在起，我将视他为一个臭名昭著的异教徒……"[33]路德也许并没有挑战罗马或教皇的权威，但他挑战了基督教社会惩罚其成员的权利。在查理之后的统治中，随着天主教和新教之间的裂痕越来越深，新教徒也同年轻的皇帝一样抛弃了良知高于权威的声明。1553年，日内瓦虔诚的新教徒将否认三一论的西班牙神学家迈克尔·塞尔维特（Michael Servetus）活活烧死，他们成功地再次确认了基督教会的权威才是世俗的终极法官。从本质上说，争议并非关乎教义，而是关乎权威和权力。[34]

1520年的查理并不打算否认他在6个月前扛起的使命。1520年10月22日，他身着铠甲，使用深红镶金的鞍布（同提香画像中的很像），在帝国的世袭大元帅——帕彭海姆伯爵（Count Pappenheim）的引领下，手持帝国宝剑骑马到亚琛接受加冕。他的前后方簇拥着骑兵和步兵，紧随其后的是市镇议员、金羊毛骑士团、选帝侯及他们的随从，帝国的传令官在最后面。骑兵向队伍的两边分撒正面带有皇帝肖像、背面带有“更远”口号的新币，两侧民众你争我夺，沿路都是热烈的掌声和欢呼声。第二天一早，查理穿着一身简朴的白色忏悔服，宣读帝国誓言，然后穿上长袍加冕。伴随着一个个“我会”，他承诺坚持基督教信仰，维护神圣教会的荣誉，关怀弱者，尊敬教皇。传统上为皇帝加冕的科隆大主教转向代表帝国人民的会众，询问他们是否愿意“按照使徒的命令”效忠查理陛下。“愿意，愿意！”会众报以山呼海啸般的回答。加冕和宣誓后，查理登上台阶，坐在查理曼的石头宝座上。

德意志诸侯选择他当罗马人民的国王，是因为马克西米利安强烈要求，后者为此花了几千达克特。据传，哈布斯堡家族用了超过 2 吨黄金以击败竞争对手弗朗索瓦一世。但诸侯对于这个外国人没什么感情，实际上，勃艮第的查理对诸侯来讲同弗朗索瓦一样陌生。唯一的纽带是血统：查理血管中流淌着德意志的血液。他的出现，他的帝国头衔和附加在他身上的权力意识——查理被比作奥古斯都和主神朱庇特[35]——可以使他控制住帝国的离心力量。他的缺席——尽管他似乎总在四处访问，但他对自己疆土各个部分的访问却是飘忽不定的——则会带来相反的效果，使士气一泻千里。他的大臣加蒂纳拉是但丁的后代，头脑中满是《论世界帝国》(*De Monarchia*）中的普世权威观念（但丁的这本书被教廷认为观点颠覆性太强，20 世纪之前一直被列为禁书）。即使是曾经在勃艮第服侍过奥地利的玛格丽特的意大利人加蒂纳拉，其实也非常了解各个地方政权之间的利益纠纷有多么敏感。[36] 但意识到分歧本身并不能解决皇帝缺席这个根本的政治问题。

* * *

查理对帝国事务的掌控飘忽不定，也许是因为他对德意志的访问（一共只有 9 次）毫无规律。他通过大量的信件处理帝国事务，而这些事务越来越集中在土耳其人和路德教会的这两个问题上。多年来，他将更多的时间花在了西班牙和意大利，对微妙的地中海政治事务可以本能地做出反应，然而跟德意志人打交道时，他却必须绞尽脑汁。相比之下，斐迪南虽然出生于西班牙并在那里接受教育，但在被查理任命为帝国助理后，渐渐地可以对他的新德意志子民做出敏锐的回应。直到查理于 1517 年秋天来到西班牙，兄弟二人才第一次见面。在西班牙人斐迪南的眼里，穿着古怪勃艮第服饰的哥哥一定是个奇特而神秘的人物。我们无从得知他们是如何交流的，因为那时的查理基本不会说西班牙语，而斐迪南只会讲西班牙语（也许两人的共同之处是都能说点拉丁语）。两人第一次见面的地点是巴利亚多利德（Valladolid）西部一个尘土飞扬的小村庄摩哈达斯（Mojadas），这次会面为他们未来的关系定下了基调。在第一次会面时，他们拥抱了对方（后来还制作了版画来纪念这一感人的时刻），斐迪南帮助哥哥扶稳马镫方便后者下马，然后他呈给查理一条毛巾以让后者擦净旅途的灰尘。次日则轮到查理，他授予了弟弟金羊毛骑士项圈和领章。

这种兄友弟恭的交流方式奠定了二人后来的相处基调。在过去的几个世纪里，兄弟之间的冲突有时使得哈布斯堡家族陷入瘫痪，斐迪南其实也可以像其他许多弟弟那样发出不满和抱怨。但是，他却绝对地支持查理，虽然他们偶尔也会争吵，但他从不让自己陷入派系斗争的旋涡或成为焦点，从而威胁到查理的君主地位。他们一起进入巴利亚多利德，查理身着铠甲、全副武装，像一个镀金的人，在习惯了西班牙骑士的实用装备的观众眼中，他的铠甲好像是金块做的。[37]后面不远处是斐迪南，然后是勃艮第和西班牙贵族队伍，众人在鼓声和号声中骑马前行。几个月后，1518 年 2 月，西班牙贵族集体宣誓效忠于他们的国王，斐迪南是第一个宣誓的。

斐迪南的官方职责履行完了，很快查理就将他派往尼德兰的姑母那里，这样西班牙人就不会将斐迪南视为查理的竞争对手。斐迪南突然离去，而且再也没有回到他的出生地，这被西班牙人看作对卡斯蒂利亚王国和阿拉贡王国的侮辱，尽管这两个王国在其他问题上很难达成一致。斐迪南生在西班牙，长在西班牙，以西班牙伟大国王的名字命名，西班牙人将他看成自己人。虽然查理的母亲是他们法律上的国王，但他们对她却没有丝毫的感情。查理是经过周密考虑后才调离了他的弟弟的。1520 年 5 月，查理离开西班牙前往亚琛参加加冕礼，西班牙当地爆发叛乱，叛军试图以被关在托尔德西里亚斯城堡的胡安娜的名义举旗。胡安娜在其神志不清的状态下帮着叛军说话，要维护民族的权利，恢复她父母——天主教国王斐迪南和伊莎贝拉的传统体制，但她拒绝按照叛军的指示签署任何法令。[38]如果斐迪南当时还在西班牙，必将成为叛乱者的完美选择。

斐迪南未来的命运在北方。在 4 月 2 日的沃尔姆斯会议上，他坐在哥哥身边聆听其与路德的辩论。4 月 10 日，他与匈牙利的安妮的婚约也最终得到了确认，由斐迪南的代理人和安妮本人交换戒指和誓言。婚礼于圣神降临周在多瑙河畔的林茨举行。婚后两周，马克西米利安伟大联姻策略的另一半，斐迪南的妹妹玛丽和安妮的弟弟拉约什在布拉格完婚。马克西米利安的愿景终于得以实现：奥地利、波希米亚及匈牙利的统治者因为共同的哈布斯堡血统联系在了一起。然而，关于斐迪南权利和地位的问题却很难解决。就在婚礼的前几天，查理让出了奥地利的哈布斯堡领土给他，但谈判一直拖到 1522 年年初，因为斐迪南被要求放弃自己本应该拥有的勃艮第和西班牙土地的继承权。这些领土比奥地利领土要重要得多，因为奥地利的领土给他带来的只有马克西米利安留下的巨额债务。最后，1522 年 2 月 7 日，协定秘密达成：斐迪南的后人拥有奥地利土地的绝对继承权，而查理则为自己保留了勃艮第和西班牙的领土。但在公开场合，斐迪南要表现成只是哥哥在奥地利的摄政代理和帝国代表。查理还承诺，一旦他被教皇加冕为皇帝，斐迪南将当选为罗马人民的国王。协议达成后，查理离开前往西班牙，他再次回到德意志的土地则是近 10 年后的事情。

普世帝国的难题在于，皇帝需要统治各地，但皇帝亦是凡人，分身乏术。然而，哈布斯堡家族却将摄政的传统变成了一种政治艺术形式。家庭的悠久传统提供了很好的模板。[39] 但哈布斯堡的做法更为灵活。摄政在中世纪和文艺复兴时期非常常见，用于统治者未成年或精神不正常的情况。在很多地方，女人被认为是“能力不足的”，需要一位男性进行监督和指导。王室或贵族家庭的做法略有不同：女人可以担任自己孩子的摄政者，包括做男性继承人的摄政者，但往往需要一位男性或男性团体一起协同摄政。哈布斯堡的传统做法则更加开放，因为《大特权》一书已经确认家族的统治权是依靠血统的，并不受性别限制。因此，女大公和她的男性兄弟享有同样的权利，马克西米利安的妹妹库尼贡德就在继承争论中明确地捍卫自己“大公”的权利。管辖法国以及神圣罗马帝国继承问题的《萨利克法典》(*Salic Law*)[40]限定继承人必须为男性，但在传统的哈布斯堡领土上，以及勃艮第和西班牙的土地上，情况却并非如此：这些地方的女性可以继承并统治自己的土地。[41]这些传统被当时的人认为是意义非凡的。诗人阿里奥斯托在其著作《疯狂的奥兰多》(*Orlando Furioso*)中称颂了查理对西班牙和奥地利的统一：

我看到了上帝的强烈意愿，
奥地利家族和阿拉贡家族
将美好地连成一线，
两个家族将合二为一：
在莱茵河畔我看到一个新的家族崛起，
一个前所未有的家族。

请允许我大胆地说：
这一结合亘古未有。[42]

然后诗人继续赞颂查理的性格：

智慧的王子，为神所爱的受膏者，
上帝指定的牧羊人。

但这里有两个因素在起作用：智慧的王子和其他拥有家族血统之人。查理的弟弟斐迪南，姐姐埃莉诺，妹妹玛丽、伊莎贝拉和凯瑟琳，以及所有查理的孩子和斐迪南的孩子，都拥有这一血统。

“你，幸运的奥地利，去结婚吧。”（*Felix Austria nube*）哈布斯堡家族熟练地用他们的亲属关系编织起了一张王室婚姻的网。马克西米利安的孙女伊莎贝拉远嫁丹麦国王，其夫绰号“北方尼禄”，性格可见一斑。玛丽被许配给了匈牙利的拉约什，而凯瑟琳则嫁给了葡萄牙国王。查理自己迎娶了葡萄牙的伊莎贝拉，他告诉他的弟弟，这是在他缺席的情况下保证西班牙王国稳定的唯一途径；[43] 他将寡居的姐姐埃莉诺嫁给了他的对手弗朗索瓦一世，部分原因是想达成一种政治协议，但同时也为双方在其他渠道受阻的情况下提供了沟通的渠道。然而，哈布斯堡的女人在婚姻赌注中绝非象征性的存在。

让哈布斯堡家族的男性和女性成员作为摄政者的政策并未引起人们的太大关注[44]，人们只是偶尔会强调一下查理的姑母——奥地利的玛格丽特，以及他的妹妹——萨伏依的玛丽所取得的成就。[45] 更重要的问题是为什么哈布斯堡家族会使用这种方式。一个总督，如印度总督或那不勒斯总督，可以是任何“以最高统治者的名义行使权威的人”。摄政者则要高一个等级，享有主权，而不仅仅是代理权。诸侯中也分为“摄政诸侯和非摄政诸侯”。皇帝陛下被描述为奥地利的“摄政大公”，这将他与其他名义上的大公区分开来。[46] 摄政者可以在查理设置的权力限制内比总督更好地代替普世皇帝履行职责。几乎所有合适的人选都会被封为摄政者。查理的弟弟是他在帝国的代表；查理的姑母奥地利的玛格丽特，之后是他的妹妹萨伏依的玛丽，是他在勃艮第的代表；他的儿子腓力二世是他在西班牙的代表；他的侄子马克西米利安及他的女儿玛丽在 1548 至 1550 年间取代腓力成为他在西班牙的代表；后来他的女儿胡安娜在腓力 1554 年出发前去迎娶英国女王时成了他在西班牙的代表。之后，他的孙女伊莎贝拉和他的侄孙阿尔布雷希特也在尼德兰统治过。

这种家族大动员有一个条件：必须有足够多的哈布斯堡子孙。尽管查理本身子嗣不多，他的儿子腓力二世经历四次婚姻也只有 4 个孩子长大成人，但斐迪南的后代却很多、很健康。斐迪南有 13 个孩子长大成人，他的长子马克西米利安也继承了这一传统，有 9 个孩子。这样多子多孙的家族同没有继承人的家族有着几乎一样的危险，因为它会面临巨大的经济（需要给子孙提供财产或嫁妆）和政治压力（兄弟、堂表兄弟之间会发生夺位大战）。前者的解决方案之一是教会——教会为许多哈布斯堡家族成员（不论男女）提供了薪俸或教职。[47] 同时，进入教会也不代表与世俗人生完全隔离。阿尔布雷希特－埃内斯特（Albert-Ernest）是一位枢机主教，但同样迎娶了表亲伊莎贝拉以联合摄政尼德兰。[48]

血统让哈布斯堡的每一位成员在各个领地都能扎根。1555 年萨伏依的玛丽退位后，勃艮第的城镇拒绝萨伏依公爵摄政，只给予其“尼德兰总督”的称号。[49] 但是他们不反对奥地利家族的任何成员成为摄政者，因为他们都是“大胆的查理”的嫡系子孙……如果查理不能分身，那么他的亲属是他最好的替身。很难想到还有其他哪个王室或家族会采用这种分配权力的做法，并心安理得地认为，这些成员如同拿薪水的官员，一声令下即会放弃自己的职位和财产。在查理统治的大部分时期，他的这种家族权力分配方法似乎都很成功。他的姑母和姐姐证明了自己是继承了勃艮第复杂传统的优秀统治者。查理的弟弟以一己之力带领欧洲对抗土耳其人的入侵，并且比查理更为娴熟地处理帝国的政治事务。然而，所有的人都因为皇帝永无休止的金钱要求而苦不堪言，因为皇帝总是需要大量钱财来支付连年战争的开销，维护帝国的庄严，而这几乎是毁灭性的。

对于只能在帝国各地巡游的皇帝来说，这种使用亲属的方式实现了两个基本目标：首先，哈布斯堡成员可以在皇帝缺席的情况下营造出帝国的幻影；其次，摄政者的决定都需要得到他的最终批准，这使得他可以修改他们的政策为己所用。另一方面，他很难去解任或惩处一个哈布斯堡成员，任何以前由哈布斯堡王朝成员统治的疆土被地位较低的人接手统治都是一种侮辱。人才储备并不总是那么充足。1539 年皇后伊莎贝拉去世后，查理陷入了困境，因为他很难找到一个可以有效替代她的人选，这一问题直到他的儿子腓力成年后才得以解决。在他给腓力的信中，他表示自己不会任命任何能力不足的男性亲属，女性亲属则必须已婚、丧偶或是“到了差不多可以孀居的年龄”。[50]

在许多情况下，查理的摄政代表都比查理本人统治得更明智、更有效。虽然统管两个大陆的压力迫使他不得不任命代理或通过书信传达指令（他有许多有能力的文书和大臣为他服务），但他从来没有像他的儿子后来那样，成为凡事驾轻就熟的官僚。查理对烦琐的政事非常不耐烦，真正让他有热情的是那些青年时代的渴望：荣誉、荣耀。查理直到 35 岁才在战场上指挥军队作战，但他内心深处捍卫基督教的强烈愿望对他影响极大。他的性格通常被描述为“冷漠的”，但这掩盖了他那比其他人都躁动不安的灵魂，他渴望着决定性的一击。意大利战场的胜利，同 1525 年俘获法王弗朗索瓦一世的帕维亚战役（battle of Pavia）一样，都是在他缺席的情况下完成的。短暂的和平让他得到了他的祖父没有得到的——在意大利加冕为神圣罗马帝国皇帝。但不是在罗马，因为他的军队非常饥饿且未收到军饷，因此不得不在 1527 年抢掠“圣城”。1529 年秋，他在侍从的前呼后拥下前往博洛尼亚，在那里教皇准备了伦巴第铁王冠和帝国皇冠。他选择的双加冕日期为 2 月 22 日和 24 日，分别对应他的生日和帕维亚战役胜利纪念日。

博洛尼亚人群的欢呼声尚未平息，查理已经动身前往因斯布鲁克，在那里他会见了斐迪南和他的妹妹玛丽，1526 年拉约什死后，玛丽成了寡妇。他在德意志和勃艮第的土地上待了近 3 年的时间。拥有了加冕皇帝的特权后，他轻而易举地确保了斐迪南当选为罗马人民的国王，他任命妹妹玛丽接任姑母玛格丽特的位置（玛格丽特死于 1529 年）作为勃艮第的摄政者。但在宗教问题上，查理不太成功。1530 年的奥格斯堡会议和之后的雷根斯堡会议最后决定，只有宗教大会才能解决问题，而正如查理从前的告解神父从罗马给他的信中所写：“等着教皇和枢机主教到地狱里参加这次大会吧。”面对这种僵局，查理决心在另一个方面采取行动。他加冕时就公开声明，欧洲大陆一片和平，在加冕皇帝的率领下，是时候开始承诺已久的圣战了。查理满腔热血，集合了他所有领土上的军事和财政资源，召集了一支军队去攻打土耳其人，这一次他将再次进攻维也纳。1529 年时他的军队憾负对手，与收复维也纳擦肩而过。但是苏莱曼大帝（Suleiman the Magnificent）主动撤退，使查理的圣战失去了开战的理由。然而，还有一个可以寻求荣耀的领域，不是在多瑙河沿岸，而是在地中海南岸，那里的伊斯兰世界暴露于基督教的复仇之下。[51]

1495 年 2 月，教皇给了刚刚在格拉纳达取得胜利的西班牙国王征讨北非的特权，为恢复“圣地”做准备。伊莎贝拉在她 1504 年的遗嘱中提到了这一教皇特许权，并呼吁她的继任者继续收复非洲海岸。查理不可能不知道他外祖母的临终指令，因此决心进攻穆斯林控制的港口城市突尼斯（Tunis）和阿尔及尔（Algiers）[52]，这两个港口被海盗用来袭击基督徒的航船。[53] 伊比利亚王国已经在北非海岸取得了立足点。梅利利亚（Melilla）于 1497 年被梅迪纳 · 西多尼亚公爵（Duke of Medina Sidonia）攻占，奥兰（Oran）和米尔斯克比（Mers el Kebir，又译“凯比尔港”）于 1509 年被攻占，的黎波里于 1510 年被攻占，而丹吉尔（Tangier）从 1471 年起就一直把持在葡萄牙人手中。但是，同任何两栖作战一样，远离家乡出征到这样的气候和地形的地区是有风险的。这种危险在一代人后显现出来，葡萄牙国王塞巴斯蒂安（Sebastian）效仿他的前任在北非作战，结果被杀。他的死亡使葡萄牙被迫与西班牙统一。直言不讳的枢机主教塔维拉（Tavera）写信给查理时表达了内心的这一恐惧：“请看，您担着何等重任，如果由于我们的罪过，灾难降临到您的身上，您将永远离开您的王国。上帝保佑！如果这还不能打动您，请记住，陛下，您还有个未成年的儿子。”[54]

然而，没有什么能改变查理的决定。通过劝说和威胁西班牙的贵族和城镇（葡萄牙也派来一支队伍，这令查理感激不尽），他最终在巴塞罗那集结了一支3万人的军队。也许更重要的是，他有船只运载军队和攻城的大炮。同时，在德意志、意大利和西西里岛服役的西班牙步兵团被撤回，加入远征军队。此外，还有两大舰队，包括教皇派出的队伍及身在马耳他的圣约翰骑士团，这些队伍将在撒丁岛会合，在那里查理将揭示他们最终的目的地。500多艘战舰上挤了6万多人，他们最终在卡利亚里海岸会合，查理在战争会议上宣布了他们的目的地——建立在迦太基古城遗址上的突尼斯。（古迦太基遗址）这一因素对查理是否重要，我们不得而知。但一位随军艺术家将这次征服突尼斯的远征看作罗马人对野蛮人的胜利：查理穿着罗马式的短上衣，他的士兵们也是一身罗马式的武装。巨大的舰队于1535年6月抵达突尼斯港口拉高莱特，军队保持着良好的秩序且跃跃欲试，自从1456年一群散兵对抗马哈茂德二世、保卫贝尔格莱德之后，基督徒还没有在与伊斯兰力量的战斗中取胜过。查理在拉高莱特碰到的卫戍部队是土耳其人以及苏丹的元帅海雷丁（巴巴罗萨）。奥斯曼的情报来源认为，突尼斯很可能是敌方这次远征的目标，他们花了几个月加强拉高莱特的防御工事，并从阿尔及尔和地方诸侯处召集了所有储备兵力，共有2万名骑兵及大量的步兵。奥斯曼的禁卫军和训练有素的部队有6000人左右，主要集中在拉高莱特，由一名富有经验的士兵斯楠指挥。在那里，他们准备迎击敌人。

进攻安排得极为巧妙。元帅热那亚人安德烈·多里亚（Andrea Doria）指挥的舰队和西班牙人马克斯·德尔·瓦斯托（Marques del Vasto）指挥的部队在皇帝的注视下并肩战斗。舰队的炮火每天轰击城堡的墙壁，虽然斯楠夜袭了绕城的基督教军队，但他的抵抗渐渐地化为徒劳。在总攻的第一天，天刚一亮，炮火就连续轰击了守城者 6 个小时。然后，当炮声平息后，查理不顾酷热，全副武装，对操各种语言的士兵用他们的母语进行演讲。他说，他们迄今为止一直在为上帝的荣誉而战，带着教皇和所有基督徒的祝福，站在他们的皇帝面前；现在他们要高举基督的十字架，将其插上城墙。呼喊声一浪高过一浪，然后西班牙步兵团向着火势渐衰的城墙前行。没有什么能阻止他们，他们踩着节奏缓慢前行。其他队伍从四面八方攻向拉高莱特。正当队伍到达围墙准备爬上城墙缺口时，守城的炮火突然停了下来，守军冲出要塞，蹚过浅湾撤退到 6 英里外的突尼斯城。奥斯曼骑兵出现在炮火中，飞奔过来接应。

攻下堡垒后，基督教战士们才意识到他们的胜利有多辉煌。港口停泊着 87 艘大小帆船，防御土墙上驾着 300 门铜炮。弹药库里装满了食物、子弹和火药。经过了 4 天调整休息后，查理决定冒着酷热和被与舰队切断联系的危险向突尼斯进军。同时，巴巴罗萨也集结了一支约 5 万人的军队，但其中训练有素的士兵很少，只有他的一些禁卫军可以与查理队伍中身经百战的步兵相抗衡。查理的队伍在每一个阶段都受到了奥斯曼军队的反击，但土耳其人始终无法穿透矛墙，更无法抵抗枪火。巴巴罗萨撤退，准备保卫城市。然而，他接到消息，困在拉高莱特帆船上的基督教奴隶攻占了城市。在战争开始之前，为预防叛乱，他本打算屠杀所有基督教奴隶（大概有几千人），但他的指挥官们劝阻了他，指出若没有这些战船奴隶，他的海上力量必将瘫痪。现在，他的担心成了事实，前有基督教战士，后有基督教奴隶，在双方夹击下，他下令撤退。

城里的长老带着城市的钥匙来到查理面前，查理接受了钥匙[55]，但是他的部队不会因此被剥夺洗劫和掠夺的权利。毫无疑问，其中有一些人参与过罗马洗劫，但在突尼斯，屠杀更加惨烈。

> 士兵们担心他们预期的战利品会被剥夺，一窝蜂地冲入城，开始杀戮和掠夺。现在想要控制他们的残忍、贪婪、荒淫，已经太晚了。所有狂怒下的暴行，所有因宗教和礼仪的不同而带来的充满蔑视和仇恨的过激行为，在这些士兵身上都得到了体现。在那个不幸的日子里，大概有3万名无辜的市民被杀，另外还有1万人被当作奴隶带走……皇帝哀叹这场屠杀，因为这玷污了他胜利的光泽。[56]

城中的男女犹太人被胜利的基督徒当作奴隶“出售到各个国家，但在那不勒斯和热那亚，一些意大利人买下并释放了他们，愿上帝记住他们的善行”。一些不那么幸运的奴隶则来到了西班牙，在那里他们被迫放弃自己信仰的上帝，并且要接受神圣宗教法庭的审判。[57]

查理在突尼斯的胜利，现在可能只会在注脚中被提到，但对当时世界的影响是相当大的。1536年4月5日，凯旋的皇帝“以非凡的盛况”进入罗马。[58]当时人的描述可能更准确：“他按古罗马皇帝的习俗庆祝了自己的凯旋。”[59]整个队伍从那不勒斯北上，在4月4日到达罗马城，这使许多罗马人记起了9年前的洗劫。但是，现在的这支军队纪律严明。游行人数太多，以至于为便于庞大的队伍通过，不得不先推倒一些旧建筑。其中一座被破坏的建筑是用来祈祷和平的古代神殿，很多人从中读出了各种预兆。西班牙步兵团，意大利城邦先遣队，德意志步兵，佛兰德斯十字弩手和火枪手——庞大的队伍用了整整一天时间游行穿过罗马。他们的后面是骑兵，包括匈牙利骠骑兵、西班牙标枪骑兵和全副武装的战士。队伍的后方是满载着财宝和战利品的马车，据说还有一些摩尔人俘虏——真正的罗马风格。随后是一群被解放的奴隶，他们穿戴整齐，回到祖国的怀抱，展示着他们恩人的慷慨。他们打着横幅，"夸张地歌颂着他的权力和能力，充满感激和敬佩。与查理相比，其他欧洲君主变得无足轻重"。[60] 接下来是贵族和政要，然后是查理，身着半身铠甲，身后是穿着猩红色长袍的枢机主教队伍。在队伍的最后是皇家戟兵，皇帝的亲近侍卫。查理将自己的胜利果实摆在教皇——基督在世上的代理人面前。

游行发生在圣周，基督教的日历中最神圣的日子——基督被钉在十字架上，然后复活以拯救这个罪恶的世界。查理十字军东征的胜利也代表着一种复活，在复活节后的星期一，他要求被教皇接见，出席的还有整个枢机主教团、外交团、城市政要及军队中的贵族。他用西班牙语慷慨激昂地演说了一个小时。他说因为亲身体验过战争的恐怖，所以他希望和平。但他维护欧洲和平的努力受到了法国国王的阻碍，法王没有兑现恢复他自由的《马德里条约》（*Treaty of Madrid*）中的庄严承诺。对于后来 1529 年的《康布雷和约》（*Peace of Cambrai*），他同样没有遵守承诺，甚至还同德意志的异教徒勾结策划阴谋。查理向弗朗索瓦发出决斗挑战。他对教皇说："我当着主教团和所有在场骑士的面，向教皇陛下您郑重承诺，如果法王希望同我进行光荣的决斗，卸掉盔甲，拿起剑和匕首，在陆上或海上，在桥上或岛上，私下或在两军阵前——无论何时何地，只要光明正大，我都会接受。”[61]“他的声音越来越高昂，语气越来越高傲，以最强烈的表情和姿态完成了演说。查理说的是西班牙语，法国大使并没有完全理解他的意思，有些惊慌失措……当其中一人想要为自己主人的行为辩护时，查理突然打断了他，不允许他继续说下去。”与会者陷入沉默，教皇和枢机主教都默不作声。“所有在场的人都瞠目结舌。查理从未这样偏离自己的性格。”次日，他恢复了理智，并且告诉法国大使，他并不是要向弗朗索瓦发出个人挑战，只是想寻求一种方法阻止基督徒之间的战争。前日的那一刻被大部分人遗忘，只成为查理骑士风范的一个佐证。

突尼斯是查理政治生涯的中点，现在回头看的话更像是他政治生涯的顶峰。后来的他再也没有感受过如此纯粹的胜利，要么带着些许怀疑，要么被随后的灾难所破坏。莱昂内的青铜雕像“征服愤怒”描绘的英武皇帝正是这个时期的查理。他平静安详，手握一柄罗马长矛（同提香的骑马肖像中的矛很像）。他的姿态泰然自若，“他的动作如此大胆又如此自制——男性魅力尽显，可靠而又富有权威”。[62]他既是基督教的护盾，又是基督教世界的统治者，在突尼斯战役之后，查理的肖像都以此种形象气质示人。突尼斯意象成为展示凯旋的皇帝的关键。当时发行了许多小册子来描述皇帝的光荣时刻，马丁·凡·海姆斯凯克（Martin van Heemskerck）制作了一系列版画来描绘皇帝的英勇。陪同查理前往突尼斯的艺术家们也发表了作品，其中最著名的是扬·科内利斯·维米恩（Jan Cornelisz Vermeyen），摄政奥地利的玛格丽特和萨伏依的玛丽的宫廷画师，其作品勾勒了整个战役过程，从战争召集到巴塞罗那再到最后的胜利。10年后，他根据这些素描画出了12幅巨型挂毯的草图，并于1554年完成了挂毯的制作。[63]其他一些没去过突尼斯战场的艺术家的作品基本也是围绕着这一凯旋主题。

突尼斯的胜利几乎成了查理的同义词。在弗朗西斯科·泰尔齐（Francisco Terzi）的奥地利家族伟人版画中，查理的形象就是城市的征服者（表现为一个头戴"隐形金冠"的女性形象），奥斯曼武器则是战利品。[64]但维米恩的挂毯在刻画查理的统治上起了关键作用。连同伯纳德·凡·奥利（Bernard van Orley）设计的以帕维亚战役为主题的八面挂毯一起，它们组成了一个呈现哈布斯堡家族荣耀的新媒介，比马克西米利安的纸质"凯旋"更易于携带，用途更广。

> 由于其巡游式的执政风格，查理并没有建立永久性的仪式中心。创建一个便携式的"王侯美德厅"（颂扬统治者的美德和英勇的房间或套房）这一问题有了巧妙的解决办法。便携式挂毯装饰可以轻松地卷起来，陪着查理到处旅行……查理和儿子腓力使用挂毯的频率如此之高，以至于必须要为这些挂毯制作副本。新旧挂毯最终都被带到了西班牙，在那里它们获得了标志性的地位，在各种场合使用。[65]

但是，这些挂毯并不是第一批歌颂哈布斯堡家族荣耀的挂毯：

庆祝1519年查理当选神圣罗马帝国皇帝的“荣耀”系列是后来挂毯的模板。[66] 这项工程始于1520年，成品在1527年腓力的洗礼仪式上展示给众人。作品“通过说教式的寓言告知新当选的国王获得荣耀——国王的最高奖赏——所需的美德”。维米恩的作品为这一系列画上了句号——处在政治生涯巅峰的查理获得了十字军的荣誉。但是，对荣誉的追求不进则退。查理和后来的腓力都被警告说：“君主哪怕失去一点信誉，他的朋友心里就会滋生怀疑，敌人将受到鼓励，最终将其踩在脚下。”[67] 这种用各样方法颂扬统治者的做法，需要不断有人去关注、去发展，是一种炫耀的文化政治，最终会产生高昂的代价，徒劳无功。

* * *

20年后，还是在那间布鲁塞尔大厅（那间他在刚刚成年时同他的勃艮第子民进行协议的大厅），查理的一切斗争都结束了。退位后，他并没有放弃俗世；很多记载说他想要成为一名修道士，到西班牙帕伦西亚附近的尤斯蒂（Yuste）的哲罗姆派修道院修行，这是没有根据的。但他的确退出了战场，放弃了对“荣誉泡沫”的不断追逐。他的退位只在军事层面上，以不败战绩退出了战场。至于他为什么有此打算，我们不得而知，很可能是在他计划退位的那些年里注意力转移了。有人说他从孩童时代起就有了这种退出的想法，也有人说在突尼斯和罗马取胜后他便有了退位的打算。也许是他以罗马皇帝戴克里先（Diocletian）为榜样，不再关心政事，在自己庞大的宫殿里过着安宁的隐居生活。

查理的退位同他在亚琛大教堂登上帝国舞台一样富于戏剧性。

1555 年 10 月 25 日，他最后一次坐上宝座。三天之前，他在动情的宣誓仪式上，将金羊毛骑士团团长的头衔授予了腓力。站起来讲话时，他倚在年轻的奥兰治亲王的肩膀上，声音响亮且坚定，边说边参照着手中的笔记。他告诉与会者，从 17 岁起，“他就将自己的生命献给了大众子民，没有给自己留下任何安逸享乐的时间”。他讲述了自己漫长的人生旅程，并告诉听众是因为疾病，他才被迫离开他们。“骑士团的领主不能是一个饱受疾病困扰、半死不活的领袖，他要给他们一个年富力强、能够胜任统治工作的领主，这个人既年轻充满活力，又具备成年人的辛勤和睿智。”然后他直接向他的儿子腓力说道：

> 我身后给你留下了丰富的遗产，这其中有我很大的贡献，承载着我的记忆。但现在，我自愿退位，尽管我完全可以继续保留这些，我本应期待你表达你最诚挚的感谢。然而，我不要这些，我要你记住，关心你的子民的福祉是对我感激的最好证明……如果有一天，你也想享受安宁的私人生活，愿你也有这样一个儿子，可以接过你的权杖，让你带着跟我一样的满足离开。[68]

然后他疲惫地坐回到座位上，接受儿子的敬意和大臣、贵族们的喝彩。在后来的仪式上，他摘下了西班牙的王冠，将其授予腓力，最终，经过了与选帝侯的艰难谈判，他将帝国授予他的弟弟斐迪南。一切都结束了：查理将一切准备妥当，然后自己成为一位隐居的绅士。教皇尤利乌斯三世（Julius Ⅲ）认为查理的退位

“是天底下最奇怪的事情”。[69]

在成年后的近40年里，查理都很少让自己感性的一面透过他高高在上的面具表露出来，不会让情感破坏他冷静的公众形象。他喜怒不形于色，人们通常喜欢说他“木讷”“大智若愚”。这种平静、贵族的庄严，成为所有他的后继者所企望的。据记载，他的儿子腓力在成年后，“只会说符合国王体统的话，做符合国王体统的事”，[70] 这正是他父亲的行为举止。但我们知道，这个男人的内心深处有着丰富的情感。担任皇帝的后期，面对着接踵而来的危机，他不止一次地陷入了深深的抑郁，无法采取行动或做出决断。我们知道，他对妻子伊莎贝拉的爱（尽管两人经常需要分开）是深刻而真实的。他的妻子在1539年5月1日突然发烧死去，他当时的公开回应是程式化的：“仁慈的上帝决定带走她到他的身边。她的死让所有人都感到无比悲哀，尤其是皇帝本人。”

但是私下里，在妻子去世的第二天，查理写信给他的妹妹玛丽，坦白了他的凄凉：“面对如此巨大的损失，我感到无比痛苦和悲伤……没有什么可以使我得到安慰，我只能不断回忆她的善良，她是一个模范天主教徒，她的死给我带来启示。”[71] 阿朗索 · 德 · 圣克鲁斯（Alonso de Santa Cruz）近身服侍过查理，他记载道：“她悲惨的死亡给陛下带来的悲伤，我用多少页也描写不完。”他恳求他的妹妹从奥地利的玛格丽特收集的画像中，寻找死去的皇后的画像，任何她能找到的画像都要即刻送到他那里，要做好防范措施，以免画像在途中受到任何损害。在他生命的最后，他拿了一些伊莎贝拉的肖像陪同他一起度过退位后的生活。在提香的作品《荣耀》（*Gloria*）中，查理身着寿衣，表情肃穆地仰望着天父和基督，而伊莎贝拉就站在他身后。这幅图像也许是最令他高兴的画作。他在一个紫红色的丝袋里，装入了“皇后的三幅微缩肖像画，画中的皇后青春美丽，刚刚在阿尔罕布拉度完蜜月，这一直是查理对妻子寄托哀思之物”。我们并没有听说在他们长时间的分居生活中，双方有任何的不忠行为。皇帝所有的私生子都出生于婚前或他作为鳏夫的孤独岁月。他也从来没有真正考虑过再婚。

只有当查理卸下了他最后的官方角色，成为一个个体公民后，他的个人意识才显露出来，部分原因可能是他生平第一次可以静下来。他选择了一个新的羽冠作为象征，羽冠结合了勃艮第的纹章与奥地利大公的纹章。在尤斯蒂，他可以照料他的花园，

> 他曾经那么热爱大自然，珍惜鸟类和鲜花。在一次战役中，据说有一只燕子在他的营帐上搭起了小窝孵化小燕子，当军队需要继续行军时，他不允许撤掉营帐，而是将搭起的帐篷留给了燕子母亲和小燕子。从突尼斯回来时，据说他不仅带回了自己最光辉的胜利，还带回了叫作“石竹”的漂亮鲜花，把它们从非洲海岸运往他在西班牙的花园，从那里开始，这种花走进了欧洲大陆的每一个村舍花园。对于喜欢这种简单无害消遣的人来说，尤斯蒂简直就是天堂。

他终于可以让自己沉溺在时钟等机械制品中，他非常喜欢摆弄它们。他的房间朴实得令人惊讶。

> 对于卧室墙上的帘子，他更喜欢阴沉的黑色布料，而非

华美的墙毡。但是他从佛兰德斯带来了整套整套的挂毯，画上满是人物、风景及花卉，足以挂满他的寓所。垫子、羽绒被等日用织品应有尽有。他的朋友可以坐在铺着黑色天鹅绒的椅子上，他自己则要么坐在带轮的椅子上，要么坐在配有6个软垫和1个脚凳的安乐椅上。

即使在尤斯蒂的干燥气候下，他也逃脱不了痛风的苦痛。也许这就是为什么他有时似乎很自私、很暴躁。当他的两位姐妹来看望他时，他没有给她们提供房间过夜，“甚至没有为她们提供晚餐”。[72] 但是，他对他的姐妹——他儿时的伙伴，有着深厚的感情。同他的姐妹们在一起的时候，尤其是与同他一起长大的玛丽和埃莉诺共处时，他明显很放松、很开朗。他们经常争吵，意见不一，但将他们联系在一起的爱和忠诚是非常明显的。当没人能说服查理，或者无人能把他拽出他的固执时，玛丽可以。

退位后，他的生活跟以前没有太大的不同，只是不用再关心国事了。他穿着简朴的衣服，也许这其中也包括从突尼斯带回来的呢斗篷，因为这计入了他死后的财产清单。他过着朴素的隐居生活，但一切都那么有品位。即使洗手，也是将水用银水壶倒入金盆或银盆里。他的桌子上摆着金银餐具，另外还有托比亚（Tobbia）和切利尼（Cellini）制作的酒架和其他餐具。有人计算过，他在尤斯蒂有容量超过1.3万盎司的金银餐具。他继续尽情享受着丰盛的食物，一大早做完弥撒后便直奔餐桌。他在饮食上缺乏自控力，这可能跟他的勃艮第遗传基因有关，尽管他其实也喜欢一些粗糙辛辣的西班牙菜：“他的胃口极大。他的双手痛风严重，而又坚持自己使用刀叉，这使得用餐过程变得十分漫长，甚至他的咀嚼也是缓慢而艰难的。”尽管如此，他通常嚼几下食物就下咽了，觉得很难嚼时，还经常将食物整个吞下去。他的晚餐也十分“丰盛”，“通常包括腌鲑鱼和其他不太健康的菜”。现在看来，查理在晚年可能患上了糖尿病，这增进了他的食欲，进而导致了其他疾病——痛风和慢性消化不良。暴饮暴食无疑加剧了他的痛风，使他在晚年备受折磨。1546至1548年间，在他参加的最后几场战役中，痛风已经严重到让他不能使用马镫，只能用帆布悬带支撑。在不平坦的地面骑马前行时，他所承受的痛苦更是难以想象。但除了在罗马爆发过一次坏脾气外，他成功地表现出了冷静、淡然的形象，带着统治者尤其是一个普世皇帝该有的庄严。

顽固是查理最突出的性格特点，也是他最不吸引人的地方。痛风可能也是一个因素，病痛使他的脾气越来越差，性格也越来越顽固。他的弟弟斐迪南能够根据时局调整对策，查理在宗教等问题上却是谁也说不动。根据查理的自传，他感到新教徒的挑战驱之不散，对异教徒的恐惧填满了他的晚年。当在西班牙发现了一小撮路德宗教徒时，他宣称自己“用尽一生同异教徒斗争”，现在他的最后安息之地被他们的存在给“玷污”了。他敦促当局施行正义，立刻将他们烧死。[73] 他对奥斯曼也许还能给予一定高贵的让步，但是对新教徒则不会，因为他把他们看作家贼。土耳其人至少还为他提供了圣战的理由，给了他挥师开战的机会。也许对抗新教徒的战争也是圣战的一种，在米尔贝格战役中，天主教一方的十字军高喊“圣地亚哥”和“圣格奥尔”，分别指“摩尔杀手圣詹姆斯·马塔莫罗斯”和“屠龙英雄圣乔治”——哈布斯堡家族尊奉的圣徒。

死亡过了很久才降临。从 1558 年 8 月起，他开始洗冷水澡，他说："我宁愿轻微发热，也不愿受这永恒的瘙痒折磨。"然而，发热变得很严重，每天他都要坐在轮椅上被推到凉廊晒太阳。一天，他让人拿来一幅伊莎贝拉的肖像，他坐在那里久久凝视着画像，然后让人拿来提香的《荣耀》素描，同伊莎贝拉的肖像放到一起。原作放在修道院教堂祭坛后面，他可以在床上透过特意构造的窗户看到。之后，他的高烧似乎变成了疟疾，他又继续同病痛斗争了两个星期。9 月 19 日，他感到死亡临近，让人行了临终涂油礼。次日他回光返照，要求进行弥撒。他的神父告诉他可以不用做了，因为他已经得到了上帝的垂爱。查理苦笑着说："这可能不是必要的，但它已经成为我漫长人生旅程中不可或缺的陪伴。"他一整天都很虚弱，到了傍晚，似乎只能再活一到两个小时了。他的生命一直坚持到了午夜过后——9 月 21 日的圣马太日。托莱多（Toledo）大主教轻声地告诉他，他出生在使徒圣马蒂亚斯的宴会上，将死在圣马太的盛宴上；马太为了基督抛弃了财富，而查理则抛弃了皇权。皇帝打断了他的话："时间已到，拿给我蜡烛和十字架。"蜡烛排列在他的床边，伊莎贝拉临终握着的十字架递呈给了他，他的儿子腓力后来临终时也握着这个十字架。查理让十字架离自己一臂远，凝视着十字架上的小人，然后将它紧紧握在胸前。之后，他用西班牙语坚定地说："现在，我要走了，主啊。"接着他握十字架的手指松开了，大主教将十字架放在他干燥的嘴唇上，然后是他失去光芒的双眼上。突然，查理醒了过来，大声喊道："啊，是耶稣！"然后便死去了，两点的钟声正好敲响。所有人都认为，这绝对是一场最符合基督徒形象的死亡，“一位旷古烁今的伟人离开了人世”。[74]

他的尸体在上午进行了防腐处理，装入一口铅质棺材，外面是栗树木材的箱子，棺材从他卧室的窗户缒下进入下面的教堂。在那里，棺材覆上了黑色天鹅绒棺布，修道士们准备按照查理生前的指示将他葬于祭坛下，同他的祖父马克西米利安将自己葬于维也纳新城的圣乔治教堂一样，这样一来，当神父做弥撒时就会踩在他的头部和胸部上。但他知道，这只是他的一个临时安息之地，普世君王是不可能永远葬在西班牙荒郊野外的一个小教堂里的。几年前，他曾计划在新的格拉纳达大教堂建一个小的附属礼拜教堂，从而为自己和后代提供一座陵墓，遵从伊莎贝拉让格拉纳达成为西班牙国王安息之地的遗愿。但同查理的许多计划一样，这一计划并未实现。虽然哈布斯堡家族建有一块墓地——在一个特殊的祭坛前，这样圣餐仪式将在他们的面前举行，其历史可以追溯到鲁道夫一世，但这块墓地始终是空的。查理写信给儿子腓力，表示在他做好适当安排之前，自己的身体都将躺在尤斯蒂。[75]他躺在祭坛下面足足 16 年，直到他的新墓地建成。这块墓地在另一个巨大无比、富丽堂皇的哲罗姆派修道院内，腓力将它建在了马德里北部的圣洛伦佐·德·埃斯科里亚尔镇的山上。

但是，查理的神化稍微推迟了一些，直到 1593 年埃斯科里亚尔教堂落成。在那里，祭坛的北侧，莱昂内的儿子庞贝奥用青铜以真人尺寸再现了老皇帝的家庭祈祷场景，查理跪在前面，他的妻子和姐妹在他身后。80 年前，18 岁的查理骑马经过巴利亚多利德的街道，西班牙人第一次看到了他，以为他从头到脚都包裹着金子，他们称他为“金色男人”。现在，庞贝奥·莱昂内按照腓力的命令，在所有青铜人像上覆上了金箔。查理真正成了一个金色的男人，直到永远。

5

决不妥协的血战

A War to the Last Extremity

(1550—1660)

哈布斯堡家族在查理退位后，又统治了西班牙近一个半世纪，即使是放在较长的历史进程中衡量也不算短了。这对哈布斯堡家族的未来也产生了不可逆转的影响，或者说是改变。它对西班牙的统治结束了很久之后，在维也纳的宫廷生活之中，人们的习俗和言谈举止大多还保留着那个时期的印记。这里指的通常是“西班牙式的礼仪”，即那些呆板、严格的礼仪，曾被认为是腓力二世和他的继任者们统治时期不可有任何逾越的繁文缛节。而实际上，那些真正的西班牙礼仪，即那种厚重、做工讲究的“西班牙式斗篷”，宫廷的礼帽[1]，那些前任皇帝们强制规定的前行或后退时的固定步幅，到 18 世纪约瑟夫二世的统治时期就全部被摒弃了。哈布斯堡前人那些过时的宫廷礼仪，在约瑟夫的侄子弗朗茨及以后的继任者统治时，又发生了许多新的改变。这些礼仪可能还带有西班牙的影子，可从细节来看，它们之中绝大部分都不是在法国大革命之前就存在的，但是却可以追溯到哈布斯堡王朝最繁盛的时期，那时的哈布斯堡家族受到上天的眷顾，成为大西洋两岸两个世界的主宰，势力甚至远抵东方至太平洋地区。在西班牙的历史和文学中，这一段时期仍然被誉为“黄金时代”，而哈布斯堡家族的后代们也这样认为。

查理退位时，本来是想在他弟弟斐迪南死后让自己唯一的儿子腓力二世继位，并拥有西班牙在意大利、尼德兰和美洲的领土，但是他的权力和财产却被分割继承了。然而“分割”这个词不太妥当。在查理的眼中，任何继承了他统治地位的人更应该算是“摄政者”，而不是“唯一的王位拥有者”，这也是哈布斯堡家族沿袭的做法。哈布斯堡的王位是家族的集体财产。

甚至被誉为“新阿波罗”和“世界之王”的腓力二世，也不过是在为其后代子孙托管着领土。尽管这个家族分为了两支，一支以奥地利为中心，一支占据着西班牙，而且他们之间的对立可以说是与生俱来的，但是共同的利益却使得同属哈布斯堡家族的他们必须团结一心。在哈布斯堡家族统治西班牙期间，他们也的确做到了。[2] 腓力二世和他的儿子们是资格比较老的一脉，坐拥尼德兰的财富和美洲的金银，其富有程度是奥地利一脉所望尘莫及的。而斐迪南及其继任者拥有皇家“头衔”，在西班牙称王的他们养成了一种皇家风范，豪华的排场也胜过了其奥地利同族。早期的哈布斯堡家族在尼德兰和奥地利兴建城堡甚至是宫殿，但都不那么豪华，也算不上铺张。维也纳新建的霍夫堡宫殿，以及格拉茨和因斯布鲁克的王宫都不是很张扬。甚至奥地利的玛格丽特在班什的城堡，尽管修建有角楼和巨大的宫殿，内部装饰极尽奢华，勃艮第韵味十足，也只是在简朴的建筑里放置了精美的物品和家具陈设，丝毫比不上西班牙哈布斯堡王朝那富丽堂皇的宏伟建筑。

哈布斯堡王朝第一座巨大的宫殿建于格拉纳达，是托莱多建筑师迭戈·马舒卡（Diego Machuca）应查理五世的要求而兴建的罗马风格建筑。但是这个宫殿一直空着，因为查理根本就没按照之前打算的那样回到格拉纳达长住下来，他只是在此之前曾与伊莎贝拉在格拉纳达度过了幸福的蜜月时光。这座宫殿的存在却成了查理作为“新奥古斯都”施行统治的象征。宫殿是一个正方形建筑，中间是一个正圆形的庭院，四周环绕着双层的多立安式廊柱，昭示着查理要成为“圆形世界”统治者的宏愿。[3]墙上装饰着他取得战绩的画面，比如纪念他在米尔贝格战役大获全胜的大理石浮雕。但是，他总是身在旅途（或许是他的秉性所致），根本不可能在某个地方建立一个统治中心。他把在马德里、托莱多和塞哥维亚（Segovia）的城堡进行了翻修，一直到他儿子腓力时期这些工程还在进行着。腓力在马德里附近的阿兰胡埃斯和厄尔尼诺帕尔多又新修了打猎的行宫。腓力与其父不同，他寻求的是一种以某个都城为中心的统治方式。他选择马德里这个处于其王国中心位置的城市作为首都，让当时的人们[4]觉得很不可思议，因为他们希望他能定都于巴利亚多利德或者托莱多。但是也有人意识到了马德里作为集权中心的象征意义。他的传记作者卡布雷拉·德·科尔多瓦（Cabrera de Cordoba）写道：“这么做是正确的，如此巨大的王国需要在其中心位置有一个对其所有领地的和平和战争发号施令的都城，就像人的心脏的作用一样。”[5]也许更深一层的意义在于，马德里及其所在的干旱的平原地区位于瓜达拉马山脚下，历史较短，无论是与卡斯蒂利亚还是阿拉贡都没有什么瓜葛。马德里及其上的珍宝，即腓力的至高成就埃斯科里亚尔修道院，史无前例。

埃斯科里亚尔修道院无论从什么方面来说都堪称那个时代最伟大的不朽之作。[6]腓力亲自选定了位于马德里西北部 30 英里（约 48 公里）处的这个建筑位置。据传说，他常常会坐在远远高于建筑物的山顶之上的某处，好几个小时不动地方，监督着工程的建设。杰弗里 · 帕克给腓力二世写过短篇传记，他对腓力二世的描述比其他同类的传记作品[7]更准确：

> 首先，这是又一座修道院，就像腓力的前人修建的塞哥维亚的帕拉尔修道院、格拉纳达的圣哲罗姆修道院[8]以及瓜达卢佩的圣母大教堂一样。跟这三个地方一样，这里要入住的仍然是以圣哲罗姆名字命名的隐修会会员，皇室他们怀着非同寻常的敬意……但埃斯科里亚尔修道院的意义还不限于此。从一开始，国王就打算把它作为皇室的墓地，每当皇族有人去世了，就在那儿举行一系列正规的丧葬仪式。1568 年，腓力五世把他父亲的遗骨从尤斯蒂移到了这里，他还想把那些信奉天主教的国王的尸骨从格拉纳达迁移过来，但是那些尸体已高度腐败（因此，他为他们制造了铅棺以便更好地保护他们的尸骨）。[9]

埃斯科里亚尔修道院更像是一座城池而不是一座建筑。它由巨大的花岗岩建造，平面呈长方形，长度超过200码（约183米），包括一个宫殿、一座教堂兼修道院和神学院、一所学校、几间实验室和为国王进行化学实验用的蒸馏设备、天文观测台，以及世界上最棒的图书馆。腓力给建筑师的指示是："首要的是……建筑要朴素，整体庄严肃穆，高贵而不傲慢，雄伟而不浮夸。"

查理五世建造皇宫遵循的是方圆结合的原则，而埃斯科里亚尔修道院呈现的却是方方正正的格子形格局。最早的建筑师是托莱多的胡安·鲍蒂斯塔（Juan Bautista），他死后由其助手胡安·德埃雷拉接手。在皇家主子严苛的目光监督之下，他们建造了这座前无多少先例，当然也绝无后来者的不朽作品。[10] 埃斯科里亚尔修道院是为纪念圣劳伦斯而建的，腓力就是在圣劳伦斯日，即1557年8月10日，在圣昆廷取得了他唯一的一场军事胜利。[11] 这座宫殿加修道院式的建筑就是他为纪念那场胜利而修建的感恩之作。圣劳伦斯是被关在一个方形的铁笼子里加热烤炙殉难的，这就是此建筑的灵感来源。它由16个院落构成，建筑内套建筑[12]，以圣劳伦斯胜利大教堂为中轴线对称分布。教堂的穹顶有300英尺（约91米）高。高高的祭坛是整座建筑的心脏和中心，约86英尺（约26米）高，占据了一整面墙。它由彩色大理石建造，饰有壁画、檐部和青铜雕像……祭坛两侧是哈布斯堡皇室成员永久跪拜的铜像，一侧是查理五世及其妻子和女儿们，另一侧是腓力二世，他的三个妻子及其不幸的长子唐·卡洛斯。这些真人般大小的跪像下面便是墓地。[13]1650年，弗莱·弗朗西斯科·德洛斯·桑托斯参观了这座教堂，他写道："就在巨大的祭坛下面，地基的底部建有一座宽敞的圆形教堂。”这里安放着哈布斯堡家族先人的棺木[14]，是移至埃斯科里亚尔修道院的6000多件圣物中的首批。随着不断的积累，这里成了基督教世界里最大的圣祠。

腓力时代的人们努力想找到一个同类建筑或者是先例来形容埃斯科里亚尔修道院。他的文书兼图书管理员路易斯·德·西格恩萨（Luis de Sigüenza）神父坚信它是所罗门圣殿的再造：

> 在这里，就如同在挪亚方舟之内，很多灵魂得到了救赎……在这里，就像在摩西的营帐幕里，有神的临在……在这里，就像在腓力二世模仿的那座所罗门圣殿中一样……人们日夜颂唱诗篇，献祭从未停止，香持续点燃，圣火永不熄灭……在神的面前，祭坛之下，安放着为基督献身之人的遗骨。[15]

这种描述是哈布斯堡家族族谱研究者们的丰富想象，还是真的存在这样的规划，我们只能猜测。但是腓力确实认为埃斯科里亚尔修道院不仅仅是西班牙王朝的中心，也是整个基督教世界的中心。所有使查理五世获得启迪的罗马意象在他儿子这里都得到了加倍的发扬：腓力把阿波罗的太阳战车当作自己的徽章，把“现在他将照亮一切”当作了自己的座右铭，使人分不清到底是指圣光还是他自己的光芒。另一位与他同时代的人，即威尼斯人吉洛拉莫·卢塞利，1566年在他的《令人难忘的光》一书中是这样描述这位西班牙国王的：

> 这位国王想要……以上帝的圣光照亮这个阴暗的世界，其

> 座右铭可以体现这一点……为了让他……能够以灿烂的光芒照亮一切异端邪说，上帝让他心中充满了阳光……授权他使用这个徽章，将此作为神谕或者预言书，来预示圣光将通过使全世界的异教徒皈依天主教来照亮整个世界。[16]

随着圣物不断增多，埃斯科里亚尔修道院的影响力日益增强。腓力在世的最后几年里，他已经得到了基督殉难十字架上的几块木头和其中的一根钉子、耶稣的一根胡子、耶稣殉难时戴的荆棘冠上的一根荆棘，还有当年圣母马利亚站在十字架下看着耶稣殉难时用的手帕残片，上面还留着她泪水的印记。大量完整的尸骨和 103 个头骨被运至埃斯科里亚尔修道院，其中包括了圣莫里斯，埃尔·格列柯（El Greco）曾为国王绘制了他殉难的画作。头骨中包括圣哲罗姆的，在清单中被描述为“健康的、令人肃然起敬的成年人头骨”，是腓力从科隆的反对圣像崇拜者手中拯救回来的。每一个小件的圣物都装在镶有珠宝或装饰好的圣物匣之中，保存在高大的主祭坛后面一个上锁的房间里。房门一旦打开，那一排排架子上摆放的圣物便映入眼帘，每一件圣物都盛装在一个头骨形状的小匣子里，这些小匣子都由黄金、珐琅或者贵金属制成。[17] 国王常常来这里参观这些藏品，有时候还带着孩子来。西格恩萨神父描述了腓力要求看某一件圣物时的情景：“他会指名要我拿某一件圣物给他看。我双手捧着那件圣物，还不等我用丝绸或亚麻布包住它，虔诚的国王就会屈膝脱帽，双手捧起圣物亲吻……他的孩子们也会跟他一样这么做。这一切都是在没有其他人在场的情况下，在这间屋子里秘密进行的。”

之后所建的王宫各殿的位置都是根据国王的生活需要及日常活动安排的：在埃斯科里亚尔，国王居于一旁，代表赞颂上帝高于一切。[18] 这座建筑及其内部陈设，就是一个信仰的引擎，一件与异教、腐化和怀疑论者战斗的武器。在腓力看来，这里的一切共同构成了一个不可分割的整体。这是“西班牙国王永久的家园，世界第八大奇迹”。[19] 建筑工程始于 1563 年 4 月 23 日，在腓力的面前，修道院院长奠定了第一块基石。工程用了 21 年的时间完成。1584 年 8 月 9 日，圣劳伦斯日前夜，工程竣工，举行了教堂的献殿仪式。腓力自己的宫殿在最初的几年间就建好了，16 世纪 70 年代后期开始，他在那儿居住的时间越来越多，尤其是在圣周和其他教会的重大节庆时间里，他都居住于此。王宫各殿占据了整个建筑群约三分之一的地方，但是腓力自己的房间只占据了 90 平方码（约 75 平方米）多一点，共有 3 个小房间，在修道院的旁边。为了使房间在夏天的时候凉爽一些，墙面刷成了白色，地面由产自塔拉韦拉的蓝色瓷砖和红褐色的地板铺就。他的床很简朴，坐在上面时，腓力能俯视下面的教堂内部，就像西格恩萨所描述的那样，“在他那个卧房斗室里，房间两侧摆满了各种小圣像，他在床上的时候，无论从哪个角度都能看到。这些宝物的陪伴让他心满意足”。他并没有强求别人与他一样过这种苦行僧的日子。他女儿伊莎贝拉的房间离他的房间不远，那里就很舒适，装饰得很华丽。

保罗·蒂耶波洛（Paolo Tiepolo）是威尼斯派往西班牙王国的大使，他在 1563 年给共和国总督和参议院写的信很有哲理：“一个人永远也不可能确知……别人的内在本性和心理。随着时间的推移，人的性情会发生变化，会养成新的习惯，会讨厌那些曾经非常喜欢的东西。”[20]腓力也不例外。要说他年轻的时候，没有像他的奥地利同宗兄弟那样喜欢喝酒，醉生梦死地狂欢，那是因为他在别的方面找到了乐趣。除了宗教以外，他还有自己热衷的东西。他在艺术和雕塑方面堪称鉴赏行家，并且崇尚读书。不过因为他只会说西班牙语，拉丁语也很差劲，所以他图书馆里的很多藏书都与他无缘。蒂耶波洛描述腓力的外貌是“身体颀长，圆脸，淡淡的蓝色眼睛，嘴唇略微前突，粉皮肤，整体感觉很迷人”。私底下他有着一种狡黠的幽默感，与他在公众面前必须表现出来的著名的“西班牙式沉静”大相径庭。

随着年龄的增长，腓力经历了亲人去世、战争和政治灾难，还总是担心新教这个异端的不断壮大，这些痛苦使他的态度和言语变得更加严厉起来。跟他的父亲和祖父一样，他的身体也不太好。蒂耶波洛的前任米歇尔·苏利安奴写道：“陛下的身体很孱弱，所以他的生活很有节制。他总是吃非常有营养的食物，不吃鱼类、水果以及会造成肠胃不适的食物。他很能睡觉，几乎不锻炼，他的消遣都是需要静心来做的事情。”他未必热衷于工作，但认为自己必须尽责，他绝不会让他的下属或顾问来替他掌管王国的任何一个地方。他父亲曾告诫他：“不要相信任何人，要听取所有人的意见，但要独立决策。”他执政的后期，埃斯科里亚尔修道院成了腓力王朝政体的象征，这是一个脱离了传统城市生活的宫廷加政府的形式，是一个工作兼敬神的场所。这种体制发展得很缓慢，但是在腓力继位成为西班牙国王之初的几年间就已经具备了雏形。

埃斯科里亚尔修道院的核心区建筑群包括了一座天主教堂、

一所神学院兼修道院和一个图书馆。在腓力看来，这些功能是无法分割的整体。这座巨大的建筑物既是对上帝的颂赞，又是对哈布斯堡家族的赞美。他慢慢地改变着政府的管理方式，把国王不间断地在全国各地奔忙的执政方式转变为在宫廷坐镇执掌天下的方式。在他生命的最后 20 年里，他在埃斯科里亚尔修道院度过的时间越来越多，而他的大臣和官员们还留在马德里当差。在他生命的最后一年[21]，他告诉自己的儿子，对于一个君主来说，到处奔走毫无意义，他在自己王国的南部固定一处执政会比较好。执政方式的改变有着非同一般的意义。在马克西米利安和查理时期，有许多民间传说，说他们在旅途中遇到农民的时候，因为农民不知道他们是国王，就会跟他们说起家里的真实情况，而腓力就听不到这种声音了。他很执着于与世隔绝的生活，因而遭到了猛烈的抨击。他的施赈人员对他说："上帝给了国王万人之上的权力，不是要让他躲进书斋读书写字的，也不是让他静坐沉思诵读经文，并借此找到一个更好的脱离人民的借口。"[22]从他开始，统治者逐渐脱离了民众，他建立了一个圣所，在这里，他就像一个居于天主教堂之内执事的大主教一样管理着自己的王国。

他在埃斯科里亚尔修道院的圣所包括高墙之内的一个天主教堂，而实际上整个建筑群的中心就是这座教堂。腓力在自己的房间里就能看到它的里面，他父亲在尤斯蒂也曾跟他一样。但是他还开辟了另外一个空间，准确地说那个地方不算神圣，但那里是用于执行上帝赋予的政府管理使命的。腓力的执政方式产生了大量的文书文件。对这些文件进行分门别类的捆扎，装订归档，一种官僚行政系统由此形成，为腓力后人的执政提供了范例。腓力下令将卡斯蒂利亚的西曼卡斯城堡作为存放国家文件的档案中心，然后又进一步下令培训和提高各地方上的，比如格拉纳达的大臣们的能力。[23]

这一切很容易让我们忽略腓力的个性，以为他要么是一个埋在纸堆里的毫无趣味的官僚（画家朱佩塞·阿尔钦博托给奥地利宫廷图书管理员沃尔夫冈·拉齐俄斯画了“拼图画像”，画中人由书本、文件构成，腓力就像那样），要么是那些反对其统治的人（尤其是反抗西班牙统治的尼德兰人）所编造的“黑色传奇”中的怪物。[24] 从他给女儿凯瑟琳和伊莎贝拉的信中，我们可以看出他对孩子们怀着深沉的爱，会因为她们生活中微不足道的小事而备感欣慰和快乐，完全不是那种不苟言笑的人。他会为孩子的出生而欣喜，为过多孩子夭折而悲伤。他表面上会接受上帝的安排，内心里却十分痛苦。1597 年，已经身为萨伏依女公爵的凯瑟琳去世时，他彻底崩溃了，就像当年他的父亲眼睁睁地看着妻子伊莎贝拉离开人世时一样。[25] 从那时起，腓力的女儿伊莎贝拉就一直陪伴在他身边直到他去世，成了他生命中唯一的安慰。

腓力处理国事政务与他进行宗教仪式遵循的是同一个理念：制度至上。一共有 14 个委员会来辅佐国王执政，但所有的决策都是腓力一人做出的，他永远都是大权独揽。沟通交流主要在书面而不是口头进行，腓力接到送交上来的简报，批阅之后在上面签署下一步的行动指示。最后，处理国事（16 世纪 60 年代的时候，一个委员会一年只写 3 袋文件，到 16 世纪 90 年代则达到了 30 袋）[26] 就意味着那些经验丰富的大臣和秘书们只要处理一些分内的日常事务即可，而且还要得到国王直接而正式的批准才行。

有时候腓力一天就要批阅几百份文件，所以尽管他的记忆力惊人，也难免出错。对如此幅员辽阔而且多元化的国土进行集权式管理，会产生很多难以解决的问题。但腓力就是要做超出自己能力和财力的事情，这一点比他父亲有过之而无不及。也许是因为他所建立的这套体制遭遇到了一个反作用力，所以才没有使它在重压之下完全崩塌。

腓力不断征战[27]，将国家的财力损耗殆尽，数次接近灾难的边缘。然而，大部分战争都不是拓土开疆之战，而是保卫战，是为了反击那些企图挑战和消灭他的国家的军事力量而战。他把自己的国家看作教产，把这些战争看作十字军之战。他打着十字架的大旗在地中海地区抗击土耳其人，在尼德兰讨伐新教异端，在格拉纳达征讨那些重新改信伊斯兰教的摩里斯科人（这些人曾被强制改信基督教），在新大陆与异教徒和无信仰的人争战。他那不惜一切代价也要达到目的的坚定决心，实际上也让他取得了一些胜利。

在格拉纳达进行的内战，大多数人都不记得了，也可能是与尼德兰人及土耳其人的战争使其黯然失色。在格拉纳达取得的胜利，不能跟在勒班陀取得的胜利相比，那场征战役将基督教世界从土耳其人那里拯救了回来，举国上下欢欣鼓舞，共唱感恩赞美诗来庆贺。虽然跟尼德兰人的冲突看起来总是没完没了，可是格拉纳达的胜利甚至都没法与之相提并论，因为征讨尼德兰还有好处，至少可以获得王国最富有的省份，并对异教徒的发展实施打击。1501 年，格拉纳达人第一次起义反对他们的基督教新主子。但自那以后，那里就一直处于和平状态之中，再无战事。理论上来说，当地的摩尔人从那以后就被强制放弃阿拉伯式的生活，换掉他们的民族服装，改变他们与众不同的风俗习惯，接受当时主流的西班牙文化并依此生活。[28] 1526 年，查理五世在格拉纳达生活了一段时间后，同意陆续来此任职的总督对这些严规的执行打些折扣，到后来这些规定基本上就是名存实亡了。因此腓力所面对的这一群人，名义上是基督徒，实际上无论从哪个角度看都是伊斯兰教徒。他们占据着西班牙南部的进出要道，而此时地中海地区的土耳其人力量正在壮大，达到了巅峰状态。

格拉纳达总督的档案显示，当时的摩里斯科人与北非同信仰的人之间保持着密切的关系[29]，从中也可以看出当时土耳其人在格拉纳达有情报人员，甚至在山区还有小股的独立军事力量。即便有这些事实的存在，当时格拉纳达的军事领导人还是认为这种威胁只是理论上的，不会真正出现。他们认为如果对摩里斯科人实行更严厉的政策，就会逼迫他们反叛，引起不必要的麻烦。但是在 1566 年 11 月，腓力签署了政令，命令从 1567 年 1 月 1 日起全面恢复以前的做法，于是在将近一年的时间里，摩里斯科人都处在基督教力量的全面高压之下。1568 年圣诞节那天，终于爆发了人们长期以来所担心的反叛。

王国各地纷纷传来了摩里斯科人武装叛乱的报告。圣地亚哥家族的一个骑士带着 50 名武装人员走到一个叫卡迪亚尔（Cadiar）的小村庄时遭到了伏击，全军覆没。这个消息在圣诞节的清晨传到了格拉纳达，城里的巡逻力量增加了一倍。教徒之间传言说全国都在叛乱，各个教堂之中的庆祝气氛由于人们的恐惧受到了影响。圣诞节后第二天是圣斯德望日，那天夜里特别冷，下着大雪。士兵们对于叛乱的传言不那么在意了，所以都待在自己的兵营里。虽然城墙很坚固，但有一段因为是以前的城门，所以只是用泥土堆砌封堵而成。此时，大约有 800 名来自附近村庄和山区的武装民众悄悄在此集结，并迅速打开了封堵的旧城门。他们的首领是亚本 · 法拉克斯（Aben Farax），他告诉城里居民区中的年长者，他们是来自阿尔皮加拉斯山脉（Alpujarras）的人，作为摩里斯科人抵抗力量的核心组成部分，现在公开起义了，他呼吁他们夺取这座城市。可他得到的却是市民满含讥讽的回答，说他们希望看到的是 8000 人，而不是他们这区区 800 个冻僵了的叛乱分子，市民拒绝提供援助，表示城里的摩里斯科人不会给予他们任何支持。亚本 · 法拉克斯带着他的人冲进了城里，袭击了一座教堂，洗劫了一间冷清的药店。然后他把自己的人集结在阿尔卡萨瓦城堡（Alcazaba）的大门口，号召所有还有良知的穆斯林加入他的队伍。没有任何人响应，于是他带着队伍又从他们进来的那个城门离开了。

从这一刻起，这场反叛失败的命运就注定了，但还是经过了两年最残酷的战斗，抵抗力量的残部才最终被消灭干净。研究奥地利的唐 · 胡安（ Don John of Austria）生平的威廉 · 斯特灵 · 麦克斯韦尔爵士，写到位于格拉纳达东南部的阿尔皮加拉斯山脉，即摩里斯科人的腹地时，解释了其中的原因。在当地指挥官镇压反叛无果的情况下，唐 · 胡安被任命成为皇家军队的指挥官，但他面临的却是一个艰巨的任务。

> 在这个山区打这场令西班牙出名的小型战役正合适。大一

些的峡谷的绝大部分地方也都极为狭窄，周围是险峻的山崖，内部还有错综复杂数不清的小峡谷，各个峡谷的形貌又极为相似，不熟悉地形的人要想从中穿行出去简直就是不可能的事。即便是那些看起来相对开阔的地方，仔细一看也会发现其中暗壑遍布……蜿蜒其间的曲折通道里，每个转弯处都是悬崖突出，灌木丛生。只要在那儿安排一个火枪手或弓箭手，就可以挡住任何来犯之敌。

每个村庄里的人都对生活在他们中间的基督教统治者进行了报复。首先毁掉的就是教堂，因为那是他们受压迫的象征。然后他们又杀了神父和市长。

基督徒警察和村子里的助理神父……跟宗教裁判所地牢里那些牺牲品一样受到了酷刑的折磨。他们的腿脚被放到炭火上炙烤；双手手腕被缚并吊到塔楼顶上，再一次次被从上面摔到地面上，直到下肢摔成肉泥；他们被挖眼割舌，被切掉耳朵和鼻子，从四肢开始身体各关节被砍断；他们的嘴里被放上火药然后点燃；他们的头颅被斧子砍碎；他们残破的尸体有时候与猪的尸体缝合在一起然后被烧掉，有时候被扔到山上喂狐狸或狼。有不止一个比同伴更残忍的摩里斯科人把他们敌人还在跳动的心脏挖出来吞到肚子里。[30]

而基督徒军队抓到了这些叛乱的残余分子后，也会以其人之道还治其人之身，而且乐此不疲。在那个世纪里，再没有比这更残酷的战争了。如果土耳其人能给这些反叛者更多的援助，他们的胜算就会很大了。没有他们的支持，反叛者注定要失败。西班牙人实施了“焦土”政策，无情地从一个村子向另一个村子推进。为保卫家园而战的最后一批摩里斯科人被赶出了自己的家园和村庄。许多人漂洋过海逃到了非洲，心中种下了对西班牙的仇恨，这一点正中土耳其人下怀。[31]最终格拉纳达的反叛势力得到了肃清[32]，腓力无比欣喜，因为他终于完成了从他曾祖父那一辈——即斐迪南和伊莎贝拉就开始的事业。

腓力对于手下败将的处理是很严酷的，要么处死，要么驱逐。他毫不留情，决心把有摩尔人血统的人全部从格拉纳达清除出去。[33]王国各个城镇有 8 万 ~ 10 万人被驱逐，分散到卡斯蒂利亚和阿拉贡等基督徒居住的城镇之中。然而，在此次胜利之后，他还有一个更高的目标。他最终的目的是让摩里斯科人真心归向耶稣。他让这些离乡背井的摩里斯科人生活在新的地方，生活在基督徒的包围之中，就是要改变他们的信仰。他立即采取了行动，虽然进度缓慢，但国王要把摩里斯科人变成基督徒的政策却从未改变。1596 年，瓦伦西亚省被指派了一个宗教事务指导委员会，委员会从事把本省的摩里斯科人转化为基督徒这一持久性的工作，因为在瓦伦西亚省有大量的摩里斯科人，既有本地的，也有从格拉纳达被流放到此地的。这个委员会配备了讲阿拉伯语的传教士，“由一个在转化印第安人为基督徒的过程中积累了丰富经验的天主教修道士带领”。[34]这种做法也一样要用在反抗腓力统治的尼德兰人身上。差不多就在腓力开始解决摩里斯科人这个问题的同一时间，他把自己著名的步兵部队（“大方阵”）交由战功最卓著的司令官阿尔瓦公爵指挥，想逼尼德兰人就范。

十年前作为查理的继承人第一次访问尼德兰的时候，腓力对这个他未来要继承的王国的核心地区没有任何好感，至少在金钱方面对它不感兴趣。因为不会说佛兰德斯语，也不会说法语，他对于尼德兰人来说就像是个外国人。当年他返回西班牙的时候，把自己的军队留在了尼德兰。出于对此举的反感，他王国内这部分非同族的人迅速团结了起来。有些人也怀疑（这一点倒没错）他最终想要把宗教裁判所引入北部，就像他在王国南部一样，实行强有力的宗教统治。腓力在尼德兰看到了新教的发展，并对此感到惊骇不已。他把这等同于政治上的背叛也不无道理。尼德兰人对强大的中央集权始终疑虑重重，查理通过他的姑母和妹妹等人对他们实施怀柔政策，腓力对他们和对西班牙人则毫无二致。腓力的做法始终是强硬的。腓力在给驻尼德兰的代表格朗韦勒大主教的信中这样写道："在宗教事务方面不要心慈手软，必须施以最严厉的惩罚。"[35]

人们反抗腓力的主要原因包括政治和宗教两方面。那些反抗过他曾祖父马克西米利安的城镇，现在也开始与他对抗。而那些支持他父亲的议员们现在也跟他不是一条心了。那位在查理做退位讲话时在一旁搀扶的年轻的奥兰治亲王，现在成了贵族中反对腓力政治和宗教改革新政的核心人物。1565 年 12 月，腓力给他的地方长官们发布了更严厉的新指示，命令他们不得再对尼德兰人有任何宽容，而是要实行更严苛的管理。这让尼德兰领导人妥协和解的希望彻底破灭了。用普雷斯科特的话来说，

> 人们心中之前无论有什么疑惑，现在随着国王最后这些命令的到来都消失殆尽了。这些命令就像飓风掠过，将长久以来遮住人们双眼的迷雾一扫而光，国王的政策明明白白，再迟钝的人也能了解。人们陷入了极度绝望之中。西班牙宗教裁判所那种恐怖的气息似乎已经弥漫在他们中间了。他们想起了所有那些悲惨的传言。他们讲述着西班牙人在美洲新大陆犯下的暴行，但把罪过归到宗教法庭身上却是错误的。他们疾呼："他们就是想要我们乖乖地坐以待毙，就像那些可怜的印第安人一样，任由他们成千上万地屠杀。"人们开始在街道上和广场上集会，议论政府的所作所为，黯然地探讨要建立秘密组织并寻求与国外势力结盟。

不到一年，公众的强烈反对就迫使国王做出了让步，政策有所放松。此次风波最直接的后果似乎是人们对圣像崇拜产生了愤恨。安特卫普的天主教大教堂被毁，里面所有的圣物、画作和彩色玻璃全部遭到破坏。[36]

> 大批改革宗信众进入教堂，获得允许在会众离开后仍待在里面……教堂被他们占领以后，他们开始高声吟唱大卫的诗篇，越吟唱心中的愤懑越强烈。赞美诗还没结束，他们……就把礼拜堂的门砸开了，把圣母像从里面拽了出去……在旁观者巨大的呼喊声中，另外一些人扯掉了圣母像身上的绣花长袍，把这尊不说话的偶像扔在了泥里，随它滚来滚去。
>
> 这是一场浩劫的导火索……暴民开始在各处进行破坏行

> 动。他们将暴怒发泄在所有的对象上面。大祭坛上放置一尊救主像，说来古怪，是用木头刻的。救主像两侧是与耶稣一起被钉死在十字架上的两个强盗的雕像。暴民好不容易才把一根绳子套在基督雕像的脖子上，把它拉倒在地。接着他们用斧子、锤子对着它又砸又砍，很快就把雕像变成了上百块碎片。那两个强盗则安然无恙，仿佛高高在上主持着下面的劫掠行动。[37]

其他的一切都未能幸免。珍贵的艺术品被砸成了碎片，70 多座祭坛遭到劫掠。圣饼被踩烂，暴民们用金质的圣杯喝掉圣酒，把圣油抹在自己的鞋上或脚上。每一个雕像，所有的木雕或木质装饰物，每一块石雕，统统被砍碎或者摔碎。几个小时之内，跟罗马圣彼得大教堂一般大小的教堂地面上，到处都是身首异处的大理石或其他石头雕像，还有挂毯碎片，以及被污损和糟蹋的曾用于祭坛上的布片。

在破坏行动的第一天，这个大教堂里唯一没有受到破坏的就是金羊毛礼拜堂，那里的骑士旗帜和盾牌都完好无损。三天以后，当暴民们把城里和周边的大小教堂都毁了之后，他们决定回去完成没毁掉的那部分。正当他们开始把旗帜从墙上扯下来，踩踏纹章盾牌，砸碎那些精雕细刻的座椅，进行一系列的破坏时，一小队金羊毛骑士身披盔甲，手持刀剑长矛，带领着一些随从进入了礼拜堂。尽管他们的人数与暴民相差悬殊，但他们还是从暴民中杀出一条路冲了进来。他们警告暴民必须安静地离开礼拜堂。没人理会他们，破坏还在继续进行。骑士们无法相信这些出身卑微的暴民竟然对他们的话置若罔闻，于是他们把领头的暴民从座椅上拽下地来。他乞求宽恕，但是满腔怒火的骑士们一剑刺穿了他的喉咙，然后践踏他的尸体。当人群因为害怕散开以后，他们发现自己的圣堂已经遭到了不可挽回的破坏。盛怒之下，他们又手刃了一两个暴徒，接着把靠近他们身边的十一二个暴徒带到外面杀死了，这些人死了以后他们还不解恨，一直用刀剑长矛砍扎他们的尸体。

在腓力看来，破坏圣像已是大不敬，那些人居然还对主如此亵渎，实在忍无可忍。在破坏的头一天，他们还只是把他踩在脚下，后来就是变换花样极尽侮辱了。

> 这些人犯下的暴行是一种侮辱，是他们对基督教这种古老的信仰的蔑视。一个目击者说，他们从祭坛上抓起圣饼喂给鹦鹉吃。有些人把圣人的画像堆在一起放火给烧了，或者把盔甲挂在上面使劲地丢来撞去。有些人穿上从教堂里偷来的法衣在大街上跑来跑去逗乐取笑。为了烧的时候容易点燃，有些人在书上涂上黄油……他们以烧毁的书卷数量来判断是不是达到目的了。[38]

面对可能发生的政治和宗教骚乱，金羊毛骑士和尼德兰其他的领导人建议实行警戒状态。当时的尼德兰总督是腓力的姐姐——帕尔马公爵夫人玛格丽特。埃格蒙特伯爵对她说："我们要把保证国家的安全放在第一位，宗教的事情还有的是时间考虑。"玛格丽特说的话体现了真正的哈布斯堡家族风格："不，服事上帝是第一要务。因为相对于国家的丧失而言，败坏宗教的罪过更大。"[39]她向弟弟告发埃格蒙特伯爵和霍伦伯爵等人的不忠行为，因为他们建议她跟叛乱分子谈判和解。腓力听说了这种亵渎神圣的行径以后，“有传言说他怒火中烧，拽着自己的胡子又生气又沮丧地说道：‘他们一定要为此付出沉重的代价。我以我父亲的灵魂起誓，一定要让他们付出沉重的代价。’”这种场景也算是合情合理，但还是有人否认，说他根本没这样做过。但即便是真的发生过，腓力也很快恢复了一脸严肃的常态。

他下决心平叛，决不动摇。1566 年 8 月，他给教皇写信说，会想办法不动用武力解决问题，无论如何他都会亲自前往让他们就范。但是他也警告说：“任何（我个人的）危险，甚至国家的毁灭，都阻止不了我这么做。哪怕只剩下我一个人，我也会去做一个对上帝满怀敬畏之心的基督徒君主应该做的事情：服事上帝，（尽力）保护天主教的信仰和信徒眼中的荣誉。”[40]形势的发展使得腓力没能亲自去镇压反叛，但是阿尔瓦公爵为他复了仇。1567 年，阿尔瓦公爵从意大利沿着“西班牙之路”抵达尼德兰，就像当年的希腊将军色诺芬一样，带着他的“一万人”完成了复仇。腓力甚至敦促他将自己的金羊毛骑士埃格蒙特伯爵和霍伦伯爵处死，而这两个人是他曾发誓只能由修道会会士来决定生杀的人。腓力强行命令阿尔瓦要将他们处以极刑。尼德兰的新总督被赋予了实行铁腕政策的权力，这是帕尔马公爵夫人玛格丽特不曾拥有的权力。1568 年的圣灰星期三，他逮捕了 500 个人并迅速审判处死。“抓了 500 个人……我已经让他们得到了应有的下场。”[41]他有意羞辱了当地那些背叛了皇室和正统宗教的领袖人物。一位年长的编年史作者说：“一次性逮捕三四十人是常事。人们可能会看到有钱人被反剪着双臂，拴在马尾巴上拖到施以极刑的地方。”[42]

而普通百姓根本不用经过审判就直接吊死。“血腥的”审判是根据已有的规定进行的。“有身份的人”被砍头，其他人被吊死、绞死或者用轮式刑车肢解。按照常规，那些参与破坏教堂等圣物的人被活活烧死。

针对这种做法也有不同的声音。四年前继承了其父斐迪南王位的马克西米利安二世（Maximilian Ⅱ）在这场大规模的处决行动开始之前，于1568年写信给其堂兄，劝说他采取比较温和的做法，那样更适宜，也比较符合传统。腓力断然回绝了他的建议，回答说他现在所做的

> 是为了维护王国的安定，为了维护天主教信仰。如果我对伸张正义有丝毫退缩，一切就将毁于一旦。任何对形势有所了解的人都不会指责我采取了严厉措施。我不会改变现行的做法，宁愿冒着失去尼德兰统治权的危险，也绝不会让我身处的这个世界崩塌。[43]

对埃格蒙特伯爵和霍伦伯爵处以极刑，正是他这种不可撼动的决心最明确的表达。腓力希望他们死，他指示阿尔瓦不要理会反对意见。他写了一封信，剥夺了这两个人向金羊毛骑士团上诉的权利，这明显是违法的行为。在行刑的那天，埃格蒙特伯爵穿上了一件深红色的锦袍，外面披上了镶着金边的西班牙黑色斗篷，下身穿着黑色的丝绸马裤，还戴了插着黑白色羽毛的黑色礼帽。监禁他的地方是可以俯瞰下面布鲁塞尔的集市的国王之家（Maison du Roi），他看到断头台上已经蒙上了黑布。台子上放

着一张也蒙上了黑布的小桌子，桌子上放着一个银色的十字架。桌子前面有两个深红色的垫子，是给受刑者跪着受刑用的。行刑结束以后，刽子手会提着砍下的头颅煞有介事地走到行刑台的角上，那里竖立着两根木桩，上面是像没经过加工的长矛枪头一样带尖的金属，他会把人头挂在上面。

埃格蒙特伯爵接受了解罪祷告，在垫子上跪了下来。接着他脱下了长袍和斗篷，全身只剩下黑色的衣裤。他从口袋里掏出一顶丝质的黑帽子，遮住了自己的眼睛。那个为这天的行刑特别挑选出来的刽子手出现在他身后，肩上扛着一把长长的沉重大刀。人群鸦雀无声。刽子手测了距离，抡起了大刀。他的动作十分老练，一下子就人头落地了。埃格蒙特伯爵身首异处，身子仆倒在地。那个刽子手把滚落在地上的人头捡起来，挂在了桩子上。人头上那双毫无生气的眼睛无神地盯着台下的人群。接着刽子手回身把尸身拖到了台子的另一边，用一块布盖上。

第二次行刑是在当天下午。几千名士兵守卫着这个行刑仪式，霍伦伯爵慢慢地从他们中间穿过，出现在人们面前。他的穿着比埃格蒙特伯爵朴素得多，只是一袭黑衣，头上戴着一顶“米兰帽”。当爬上行刑台看到了那块血迹斑斑的裹尸布时，他问了一句那是不是埃格蒙特伯爵的尸体。他好像没注意到桩子上那颗人头。然后他跪了下来，几分钟之后，他的头就挂在了另一根桩子上。两颗人头在那儿挂了三个小时，然后两人的尸体一并被殓在铅棺之中，放在了当地的教堂里，随后移至其家族墓地进行安葬。这两次行刑完全达到了腓力预想的效果。他很高兴，对阿尔瓦说，他“非常高兴这两个伯爵有了这么完美的天主教徒的结局”，但令阿尔瓦公爵遗憾的是，他什么也没得到："每个人都应该恪尽职守。"尼德兰人吓破了胆。可以体现阿尔瓦"血腥议会"成就的，也许是税收增加了5倍。[44]上帝的事业和国王及其家族的收益因此统一在了一起。

尼德兰人很快就意识到了腓力这些计划之间的关系和内在联系。不过，他们也亲眼见证了这些宏伟计划是如何化为泡影的。后来，他们精心构思了一个寓言故事。《卡斯蒂利亚覆灭的景象》（*A Vision of the Fall of Castile*）[45]一书描述了"卡斯蒂利亚（城堡）"被毁掉的故事（多么有预见性！）。瑞典的公羊，在书中用兔子代表的格拉纳达的摩里斯科人，以老鼠形象出现的土耳其人、摩尔族人和葡萄牙叛军，还有以鹅的形象出现的尼德兰人，他们一起实施了破坏行动。哈布斯堡的鹰从西班牙战败的舰船中飞逃出去。这种复杂生动的图画形式像连环画一样，用简单的形式展现了西班牙在全世界各地臭名昭著的邪恶形象。首先展现的是对埃格蒙特伯爵和霍伦伯爵的极刑，然后是在尼德兰发生的各种谋杀事件，在新大陆烧死印第安人、屠杀印第安人，还有把他们扔进坑里活活烧死或者喂狗。许多画面都说明了西班牙人头脑中存在着强烈的性变态意识：许多场景中出现的都是赤身裸体的女人，常常还是怀孕的女人在受着百般折磨。宗教裁判所可怕的工作场景，1580年对里斯本的占领，对摩里斯科人的征战，唐·卡洛斯的被杀，以及在加泰罗尼亚发生的暴行，都一一呈现出来。这一切都说明，西班牙对所有问题的解决之道就是严刑拷打和灭绝政策，对摩里斯科人和对尼德兰人都一样。与西班牙的"宏伟计划"相似的尼德兰版本也被曝光。针对如何解决摩里斯科人的问题（也同样适用于解决尼德兰的异教问题）提出了各种不同的方案。其中一个方案提议把所有的摩里斯科人都赶上船，然后把船开到大海里沉掉，这样就可以把他们整个族裔全部淹死。另一个提议出自一个叫戈麦斯·达维拉（Gómez Dávila）的人，他在1598年劝说腓力应该效法法国人在圣巴塞洛缪的大屠杀，命令每个居民区的人都把他们中间的摩里斯科人杀掉。还有人提议向土耳其人学习，把所有摩里斯科人的孩子都抓起来培养成基督徒，把所有成年男性摩里斯科人都阉割掉，一劳永逸根绝后患。[46]

1609年，在腓力驾崩数年之后，终于出台了一个比较人性化的最终解决方案。那就是把全部摩里斯科人从他们的居住地赶出来迁徙到各个港口，在那儿用船把他们运到北非沿岸，让他们自生自灭。[47] 说这个方案人性化，只是相对于其他残忍的解决方案而言。但是在西班牙人眼中，这个方案的可取之处就在于把摩里斯科人这个败坏的“毒瘤”彻底从其国家的母体上切掉了。腓力二世对尼德兰异教徒和叛乱分子的态度别无二致：他要把北方新教的蔓延之势坚决遏制住，就像他彻底清除西班牙领地上的伊斯兰教和犹太教一样毫不动摇。1556年，他重申要实施一条律法，绝不允许有任何“血统不纯”的人在卡斯蒂利亚王国的教会里任职。他指出：“德意志和法国的异教徒……全都是犹太人的种。”[48] 他出生在西班牙，只会说西班牙语，只有在西班牙生活的经历，难怪他会以扭曲的眼光去看待世界其他地方了。而这种扭曲的观点流毒甚广。

* * *

在古老的地图上，西班牙位于欧洲的最南端，比利牛斯山脉把它与欧洲的其他地方隔开。几百年以来，伊比利亚半岛走的道路在西方基督教世界中都与众不同。独特的是，西班牙和葡萄牙还经历了几百年的穆斯林占领时期，不是边界地区受到入侵，而是持续受到充满生机的、活跃的穆斯林文化的熏染。西班牙伊斯兰教统治中心科尔多瓦，还有塞维利亚，曾经比欧洲任何一个基督教城市的规模都大。在后来的几百年间，西班牙进行了再征服运动，伊斯兰教的统治被逐渐削弱。但是在边界地区，伊斯兰教的势力无论在政治上还是社会上都有所渗透。有许多穆斯林接受了基督教，被称为“穆德哈尔人”。有传言说，包括王室成员在内的许多基督徒血管里都流着摩尔人或者犹太人的血。在几百年间，犹太人尽管有时会受到迫害，但还是与穆斯林和基督徒共同生活在半岛上。许多人还接受了基督教，被称为马拉诺人或“改宗者”。从实际上而不是理论上来说，这三大文化已经互相融合、互相渗透了。

“再征服运动”的目标就是让基督教占领西班牙全境，这在斐迪南和伊莎贝拉的领导下才得以完成。他们在1492年占领格拉纳达之后的第一个行动，就是把所有外国的和非基督的因素从各王国内部清除掉。1492年3月30日，他们颁布法令，命令所有的犹太人要么从王国迁出，要么改信基督教。多达15万犹太人离开了，许多人迁到了比较友好的意大利和奥斯曼帝国。这些地方非常欢迎他们的到来，因为他们带来了财富和手艺。这种“同一民族，同一信仰”的做法在西班牙社会并不是什么新鲜事。1449年在托莱多发生了针对犹太人的暴乱之后，市议会就颁布法令，规定任何有犹太血统的人都不能在政府部门任职。只有那些有着

“纯净正统血液”的人，才能具备完全的公民身份。

为保持血统纯正，西班牙人简直着了魔。西欧所有国家的人都认为犹太人比动物好不到哪去。德意志和奥地利对犹太族群做出的恐怖行为是一段极为肮脏的历史，但当时的公众却通过这种残暴的形式取乐。[49] 对明显是外来种族的犹太人，基督徒是既害怕又瞧不起，而基督教会称他们都是杀害基督的凶手。但同时人们又相信犹太人具有神秘的魔力。恐惧加上仇恨，他们在头脑中形成了犹太人为献祭而残暴杀生的幻象，认为犹太人会绑架孩子，折磨他们，放了他们的血，杀死他们。一个名叫约翰内斯·埃克的著名天主教学者是马丁·路德的死对头，他写了一个小册子来列举犹太人的“恐怖”行为。

> 血液是犹太巫术的关键……它的本质是属魔鬼的：犹太人需要基督徒的血抹在他们的拉比身上；犹太人的孩子出生时，额头上会有两个小手指（这是魔鬼的典型样子），除非用基督徒的血，否则想把这两个手指拿下来会非常困难，会伤及孩子；最重要的是，犹太人需要基督徒的血才能洗掉他们自己身上的血迹，这些血是上帝抹在他们身上的，因为他们在十字架上钉死了耶稣。所以（埃克总结说），犹太人需要获得无辜孩子的血就不奇怪了，这就像他们的祖先曾用 30 个小钱从犹大手上获得无辜的基督的鲜血一样。[50]

许多社会都认为血液具有魔力和威力。在中世纪的欧洲，血被认为是生命的根本。人们认为疾病是血液出了问题造成的，于是，把多余的或没用的血用水蛭吸出或通过杯吸法放掉成了标准的治病手段。

> 血液的魔力被认为是最强大的魔力之一。血液的威力也分善良和邪恶，而且同样强大。善良的血液用好了就能带来力量和好运，而邪恶的血液（或用得不好）就会带来灾难。所以，差不多在人类开始努力对环境施以影响的时候，就有了禁用血液的律法，形成了根深蒂固的血液禁忌情结。[51]

血液是生命的根本，一旦从身体里流出来，就会玷污其他东西或被其他东西玷污。经血或生孩子时流出的血尤其具有邪恶的力量。人们念着强大的咒语来止血：

> 血，保持你自己的样子，就像基督就是他自己
> 血，留在你的血管里，就像基督活在他的痛苦里
> 血，凝固吧，就像基督被固定在十字架上[52]

教会宣称，圣餐里的圣饼和圣酒不仅仅象征基督的身体和血。它们实实在在地变成了基督的身体和真正的血液。于是犹太人被控盗窃了圣体并对基督的身体进行了（第二次）折磨。那些打砸圣像的尼德兰人也犯了同样不可饶恕的罪行。中世纪晚期和现代欧洲早期一些最盛行的祭仪和节日就是对基督和圣徒的血进行敬拜。教徒们敬拜十字架上受难的人物，体会圣塞巴斯蒂安弓箭穿身时所遭受的痛苦，庆祝耶稣的变像，想象耶稣的伤口，有时候

一些敬拜者还会（因为自我暗示而）真的在手脚处出现流血的伤口。西班牙为这种血腥的祭仪提供了良好的土壤。在西班牙，与其说犹太人是窃取基督徒血液的人，不如说他们是传播败坏血统的人，他们通过与外族通婚和生养孩子，把他们骨子里那些污秽的血液“传染”给其他人。也就是说，西班牙人认为犹太人是堕落而危险的，在这一点上他们与其他欧洲人的看法一致。但是因为犹太人融入西班牙社会的程度较深，所以他们可以发挥“性”的威力诱使基督徒自我玷污。这正是西班牙对于他们中间的敌人，对于表面上信仰基督教的人非常恐惧的原因，因为这些人（或更多是女人）血管里流淌的无疑就是邪恶的血液。

马拉诺人如此，摩里斯科人也如此，因为他们都是“新基督徒”。很多人也指责摩尔人的血进入并玷污了基督徒的身体。1560年，枢机主教弗朗西斯科·门多萨·博瓦迪利亚出版了《贵族的霉变》（*La Tizón de la Nobleza*）一书，书中声称要把卡斯蒂利亚王国里那些遭到犹太人和摩尔人的血玷污的贵族家族公之于世。他骄傲地断言说，门多萨家族是少数几个族徽没有遭到类似玷污的家族。在阿拉贡也出版了一本类似的书《绿皮书》（*Libro Verde*，书里断言查理五世和腓力二世的特拉斯塔玛拉祖先因为与犹太人和摩尔人通婚遭到了双重的玷污），此书遭到了封杀，但是私底下还在流传。每一个马拉诺人和摩里斯科人都值得怀疑。除了通婚，他们的接生婆或奶妈是另外一个能够败坏基督徒血统的渠道，因为人们相信奶水和血液一样都是生命的要素。[53] 腓力要把格拉纳达的摩里斯科人遣散到西班牙各地的决定意味着，这些可能的传染源，即使是那些表面上更改了信仰（但没人相信）的人，将要散布到基督教世界的各处。对付这种致命危险的唯一武器就是“圣洁裁判所”，它对这些破坏基督信仰的力量展开了无休无止的战争。

从理论上说，随着时间的推移，血统不纯者或新教异端等力量逐渐消亡了。整个西班牙王国都实施了《血统净化法》（*Limpieza de Sangre*）[54]，禁止血统不纯者在政府任职、从业，也不能有任何名衔。最后，所谓血统不纯的人既包括有摩尔人和犹太人血统的人，也包括因为异教崇拜被判罪的人，甚至包括因为轻罪而被宗教裁判所迫害的人。据统计，在腓力当政时期，宗教裁判所大概审理了3.5万宗离经叛道的案件。[55]几乎没有任何一个家庭能够幸免于它的调查，裁判所的影响遍布西班牙王国。有位研究《血统净化法》的权威专家这样写道：

> 16—17世纪西班牙对于血统净化的痴迷导致了大规模的社会动荡。经过了几代人，人们对于改宗者的记忆渐渐淡化，却加倍努力去寻找“不纯洁祖先”的蛛丝马迹……社会上都在互相攀比，看谁对《血统净化法》的执行更有力度。位于萨拉曼卡的古老的圣巴塞洛缪大学是培养西班牙最重要领袖人物的地方。它拒绝任何具有犹太血统的人入学，哪怕是毫无根据的传言中的犹太后裔也不行，且以此为傲。道听途说或者生气时随便说某个人是犹太人或者是犹太后裔，都足以毁了一个人，等于是宣判了一个人的“民事死刑”，所以不难理解为什么西班牙人对此都如此恐惧。因为调查会追溯到久远的过去，就像有人说的“远古时代”。甚至那些被认为是“老牌基督徒”的家庭也生活在恐惧之中，生怕某个久已淡忘的“污点”被人揪出来

见了天日，或者被哪个不怀好意造谣生事的人毁了名誉。[56]

在这种情况下，犹太人、马拉诺人或改宗者都可以被看作摩里斯科人或异教徒。直到 1865 年，对新老基督徒区别对待的做法才最终被废除。顺带一提，英国对于罗马天主教徒“民事权利的剥夺”到 1829 年才结束，牛津大学和剑桥大学坚持的时间还要更久。

这种对纯正血统的追求使西班牙人成了种族等级划分的专家。在西班牙，一个“血统纯正”的穷人的等级可以比最重要的贵族还高[57]，甚至比国王本人还要上等，因为国王还带着些许外国血统。塞万提斯的冒险小说《堂吉诃德》里的桑丘·潘萨就吹嘘说他的血液“没有受到犹太人或者摩尔人的任何玷污，因此比任何人都高贵”。[58] 在大西洋彼岸，西班牙人创造了一套用于种族等级划分的词汇，包括博萨尔人、拉迪诺人、罗博人、利姆派斯人、麦斯蒂索人和帕尔多人在内，一共有 82 个精确描述等级和不同混血人种的专用词语。[59] 有些词语进入了英语中，被用来描述美国南方奴隶的人种构成，比如“四分之一混血”（quadroons）、“八分之一黑人血统”（octoroons）、“栗色人种”（maroons）等。

* * *

奥地利王室的所有男性都是在腓力二世及其继承者统治的西班牙王国内长大成人的。斐迪南的儿子兼继承人马克西米利安二世，以及马克西米利安的四个儿子，都是在西班牙宫廷被养育长大的。而腓力二世和他儿子腓力三世（Philip Ⅲ）的女儿们都远走北方，嫁给了奥地利王族的堂兄弟们。这个不断融合的大家族也有不和睦的时候（斐迪南的孙辈都愚笨至极），维也纳和马德里的政治观点常常有分歧。但是为了各自的私利，他们需要彼此更加团结才行。通过血缘和家族关系来维系的这种西班牙式的团结对哈布斯堡家族的作用有多大不得而知。但是他们在这 150 年中维持的“马德里 – 维也纳轴心”联姻模式在西欧的历史上却是独一无二的。“幸福的奥地利人去结婚”，哈布斯堡通过联姻和继承而非战争获得领土是不争的事实。人们只看到了联姻和结盟，却忽略了他们采取军事行动维持和巩固既有利益的做法，尤其是在意大利的军事行动。人们也错误地以为别的家族就不曾用过同样的联姻方式来加强和巩固他们的政治联盟。但是哈布斯堡采取的联姻策略，尤其是在查理五世驾崩以后，却以其独创性和与时俱进的适应能力独树一帜。没有任何其他王室如此确信“血缘的威力”并一直坚持这种做法。

19 世纪后期，人们意识到 1550—1700 年间哈布斯堡的这种联姻简直就是一场遗传灾难，因为一代又一代的堂表兄弟姐妹或血缘关系更近的亲属之间互相联姻，不断重复着近亲结婚的模式。但是正如人类学家威廉 · 里弗斯在 80 多年前的英明论断[60]，“这种婚姻制度的本质取决于社会结构形态而不是种族差别”。哈布斯堡家族从来都认为自己高高在上，对别人适用的规矩对自己不适用。他们这种不同寻常的婚姻模式是这种思想更进一步的证明。所以，“内部”通婚能保持血统纯正，是好的，与“外部”通婚则会带来经济和政治的双重灾难。[61]

血亲关系的标准在各个时代都不同，但即便用最开明的标准来衡量，叔父和侄女结婚都是《圣经》中严格禁止的，也不符合罗马天主教的规定。[62] 教会逐渐扩大了通婚禁令的范围，新教徒认为他们是故意这么做的，因这这样一来，就会有更多想结婚的人因为触犯了通婚禁令而花钱要求豁免。[63] 不过，教会这么做，反映了当时普遍的社会观念。社会普遍反感这种近亲联姻方式。欧洲没有任何一个王室在这么近的家族关系内互相联姻。蒙田（Montaigne）认为这么近的亲属之间结婚还有另外一个坏处：这样会燃起不必要的性欲。“这样做存在着一种纵欲的危险。因为如果一个人对某一个女人爱慕至极，而且双方还存在着合理合法的婚姻关系，男女之爱加上亲戚关系则爱上加爱。那样无疑就会让这个做丈夫的失去理智，纵欲过度。”[64] 这些事情应该引起比较人类学学者密切的注意，可是似乎一直都没有人涉足这个领域。[65] 但是克洛德·列维－斯特劳斯（Claude Lévi-Strauss）[66] 谈到的几种婚姻模式中，有些正是哈布斯堡家族盛行的模式。1550—1700 年间，在哈布斯堡家族内部成员间进行联姻被认为是最理想、最合适的婚姻。[67] 而西班牙和奥地利王室成员之间的通婚则是最理想不过的。

同族通婚变成了常规。而引人注意的是，他们这种世代姻亲通婚仅限于斐迪南和查理五世及其子女的嫡传子女之间。腓力二世结过 4 次婚，两次娶的是同族女子。他的长女伊莎贝拉嫁给了自己的堂兄。他的儿子和继承人腓力三世，娶了自己的奥地利堂妹。腓力三世的五个长大成人的子女中，两个进了教会，两个与奥地利王室结亲。腓力四世（Philip Ⅳ）的第二次婚姻也娶了一个奥地利王室之女——斐迪南三世（Ferdinand Ⅲ）皇帝的女儿。他们的一个女儿反过来又嫁给了她的叔父，即斐迪南三世的小儿子——利奥波德一世皇帝。但是用列维－斯特劳斯的术语说，奥地利的哈布斯堡家族与其说是“嫁出方”（wife givers），不如说是“娶进方”（wife takers）。斐迪南一世活到适婚年龄的13个子女中，与同族结婚的只有两人，即长子马克西米利安和女儿安妮。而马克西米利安和玛丽所生的活下来的子女中，有3个属于“族内”通婚。[68]这种通婚模式延续了好几代，在西班牙王族“遭受诅咒的卡洛斯”身上才终结。卡洛斯的父母就是堂兄妹，他的祖父母和外祖父母也都是哈布斯堡家族成员。最终“断后”使得这种通婚模式难以为继了：西班牙王室再没有女儿给奥地利王室做新娘了。

以当时人们的观点来看，哈布斯堡王室的这种做法有着多种实际上和理论上的理由。人们普遍认为王室的血液是神圣的，绝不能被“稀释”。1560年，约阿希姆·德·贝莱曾写过，法国国王绝对不允许不适当婚姻的存在：“他绝不会允许高贵的血液里掺进任何低贱的血液。”[69]哈布斯堡王室要想找到等级和地位相当的天主教徒[70]联姻对象，选择的余地很小。常常是社会地位和宗教信仰方面门当户对了，政治上又存在问题。法国是宿敌，这方面常常是不予考虑的。而家族内部通婚就解决了所有的问题，也许我们只用“方便有利”这个词就能解释这种联姻模式了。1643—1679年间，西班牙哈布斯堡家族的男男女女共有过14次婚姻。[71]其中，6次是与其他的哈布斯堡王族通婚，4次是与法王联姻，与英格兰、葡萄牙及萨伏依各1次，最后一次是与普法尔茨选帝侯的女儿。奥地利哈布斯堡王室同期共有18次婚姻，其中6次是与其他的哈布斯堡王族通婚，与波兰、托斯卡纳（Tuscany）和巴伐利亚各 3 次，与法国、曼图亚和特兰西瓦尼亚各 1 次。对于哈布斯堡皇族来说，联姻既保住了世袭的领土，又维护了这个家族最宝贵、最纯正的血统。但在西班牙王室看来，还有另外一个也许更重要的利益。同族联姻保证了这一支血脉的绝对纯净。即便是与外族的王室联姻，也会存在血统遭到玷污的风险，因为保证不了他们的祖辈没有过混血的情况发生。有时候国家利益是联姻的首要动机，就像奥地利王室选择法国进行联姻，从而诞生了法国国王路易十四。

* * *

要说在反宗教改革运动时期，西班牙语中关于玷污和腐败之类的词汇渗透到了北欧，就未免忽视了北欧自身在这方面的发展。不过，西班牙在反击新教发展方面确实是最强有力的力量，无论从教义上还是军事上都是如此，事实上这两者也很难真正分开。为了信仰和教义而发动的战争必须要血战到底。耶稣会会士路易斯 · 德 · 莫利纳（Luis de Molina）提出的逻辑与“金羊毛”骑士团的章程相去甚远，令人胆寒。他提出把不信仰上帝的人统统杀掉：

> 如果（杀掉他们）对教会有益，可以不惜犯罪。比如，对付那些根本不会改变信仰或放弃他们罪孽生活的异教徒时，把他们全杀了，或者至少杀掉觉得有必要杀掉的人，就是神圣而合法的，这一点毫无疑问……这种极刑本身就是正义的体现，也是爱上帝、爱邻人的体现，这么做对教会有好处……甚至对

那些被处以极刑的人也有好处。因为死亡阻止了他们罪上加罪。如果他们苟活在世上，他们下地狱后会受到更重的惩罚。[72]

在新教徒当中流传的关于腓力二世的“黑色传奇”里，他和他豢养的“走狗们”，尤其是阿尔瓦公爵[73]，被描绘成残暴成性的人，极其虚伪，极具欺骗性。政治问题常常被披上宗教的外衣，腓力利用信仰做挡箭牌实际上纯粹是为强权政治做掩护。他一意孤行要将埃格蒙特伯爵和霍伦伯爵送上断头台跟宗教毫无关系，更多的是想要借此让反叛的尼德兰人俯首帖耳。当然，这些人当中许多都是异端，而异端和反叛密不可分。百年之中，异端本质上也发生了变化。新教获得了稳定的政治和军事地位，而天主教也清除了产生马丁·路德这种异己分子的土壤。对于忠诚的天主教徒而言，异端就是道德败坏。尽管在沃尔姆斯议会上，异端还是观点和教义的问题，因为路德不肯收回自己的言辞，查理也对他进行了斥责，但到了世纪末，异端的概念范围却扩大了。人们普遍用“玷污”或“道德败坏”来形容它，这两个词的用法跟它们在《血统净化法》里的用法别无二致。

人们常常指责腓力优柔寡断，而许多历史学家提出这是哈布斯堡家族的典型性格缺陷。[74] 西班牙人称他为“谨慎的国王”（el rey prudente），但实际上腓力的表现恰恰相反，没有一丝优柔寡断。即便是在跟他个人大有关系的问题上，他也一样会在他认定为正义和正确的道路上继续前行。唐·卡洛斯是腓力的第一个儿子，出生于 1545 年。他受到诅咒的故事成了歌剧和戏剧的题材，也为腓力的黑暗传说添了一笔。从年轻的时候起，卡洛斯身体上就有缺陷，而且他的精神显然也不正常。这有多少是遗传的原因，又有多少是他童年的环境造成的，我们不得而知。他母亲生下他 4 天后就撒手人寰，父亲又常年不在身边，他在仆人和大臣中长大。腓力曾求自己的父亲查理回到西班牙之后照顾唐·卡洛斯，但是查理跟卡洛斯只见了一面，就因为不喜欢他而再也没理过他。1562 年，被送到阿尔卡拉－德－哈纳雷斯大学学习的卡洛斯，从那的楼梯上摔了下来。佛兰德斯大解剖学家维塞利亚斯给他做了开孔手术才保住了他的性命。自此以后，他的性格变得更加乖戾。

他本来就不招人喜欢，从那以后他更是变得极为残暴，令人恐惧。他曾把一个男仆从窗户扔出去，还用刀刺伤过阿尔瓦公爵。他骑过的马，马肚子上总是被他用鞋上的马刺扎得伤痕累累，因为他觉得那些马跑得都不够快。他的性欲极强。但是一直到他去世的那一年之前，他跟父亲的关系还比较正常。非常出人意料的是，1568 年 1 月 18 日，腓力全身披着铠甲，拿着一把出鞘的剑冲进了儿子的房间。他命令卫兵把他的儿子兼继承人抓起来。唐·卡洛斯被监禁起来，指定的看守就是曾经看护过他曾祖母胡安娜的那位官员的儿子。当年他的曾祖母曾在托尔德西里亚斯遭到过长期的非人监禁。他受监禁的时间不是很长。7 月 24 日，唐·卡洛斯因为不堪腓力的残忍绝食而亡，腓力残忍地对待他，正像对待金羊毛骑士埃格蒙特伯爵和霍伦伯爵那样，此时距离他俩被送上断头台还不到一个月。

这种不达目的誓不罢休的倔强在哈布斯堡家族里比优柔寡断更常见。能找到许多事例来说明这一点。与腓力性情最相近的是斐迪南二世皇帝。斐迪南二世皇帝和他的父亲及叔父不同的是，他从来没在西班牙住过，可他比他们展现出更多的卡斯蒂利亚特质。1620 年 11 月 8 日，他下令将一些人在布拉格大广场斩首或绞死之后，把他们的头颅挂在杆子上，而后他跪下来为他们不朽的灵魂祈祷。这与腓力的做法十分相像。关于腓力，有一个有名的故事，1559 年，一个因参加了“异端游行”而被判死刑的贵族问他，国王怎么能如此对待一个忠于他的奴仆，据说他的回答是，为了消灭异端，他会亲自为火刑抱柴添火。从查理五世和他兄弟斐迪南那一代开始，到斐迪南的儿子马克西米利安二世，再到他的孙辈——继承了王位的鲁道夫和马蒂亚斯（Matthias），以及他另外两个儿子，掌管奥地利祖产的查理和斐迪南，所有这些人都表现出了同样的不达目的不罢休的决心，甚至是决绝，只是表现形式有所不同。马克西米利安二世拒绝接受天特会议后教会制定的严格要求，而且毫无商量余地。他去世时拒绝进行天主教的圣礼，理由是如果只让他享有圣饼会让他良心不安，如果圣饼和圣酒皆有，又会冒犯家族。他生前死后都一样，只是一个基督徒，从来没真正成为天主教徒或新教徒。作为皇帝，马克西米利安有着多种狂热的爱好。

（R. J. W. 埃文斯评价说）马克西米利安的特点是好奇心强，能将传统古物进行再发掘性的学习与观察和比较分析的新方法相结合。皇帝对植物学有着特殊的兴趣。他喜欢去自己住处的那些以最新的园艺技术进行美化的花园转转。（他的全权公使）布斯贝克从君士坦丁堡带回了郁金香、紫罗兰和紫丁香。马特奥利（Marteoli），德登斯（Doedens），尤其是克劳修斯（Clasius）在植物鉴别和分类方面都取得了具有深远意义的成就。[75]

这其中有许多的兴趣到他的长子鲁道夫这一代还得以保持下来。与马克西米利安的广泛兴趣不相上下的是，鲁道夫有着强大的决心，要在布拉格建成一个伟大的宫廷和艺术品收藏中心。他父亲会说好几种语言，并在此基础之上发展出了建立在广博知识层面上的兴趣，而鲁道夫却纯粹是痴迷。他父亲是一个拥有赫赫战功的将领和卓有成效的统治者，可鲁道夫完全继承了他在兴趣爱好方面的热情，却置国事于不顾。鲁道夫的弟弟，最终成为继位者的马蒂亚斯，对事物的痴迷似乎与他不相上下，但是马蒂亚斯所痴迷的就只有一件事，就是对他皇兄的憎恨[76]，但是当他最终得偿所愿，于1612年登基之后，似乎就没有什么目标了。同样，他们的叔父也都在坚定不移地追求着自己的事业。统治着蒂罗尔的斐迪南不顾父亲和兄弟们的坚决反对，在1557年娶了一个名叫菲丽琵娜·韦尔泽（Philippina Welser）的平民女子。什么都无法阻止他做这种非常不符合哈布斯堡家族传统的事情。斐迪南和他的侄子鲁道夫一样，在因斯布鲁克附近的阿姆布拉斯城堡里，醉心于收集艺术品和神秘的物品。这几位哈布斯堡家族成员对这些看起来稀奇古怪或者对后代子孙毫无价值的东西非常痴迷，在这方面可没有表现出任何优柔寡断。

只有斐迪南一世真正得到了现代学者的赞美[77]，而他似乎只把他的政治意识和敏感传给了长子马克西米利安。他其余的儿子和孙子们，都不同程度地缺乏执政的能力。他们更多关注的是意识形态而不是组织或管理事务。而就这一点来说，他们比斐迪南一世更符合哈布斯堡传统的主流。想在家族内找到与斐迪南一世的风格和行为方式相同的人，恐怕并非易事。在奥地利的领土上根本找不到，只能在其外祖父“天主教徒斐迪南”（他的监护人和导师）统治的西班牙境内才能找到。“天主教徒斐迪南”——一个传记作家对他的赞誉之词，也几乎同样适用于他这个孙子：“他在臣民之中一直保持着冷静、自制，恪守礼仪，敬重上帝的形象，通过健全的法律和以身作则推动勤勉的作风。他的远见卓识令他的事业极为成功，使他成为同代王侯们的圣哲楷模。”[78] 从斐迪南16世纪20年代刚开始接管奥地利那几年一直到1564年他去世为止，实行的都是脚踏实地的宽容统治，他的政府强大而卓有成效。这一点与他的哥哥查理五世不同，后者的统治更强硬。结果，斐迪南如冉冉升起的旭日般越发灿烂，而他的哥哥和他的继位者们则如落日般逐渐暗淡。其中一个原因就是20世纪的人很难欣赏斐迪南二世（以及他儿子斐迪南三世和孙子利奥波德一世）的宗教狂热，也不能欣赏西班牙王朝腓力二世及其孙腓力四世统治期间复杂的政治文化。“疯子”皇帝鲁道夫二世在布拉格的城堡里所从事的爱好和专注的事务，曾一度被认为无法理解。[79]

* * *

尽管哈布斯堡家族的马德里一脉与其在维也纳、因斯布鲁克和布拉格的各个支系在性情上有很大不同，但我们还是能找出相近之处。哈布斯堡家族各个支系费尽心思在各处收集的艺术品就有许多共同之处。他们总是购买同一画家的作品，画作的主题也大都是一样的。腓力二世和鲁道夫都喜欢勃鲁盖尔（Breughel）和丢勒的作品，如果埃斯科里亚尔修道院或者普拉多的墙上缺少这些鲁道夫喜欢的，绘有令人愉悦的丰满人体形象的画作，他也会欣赏精美的裸体画作，或是驻足于博施（Bosch）复杂的神秘主义题材的画作，截至 1574 年，他已经拥有了博施的 33 幅作品。奥地利宫廷对米兰画家朱塞佩·阿尔钦博托同样情有独钟。阿尔钦博托先是被斐迪南一世请到了维也纳宫廷，后来一直为马克西米利安二世和鲁道夫二世作画。[80] 他的复杂画作用静物画的形式，将千变万化的自然世界与人的形象结合起来。阿尔钦博托的画作表现人和大自然是宇宙和谐存在缺一不可的两个方面，所有的生命形式都有着共同的本质，共生共存。[81] 这种共生共存的思想与狂热的天主教排他思想格格不入，天主教徒越来越不能容忍任何存在于严格的正统教义之外的事物。所以，阿尔钦博托和博施后继无人也许就不足为奇了，时代再也不能允许这种作品存在了。

巴托罗美奥·斯普朗格（Bartholomeus Spranger）的古典绘画手法（有意识的技巧运用、不规则构图、戏剧手段、典故隐喻）[82] 在鲁道夫的宫廷里也很受欢迎。这种手法能更好地迎合皇宫富丽堂皇的风格，也符合天主教纯洁性的要求。因此，除了迎合其宫廷主人新品味的情色画作外 [83]，斯普朗格还创作了能给反宗教改革修道院增辉的作品。他 1595 年完成的画作《智慧的胜利》（*Triumph of Wisdom*）突出的只是一对袒露的乳房，而他 1600 年完成的《女战神柏洛娜》(*Bellona*）则明显是中性形象。1600 年，他还创作出了受到高度认可的作品《牧羊人的敬拜》(*Adoration of the Shepherds*），就连极端禁欲者也能认可。以鲁道夫的昏花老眼看来，圣母马利亚的体形与斯普朗格 6 年前画的希腊女神塞姬应该是一样的，只不过圣母穿上了衣服。以古典形象的外壳来表达基督教的内容（有时候还会带上情欲和虐待狂的色彩）成了后来哈布斯堡家族用以装饰富丽堂皇的宫廷的画作标准。

不断美化自己的宫廷，持续扩大画作的积累，这一点对于马德里和布拉格的哈布斯堡家族来说是共性。但腓力在欧洲到处搜罗的是圣人的手指和圣布残片，而鲁道夫坚持不懈的是弄到奇珍异宝，他那在阿姆布拉斯城堡的叔父斐迪南也一样。埃斯科里亚尔王宫和布拉格城堡区王宫都没有起到王宫的作用，都把一些地方关掉专门敬奉君主和他的物品了。鲁道夫也许没有像腓力二世那样关起门来诵读他的玫瑰经，但他躲在他的实验室或图书馆里，不用说臣民，有时连大臣都找不到他。腓力非同一般的勤奋和他对于管理文件的热爱在他的同辈中无人能及，而实际上他自己的儿孙们也望尘莫及。[84] 但是他们都继承了他的画像工程以及该工程要体现的所有意识形态："地球之王腓力四世"在他的布恩雷蒂罗宫（Buen Retiro）里为哈布斯堡的画像建了一个广场，而在这之前这些画像都是被深锁于埃斯科里亚尔修道院的高墙之内的。

建一个宫殿陈列馆是腓力四世的大臣德·奥利瓦雷斯伯爵－公爵（Conde-Duque de Olivares）颂扬其主人的主要手段。新建的布恩雷蒂罗宫仿照埃斯科里亚尔王宫的模式而建，它的外部简单朴素，是典型的苦修风格。但实质上它却是"一个寻欢作乐的亭台建筑，坐落于格局规整的花园之中，四周掩映着树林、小阁楼和小修道院，长长的廊道四周点缀着各式雕像"。[85] 真正的活动都发生在高墙之内。那里的小舞台和礼堂里当然要上演“戏剧”，“如痴如醉的观众们屏住呼吸看着天上的神灵们驾着胜利的战车从云端下凡，希腊女神瑟茜挥动魔杖将尤里西斯的随从变成了猪”。[86] 总体上来说，布恩雷蒂罗宫会让人觉得目不暇接，到处是图像。在宫内，冬天的时候墙上全是挂毯，夏天的时候又满是画作。宫殿的公共部分一共有 14 条画廊，还有许多大大小小的房间。1636 年的画作清单上列了 885 幅布面油画，到 1665 年腓力去世时，数量超过了 1500 幅。[87] 腓力去世后不久，一位法国人参观了那里，他的描述最好地说明了当时的情景：“我们对宫殿里画作的数量感到惊讶不已。我不知道在其他的季节里这里是如何装点的，但我们在那儿看到的情景是，画作多得墙面上根本没地方挂。各个卧房、客厅，还有走廊里、楼梯上，到处都是。我敢向你保证，先生，那里的画作数量比全巴黎拥有的还要多。”[88]

宫殿的中心是“王国大厅”（Hall of Realms），是哈布斯堡王朝的神殿。一条长度超过 110 英尺（约 33.5 米）的长廊，上面是高高的拱形屋顶。南北两侧的墙面上有 20 扇窗户，窗户上方装饰着构成西班牙帝国的 24 个王国的盾徽。盾徽的下方挂着 12 幅描绘战争场面的画作，纪念着腓力四世军队的辉煌战绩。这些画作之间是 10 幅苏巴朗（Zurbarán）画的大力士赫拉克勒斯的故事（此时的腓力已被人誉为西班牙的新赫拉克勒斯），每扇门的四周都有 5 幅委拉斯开兹（Velazquez）画的王室成员的骑马像。每一幅战争画作描述的都是哈布斯堡取得的胜利，引领着人们的目光依次掠过腓力三世、腓力四世，以及腓力四世的继承人巴尔塔萨 · 卡洛斯（Balthasar Carlos）还有各位西班牙王后的画像。这种安排用意非常明显。西班牙国王就像大力士赫拉克勒斯一样，与危险、冲突和大自然进行搏斗；像赫拉克勒斯一样，他们（或他们的军队）战无不胜。在其中一幅画里，一位得胜的将军手指着一幅腓力的挂毯画，挂毯上的腓力身披战袍，头上戴着智慧女神密涅瓦和奥利瓦雷斯亲手给他戴上的胜利花冠。在这幅挂毯画的前面，画家还画上了跪在地上表示敬意的“人们”。

“王国大厅”里展现的大多是虚幻的荣耀。西班牙的军队或许战无不胜，但它的政治和经济却在走向崩溃。1640 年葡萄牙宣布独立，加泰罗尼亚爆发大规模叛乱。3 年后西班牙“战无不胜”的“大方阵”在罗克鲁瓦战役（battle of Rocroi）被打败。也许人们把这次战役看作西班牙衰落的象征有些言过其实。实际的情况是一支西班牙军队在缺乏补给和新装备的情况下，贸然包围了与尼德兰交界的法国人的罗克鲁瓦城。他们遭到了由昂吉安伯爵（历史上他以后来的“伟大的孔代”之名而为人所熟知）率领的援军的攻击，西班牙军队在数量大大多于自己的敌军面前，用他们传统的战术，击退了凶残的法兰西军队的两次进攻。交火数小时后，他们最终请求投降，而昂吉安也乐于如此。但是，当这个法兰西指挥官和他的将士们向前行进的时候，有些西班牙士兵（以为他们又开始新一轮进攻便）朝他开了火。盛怒之下，他命令炮兵炸平西班牙的方阵，然后出动步兵去攻击残余部队。超过 8000 名西班牙士兵被杀，7000 人被俘，只有 3000 人越境逃到尼德兰，保住了性命。西班牙的势力并不像人们之前所说的那样，在罗克鲁瓦一战后即告消亡，但不争的事实是：“西班牙的步兵在罗克鲁瓦战役之后一蹶不振，威名不再。对于西班牙陆军来说，这一战的失败，就如同无敌舰队的失利对于西班牙海军的打击一样沉重。”[89] 从此，这支 75 年前阿尔瓦首次带领北上的著名的“佛兰德斯大军”元气大伤。[90] 从那以后再也没有能为“王国大厅”添彩的胜仗了。

更大的灾难还在后面。1646 年 10 月，王位的继承人巴尔塔萨·卡洛斯在他 17 岁生日之前死去了。3 年以后腓力四世再次结婚，娶了本来要给他儿子做新娘的奥地利的玛丽亚·安娜（Maria Anna of Austria），他堂弟斐迪南三世皇帝的女儿，开始了艰辛的“制造”新王位继承人的历程。他们的长女嫁给了她的叔父利奥波德一世，接着的三个孩子在出生时或婴幼儿期就夭折了。他们的第三个儿子，看起来很难活下去，却克服一切阻碍长大成人，在 1665 年继承了父亲的王位，成为卡洛斯二世（Carlos Ⅱ）。但是在腓力四世执政的最后 19 年里，他的继承人都处于不确定之中，或者说，西班牙的王位系于一个孩子那条不确定的命上面。在这种情况下，他的奥地利堂兄弟们心中想着的是，他们当中的某一个人也许会再次一统查理五世的江山。

我有意不将哈布斯堡家族西班牙和奥地利这两支区别对待，但学者通常会将这两支看作相互独立的家族。亚当·万德鲁什卡让人们看到了西班牙和奥地利哈布斯堡王朝的气质差别。他援引威尼斯的使节们的话说，无论是从他们走路的姿势还是每一个身体部位的动作，他们都觉察到了“一种傲慢，而这引来了人们对他们（鲁道夫和他的兄弟埃内斯特）的……憎恨。因为不论从哪个方面来说，这都与当地的风俗习惯相悖。这儿的习俗要求君王讲话要亲切。这种傲慢被认为是来源于西班牙，被认为是差劲或令人憎恶的样子。当他们从西班牙来到这里的时候，陛下就意识到了，也提醒他们注意”。西班牙为国王们提供了一种面具或者说一种样板式的举止。“这种君王风范以查理五世和他的儿子们为代表，从在腓力二世的王国里接受教育的马克西米利安二世的儿子们开始，一直到利奥波德一世和查理六世，以及德意志的哈布斯堡家族，他们都以此为榜样。”[91] 但是，虽然他们的弟弟马蒂亚斯、马克西米利安和阿尔布雷希特也在西班牙王国待了许多年，可是他们那种奥地利式的随和态度（Gemütlichkeit）却明显没有受到影响。也许是因为他们排行比较靠后，所以没有那么大的压力必须这么做吧。事实上，要把“西班牙哈布斯堡家族”和“奥地利－勃艮第哈布斯堡家族”的特点完全区别开几乎是不可能的。就像著名的“西班牙礼仪”也是不同家族传统做法的综合，既有不同也有一致的地方。斐迪南二世并没有像他的伯父和父亲（施蒂利亚的查理）那样在西班牙接受教育，而是在巴伐利亚英戈尔施塔特的耶稣会大学上的学。可是经过了某种奇怪的逆转之后，“奥地利宫廷”的下一代却好像继承了腓力二世的宗教狂热。他与自己的儿子们，斐迪南和利奥波德－威廉，还有他的孙子们，都加强了与西班牙的关系。

斐迪南一世与马克西米利安二世，以及后者的兄弟施蒂利亚的查理一样，儿女众多。（马克西米利安的儿子们只生出了一批才能出众的私生子女，没有为家族基因库做出什么贡献。）[92] 但是查理的 6 个儿子当中，5 个生的都是女儿。[93] 他的长子斐迪南二世只有 2 个儿子，其中一个（利奥波德－威廉）终身在教会任职。斐迪南三世尽职尽责，生了 11 个孩子，但其中 7 个早亡了。大儿子斐迪南在 1654 年死于大规模暴发的天花，使得年幼一些的利奥波德排序提前，排到了哈布斯堡家族奥地利一支健在的男性的首位。1665 年以后，他成了这一支直系亲属中唯一健在的男性成员。因此，尽管家族里有很多孩子出生，但是作为这两支哈布斯堡王位（男性）继承人的两位堂兄弟，利奥波德和卡洛斯，都是病秧子。虽然因为近亲结婚而造成的基因缺陷很可怕，但更危险的是哈布斯堡家族的婴儿死亡率居高不下，还有在马德里、维也纳、格拉茨和因斯布鲁克等宫廷之内肆虐的流行病。从数量上看，哈布斯堡家族的女孩要比男孩多很多，而且比那些看起来脆弱不堪的男孩们的寿命都长。当然，哈布斯堡家族女性的寿命也因为结婚太早、不断怀孕、在分娩时死亡和产褥热而大大缩短了。

因为孩子的死亡率很高，所以孩子存活与否似乎是神的旨意，斐迪南二世和他的继位者们因此得出结论，认为上帝拯救他们，就是为了让他们完成上帝的使命。就像第一位鲁道夫一样，他们应该接过十字架，把它当作自己的徽章，成为一名基督战士，要战斗到最后一口气。对异教徒和无信仰之人不能有半点妥协。斐迪南二世直接接受了上帝的旨意，也就是说，上帝是直接授命于他的，在这之后，人们在许多著名的版画和流行的赞美诗中都能看到这方面的描述。按照长子继位的严格规定，本应该由他的一位年长的叔父来继承马蒂亚斯的王位，他却被选定做了继承人。哈布斯堡家族认识到，要想使王族兴旺，神圣的教会长存，他们需要年轻和活力。[94] 斐迪南一直被认为是狂热而坚决的人，要把国家恢复成基督教的王国。他因为在施蒂利亚的领地成功地压制了新教的发展而受到批评。但是，根据当时通行的原则（无论是新教还是天主教国家），国王强制要求臣民信某种宗教，也是他权限之内的事。作为波希米亚的国王，他违心地宣誓要坚持宽容的政令，即《皇家诏令》（*Letter of Majesty*），而这也是鲁道夫被迫遵从的事情。没有迹象表明他会食言[95]：他这么做是因为考虑到了不这么做的后果。布拉格的王朝政府很可能会“惹人讨厌”，然后被新教徒一次恰逢其时的起义给推翻。[96]但是这事斐迪南一方更有理。在布拉格发生的“扔出窗外”的故事现在大家都已经耳熟能详了，不需要我赘述。[97]而斐迪南的代表们能够大难不死，则被认为是超自然的奇迹（他们认为这是圣母马利亚亲自救赎的结果）。这更加坚定了斐迪南的无限信心和乐观，即便面对灾难他也毫不动摇。就像腓力二世一样，他知道基督和他的圣徒们不会弃他于不顾。

有一段时间，斐迪南好像孤立无援。波希米亚人选出了他们自己中意的国王，即身为新教徒的普法尔茨选帝侯腓特烈，而且他开始建立联盟，准备反对斐迪南。1619 年 8 月，特兰西瓦尼亚王子贝特朗 · 伽柏（Bethlen Gabor）带领一支（大部分是）匈牙利新教徒组成的武装，还有大批趁火打劫的暴徒，出现在维也纳的大街上，同时波希米亚人从北面冲了过来。就在此时，从祭坛上传来了神的声音：“斐迪南，我必不抛弃你。”与此相呼应的是，他的弟弟利奥波德从蒂罗尔派来了 400 名武装士兵进行增援。斐迪南的座右铭是“为正义而战必将成功”，当他意识到有可能战败的时候，他的内心却坚信上帝绝不会让他失败。被困于波希米亚危机之中的他对告解神父说：“我在心里对来自各方的危险进行了权衡，因为知道不可能有任何人能解我的燃眉之急，我便求助于上帝。但是，如果我在斗争中处于劣势是上帝的意志，我也坦然接受。”[98]

他的命运果然有了转机，1619 年，他被选为皇帝，而天主教各国联合起来在尼德兰人蒂利（Tilly）的指挥下组建了一支军队，而蒂利是那个时代战功最显赫的军人之一。11 月 8 日，在布拉格市外的白山这片白垩高原进行的战役中，蒂利的战术和勇敢更胜一筹，横扫了新教徒的军队，新教徒逃回了城市，又在惶恐中向西逃到了德意志的边境。那位新教徒国王和家人还没来得及收拾财物就仓皇出逃了。第二天，皇家军队进到了城里，队伍前头的士兵抬着圣母像，庄严地将其送进了圣维达斯天主教堂。斐迪南把穿着西班牙服装的圣母作为他所有军队的总指挥。但是夏天以后，捷克人才完全体会斐迪南的钢铁意志有多么强大。他废除了《皇家诏令》，把王权从中解放出来：异端在王国中横行了将近 200 年后，斐迪南决心要把国家带回到真正的信仰之中。他首先开始了不折不扣的“信仰行动”。6 月 6 日的晚上，27 名捷克显要因为支持叛乱而受到叛国罪的极刑惩处。在市政厅前面的空地上立了一个低矮的台子。一个广为流传的册子描述了那次恐怖事件。他们当中有些人被绞死了，其中一个人被割掉了舌头，另一个人的舌头被钉在了绞刑架上，因为他们都曾恶意煽动民众。城外设有一个停尸房，这些人的尸体在那儿遭到肢解，然后分送到王国各地。到早晨的时候，城门的吊桥上已经悬挂了 12 颗头颅。斐迪南并不喜欢在布拉格发生的这些阴森的事情，他在波希米亚取得的胜利更让他坚信，对无信仰者进行彻底的征战是他的天职。

此种决策导致后来征战不断，演变成了后人熟知的“三十年战争”。西班牙和奥地利打击新教徒势力的动力最大。虽然这场战争毁了德意志，改变了欧洲的版图，但是在哈布斯堡家族看来这个决策似乎并无不妥。就像哲学家莱布尼茨后来说的：“当帝国开始衰落的时候，上帝在奥地利唤醒了一股新的力量。”[99] 斐迪南一生都相信有上帝眷顾，关于斐迪南之死的传说也体现了上帝的恩宠。他的告解神父威廉·拉莫马尼在 1638 年出版了关于斐迪南的《美德》(*Virtues*)一书。[100] 这种书增强了哈布斯堡家族为神所拣选的古老观念，并得出结论说上帝从他降生之时就开始眷顾他了，而且会一直持续眷顾他的继承人，即那些对上帝忠贞不贰的子孙。哈布斯堡家族对上帝的虔诚在西班牙表现得极为高调，在奥地利则表现得比较谦虚，但却更有说服力。1729 年，本国的圣利奥波德、圣弗洛里安、圣女诺波加及“圣人”约翰·内波穆克，都被正式封圣。伴着本国圣人数量的大幅增加，路边的圣祠数量也越来越多。随着圣祠的增多，圣母雕像的数量也在增加。越来越多的圣母头上戴上了哈布斯堡家族的王冠，替代了传统的马利亚头冠。哈布斯堡家族传统的丧葬仪式进一步发展，也出现了分化。1618 年，维也纳的方济各会托钵僧天主教堂被选作哈布斯堡家族的永久墓地。托钵修会是一种“新兴”团体，以禁欲主义和热衷于传播福音而著称。但是，葬于此地的那些人的内脏却要送往他处。心脏被装在类似于法老卡诺皮克罐（Canopic jars）的银匣子里，送往奥斯定会的教堂，赠送给奥古斯丁教堂，就像腓力二世的圣物一样一排排地保存在架子上，锁在高高的祭坛后面的房间里。那些代表喜怒哀乐不同情感的其他内腑，则是属于圣斯德望天主教堂的，它们会被人心怀敬畏地装在银质的匣子里保存。

斐迪南三世是第一位被葬于这座方济各会托钵僧教堂地下的皇帝。他在位期间，供奉家族“圣人”的传统得以恢复并发扬，尤其是供奉与上帝有着不解之缘的“圣鲁道夫”。而这种新的丧葬方式出于对死去的皇帝的敬畏，将他们的尸骨神圣化[101]，从而为家族增加了许多圣人，比从前他们尊崇的圣人更真实，更有形。根据斯蒂芬·奥索[102]的描述，西班牙哈布斯堡王室有自己的丧葬传统和纪念仪式，但他们更多遵从了为查理五世和腓力二世制定的葬仪。维也纳哈布斯堡皇室制定和效行的新葬仪让皇帝几乎扮演了修士的角色。比如，他们会有圣体节游行和圣周庆祝活动，皇帝会模仿基督的谦卑，给自己的民众洗脚。世界上最伟大的君王在万王之王上帝的面前都是有罪的忏悔者……举行安葬仪式的前一夜，皇帝的尸身会放在霍夫堡的里德萨尔宫里[103]，“置于一张盖有镶黑边的金色布的台子上，棺木用黑色的天鹅绒覆盖。棺木所在的屋子及宫殿里所有的房间都悬挂着哀悼的黑纱……去世的皇帝……身着西班牙服饰，头上戴着帽子，肩上披着斗篷，身边放着他的佩剑，手里握着一个银十字架”。遗体的四周不分昼夜地燃着巨大的银色蜡烛。8位家庭成员守灵，同时有好几组奥古斯丁会教士在旁边为他的灵魂得到永久安息而日夜祈祷。安葬的当天早上，城里所有的钟齐鸣，钟声低沉，哀音回荡。长长的送葬队伍中，皇帝的家庭成员走在最前面，后面依次是本皇室其他成员、教会成员、城市官员，以及奥地利皇室的代表，每人手持一根白色的蜡烛。紧接着是金羊毛骑士们，他们穿着长袍，戴着骑士项饰。他们的队伍后面是皇家乐队和唱诗班，然后才是由24位“金钥匙”绅士抬着的皇帝的棺材。棺材上面是皇冠和权杖，以及他的金羊毛骑士项饰。波希米亚和匈牙利的王冠放在两个垫子上，置于较低的位置上。

灵柩的后面是新皇帝，他的后面是外国的政要显贵和外交官，以及皇族的成员。最后是禁卫军和卫戍部队，他们枪头朝下，鼓声低沉，鼓点单调，节奏缓慢，与单调的钟声呼应。方济各会的小教堂里空间有限，只能让最显赫的人物进入。为逝去皇帝的英灵进行的祈祷结束后，棺材被抬下狭窄的楼梯，到达地下的皇家墓室里。棺材接近这座地下宫殿的门口时，门即被关上插紧。队伍停止前进，一片静默。然后，皇室的侍从使劲地敲三下门，门里面有人用拉丁语问道："来者何人？"侍从回答："皇帝陛下。"答复："我不知此人。"侍从再轻轻敲门三下。同样的问题再次提出："来者何人？"侍从回答："一个可怜而不幸的罪人。"门应声打开，领头的方济各会托钵僧迎接这位前世界之王的灵柩入门。

死亡是他们最后的胜利，这个皇家墓地里的精美墓室正与这最后的胜利呼应。葬在此处的每一位哈布斯堡家族成员都为好战的天主教做出了贡献。从这个意义上说，这场对战异端的血战是胜利了。只有一个障碍没有消除掉。利奥波德一世宫廷的布道人圣克拉拉的亚伯拉罕（Abraham a Sancta Clara）对犹太人和异端十分憎恨，而对穆斯林更是憎恶至极。他有一次在利奥波德面前布道，在回答"土耳其人是些什么人？"时说道：

> 作为基督徒，要充分了解他们才能回答这个问题。他们是敌基督的化身，是自负的暴君，是贪得无厌的老虎，是该死的扰世之人，是残酷无情的贪婪之人，是图谋报复的野兽，没有良知

的篡位者。他们是凶残的猎隼，永不满足的卑鄙小人，是东方的恶龙毒药，是没有拴好的地狱之犬，是臭不可闻的享乐之人，暴虐无度的恶魔。[104]

他对于先知穆罕默德的看法更不留情。自从在圣哥达战役战败之后，在将近一代人的时间里，奥斯曼土耳其人以一纸条约保障了自己的和平生活，他们对于哈布斯堡的威胁也解除了。1683年土耳其人进攻维也纳也在意料之中，就像苏莱曼大帝1529年的重兵围城一样。鲁道夫曾经带兵与伊斯兰教徒“作战”，并与马加什·匈雅提一起被誉为能够带来胜利的“福将”。尽管土耳其人在巴尔干地区和匈牙利平原很活跃，但是在16世纪后半叶的大多数时间里，在西班牙国王的眼中，他们好像从来没有构成过严重威胁，苏丹的舰队看起来更可怕些。然而，1683年时土耳其人的进攻在西班牙人看来却声势浩大，威力令人恐惧。以至于后来的几代人中，格拉茨的妈妈们要想吓唬孩子就会说土耳其人会把他们抓走。

1683年9月12日，维也纳遭到奥斯曼土耳其人的围攻，随后得到解救。这让整个欧洲都感到了欣慰和喜悦。很多基督教国家出兵解救了这座城市，可利奥波德没有参加。他的都城脱离危险两天之后，他从安全的林茨城回到了这里。当烽火从西面的维也纳林山沿着多瑙河顺着山脊一路点燃起来的时候，他就得到了消息。一开始，功劳实至名归被记在维也纳那些胜利者的身上。波兰国王约翰·索别斯基（John Sobieski）把缴获的土耳其战利品送给了教皇和威尼斯总督。但是，当利奥波德回到城里以后，他就把解救维也纳的荣誉和功劳强行归在了自己的名下。在最主要的城门之上，他用金字题写了包含如下词句在内的一大段拉丁文：

受惠于教皇英诺森十一世的神圣尊严和宽容
拜奥古斯都皇帝利奥波德一世的指导和勤勉所赐
……
在耶稣基督的庇佑下
虽然最笃信基督教的君主没有施以援手
维也纳仍然战胜了最不信奉基督的帝王
屹立不倒
土耳其大势已去
叛乱彻底失败
……
幸福的奥地利（在她对战土耳其人和法国人的斗争中，上帝始终赋予她奇迹）
在战胜了毁灭性的打击之后从废墟中崛起
因此，你们与这些惧怕上帝的敌人抗争，是为利奥波德而战
你们这些热爱利奥波德的臣民，是为上帝而战
……
即使空气、土地甚至地狱都失去了力量，最终
基督大业仍将取得胜利

也就是说，利奥波德为上帝而战，上帝为利奥波德而战，二者的神奇力量相结合，共同打败了最后的敌人。

6

幸运的奥地利——幸福的国度

Felix Austria—the Happy State

(1660—1790)

简朴是哈布斯堡家族真正的标签。腓力二世穿着朴素的黑衣，身上唯一的亮色是金羊毛骑士项饰，与当时其他王室的花哨华丽相去甚远。[1]当然，哈布斯堡家族的人在年轻的时候也是穿着光鲜，颇有王族风范，只是家族统治者在成熟之后摒弃了年轻时代的华丽服饰，改穿了单调晦暗的黑色衣服，从腓力二世到利奥波德一世，所有皇帝都是这样修道士般的打扮。这是当时“西班牙的传统”。一开始，这种做法使得西班牙哈布斯堡家族显得与比较矫饰的巴洛克风格的帝国格格不入。腓力四世在布恩雷蒂罗宫放置了许多精美的画作和家具陈设，但也无法与他表弟路易十四相比，因为路易十四的宫廷一直在按部就班地收集奢华的物品。

在 1623 年棕枝主日举行的盛大假面游行是西班牙传统最耀

眼的展示。“引人注目的不仅是漂亮的场面、独具匠心的安排和昂贵的服饰，以及那些显赫的贵族和绅士来宾……安达卢西亚培育的或许是全世界最好的马匹也展示在人们面前，马身上的配饰闪闪发亮，马鞍、马具奢华无比。”也许按照西班牙的标准是这样的，但按照法国和英国宫廷更挑剔的标准就未必了。

> 最前面的是骑在马上、身着黑白天鹅绒服装的12名鼓手、30名号手和8名歌手，紧接着是步行的先导者，然后是王室男仆和36匹装饰华丽的马匹。每匹马身上都披着带有金色流苏的深红色天鹅绒布，布上缀有金色的布制王冠和代表“腓力四世”的符号。它们由36名身着白色或深红色服装的男仆牵引着，他们的衣服都镶有弯弯曲曲的天鹅绒般的花边。他们后面是头戴着便帽的马匠，与戴着有檐帽子的那些男仆区别开来。接着是36名左马驭者，身着缀有银白色长毛绒的黑色衣服，戴着同样风格的有檐帽，打扮得像斯拉夫人一样。[2]

路易十四的排场可远远不止与服饰匹配的帽子和卷曲的天鹅绒。

差不多40年后，年轻的法兰西国王组织了一次骑术比赛——“一种马上芭蕾”。这是一次在杜伊勒里宫前面的大广场上举行的马上假面游行。这次游行堪比17世纪的那次游行，观者如云，令人赞叹。路易以罗马皇帝的形象出现，为了胜过那些贵族们，他骑马绕圈旋转翻腾，展示了精湛的骑术。廷臣们结队出现，身穿同样华丽的服装，分别代表着罗马人、波斯人、土耳其人、印第安人和美洲人的形象。[3] 那些“美洲人”都以树木和野生动物的形象示人，由吉斯公爵带队。他们那（摇摇欲坠的）高耸的头饰肯定严重地影响了他们的行进。[4]

这是“太阳王”组织的“首次真正的豪华娱乐活动”[5]，也成了后来多次类似活动的样板。他的盾牌上饰有燃烧的太阳和“我见，我征服”的座右铭[6]，他以此传递出的信息是，他要挑战哈布斯堡家族一直以来自诩的具有象征意义的优越地位。从 1661 年路易十四亲政开始，他就与比他早 3 年当上皇帝的表兄利奥波德一世形成了越来越紧张的对抗关系，二人积怨也越来越深。奥地利哈布斯堡皇室把路易及其继任者看作自己的宿敌，敌对关系一直持续到了法国大革命时期（甚至更久）。法国人尤其看不起路易十六的妻子玛丽·安托瓦内特（Marie Antoinette），因为她是哈布斯堡家族的公主，一个奥地利女人。哈布斯堡家族和波旁王室时不时会在政治上结盟，但是这并没有改变两者之间最根本的激烈竞争关系。

哈布斯堡皇室已经将古老的勃艮第公共仪式演变成了一种艺术形式。1658 年 12 月 1 日，利奥波德一世被推举为新的皇帝。当这位年轻的皇帝胜利返回到首都维也纳之时，市长在城门口迎接他，手里拿着这座城市的钥匙，并且准备了一篇长长的颂词。皇帝在队列中慢慢前行，穿过城市的街道来到了圣斯德望天主教堂，主教在此迎接他并为他的安全归来唱诵《感恩赞》表示庆祝。然后，整个队伍在教堂外面重新集结，列队行进穿过城市。街上巨大的拱门用奥地利的代表颜色红色和白色装饰，并绘有描述哈布斯堡家族历史性胜利场面的精美画作。据目击者描述，当时鼓号喧天，群众欢

1. 根据想象创作的1518年的马克西米利安一世，骑士美德的完美体现。鲁本斯创作。

2. 马克西米利安一世（1459—1519）一家：贝尔纳德 · 施特里盖尔的想象之作。当时画中的两人已经去世，其他人中画家也只见过两位。在西班牙还有一份不太知名的画家临摹的副本。

3. 腓力二世（1527—1598），戴着金羊毛骑士的领饰，手里拿着念珠。索福尼斯巴·安圭斯科拉（Sofonisba Anguiscola）创作。

4. 鲁道夫二世肖像，由约瑟夫·海因茨绘于1594年。

5. 神圣罗马帝国皇帝查理六世（1685—1740），戴着金羊毛骑士领饰。该肖像画可能由马丁·凡·梅滕斯（Martin van Meytens）创作。

6.（上）玛丽亚·特蕾莎和弗朗茨·斯蒂芬与家人一起过圣诞节。由他们的女儿、玛丽亚·克里斯蒂娜公主创作。

7.（左）女公爵兼艺术家。玛丽亚·特蕾莎所有的孩子都必须学会一项实用技能。玛丽亚·克里斯蒂娜成了一位成功的艺术家。她在美泉宫自己房间里的自画像，1776年创作。

8. 玛丽亚 · 特蕾莎皇后（1717—1780）。

9. 利奥波德二世人丁兴旺的家庭（1747—1792），画作上半部分那座喷泉象征着多产。约翰 · 佐法尼创作。

10. 奥地利皇帝弗朗茨一世加冕为匈牙利国王。约翰·彼得·克拉夫特（1780—1856）创作的系列壁画之一。

11. 奥地利皇帝斐迪南（1793—1875）一世，匈牙利国王，最后一位加冕的波希米亚国王。

12.（左）奥地利皇帝弗兰茨·约瑟夫一世（1830—1916）。弗朗茨·杰维尔·温特哈尔特（Francis Xavier Winterhalter）创作。

13.（左下）弗兰茨·约瑟夫的挚爱、他的妻子伊丽莎白皇后（茜茜）的画像。温特哈尔特最具浪漫意义的创作。

14.（右下）弗兰茨·约瑟夫一世的密友凯瑟丽娜·施拉特。年轻时代的她与茜茜极为相像。1880年由一位匿名画家创作。

15. 波旁的玛丽亚 · 路易莎（卒于1792年），利奥波德二世皇帝的妻子，16个孩子的母亲。

16. 1806年办公桌旁的弗朗茨一世皇帝。

17. 弗兰茨 · 约瑟夫一世皇帝的母亲、大公夫人索菲的传统葬礼，1872年在维也纳霍夫堡教堂举行。

18. 皇储鲁道夫与妻女，1888年。

19. 奥地利皇位的既定继承人皇子弗朗茨·斐迪南和妻子霍恩堡女公爵，1914年。

20. 身着猎装的弗兰茨·约瑟夫一世皇帝，1908年。

21. 流亡中的奥匈帝国末代皇帝卡尔一世与妻子济塔和他们的孩子们在瑞士的黑滕施泰因城堡，1922年前后。

22. 1966年奥托·冯·哈布斯堡博士与家人，在位于波京住所的阳台上。

呼，伴随着城墙上震天的礼炮声，一片嘈杂，热闹非凡。

这场仪式极具献媚意味，可主角却身形瘦小，戴着满头的黑色假发，面无表情，与头顶上那些表现其先人英雄气概的画作形成了巨大的反差。利奥波德从没有被看作皇位继承人，因为他的兄长深得斐迪南三世的喜爱，而且显然更具备当皇帝的威仪。他的兄长于1653年被推举为罗马人民的国王，可是却在第二年突然意外去世。本来利奥波德一直接受的教育是让他成为领导教会的亲王，而后来的画家们却将尚武的形象强加在他的身上，离谱至极。与他差不多同一时代的教会执事长考克斯对他的描述更准确，令人印象深刻："他体弱多病，个子矮小，面色阴沉，相貌平平，却有着明显的奥地利式厚嘴唇。"在公共场合，

> 他的步态沉稳，缓慢而从容不迫。他面容沉郁，言辞笨拙，态度粗野，性格冷漠……利奥波德私下里在家人面前却是品德完美的人。他道德纯洁，忠于婚姻，是好父亲和善良的主人。尽管他在公共场合或与陌生人在一起时沉默矜持，但与自己亲近的人在一起时却开朗而幽默。当时的宫廷里都养着一些小丑演员和侏儒，他非常喜欢他们的逗趣表演。

17世纪70年代，一位意大利来访的神父帕西西瑟里（Pacicicelli）对他的印象也大致相同。

> 皇帝个头矮小，面色苍白。哈布斯堡家族特有的厚嘴唇十分明显，龅牙突出，有点妨碍说话。他身着西班牙服饰：红色

> 长筒袜配红鞋，带檐的帽子上插着红色或黑色的羽毛，脖子上围着巨大的金羊毛骑士项饰，有时候会在外面罩上斗篷……服丧期间，皇帝会连续六个星期不刮胡子……陛下每天会连续望三场弥撒，其间一直双膝下跪，眼睛始终盯着面前地板上摊开的那些书。

在大斋节期间，大约会有 80 次礼拜仪式，要求官员和外交使节参加，引得大家牢骚满腹，怨声载道。

利奥波德深受耶稣会会士教育的影响，他对他们特别偏爱，当然他的这种偏爱与他对自己长子的喜爱不能相提并论。但是

> 他的广博的知识全得益于他们的教诲，他精通神学、法学、形而上学和探索性的各门科学知识，被誉为那个时代最博学的君王……（他）更具备一个隐士的美德，更适合做一个教授，而做君主却不那么得心应手。他疏于行善，钟情于占星术和点金术，喜欢炫耀自己的拉丁文体知识。他写讽刺诗，写字谜，写题词，还写寓言。他在画作鉴赏方面有着极高的造诣，音乐演奏和作曲才能都很突出，尽管财力匮乏，但也能算得上是十分慷慨的艺术和科学赞助人。[7]

考克斯也指出，他对天主教贡献巨大，成就非凡，“他理应得到英诺森六世教皇的封准成为圣徒，一位在罗马的西班牙神父也确实为他建了一个小礼拜堂”。也有比较负面的描述，那些都是法国人和其他与他为敌的人极力宣扬的。在新教徒眼中，利奥波德

是一个心胸狭窄的天主教偏执狂，执迷于为教会献身，大肆迫害改革宗，跟他的祖父斐迪南二世一样，而斐迪南二世又和斐迪南一样要把自己的子民坚决置于专制无情的独裁统治之下。人们说利奥波德善于诡辩，惯于欺骗，先从犹太人手中夺取钱财来扩建自己的宫殿，然后把他们的土地卖给了图谋报复的维也纳人，而维也纳人一拿到土地，就把犹太人驱逐出去了。[8] 最主要的问题是，人们认为利奥波德具有哈布斯堡家族典型的患得患失的弱点，深受其害。

* * *

与路易 1662 年在杜伊勒里宫举办的豪华骑术比赛相呼应的是，4 年之后利奥波德在维也纳举办了一整个冬季的狂欢活动，庆祝他迎娶腓力四世的女儿玛格丽塔·玛丽亚·特蕾莎（Margareta Maria Theresa）。“迎娶公主入维也纳的仪式在 12 月 5 号举行，婚礼盛况让当时的宫廷历史学家们有了很好的写作素材，他们事无巨细地记录了壮观的场面。在一个古老的木刻作品中可以看到，利奥波德身披斗篷，头戴插着羽毛的帽子，一袭方当伊式的披肩假发，凡·戴克式的衣领和褶子蕾丝边服饰，唇上和两腮的胡须是亨利四世的样式。”新郎和新娘坐在金色的马车上，拉车的是 6 匹有着长长的白色马鬃的乳白色公马。行进的队伍用了 3 个小时穿过城里的街道来到奥古斯丁教堂。一对新人在那里下了车，到圣马利亚·德·洛雷托圣祠进行了祷告，然后继续行进到教堂高高的祭坛，接受罗马教廷使节宣读婚姻祝福。一个星期后，举办了焰火大会，同时，在霍夫堡旁边的棱堡前面进行了一场“大型的神话－象征表演”。

两座高 60 英尺（约 18.3 米）的假山被筑起。一座代表罗马神伏尔甘，另一座代表帕尔那索斯山，山顶上有 9 个缪斯女神，长发飘飘，穿着带裙撑的长裙，还有一个有翅膀的希腊神帕加索斯。两座山以燃放焰火的架子相连，背景处是婚姻神殿，顶上饰有帝国的雄鹰。皇帝本人用第一支火炬点燃了焰火，并由此点燃了 500 发烟火，象征着“全世界的胜利火焰同时燃烧”。一整夜的时间里，舞台布景随着露天表演场景的不断变化而推进推出，更迭变化。在某一个场景中

> 可以看到，右侧是坚固的奥地利塔状皇宫，左侧是西班牙的城堡，暗指西班牙纹章。两座塔楼各自饰有拉丁字母 V.A.（万岁奥地利）和 V.H.（万岁西班牙），从塔楼上面同时射放出 1000 支火箭烟花，从两侧小的发射台上各燃放了 100 支烟花。从这些发射台射出的烟花球在空中炸开，几千次的炸裂声过后，天空出现了字母 V.L. 和 V.M.（万岁利奥波德，万岁玛格丽塔）。
>
> 鼓号喧天，一阵高过一阵。

当晚的最后一募是“婚姻神殿的所有廊柱，锥形建筑部分和雕像上面的 7.3 万盏灯都点亮了，至少点燃了 300 个装有 3 磅火药的火箭弹。天空中飘浮着几个字母：A.E.I.O.U.（奥地利乃终极世界之国）”。

整个维也纳都变成了这些露天舞台剧和大型表演的舞台。经

过了多次的排练之后，1667 年 1 月 24 日，长达 4 个小时的马上芭蕾表演开始了。洛林的查理公爵带领着“天空之队”，蒙特库科利将军带领着“火之队”，迪特里施泰因亲王和冯·苏尔茨巴赫伯爵领衔“地之队”和“花之队”。利奥波德在新娘崇拜目光的注视下承担了最主要的角色，他一套服装的精美程度甚至超过了路易的服装。霍夫堡墙外装饰的金色布幔垂落而下，玛格丽塔·玛丽亚和她的婆婆透过霍夫堡的窗户观看着他的表演。在这场长时间的表演进行到一半的时候，

> 视线中突然出现了一个金星闪耀的圆球，圆球上方，“永生”之神坐在彩虹之上……然后球体打开，“永生神殿”展现眼前，15 位奥地利皇室过世的皇帝骑着高贵的战马，身着精美的长袍列队往神庙走去，他们后面是银色贝壳形状的“光荣”之车，里面有一颗巨大的璀璨明珠（寓意：新皇后就是一颗价值连城的明珠）。除此之外，贝壳车还展示了利奥波德皇帝这位第 16 位奥地利“恺撒”的画像。后面还有另外 3 辆车，上面载的是印第安人、鞑靼人和摩尔人俘虏。[9]

所有经过刻意设计的娱乐表演都在宣扬相同的主题，不仅是对新人的赞美，还在强调哈布斯堡家族的古风和传承。

美国人类学家克利福德·格尔茨（Clifford Geertz）首次提出了“剧场国家”来描述 19 世纪晚期巴厘王国的政治统治方式。[10] 这种说法用来描述哈布斯堡皇室的统治也很贴切。利奥波德好像有意识地改变了古老的哈布斯堡礼仪结构，即将在街头戏剧化展现的

入城仪式，以及像“金羊毛骑士”的宫廷礼仪表演，改成了更加大众化的真正意义上的“戏剧”表演形式。他把400多部作品搬上了舞台。[11] 在对霍夫堡宫进行了扩建之后，他统治期间所建的第一座主要建筑就是一座巨大的木质结构剧场。剧场由乔瓦尼·布恩纳西（Giovanni Burnacci）设计，背靠霍夫堡宫后面的防御工事建筑。剧场可容纳1500人，有3层楼座，运用视幻觉法绘制的天花板非同寻常，产生了巴洛克教堂那种高高在上的穹顶效果。利奥波德自己的音乐作品，比如幕间曲、咏叹调和伴奏曲，都在这个剧场进行表演，其中超过100首高质量的完整作品得以保留下来。他本人在很多精心制作的节目中担任过主角。在初期上演的假面剧中，有一次他和他年轻的皇后在一部名叫《阿西斯与加拉蒂亚》（*Acis and Galatea*）的剧中分别扮演了阿西斯和加拉蒂亚，画家扬·托马斯把他们身着金色、银色和鲜红色演出服表演的形象画了下来。在1667年下半年，利奥波德主动担纲出演了一部有更多说教台词的戏剧。

戏剧作品，包括假面剧和歌剧在内，是一种往往结合了隐含的道德意义和潜在的政治意义的娱乐形式。在詹姆士一世（James I）和查理一世（Charles I）统治下的斯图亚特王朝，以及意大利和西班牙，假面剧（和歌剧）都极为盛行。马德里的布恩雷蒂罗小剧场就非常成功，那里既有只给廷臣们看的剧目，又有开放给公众看的表演。哈布斯堡皇室运用平面艺术和绘画艺术技巧来展示他们的王朝所肩负的使命，对此我们已经在前几章做了主题陈述。在利奥波德时代，戏剧和音乐艺术（以及高度发展的巴洛克舞台管理技艺）是用来表现哈布斯堡王朝的使命，宣传神的拣选以及万代千秋传承等思想的新方式。宫廷诗人弗朗西斯科·斯巴拉（Francesco Sbarra）创作、马尔科·安东尼奥·切斯第（Marc Antonio Cesti）作曲的歌剧《金苹果》（*Il pomo d'oro*）中，利奥波德自己也参与创作了很多的咏叹调。这部歌剧（开场五个半小时后）并没有按照古典神话中讲述的那样，把送给世界上最美丽女人的金苹果送给几位互不相让的女神中的一位，而是送给了年轻的皇后。根据一套广泛发行的版画，最后一幕场景是《奥地利荣耀的王朝》，从中可以看出当时那些舞台设计真是将聪明才智发挥到了极致。

舞台的幕布升起，身披铠甲骑着战马的皇帝形象出现在舞台的正中央，他脚下是成堆的土耳其盔甲、刀剑、旗帜和长矛。皇帝的上方有两个有翅膀的丘比特，他们抬着一个象征胜利的巨大月桂花环。舞台左右两侧是高耸的古典廊柱，上面不伦不类地缠绕着藤蔓，还有缴获的纹章和更多的奥斯曼土耳其人的装备（使用这些带有土耳其特征的道具，是为了纪念1664年在圣哥达奥地利战胜土耳其）。柱子上面还有更多戴着月桂花环的丘比特。利奥波德人物形象上方的高空中，一个戴着王冠的形象骑在生着双翅的战马上，周围是立于云端的天神侍从。象征着哈布斯堡家族治下土地和城市的人物代表形象环绕在舞台的四周，既有肤色黝黑戴着羽毛代表印第安人的形象，也有代表欧洲人的形象。

一直到此处为止，整台表演与法兰西宫廷和其他宫廷的类似演出都并无二致。但是，“奥地利的荣耀”是体现在利奥波德之前的皇帝形象上的，他们身披铠甲的骑马形象立于青铜柱上，柱身之上绘制着标志他们曾取得的胜利的徽章。这种用人物形象生动展示哈布斯堡家族族谱的做法至少可以追溯到马克西米利安一世（Maximilian I）时期。他希望自己在因斯布鲁克的坟墓能成为王朝的神殿，于是在自己身边摆上那些祖先生动形象的青铜雕像。与腓力二世在埃斯科里亚尔修道院收集圣物的癖好相类似的是，马克西米利安收集了100多个“圣人”并宣称他们都属于哈布斯堡家族，这些圣人都由德国画家汉斯·布克迈尔（Hans Burgkmair）为他用画笔记录了下来。

把利奥波德描述为哈布斯堡家族胜利的象征成了固定的模式。1670年由杰拉德·凡·霍斯特（Gerard van Horst）绘制的多重含义的寓言画作中，利奥波德化身为不伦不类的大力神赫拉克勒斯，他全副武装，身穿罗马战服，头戴宫廷假发，手持一根与他同等高度的大棒。[12] 他站在神殿之外，脚踩刚刚被他杀死的三头蛇。这条蛇无疑代表的是奥斯曼土耳其人，还有另外两个敌人——异端和叛乱者。尽管画作取材于古典神话，但画中人却是基督教人物。他的脚边坐着圣母马利亚和婴儿时期的基督，基督被包裹在深蓝色的斗篷里，而这种圣母蓝是整幅画作的主色。画作中到处是十字形的物品：十字架、剑柄，甚至船锚的横档。[13] 战争女神警惕的目光之下，战败的土耳其人匍匐在地，而上身裸露的名望之神将胜利的花环套在利奥波德的头上。另一个戴着哈布斯堡家族雄鹰头饰的天使展示了一个顺服的女性形象，代表的是土耳其人的盟友，战败的匈牙利人。在神殿的台阶下，得胜皇帝豢养的宠物西班牙猎犬充满敬仰地抬头看着主人。它的身边是圣斯蒂芬王冠，再一次强调了利奥波德对敌对势力的胜利。

路易十四通过画像建立了“太阳王”的光辉形象，而利奥波德和哈布斯堡家族对于自己光辉形象的塑造也毫不逊色。但路易十四塑造的是自己个人的光辉形象，而哈布斯堡家族塑造的则是整个家族的传统形象。凡·霍斯特为路易十四画的一幅与利奥波德那幅画极为相似的画作中，就只有路易十四一个人，他身穿加冕长袍，脚踩冥府双头守门狗，手里拿着一根赫拉克勒斯的大棒，头上戴着胜利的王冠。这是一尊为巴黎市中心的胜利广场而设计的高约 13 英尺（约 3.96 米）的塑像。当年有人把它描述成“国王身后一位生有翅膀的女巨人正把一个月桂花环戴在他的头上……”这座塑像的题献是“献给这位不朽之人”，在大理石的底座上刻有他在位期间取得的 10 项主要功绩。塑像四周是 4 个青铜打造的俘虏形象，6 个描述路易战功的浅浮雕作品，4 个每天夜里点燃的火炬架。1686 年，人们为这座塑像举行了盛大的揭幕仪式，音乐震天，焰火和礼炮齐鸣。甚至国王本人也来观看了自己的新塑像。[14]

尽管表面上有很多相似之处，但利奥波德和路易十四的方法和意图却完全不同。路易竭力想在欧洲称霸，对此彼得·伯克（Peter Burke）在其具有高度原创性的研究中写道：

> 这位国王在他统治的过程中，疏远了（王权传统的标志和符号）却没有完全抛弃它们。他与中世纪的统治者不同，他不经常佩戴王冠，也不常拿着权杖或者“正义之手”（一种手持的权杖）。路易不常坐在王座之上。他接见阿尔及利亚和暹罗的使节的时候是极少坐在王座上的几次……所以给人留下的印象是，王座是一种古老而奇异的遗存，只是用来给东方人看的。甚至艺术作品中的国王角色也不是传统的国王形象，国王

> 常常身着便装，坐在椅子上，手里拿着一根指挥棒而非权杖来表现他的威仪。[15]

伯克接着指出，在亚森特·里戈（Hyacinthe Rigaud）给路易所画的那张最著名的画作中，路易手里拿着一根权杖，可是却拿倒了，而且他不是把它用作支撑，而是斜靠在上面，从他的王室斗篷下面能清楚地看到他穿的是便装。国王佩剑一半露在外面，而且没有宝球。他指出，在别的地方这位国王也常常以显赫个人示人。哈布斯堡家族的做法从任何一方面来说都迥然不同，两者的差别也越来越大。仿佛是要与法国君主的这种新统治形式脱开干系，哈布斯堡家族开始强调他们王朝的传统和祖制了。查理五世和腓力二世（同样还有腓力三世和腓力四世）可能在画像的时候不会佩戴王朝统治的标志，而他们的继任者却觉得家族标志似乎在服饰上面是很必要的。

利奥波德一世几乎总是使用王权的标志作装饰，或者与他的祖先一起展示在世人面前。就像他的祖父斐迪南三世和更远的祖先鲁道夫二世一样，他对点金术有着极为浓厚的兴趣。奥斯定派教士（和炼金术骗子）文策尔·塞勒（Wenzel Seiler）希望能用自己的技术打动利奥波德，于是在 1677 年“圣利奥波德日”那天把一个银质大勋章变成了金质的。在这枚大勋章上面，他铸上了全部 41 个皇帝，从法兰克国王法拉蒙开始，到利奥波德结束，利奥波德巨大的形象被铸在正中间。这枚大勋章及其诞生之日被认为标志着利奥波德新黄金时代的开始。

利奥波德希望这个黄金时代能够在他儿子约瑟夫手中得到延

续。他于 1690 年成功地推举约瑟夫成为罗马人民的国王。当新国王回到维也纳时，他所经过的拱门是哈布斯堡土地上建造的最华丽的拱门，可与法国建造的拱门相媲美，甚至有所超越。这座拱门由老费希尔·凡·埃尔拉赫（Fischer von Erlach the Elder）设计。两个巨大的查理五世立柱立在荣誉之门的两侧，在中间拱形上方的是一个大球，被扛在两个体态轻盈的巨人的肩膀上。球的中央站着新的“太阳王”约瑟夫，他高举着象征他权威的权杖，全身闪闪发光。球体的上方，一对骄傲的父母肩并肩坐在家族的雄鹰翅膀上面。旗帜、天使号手、大力士和性感的缪斯女神们围绕四周。同样的拱门依次排列建造在进城的路上。

后来的各代皇帝一直延续着这种标志性的象征做法。玛丽亚·特蕾莎由于性别的原因没能登基为皇帝，她画像时旁边常常放着其治下王国的王冠，就像马丁·凡·梅滕斯（Martin van Meytens）那幅著名的画作所描绘的那样，她的食指（放在顶端是一个小球的权杖上面）向下，暗示性地指着放在红色长毛绒垫子上的三个王冠。她的孙子弗朗茨是最后一个神圣罗马帝国皇帝和第一个奥地利皇帝。弗里德里希·冯·阿默林（Friedrich von Amerling）给他画了一幅画。画中的弗朗茨穿着他从未加身的“加冕袍”，头上戴着皇冠，手里拿着一根巨大的权杖，皇帝佩剑突出显眼，他脖子上挂着一堆军功章和其他勋章。权杖的宝球非常突出。弗朗茨的画像不仅参照了他祖先的早期形象，也参照了杰拉德给拿破仑·波拿巴（Napoleon Bonaparte）作的画。他是不受弗朗茨待见的新贵女婿，在画中他身穿天鹅绒加貂绒的加冕袍，一根大手杖的上端是法国的王室雄鹰，侧旁放着的不是王冠，而是一个显眼的宝球[16]，头上戴的也不是王冠，而是金质的胜利者的花环。这幅精心制作出来的具有丰富意象和象征意义的画作，无处不在展示这个新建立起来的拿破仑帝国的君权。虽然弗朗茨的“奥地利皇帝”的头衔跟拿破仑的皇帝头衔一样是新生事物（有些人认为拿破仑的皇帝头衔更缺少合法性），但相比之下，弗朗茨的形象却体现了哈布斯堡几个世纪以来的延续性。

* * *

通过出版物来进行宣传的老传统在马克西米利安时代之后日渐式微，如今又焕发了生机。在斐迪南三世和他儿子利奥波德一世的统治时期，对于哈布斯堡家族及其祖先的歌功颂德日益盛行，比起以前有过之而无不及。许多古老的手稿第一次印制发行，久被遗忘的书籍成套再版，比如富格尔撰写的王朝历史是广受欢迎的巨作，差不多是在一个世纪以前完成的，但直到 1682 年才得以出版。这些书籍的出版有的是皇室赞助的，但很多都是投机性出版，因为知道一定会有读者。因此，17 世纪的后半叶，宣传哈布斯堡家族主张的法律论述和宗谱不断涌现，数量之大前所未有。一种观点认为，这体现了哈布斯堡家族的不安全感，他们破天荒地需要通过这种广告形式来加强家族的威望和地位。然而，这些书籍，不论部头大小，赞颂的都是哈布斯堡家族汲取上天恩泽的能力和意愿。尤其是利奥波德，几乎一直沐浴在上帝的眷顾之中。他同样还代表着一个神圣不可侵犯的著名皇室及其利益。在一幅又一幅的画作中，他都以贵族皇室后裔的身份出现，而这种绘画风格一直延续到后来的一个世纪。哈布斯堡家族在斐迪南二世以后，表现出了鲁道夫和马蒂亚斯时代缺失的一种信心和决心。那是一种对热情洋溢的巴洛克风格的肯定，正是通过这种风格的描绘，斐迪南三世和他的儿子（尤其是后者）变成了神权君主崇拜的中心。

利奥波德积极参与制造了这一神话。他被尊为17世纪欧洲统治者当中最大的藏书家，也算是实至名归，但他可不仅仅是因为热心于收藏才这么做的。就像鲁道夫意识到了画作的威力和他自己的“魔力”一样，利奥波德也意识到了文字的力量。[17]他在维也纳建立的图书馆可与埃斯科里亚尔的图书馆相媲美，他利用那里的资源证明了影响范围广大、影响程度深刻、影响年代久远的哈布斯堡皇权的威力。他的这种做法是发扬了马克西米利安一世、查理五世和腓力二世留下的传统。利奥波德像他们一样都是“太阳王”，只是他沐浴的是基督之光。他打算从他的图书馆里挑选出一些手稿和其他珍贵的文字宝藏出版25部图书，从他这个庞大的出版计划就可以看出他的宏大志向。虽然最终只有8部书面世[18]，但已经足以体现这个工程的浩大了。他的图书管理员彼得·兰贝修斯挑选的都是关于哈布斯堡家族古老传承和王权方面的材料。为这套书选择材料，组织和编排内容，挑选插图，这一切都不是心血来潮。另外一些小规模的出版计划表现的也是同一个主题：利奥波德身上当之无愧地承载着上帝的眷顾，他和奥地利皇室会给世界带来光明和美好。

许多关于利奥波德形象的文字和图画作品被印制出来，是以普通民众为销售对象的。书中带有极具王朝色彩的卷首插图，这种做法是奥地利的特别发明。[19] 这种做法为作品比较深刻的主题和意图提供了更感性具体的提示。作者可能会写一段详细的奉献题词，比如吉姆堡男爵唐·胡安·费利佩·德·因扎吉（Don Juan Felipe de Inazaghi）在他写的《与奥地利皇室相关的法律研究》一文中，题词“献给和平君主利奥波德，世界上最优秀最伟大的君主，愿他常胜长生”。他的兄弟唐·安东尼奥在此大力奉承的基础上再加一句献媚之词——“一首关于伟大的利奥波德的主题史诗”，同时备上一页卷首插图来说明作品的深刻寓意。[20] 这篇用拉丁文写就的文章，其内容不过是对哈布斯堡家族古往今来的宗室进行了又一番未能脱俗的回顾而已。插图却更充实，更复杂，更具原创性。图画的左侧是利奥波德戴着月桂花环的半身像，他双目仰视着天空。两个长着翅膀的丘比特抬着一个瓮，瓮里生长着一棵月桂树，半身像置于瓮上，月桂树环绕在他的四周（寓意利奥波德的双重胜利）。

皇室的双头鹰飞翔在他上方，爪中抓着一个垫子，垫子上放置的是王冠和权杖。高天之上是代表基督的字母组合 IHS（亦可解为“以此为记，必将得胜” *In Ho Signo I*），从中射出一束光线，因此代表的是上帝之光。利奥波德脖子上挂着金羊毛骑士项饰，这束上帝之光投射在勋章上面的羊身上之后马上变成了基督的字母组合。反过来这束光又投射到下面的世界和另外两个丘比特抬着的他的画像上（由此利奥波德便受到双重的上帝之光的照耀）。实际上是三重照耀，因为要完成这一部分，圣母马利亚要用她的魔杖触碰变换中的白羊和组合字母，而用左手指向天堂。从她的胸膛放射出的光芒又投映在这位皇帝身上。[21]

对于当时的人来说，这些图画和其他类似的图画中隐含的意义是显而易见的。[22] 如今 3 个世纪过去了，对于我们这些在世俗社会中长大的人来说，许多类似的图画就像埃及的象形文字一样神秘难解。这张版画，以及许多类似的版画，以哈布斯堡家族独有的视觉交流方式展示了天主教和王朝主题密不可分的关系。其中曲折复杂的结构与现实社会结构遥相呼应。反宗教改革可以说是无处不在：从斐迪南二世皇帝和他的后代极为偏爱的大量设立圣母马利亚像的做法，到对圣约翰 · 内波穆克（St John Nepomuk）这样的“本国”圣人的新崇拜，一直到哈布斯堡家族统治的土地上兴起的大量新画作和教堂装饰品。教会的节庆仪式呈现出前所未有的献身精神和规范性。哈布斯堡家族的统治者无一例外全都沐浴着上帝之光，利奥波德仅是这万神殿中的一员而已。他为何如此强调自己是传统王权的代表人物，我们只能推测，而这种做法出现的时候，正值哈布斯堡家族的传统价值观和做法面临着非常危险的新挑战。

利奥波德面临的政治难题比斐迪南一世以来的任何一位前任遇到的都要大，也更复杂。从 17 世纪 60 年代开始，他受到了来自东面的双重威胁，一个是东山再起的奥斯曼土耳其帝国的扩张，另一个是匈牙利“国家”坚决不想放弃独立，而且匈牙利新教徒也不愿意放弃宗教自由。尽管波希米亚人只打了一仗就溃败了，匈牙利人却进行了长期而艰苦的战争，既在公开战场作战，也有游击战。匈牙利的大部分地盘并没有归属哈布斯堡家族，而是在土耳其人的封建统治之下，当地的匈牙利和特兰西瓦尼亚领主向土耳其人交税表示效忠。因此，在东部，这条三头蛇，即异教的土耳其人和新教徒及社会动乱互相交织，同时出现在这片土地上。

西面的情形也好不到哪去。1648 年签订的《威斯特伐利亚和约》(*Peace of Westphalia*) 的直接后果是哈布斯堡皇帝的权力比以前更弱了，尤其是利奥波德为了确保获得推举当上皇帝，不得不做出大量政治上的妥协。他只有通过与大批的独立国家结成错综复杂且不堪一击的联盟才能在德意志施加自己的影响力。与东面土耳其的威胁不相上下的，是西面日益壮大的法兰西势力。要说有哪个国家从“三十年战争”的恐惧和经济灾难中获利了，非法兰西莫属。绝大多数时间里，这场战争并没有波及法兰西的领土，在其他竞争者在经济上和军事上的损失都已经达到了极限以后，法兰西才参战，所以法兰西得以在最后的决战中把最好的东西收入囊中。对于奥地利和西班牙的哈布斯堡家族来说，法国的意图盖过了其他一切担心，因为路易十四决心要成为一个伟大的征服者，做恺撒当之无愧的后裔。他索取西班牙治下的部分尼德兰地区，理由很牵强：按照佛兰德斯的法律规定，此地真正的继承人是他的西班牙裔妻子，而非她那同父异母的弟弟卡洛斯二世。他决心要把弗朗什－孔泰“收复”回来，最终把洛林也拿回来，还要加上一些像斯特拉斯堡那样的重大战略城市，这一过程被美其名曰“统一”大业。[23] 利奥波德对西班牙的领土尼德兰和弗朗什－孔泰非常关注，不仅是出于对家族的忠诚，也是因为他认为，考虑到西班牙的国王卡洛斯二世身体残疾，健康堪忧，前途未卜，这些地区可能很快就会成为统一的哈布斯堡王朝的领土的一部分。

与法国的交锋沿着既相连又独立的两条战线展开。政治斗争在许多传统的历史中已有记载。双方在文化方面互争高低，这方面的分析一直都是艺术史学家的事情。[24] 他们常常武断地认为哈布斯堡家族只不过是跟在法国人后面亦步亦趋。因为毕竟那个时代被称作“路易十四时代”，而不是“利奥波德大帝时代”，甚至在从前属于哈布斯堡的领土上也没有这种说法。这种说法否定了利奥波德高超的文化政治手腕富含的智慧和原创性。在这方面我不想说太多。回头看看巴黎的文化以及最近的凡尔赛文化，效仿的痕迹比比皆是。厄恩斯特·罔格曼（Ernst Wangermann）指出，约翰·费希尔·凡·埃尔拉赫 1688 年首次承担的工程是要在申布伦（Schönbrunn）建造一个巨大的宫殿来替代原有的狩猎休憩屋（但没有建起来）。计划是要建在山顶上（就是现在美泉宫凯旋门的所在地），这样四面八方的人们就都能看见这座巨型建筑了。宫殿下面要建造各种洞穴、瀑布、水池、林荫小径和巨大的传统式花园。埃尔拉赫“一边回忆一边构思要如何超越凡尔赛宫……显然是打算把它建成哈布斯堡王朝超过新贵路易十四的象征性建筑”。[25] 也许爱德华·克兰克肖（Edward Crankshaw）对于这个空想的描述最为贴切。

> 这座建筑仍称为皇家狩猎休憩屋，但却是一个巨大无比的宫殿。面朝城市方向的巨大入口两侧是两根同样的柱子，上面饰有螺旋形的浮雕，顶端是皇家的雄鹰。柱子后面两层楼高的警卫室挡住了视线，楼后形成一个封闭的巨大空场，可用来进行马术表演和其他骑马的娱乐活动。两个巨大的圆形水池里有两个一模一样的精美喷泉，使这块空场显得不那么空旷。空场四周是更大规模的不规则形状的水池，里面有更多的喷泉，后

> 面是石头假山。
>
> 水池的四周是围墙花园，这些花园和喷泉将这块用于通行或马术表演的空地与通往宫殿的道路分隔开来。两条坡道通往依山而建的另一个台基，台基之上是有廊柱的挡土墙，排列着真人高度的雕像。两条坡道分别通往一个壮观的大花坛的两侧，花坛里建有更多的水池和喷泉及花圃。这个花坛对宫殿本身起到了影壁墙的作用，要进入宫殿里需经过另外两条坡道，这两条坡道从一个巨大的圆形空场的中央穿过，两侧是这个建筑群里最大的水池，通往宫殿大门的车道绕水池而过。巨大的古典式门廊以羽翼作雕饰，羽翼向前突出弯曲形成半圆形，使车道处于半封闭状态，然后沿两侧延伸出去，装饰着宫殿正面。两层楼的宫殿一共有 150 扇窗户，每一处垂直立面上方都有雕像，使建筑物的轮廓不再单一。两座巨大的十字形穹顶亭阁分列在宫殿的正面两侧。[26]

类似这座建筑的宏伟气势你也可以在当今的维也纳领略一二，只要由下贝尔维蒂宫步行至上贝尔维蒂宫，从为欧根亲王修建的数座宫殿中就能感受到。这组建筑比起原本计划修建的美泉宫，只是一个微小版，但是巧妙运用山势风景特点所产生的效果则跟后者不相上下。

* * *

利奥波德面临着方方面面的问题。首先也是最重要的问题是，1678 年他在第三次婚姻中生下了约瑟夫后才有了男性继承人。他于 1666 年首次结婚的时候，还是哈布斯堡家族奥地利皇室唯一的男性子嗣，虽然这一皇族人丁兴旺，但是他同父异母的兄弟和堂兄弟们都被死神接走了。只有利奥波德和西班牙王室病快快的卡洛斯二世活下来，延续了哈布斯堡的姓氏。1667 年 9 月，利奥波德的第一个孩子，也是第一个儿子出生，但是他激动的心情维持的时间不长，因为孩子在 6 个月大的时候夭折了。利奥波德和玛格丽塔的第一个女儿玛丽亚 · 安东尼娅活到了成年。另一个儿子约翰 · 利奥波德出生于 1670 年，当时利奥波德身染瘟疫命在旦夕，他的这个儿子也只活了几天时间就夭亡了。最后，他的妻子于 1673 年 3 月 12 日过世，至此他的悲伤超出了所能承受的极限。利奥波德写信给他的老朋友格拉夫 · 伯廷（Graf Pötting），倒出了满腔的苦水。格拉夫曾陪同他去马德里拜访过西班牙宫廷，为他的婚姻进行过复杂的斡旋。利奥波德的信中部分是德文，部分是西班牙文和拉丁文，偶尔还写几笔意大利文。他以这种奇怪的混杂语言告诉格拉夫说，他现在能理解约伯的悲伤了，因为他“最爱的妻子”持续发烧了 8 天之后“令人心碎”地离开了人世。在她去世后人们发现她已经怀有身孕，是一个健康的男孩。利奥波德在他的日记中写道：“我的心碎了……但还是会一如既往地遵从上帝的旨意。”[27]

没过几个月，他的廷臣们就巧妙地暗示他，为了保证社稷大计，他应该考虑再婚的事情。利奥波德拒绝讨论这个话题，而是全身心地投入安魂弥撒曲的创作中，以纪念自己的亡妻。尽管哈布斯堡家族的婚姻许多都是出于政治目的，但似乎也不乏真爱。对于孩子的夭亡，哪怕是出生没几天的婴孩的死亡，父母即使表面上说要服从上帝的旨意，但他们的痛苦想必也是发自内心的。而利奥波德在再婚的问题上也不那么固执了，6 个月后他就娶了哈布斯堡家族的另一位公主，蒂罗尔的斐迪南 · 查理的女儿克劳迪娅 · 费莉西塔斯（Claudia Felicitas）。她年轻迷人，对自己所担负的光荣使命很清楚。但是对于利奥波德来说，她“与我唯一的玛格丽塔无法相提并论”。两年半以后，他的第二任妻子逝去，仍然没留下任何男性子嗣。安葬第二任妻子后，只过了几个月，他又第三次结婚。普法尔茨 · 纽伯格的埃莉奥诺拉不仅比利奥波德寿命长，还给他生了 10 个孩子，其中 6 个活到成年。他们的第一个孩子是儿子约瑟夫，出生于 1678 年。第二个儿子利奥波德 · 约瑟夫却在 1684 年死于天花。他们的第三个儿子查理出生于 1685 年。约瑟夫和查理都先后继位当了神圣罗马帝国皇帝。而他们所有的女儿都起名叫玛丽亚（因为夫妻俩都对圣母有着非同一般的狂热崇拜），其中大多数的寿命都比她们的兄弟们长。

利奥波德完成了他的第一个使命——传宗接代。但是哈布斯堡家族出生的女孩比男孩多，而且女性比男性更健壮，这种情况一直延续到了下一代。约瑟夫和查理的儿子都是婴儿时期就夭亡了，整个家族面临着当初令利奥波德十分害怕的命运，即由哈布斯堡家族的男性子嗣形成的父位子承或弟继兄位的传承面临着后继无人的局面。17 世纪后期出现了巨大的恐慌，人们担心欧洲的人口急剧下降，尤其是在西班牙以及遭受过三十年战争及后续冲突破坏的那些国家。16 世纪的哲学家乔瓦尼 · 博泰罗（Giovanni Botero）的这段话似乎很有预见性：“如果说西班牙是贫瘠的不毛之地，那绝不是指土壤问题，而是指人口稀少。”[28] 无法生育健康的继承人，因为婴儿的夭亡或因瘟疫而失去子嗣这个问题不仅仅是哈布斯堡王室的困扰。甚至法兰西宫廷也因为婴儿的夭折和瘟疫遭受同样的严重困扰，于是才出现了路易十四的王位由其曾孙继承的结果。

整个欧洲都在关注西班牙王位是否后继有人。卡洛斯二世从一降生就被认为随时有殒命的可能，但是他活了 39 年。法兰西派驻西班牙的大使极力渲染他身体的残疾和心理的衰老。哈布斯堡的外交官们，比如冯 · 伯廷，以及更有成就的弗朗茨 · 冯 · 利索拉（Franz von Lisola），更倾向于强调他生气勃勃的一面。卡洛斯并不是像大多数历史中描述的那么愚笨。他的身上不乏精明，也不缺少主见。当他 1675 年 11 月开始正式理政之时（他 4 岁就登基为王了），就拒绝在一份延长其母亲摄政期的文件上签字。显然，他能够理解并签发法令，能据理力争并做出政治判断。他走路困难，基本上是文盲，但是他也具备他祖先身上许多很明显的性格特征。他和与自己同名的查理五世皇帝（即西班牙国王卡洛斯一世）一样固执，与堂兄利奥波德一世皇帝一样虔诚。他认同哈布斯堡家族是为上帝而生的思想，很乐于在画像中以跪拜圣体匣的形象出现。他也具备西班牙国王应有的钢铁般的自律。为庆祝他与路易十四的侄女玛丽 · 路易丝结婚，马德里市长在广场上举行了长时间的会审判决仪式。他连续 14 个小时坐着观看那些没完没了的阴森景象，只是每小时会起身一会儿解决一下“内急”。

他尽管身体受限，但是性欲却很强，这一点可以从他御医们谨慎的言辞中清楚地看出来，当然前提是他们的话很可信。一位名叫勒贝纳的法兰西外交官还就此事向王后本人求证。他向路易十四报告说：

> 她急于向我吐露一些她从来没有告诉任何人的心事，即她虽已不是处女，但就她自己理解，她认为自己永远也不会生孩子了。她的教养使她无法做更充分的解释，而我出于尊敬也无法深问。但是从她的言谈话语之中我能看出，因为国王的精力太过旺盛而造成了一种身体虚弱。陛下，最终的结果用医生的话说，就是消化不太好。[29]

西班牙人认为国王或者是王后受到了诅咒，阻止了西班牙政权继承人的诞生。或者法兰西国王在作祟，给王后吃了堕胎药让她生不了孩子，使王位继承人长期空缺。路易十四的母亲是西班牙人，腓力三世的女儿，如果西班牙王室没有继承人，她的后裔就可以继承王位，由此西班牙王权就顺理成章地落入了波旁家族的手中。路易十四的儿子，即法国王太子，是“毫无疑问的顺位继承人和唯一合法的继承人”。[30] 1689 年玛丽 · 路易丝去世（有人说是被毒死的）的时候，卡洛斯便面临着迎娶新王后并为西班牙生出一位王位继承人的巨大压力。选中的人是先王后的妹妹玛丽亚 · 安娜，可她跟姐姐一样命运不济。

卡洛斯的新陈代谢很不稳定。他持续一个月间的身体状况可能都会是英国大使斯坦霍普（Stanhope）1697 年所报告的样子：

> 他的体质非常虚弱，完全不是他的年龄应该有的状态，总让人担心会不会遭遇不测。他生病的时候头发基本掉光了，索

> 性就全都剃光。他所有戴王冠的形象都是秃头。他的胃口很好，吃的食物都是一口吞下，因为他的下颌太突出，上下两排牙齿根本对不上。为弥补这个缺陷，他的食道特别宽大，能顺利吞下一整块鸡胗或者鸡肝，但是他虚弱的胃却无法消化，于是吃进去的东西就直接排泄出去了。

可用不了几天，他可能就完全康复了。这种情况年复一年地重复着。1699 年夏天，斯坦霍普又写道：

> 这位天主教国王陛下的身体明显地越来越糟糕。星期四，他们让他参加了庄严的圣体节公众游行，但是游行时间由于他的身体原因而大大缩短了。他的身体非常虚弱，任何一个见到他的人都说他的腿根本站不住，一路磕磕绊绊地打晃。这也在意料之内，因为之前他在自己的住处走路的时候，就虚弱腿软，每天都会摔倒一两次。有一次摔倒时伤到了一只眼睛，弄得那只眼睛明显肿胀，青一块紫一块。而另一只眼睛则深陷进眼窝里面。人们说是因为他的面瘫致使神经萎缩了。

几个星期后的 8 月 17 日，他又写了一篇修正文章。“天主教国王陛下的身体又奇迹般地恢复如初了。以我的判断……他现在的气色就跟我记忆中他身体最好的时候是一样的。”[31]

在他健康状况比较好的情况下，卡洛斯面临的压力就是解决传宗接代的问题。这里所说的“好”几乎都是指他的身体而不是精神状况而言。他最重要的问题就是不要让西班牙王权后继无人。

而其他欧洲国家，尤其是英国和尼德兰共和国，都既不愿意看到西班牙整个落到法兰西手里，也不愿意看到哈布斯堡帝国又回到查理五世统治时代的强大。而利奥波德则决心要让自己的小儿子查理继承西班牙的领土，约瑟夫按合法顺序继位当上皇帝。如果不行，他就准备接受他的大女儿玛丽亚·安东尼娅和巴伐利亚的马克斯·伊曼纽尔所生的儿子，因为他有一半的哈布斯堡血统。不幸的是，这位年仅 6 岁的巴伐利亚王子，这位不得已条件下备选的理想候选人，却于 1699 年突然身亡，致使哈布斯堡王朝和波旁王朝不得不面对正面的冲突。

1700 年 10 月，卡洛斯大限将至。10 月 2 日，他下令拟定遗诏，但是王位继承人的名字没写。第二天，在枢机主教波托卡雷罗（Portocarrero）和一个公证人在场的情况下，这个关键的名字被写进了遗诏。他把自己的王国全部交到了法国王太子的第二个儿子安茹公爵手里，如果他不能继位，则传位给他的哥哥贝里公爵，如果这两个候选人都不能继位，则传位给查理大公。但是，他昭告天下，继位者必须继承他的全部领土，“绝不允许我光荣祖先缔造的王国有一丝一毫的分裂和减损”。这件事差不多超过了他的承受极限，他得了伤寒。10 月 8 号，他的御医报告说他腹泻严重，“19 天的时间里泻了 250 次”，生命危在旦夕。但是他又一次逃过劫难，几乎是奇迹般地恢复了健康。他为维持和平的局面做出了最后一次努力。他在自己的遗诏里增加了一个附加条件，即他希望安茹公爵能娶哈布斯堡王朝的公主，由此将敌对的两个王室团结在一起。这件事让卡洛斯劳神伤身到极点，他的身体又垮了。整整一个星期都是王后尽心尽力地用调羹一勺一勺地喂他喝下珍珠奶（就是把珍珠粉溶在牛奶里），但是他的情况还是越来越糟，耳朵完全失聪了。

他的御医们竭尽全力地挽救他的生命。他们让人把斑蝥，也就是西班牙苍蝇的提取液涂在他的脚上，以起到刺激作用。把刚杀的仍然带着体温的鸽子放在他的头顶上，用来吸走不健康的体液防止头晕。他的体温仍然持续下降，于是在 10 月 29 日的夜里，医生们用新宰杀的动物内脏盖住他的身体以使他恢复身体能量。此时他已经不能说话了，拒绝他们任何进一步的服侍。最后他们下令用大量的止血疗法所用的称为“生命之水”的液体给他沐浴。这么做让他连续四个小时大量出汗，这个结果被认为是很有希望的迹象。他的情况有所改善，他又能开口说话了。人们开始准备庆祝这一上天赐予的康复。发冷和发烧的状况似乎已经过去了，国王开始睡觉了。然而，在 11 月 1 日的凌晨，他的情况迅速恶化，2 点 49 分，他停止了呼吸。

次日上午，枢机主教波托卡雷罗下令公布 10 月 3 日立下的国王遗诏，并向凡尔赛宫派去了信使。当消息传到维也纳的时候，利奥波德加强了备战的力量，因为他当时认为战争一触即发。他派出军队去保障奥地利和意大利边界地区的安全，并密切注意德意志的动向。指挥官是年轻的萨伏依亲王欧根，他曾经在 1697 年的森塔战役（battle of Zenta）中战胜了土耳其人。利奥波德等待的时间并不长。“西班牙王位继承战争”是他在剩下的日子里始终劳心费神的事情，也让他的儿子约瑟夫一生都不能掉以轻心，使得许多利奥波德政权早年的担忧重新浮出水面。

法兰西的巴伐利亚联军入侵了蒂罗尔，同时，匈牙利人在法兰西提供的资金和武器支持下再次对哈布斯堡王朝发动反叛。就只差土耳其人还没有再次发动进攻了，不过也构成了一股威胁力量。但是，哈布斯堡家族联合英国和尼德兰进行了反击。匈牙利的反叛被粉碎，土耳其人也没能付诸行动，非常重要的是，奥地利军队在欧洲名声大震。多年与土耳其人在战场上作战的胜利并不算什么，因为与他们打仗被认为是与落后的军队作战。奥斯曼土耳其人在技术上落后欧洲至少 50 年确实是不争的事实。然而，他们无所畏惧，打仗也很有经验。比如像巴登的路易斯 · 马格雷夫（Louis Margrave）等“土耳其的将领们”在奥地利如雷贯耳，不过他们在奥地利之外却没什么名气。利奥波德的军队在数量上与法兰西的军队相差悬殊，1683 年就没能阻止土耳其人对维也纳的围困，还是依靠德意志和波兰联军解救了这座城市。利奥波德选择的统帅欧根亲王，和英国将军马尔伯勒在布伦海姆、拉米伊、马尔普拉奎特和奥登纳德（Oudenarde）取得了一连串的惊人胜利之后，奥地利军队的弱小形象改变了，他们第一次被看作是主要的军事力量，取代西班牙“大方阵”，扮演起关键的角色。

这一新树立的勇猛形象产生了立竿见影的效果。与 1657 年利奥波德刚继位时相比，1700 年时他统治的领土面积几乎翻了一番。曾经哈布斯堡家族在匈牙利统治的只是一片狭长地带，奥斯曼土耳其人兵临维也纳城下，而如今土耳其人被打退到了贝尔格莱德以外的地方。当然，土耳其人的威胁并没有完全消除，他们仍显示出惊人的力量和反击能力。匈牙利人也绝不是温顺的子民，在利奥波德统治的末期，他们又一次揭竿而起，一举收复了前几年所有的失地。尽管战争不断，叛乱的威胁始终存在，但是哈布斯堡王朝向东挺进的步伐势不可当，改变了帝国政治经济的格局。

1705 年 5 月 5 日，利奥波德安详离世，享年 65 岁。1705 年 4 月 17 日，皇室大管家哈拉什（Harrach）伯爵写道，皇帝先是取消了医生建议的拉克森堡（Laxenburg）的例行之旅，接着好像心脏出现了几次小问题。给他通肠之后感觉情况大为好转，他甚至精神矍铄地为意大利歌唱家安吉洛·格里马尔迪（Angelo Grimaldi）伴奏。但是 3 天以后病情再次出现反复，他把自己的告解神父召到了面前。在他生命的最后几个星期里，皇后都没有离开过他的房间。在最后一周内，她一直陪在他的身边，甚至衣服都没换过。4 月 26 日，利奥波德签署了最后的遗嘱，将所有权限移交到了约瑟夫的手里。5 月 5 日中午，他与所有的家人道别。刚过中午，他感到大限将至，于是命令乐师们进入他的房间。在丧礼蜡烛的烛光里，乐师们轻柔地演奏着皇帝自己创作的乐曲，皇帝在乐声中安然长眠。他复杂考究的葬礼仪式我已经在上一章做了描述。利奥波德在位近 50 年，他的去世并没有引起任何动荡，因为他已经就政权移交做了妥善的安排。耶稣会习惯称他为“利奥波德大帝”，而著名的哲学家戈特弗里德·威廉·莱布尼茨（Gottfried Wilhelm Leibniz）写了悼词：

哈布斯堡，
致您的永恒荣光，利奥波德
您昭示我们何为神圣与伟大：
神圣与伟大不灭[32]

这是一个无法实现的希望，至少不会马上实现。约瑟夫和查理都没有遵从他们父亲严苛的道德标准。二人遵从的是被微妙地称为“法国骑士风度”的行为标准。约瑟夫总是跟他的父亲意见相左，有一部分是个性原因，而大部分是政治原因。他更像母亲，个头比利奥波德高，肤色白皙（而他父亲比较黑），有一双蓝眼睛，个性暴躁好动，这一点跟父母都不像。1699 年，他迎娶汉诺威的阿玛利娅（Amalia of Hanover）的时候，他的岳父就被提醒给女儿随行的侍女中不要有“貌美狐媚”的女子。罗马甚至出版了一个小册子，用一定篇幅描写了这位皇帝的风流韵事[33]，教会竟然也没有出面干涉。1705 年 5 月，奥尔良公爵夫人写出了大家的共识：“现任皇帝风流成性已经不是什么秘密了，全世界都对这件事津津乐道。”[34]

在政治上，他被认为是现代派，看不惯老派的做法。随着年龄的增长，约瑟夫在行为习惯和看法上都已经固化下来，为此他与利奥波德发生过很多次争执。但是年迈的皇帝很精明，他看出与法兰西之间的战争不可能以旧时的方式进行，于是给了约瑟夫和他的支持者很大的活动空间。玛丽亚 · 特蕾莎的儿子，那位第二个叫约瑟夫的皇帝，对他这位同名的叔祖满怀敬畏，把他当作自己积极改变和改革的榜样。不仅如此，他还给他母亲与利奥波德的传统主义画了等号。查尔斯 · 英格劳（Charles Ingrao）在其对约瑟夫一世进行的新研究中表明，约瑟夫一世（Joseph Ⅰ）的确对帝国有着系统的改革方案，但是与约瑟夫二世的志向在细节上没有共同之处。[35]

在位者和继承人之间的紧张关系，比如利奥波德一世和约瑟夫一世之间，玛丽亚 · 特蕾莎和约瑟夫二世之间，后来的弗兰茨 · 约瑟夫和鲁道夫之间（甚至最近的弗兰茨·约瑟夫与弗朗茨·斐迪南之间）的紧张关系，也许是这种新的长子继承制度造成的不可避免的结果。在其余的哈布斯堡成员中，只有弗朗茨二世（一世）与继承人之间能有良好的关系，但那也是因为父亲强势，儿子脑袋不灵光且听话的缘故。[36] 在其他国家的王室中也存在类似的问题，但就哈布斯堡皇室来说，也许只是老的紧张关系以一种新的形式表现出来了而已。同代人的冲突变成了两代人之间的冲突。1703 年 9 月，利奥波德确立了一种前人从未尝试过的皇位继承制度。哈布斯堡家族有一系列家族章程，这些章程一直沿用到 20 世纪。他在其中第一个章程里严格规定，皇位首先由儿子来继承，再依次按顺序轮到直系中最小的那个儿子的女儿们。这样就把他女儿的后代排除在外了。这是依据他在复杂的西班牙王位继承问题上的经验所做出的决定。尽管他有两个儿子，但在他们之后的继承人就只有约瑟夫的两个女儿了，因为查理还没有结婚。对于皇位继承人的这种限制，也就是宁愿选择一个关系更近的女性继承人也不要关系远一些的男性继承人，到了查理六世的时候有了更进一步的发展，查理继承了他哥哥的皇位，却不愿意遵守他父亲定下的规矩，而是创立了自己的规矩，定他自己的直系为绝对首选。

人们认为约瑟夫在某些方面算是个早期的改革者（但在其他方面是首要的保守派），而他弟弟则复辟了他祖父那一辈实行的制度。这两种看法都不对。约瑟夫 33 岁的时候死于天花，完全出乎意料。这种疾病富人穷人都逃不掉。18 世纪的时候，两位皇后、6 位皇子公主、萨克森选帝侯和巴伐利亚选帝侯都曾是这种致命传染病的受害者。御医提出的治疗方法根本没有奏效。他们坚持要把他关进一间密封的房间里，不能见风，不能有空气流通。用长约 20 码（约 18 米）的英国法兰绒布把他紧紧地包裹起来。约瑟夫根本不信任这种做法，在他被包裹起来关进密封的屋子里之前，（根据汉诺威的大臣罗伯松所述）他把自己所有情妇的信都退了回去，祈求皇后原谅他的不忠行为并做了忏悔。他于 1711 年 4 月 17 日去世。当时他的弟弟同时也是继承人查理还远在巴塞罗那，维护自己的西班牙王位。直到 9 月查理才得以登上去意大利的船，把他的妻子不伦瑞克的伊丽莎白留了下来，等到安全的时候再与他会合。他们在维也纳再相见时已经是两年以后了。

从外貌上看，查理结合了父母的特征。1703 年，他即将动身去西班牙继承王位，一位在当时举行的晚宴上见过他的人这样描述他：

> 中等个头，身材瘦削，腿很细。一双褐色明亮的大眼睛，眉毛也是褐色的。长而挺直的鼻子，双颊有点松弛，下唇突出。面部表情有点僵硬阴郁，脾气看起来有点急，因为每次他拿东西、切肉或者把盘子推到一边去时，动作都很急，非常明显。[37]

查理与查理五世以来所有的皇帝相比都是游历最广的皇帝。他在去西班牙的路上访问了英国，安妮女王接待了他，大部分时间都有宫廷侍女的陪伴，这些人都是女王特意挑选来取悦她的客人的。晚餐后，他与女王打牌，跟女王道了晚安并受赠了价值 5 万英镑的珠宝礼物以后，一群英国美女陪伴他回到他自己的住处。然而，他觉得这些英国人太吵闹了，不愿意应邀再来。经过了长时间的海上之旅，他于 1705 年 8 月抵达巴塞罗那，之后的 6 年时间里，他都忙着处理这个新王国的繁杂事务。虽然是要登基做新帝，但被召回国他还是不高兴。他已经离开维也纳将近8年了，而且，在他到达西班牙不久就结识了他的西班牙情妇，时年18岁的皮尼亚泰利－贝尔里加多（Pignatelli-Belriguardo）女伯爵。当他的妻子于1708年来到巴塞罗那以后，他把自己的情妇嫁给了他的王室侍从埃尔桑伯爵。埃尔桑是国王的骑兵长官，住处离查理的房间很近。他和这位新晋的埃尔桑伯爵夫人每天都在同一时刻会面。如今她陪同他去维也纳，而他妻子却留在了巴塞罗那。

大多数关于查理六世的文字描述都指出，他强制大家严格按照西班牙的宫廷礼仪行事，好像对他失去的那个王位始终耿耿于怀。[38]但是西班牙的传统早已经深植于维也纳宫廷，他几乎没做过什么创新。与其说是“西班牙风格”，不如说是哈布斯堡风格，这种风格是在刻意对抗强势的法兰西风格。最显著的差别就是奥地利宫廷的宗教虔诚。更习惯于法国宫廷轻松环境的黎塞留公爵在参加了一次特别难熬的“大斋节”以后，写信给枢机主教波利尼亚克说：

> 我在大斋节期间度过了一段很虔诚的日子，其间我没有一刻闲暇时间。我承认，如果我知道在这里做大使的日子是这样的，无论如何我都不会接受这个职位……只有最健壮的方济各会托钵僧才能忍受大斋节期间的生活。为了给阁下您说明白，我告诉您，从棕枝主日到复活节星期三，我一共与皇帝一起在教堂度过了100个小时。

教堂外面的大街上，成群的人用鞭子抽打自己，他们胸前还挂着写有自己罪恶的告示。另外一些人则以苦行僧的模样拖着沉重的链子或者背着巨大的十字架穿行在大街上。绝大多数人都戴着面具。许多维也纳人加入行进的队伍还有苦行队伍中。但有人注意到，人们日常生活中受到束缚，不能在公共场合表露情感，现在因为面具及其隐蔽性得到了释放，发生了“很多渎神的交媾事件”。这种公众悲伤情感的强烈爆发与西班牙的圣周纪念活动互相呼应（直到今天还能见到），是城中任何其他活动都无法相比的。对于皇室和普通公民来说，大斋节的高潮是“濯足星期四”，那天皇帝会在霍夫堡接待 12 位贫民，模仿基督的样子郑重其事地给他们洗脚。受难节那天，皇室成员会依次去城里的每个教堂，到坟墓前祷告。复活节那天就是幸福的解脱。

复活节一过，皇室就举家去往小小的哥特式拉克森堡，它坐落在湖中央，那里有很棒的猎鹰。整个宫廷集体出动，而那个小城堡太小了，只有皇室成员和他们的贴身侍从才能住在里面。在那里他们就是放松，生活非常随意。夜里皇室成员会与选出的一些廷臣举行台球比赛（这是皇帝和皇后非常热衷的活动）。7 月，皇室会到市郊新建的法沃里达宫，这是利奥波德下令兴建的，用以替代 1683 年被土耳其人烧毁的那座宫殿。法沃里达处于很好的狩猎地区，在这里射击比赛取代台球比赛成为首选的消遣，查理和伊丽莎白以及他们的女儿们个个是好射手。皇帝还喜欢扛着步枪整天待在林子里打鸟和其他小动物。在拉克森堡和法沃里达都有一些行为规范，但气氛是轻松愉快的。他们谁也不乐意在 10 月回到城里，去过霍夫堡那不自在的生活。

哈布斯堡家族年复一年地重复着这种固定的生活方式，度过不同的季节。而欧洲的许多贵族和王室家族也和他们一样。在城里生活时的礼仪和在乡村时的礼仪有很大区别，比如，查理六世一旦离开霍夫堡，就会脱掉西班牙斗篷，省掉宫廷的礼节。他的女儿们也一样，她们可以放轻松，脱下宫廷裙装和紧身衣，换上骑装[39]和舒服的猎装。大家普遍认为，哈布斯堡宫廷由于严格的礼仪束缚而僵化成了一潭死水。这种看法有正确之处，但大部分都是他们凭空编造的传奇故事而已。

哈布斯堡宫廷的管理方式和展示在人前的一切都越来越有意识地与法国风格区别开来，保持这种不同已经成为一种职责，一种爱国的表现。在利奥波德一世时期，宫廷服饰和一切装饰都是西班牙式的。维斯博士（Dr. Vehse）通读了关于那段时期的几乎所有的日记和第一手的文字叙述材料，他对当时哈布斯堡宫廷的特点描述得非常准确。

> 霍夫堡皇宫内部最突出的特点是精心设计出来的壮丽感。皇宫呈现出奇怪的拼凑风格，将奥林匹斯山众神的欢宴、西班牙修道士的简朴和兵营的严格纪律结合在一起……宫廷的服饰是西班牙式的，主色为黑色。宫廷侍从的服饰与帝国纹章的颜色相同（永远是黑色的双头鹰置身于金黄色的背景中）。马车主管的服装总是跟别人不一样，黄色的天鹅绒般的皮上衣，配黄色天鹅绒帽子，帽子上插着一根白色的羽毛。皇室的所有马车都是黑色的，而皇帝只乘坐他的红色“御驾马车”。皇帝和廷臣们都穿着西班牙的服饰，外罩短款的西班牙斗篷，通体黑色，缀有突出的花边……只有在节庆的日子，皇帝才会穿金色锦缎

或红色加金色刺绣的服饰……唯一一样借鉴自法兰西的配饰就是一头扑了粉的长假发，从利奥波德一世时就已经开始佩戴了。

然而，侍臣的生活并不总是与壮丽和屈膝礼联系在一起。查理特别热衷于打猎，对乡村生活情有独钟，所以他尽可能地逃离宫廷的束缚，哪怕只有几个小时或几天时间也可以。除了利奥波德增建的侧翼之外，霍夫堡本身没有什么迷人之处。1704 年的一位来访者这样描述：

置身于皇帝的寓所之内，墙体厚重，如同城墙一般。楼梯阴暗，没有任何装饰物。房间低矮狭小，地面铺设普普通通，最卑微的平民家也会比这好。所有的一切都那么简陋，就好像是一个穷修道士的房间。在皇后房间的窗下有一小块被称为“伊甸园”的地方，四周有围墙，园子里七扭八歪地生长着一些花草和灌木，缺少打理。

皇帝和侍臣们的行为受到诸多约束和限制。但是在法沃里达和拉克森堡这样的“乡村宫殿”里，皇帝和侍臣们的穿着就比较随意，是德意志风格的，总体来说“有更大的自由”。

但是，法兰西风格要绝对禁止。

在霍夫堡，任何人都不敢穿着法国式的服饰示人，尤其是白色的长筒袜（哈布斯堡家族永远是红色袜子配红鞋），即便在查理六世时期也不敢。皇帝只要看到有人那样打扮，马上就会大喊："来了一个讨厌的法兰西人。"[40]

对于法国人的这种反感到玛丽亚·特蕾莎时期有所缓解，她的丈夫是洛林的弗朗茨·斯蒂芬，说法语。那时关于西班牙风格的一些老的限制规定渐渐松动，到约瑟夫二世时就彻底废除了。至少对玛丽亚·特蕾莎来说，普鲁士取代法国成了"头号敌人"。

单从查理六世那奢侈的建造规划[41]来判断，他的新帝国在外人看来就比他任何前任皇帝的帝国都成功和繁荣。他的志向堪比路易十四和路易十五。他计划建造一个王朝的神殿，要把它建成哈布斯堡家族最神圣的神殿。这座环绕着圣利奥波德在克洛斯特新堡（Klosterneuburg）的墓地的修道院，要建在城外的小山上，俯瞰莱茵河。它要成为第二个埃斯科里亚尔修道院，因为那个修道院已经永远落入了波旁王族之手。想到自己的祖先目前都葬在外国的土地上，简直就让他不寒而栗。而这可能也是他的女儿后来要把远祖们的遗骨从瑞士收回，重新安葬在安全的哈布斯堡王朝的天主教土地上的原因。要建造这样一个圣地的动议来自弗里德里希·希尔。当谈起这组巨大的巴洛克风格的修道院建筑群时，他写道：

> 复兴巴洛克风格的修道院建筑非比寻常，……是尝试着要重建……帝国和上帝的王国之间的纽带……奥地利的巴洛克宫殿是想追求这种完全统一的和谐……教堂、回廊、"皇家会客厅"、图书馆、艺术收藏品、"天然物品陈列柜"，共同组成了不可分割的整体。这些宫殿里巨大的楼梯常常就是展开的纹章盾牌，宣告着这两个不同世界在西方的最后结合。比如在格特维克

（Göttweig）修道院，皇帝在天庭登基成为太阳神，身边围绕着代表科学和艺术的寓言形象。这些宫殿既是修道院又做皇宫，回廊就是一座大厦。这两个不同的世界，世俗的和神圣的，宗教的和政治的，科学的和艺术的，相互交织在一起。梅尔克小镇与悬崖峭壁融为一体，格特维克与大山密不可分，耀眼的圣体匣构成了常胜帝国的基石（整个帝国被看作一个俗世皇家的教堂）。[42]

克洛斯特新堡是丹尼尔·格兰（Daniel Gran）规划设计的，他也是皇家图书馆的建筑师。他将克洛斯特新堡设计成像埃斯科里亚尔修道院那样的方格式建筑，但做了一些改进，加上了 12 座巨型塔楼。其中 6 座顶部都有石质王冠，每一个形状都不同，分别代表哈布斯堡王朝的一块领土。楼梯井上方那座塔楼的尖顶上是帝国的双头鹰，小教堂的三个塔楼刻有洛林双十字架。在房子的内部，格兰承诺在会客厅用壁画展示“奥地利皇室的光荣与权威，从巴本贝格起家开始，到哈布斯堡的兴盛，一直延续到洛泰尔尼亚王朝”。皇家图书馆中对查理的美化更是夸张，既体现了哈布斯堡家族把文字语言作为一种权力的意识，又体现了这里作为王朝神殿的作用。

这股大兴土木的狂热建立在不确定的基础之上。到 18 世纪 30 年代末期，王朝看起来无疑是要走到尽头了。查理没有儿子，除非他的妻子能经历发生在施洗约翰母亲身上的奇迹，否则他是不可能有男性子嗣了。再除非她死了，他再娶一个年轻的女人，而这是不可能的。如果哈布斯堡家族没有男性继承人，那么从 15 世纪腓特烈三世开始传承至今的帝国皇位就与哈布斯堡家族无缘了。1713 年，查理六世把利奥波德 10 年前立下的承诺搁置一旁，创立了新的家族章程，把自己的后代而不是哥哥的后代立为哈布斯堡皇位继承人。不仅如此，他还立下了严格的长嗣继承原则，这个原则哈布斯堡家族从 16 世纪开始就在考虑，这与家族传统不符，而且作用也不明确。1713 年，查理还没有孩子，所以这个声明是针对未来而不是当时的。这部《国本诏书》[43] 成了公共法，得到了他的政治集团和欧洲各国政府的首肯。查理的第一个孩子是个儿子，利奥波德 · 约翰，生于 1716 年 4 月。他的出生给人们带来了极大的喜悦，可是同年 11 月 4 日就夭折了。有人说他的第二个名字给哈布斯堡王朝带来了厄运。次年，查理的第二个孩子出生，这次是个女儿，起名为玛丽亚 · 特蕾莎，跟第一个孩子相差 13 个月。按照《国本诏书》的规定，她一出生就成了王位继承人。另一个女儿玛丽亚 · 安娜出生于 1718 年，跟姐姐同样相差 13 个月。这对皇室夫妇的最后一个孩子是玛丽亚 · 阿玛利娅，生于 1724 年，死于 1730 年。此后，哈布斯堡皇室再也没有新生儿出世。

在 18 世纪 20 年代，人们逐渐形成共识（尽管查理六世自己无法接受），玛丽亚 · 特蕾莎将继承他的皇位，从 11 世纪开始的一直由直系男性继承皇位的做法要终结了。从某种意义上来说，这件事给哈布斯堡家族带来的麻烦还没有像在法兰西这样的国家那么严重，因为在法国，女性是不能发号施令的。哈布斯堡家族不存在这个问题，而且传统上就有女性参政的先例。查理自己的姐姐玛丽亚 · 伊丽莎白（Maria Elizabeth）就在 1725 到 1741 年间代表弟弟掌管西属（现在是奥属）尼德兰，后来又由他的小女儿接替。严格按照法律来说，玛丽亚 · 特蕾莎可以以女王身份统治匈牙利和波希米亚，并作为大公夫人统治奥地利。但是她却不能获得推举坐上查理曼的宝座，因为按照古老的查理曼的法规，即人们熟知的《萨利克法典》，只有男性才可以得到推举。然而，哈布斯堡皇室却有充分的理由仍然保有这个虚名，因为尽管还存在着法律和经济的制度，且还在勉强发挥作用，但是这个位置所拥有的权力却越来越只具有理论意义。

哈布斯堡家族一直通过建立优越感和威望来巩固他们的帝国地位。从查理五世开始，他们就在不断地通过发行出版物，在公共场所题词，制造货币和勋章，以及创作艺术作品来达到目的。所有的活动都贯穿着两个互相联系的主题。首先是宣传哈布斯堡家族的悠久历史、他们天生的神圣，以及他们的皇室血统。其次，他们要宣传正是由于拥有这些品德和素质，他们才能成为帝国皇位最合适的人选，成为欧洲的第一家族。查理五世时的大力士双柱上刻下的“更远”，就像腓特烈的 AEIOU 字母一样，一直是哈布斯堡王朝最为人所乐道的思想。建筑师约翰 · 费希尔 · 凡 · 埃尔拉赫效仿罗马的“图拉真柱”，在新建的查理教堂外面立了两根巨大的圆形石柱，但柱子上刻的是圣卡洛 · 博罗梅奥（St Carlo Borromeo）的生平场景。这是查理六世为感恩该城大瘟疫的结束而设的，于 1713 年落成。费希尔 · 凡 · 埃尔拉赫还曾给建筑师伯纳希尼（Burnacini）当过助手，为利奥波德一世建造了黑死病纪念柱，上面更是刻满了复杂的王朝象征符号。他为美泉宫设计的第一稿就是用两根高高的柱子支撑起巨大的入口处。但是小孩子都知道，支撑的柱子一旦有一根被打掉，整座建筑就塌了。其中的一根柱子还冠以哈布斯堡王朝的名号，于是就有人质疑，如果没有这个名号，它是不是还能屹立不倒。

查理六世意识到了这种危险，尽一切可能阻止了这个设计。哈布斯堡王朝所声称的优越地位大多数都基于传奇，比如哈布斯堡家族的100位“圣人”，或者声称自己是挪亚或大卫的后代。他招来一位学问精深的本笃会修道士马尔科德·赫尔格特（Marquard Herrgott），他来自黑森林地区的圣布拉辛修道院，此地是德意志境内为数很少的仍然由哈布斯堡王朝统治的地方。这个修道院距离哈布斯堡的老城堡（鹰堡）和穆里的修道院都只有两天的路程。穆里的修道院里保存着数量巨大的哈布斯堡家族早期的章程。赫尔格特早就深得皇帝信任，皇帝曾多次派他执行外交任务，其中一次是在巴黎长驻。皇帝希望他能够整理出一份充分说明家族血统的翔实历史记录，去除掉过去的传奇成分和道听途说，提供大量的证据史实，他希望记录能经得起最苛刻的法庭质疑。实际上，赫尔格特是要从过去的案例和判例中建立起该家族的真实历史，整理出从神话时代到科学时代的（哈布斯堡家族极为看重的）家族宗谱。

此处所指的“真实”是一个相对概念。赫尔格特要对他找到的证据进行判断和评估，给出一个合适的解释，大力宣扬能够促进哈布斯堡家族事业的素材，去掉那些不真实的素材。甚至有人指责他对一些证据进行了篡改，但是这些说法没有得到证明。之所以提出如此数量巨大而有说服力的证据，是因为赫尔格特和他的主人都认为那些想要贬低哈布斯堡家族的人也需要拿出同样数量的证据，做同样的研究才能达到目的。由此可以看出，法律概念，即收集证据，至关重要。赫尔格特的任务是将这些材料印制出版，但目的不是要与人共享，因为没有几个人会去阅读这些大部头的著作。这些著作的存在是要为任何可能出现的法律和政治问题做出预判。他正忙于收集和编撰证据的时候，又一个新的任务指派给了他。玛丽亚·特蕾莎可能会嫁给洛林公爵弗朗茨·斯蒂芬，皇帝让赫尔格特意识到向世人说明这种联姻，即欧洲最古老的两个家族的联姻由来已久且具有合理性这一点极具价值。他因此调整了自己的工作。两大卷巨著《哈布斯堡皇族外交史》（*Genealogia Diplomatica Augustae Gentis Habsburgicae*）[44] 于1737年出版，完全达到了皇帝的要求。皇帝为了感谢赫尔格特，给了他丰厚的津贴。这套书是皇室特别出版的，但给了他这套书的收益权。

这套著作被认为是对各种文件的编撰集成，但是赫尔格特对“文件”的定义很宽泛，几乎无所不包，印玺、旗帜、墓碑、规划、地图、建筑上的雕刻等等都被包括在内，以达到支持哈布斯堡王朝观点的目的。最引人注意的是这套书的编排方式和风格。除了文字叙述，书中还配有一套寓意丰富的复杂插图，跟因扎吉那篇著述 [45] 的卷首插图页风格非常相近，点出了隐含的寓意和这套书的写作目的。与哈布斯堡家族相关的象征符号，尤其是太阳，在每一部分的开头和结尾都一再以版画的形式出现。为了给文字部分配上最准确合适的插图，赫尔格特花费了大量的时间（和金钱），每一幅图都是专门绘制和雕刻的。他在卷首表达了他写这本书的主要目的。配的插图上画了一驾雄狮拉着的战车，周围是一些小丘比特抬着丰饶角，寓意丰饶。一个小丘比特戴着古罗马两面神的面具，着重说明古老的哈布斯堡家族对帝国的统治权。战车上方，太阳在升起。战车内驾驭雄狮的是一个女人和在襁褓之中戴着皇冠的孩子。标题写着“哈布斯堡家族的合法皇权”，人们不用费劲就能准确地把这个女人和孩子与哈布斯堡家族的皇权联系在一起，也会想到这个女人就是玛丽亚·特蕾莎，那个孩子代表她未来的子孙。

查理费尽周折地支持他女儿作为理论上的继承人的地位，却不注意动用军事和政治力量来保障她的皇位继承权，他的心思由此可见。查理意外身故的时候，她得到的是一支衰弱的军队和一个几近空虚的国库。财力都被用在了他新建的图书馆、教堂和其他建筑上面，也用在了新的美泉宫上面。购买艺术品、书籍和手稿，以及花在赫尔格特的《外交史》（*Genealogia*）工程上的钱还算是小头。1740 年的时候，查理身体特别健康，心里还盘算着再婚。玛丽亚·特蕾莎与弗朗茨·斯蒂芬在 1736 年 11 月已经成婚，到 1740 年夏天的时候，皇帝已经有了 3 个外孙女，但还没有孙子。接着，6 月时他的长外孙女夭亡，但是 7 月时他得知他那很会生养的女儿又怀孕了，也许怀的是一个未来的皇子。10 月初，他像往年一样动身去法沃里达宫打猎，希望能在新锡德尔湖（Neusiedel Lake）湖畔猎获大批的鸭子。天气很不好，一连多天的低温，天空灰暗，不断下雪或雨夹雪，但是什么也不能阻挡皇帝去从事他最喜欢的消遣活动。他到打猎休憩地的时候有点轻微的腹痛，但是没有理会。经过了多个极为寒冷的日子以后，疼痛加重，可他照样我行我素。

10 月 10 日的晚上，他的厨师为他烹制了炖蘑菇，皇帝狼吞虎咽地吃下了，因为他一整天在野外打猎，回来时很饿。到了夜里，他的病情变得极为危重，他的随从紧急把他带回维也纳，一路上查理都在呕吐，不省人事。回到床上，在御医的照料下，他看起来好多了。但是第二天他的病情再度恶化，不管怎么说，他很显然病得不轻，要不行了。他的家人聚集到他床前，但是他指示玛丽亚·特蕾莎不能来见他，怕他憔悴的样子会让她流产。在一个星期的时间里，他把一切都安排妥当，给他的大臣们下了指示，接受了神职人员的抚慰，与所有真正的哈布斯堡家族成员一样，准备好从容离世。早上 6 点，他手握十字架，在皇子、国王和皇帝专用蜡烛[46]烛光的环绕之中逝去。他是奥地利哈布斯堡王朝最后一个男性成员，享年 56 岁。如果他能跟他的父亲活得一样长，也就是再活 9 年的话，他家族的历史和整个欧洲的历史可能就会改写了。

他的去世让一个 23 岁的年轻女性成了王位继承人。虽然按照《国本诏书》的继承条款，多数欧洲国家和国王自己的政治集团都同意了玛丽亚·特蕾莎继承王位，但是她的弱势地位很快就显现了出来。普法尔茨选侯爵称她为“玛丽亚·特蕾莎大公夫人”，西班牙国王的逻辑更严密，称她为“托斯卡纳大公夫人”（弗朗茨·斯蒂芬在压力之下用洛林的公爵领地换了意大利的一个领地）。其他人也说，凭自己母亲的地位，他们对哈布斯堡王朝的地盘有继承权，比如巴伐利亚公爵，他的母亲是约瑟夫一世的女儿，1703 年时查理就答应过给他们一块地，而 1713 年时却反悔了。还有一位斐迪南一世女儿的后代，虽然血缘较远但也是直系后代。普鲁士的腓特烈二世（尽管当时还不是“大帝”）命令自己的军队进驻了奥地利西里西亚的公爵领地，理由是为了“阻止其他势力的侵占”。父亲去世后短短的 3 个月内，玛丽亚·特蕾莎就失去了她统治下的大片领土。对此，从英国到匈牙利[47]的人们创作了大量漫画作品。漫画中她的形象是被好色的邻居们扒掉衣服（指她的领土）的女人。“被扒去衣服的匈牙利女王”（The Queen of Hungary Stripp’t）这一形象让人觉得把玛丽亚·特蕾莎描绘成一个强奸受害者很有道理，无须隐晦，而法国枢机主教弗勒里（Fleury）常常被描绘成施害主角。在某一幅漫画中，他口说着“我来”，明白无误是一句“双关语”，因为他的双手正抚摸着她那近乎赤裸的年轻身体。在一幅匈牙利的漫画中，他的形象是正把她遮住下体的那只手给拉开。这些粗俗的画可没有什么骑士精神，所表现出来的不过是女人不应当政的厌女情绪。

她的性别使她无法得到推举而成为神圣罗马帝国的皇帝（她不断得到的却是污秽不堪的含沙射影），但是玛丽亚·特蕾莎却把这种无法改变的劣势变成了她最大的财富。她出任匈牙利女王以后，很快就得到了匈牙利贵族的支持。传说她不管走到哪里，都会把自己的小儿子抱在怀里，就像传说中的鲁道夫一世总是手持一个十字架当作权杖一样。她得到了他们的支持和奉承，还得到了一些军事力量。传说和事实很快就分清楚了，但留下的是传说而非事实。不可能成为一个传统意义上的哈布斯堡君主，玛丽亚·特蕾莎就变身为国母形象，同时还是不断生出健康迷人孩子的母亲。这位年轻的皇女从她出生的时候就（被预言）注定是一个多子女的母亲。为纪念她出生而打造的纪念章背后的画面是：她母亲身着罗马帝国已婚女性的服饰[48]，怀抱着一个丰饶角，而她显然是从丰饶角里出来的新生儿，身处地上出产的各种果实之中。纪念章的题字是“希望重生于世”。[49]后来，吉恩·劳伦特·克拉夫特[50]于1744年在布鲁塞尔出版了《奥地利皇室家族通史》(*Histoire Générale de l'Auguste Maison d'Autriche*)的法语版。这本书的首页插图就是年轻的亲王(弗朗茨·斯蒂芬)拥抱着明显怀着身孕的女王(玛丽亚·特蕾莎)坐在王座上。台基边上站立的是手持盾牌和出鞘宝剑的男女战神，守护着他们。女战神柏洛娜的食指指向怀孕的女王，代表着哈布斯堡王朝的未来将始于危急时刻。

因为这位年轻的匈牙利女王，哈布斯堡家族的宣传重点谨慎而缓慢地发生了转变，原来到处都是逝去的祖先的形象，现在宣传的却是当朝的未来、多子女的母亲、骄傲的父亲，以及他们共同的孩子。[51] 从 1749 年米登斯为玛丽亚·特蕾莎的儿女们所作的画像中可以看到，画中全是活泼漂亮的孩子，3 个身着匈牙利服装的男孩，4 个穿着法式服装的女孩，8 岁的约瑟夫高高地坐在中间，手里拿着金羊毛项饰，而他的姐姐玛丽亚·安娜正抚摸着公羊垂饰。[52] 王朝的象征(金羊毛)和匈牙利的服饰是突出的宣传主题。到处都能看到玛丽亚·特蕾莎为了成为匈牙利女王而做出的努力。在她完成加冕礼之后不久，版画师戈特弗里德·伯恩哈德·格兹(Gottfried Bernhard Göz)为她作画，题为“忠诚的匈牙利”。她的身边跪着一位英俊的骑兵，一只手放在心脏的位置上，一只手拿着出鞘的宝剑保护着他的女王。[53]

在玛丽亚·特蕾莎、利奥波德二世和弗朗茨二世(一世)的许多家族画像中，子女众多这个特点非常突出。[54] 子女众多几乎被看成了对查理六世家族死亡和衰败的回应。约瑟夫二世兴高采烈地给他的弟弟利奥波德写信说，利奥波德在婚床上的不懈努力免除了他(约瑟夫)为家族添丁做贡献的义务。“优秀的‘造人者'，亲爱的弟弟，我多么感激你！你妻子又怀孕了。你这样做是在为国家服务，对我来说这也是无法推辞的义务。继续努力，我亲爱的弟弟，千万别松劲。放开胆子尽可能多地为王国生孩子吧。如果他们能像你一样，那就有多少生多少。”[55]

到处都能看到多子多福的象征符号。丰饶角、裸体的丘比特等传统的象征符号又被赋予了新的意义。在玛丽亚·特蕾莎统治的奥地利，人们对纵欲行为很是不齿，但对做母亲这件事情可是非常看重。她自己就为奥地利贡献了 13 个孩子，他们都长大成人，其中 5 个一直到 1800 年都还健在。利奥波德二世的 16 个孩子当中，有 14 个活到了成年，他的儿子弗朗茨成了最后一位神圣罗马帝国皇帝及第一任奥地利皇帝（这使得他有了“弗朗茨二世和一世”这个奇怪的称呼），他尽职尽责结了 4 次婚，生了 13 个孩子。溺爱子女和注重家庭生活变成了哈布斯堡家族最重要的主题。研究法国人口（或人口减少）的历史学家卡罗尔·布鲁姆（Carol Blum）生动描写了人们对人口数量减少的恐惧，他说，存在着

> 一种奇怪的错误想法，即人类正在灭绝，人的生产力几近枯竭……这种想法存在了 100 年的时间，几乎无人不信。世界正遭到废弃，人类正在走向灭绝的未来。认为现在的人口比以前少了，进而认为大自然及地球都已经贫瘠荒芜的这种想法，与我们当代那种因人口增长过快而有的紧迫感正相反。这种认为世界，尤其是我们王国（这里她所说的是法国，也一样适用于或者说更多地适用于奥地利领土）已经变成了一片荒原的观点，也影响了反专制的论点，支持这些论点的是这样一种情感

> 逻辑，即无能的君主没能完成保证万物繁荣的神圣职责。事实上人们可以想见，这种生命力下降的观点根本就是谬误，但对于一个风雨飘摇王国里那些满怀失望的当事人来说，这样的观点从心理上很容易接受。[56]

反过来也一样，玛丽亚·特蕾莎生养众多，也给哈布斯堡家族以力量和对未来的信心。她在刚生下约瑟夫的时候就说了广为人知的一句话，“我真希望现在又有了6个月的身孕”[57]，表明了她要在这个“战场”上战胜一切对手的坚定决心。1741年，她的顾问建议她跟法国和普鲁士这两个联合起来的哈布斯堡家族宿敌讲和，她告诉他们根本不需要。英国大使罗宾逊描述了这一场景。“群臣（一听说法国和普鲁士要结盟）都面如死灰，跌坐在椅子上，只有一个人面不改色，那就是女王。”后来他又写道，她说：“我只是一个弱小的女王，但是我有一颗国王的心。”如果当时只有他一个人在场，他一定会提起英国伊丽莎白女王面临玛丽亚·特蕾莎的祖先腓力二世的入侵威胁时，对驻扎在蒂尔伯里的军队所说的话：“我知道我只是一个虚弱无力的女人，但是我有着国王般的心胸，也是英格兰国王的心胸。”[58] 甚至美泉宫也反映出了这种家庭观念。就像戈登·布鲁克·谢泼德（Gordon Brook Shepherd）所说的，“跟凡尔赛和波茨坦这两个政治上和建筑上的对手有所不同，哈布斯堡始终是一个家。尽管建筑庞大（共有1441间屋子），廊台奢侈，议政厅豪华，但是处处有家的气氛，即便是那些至今仍闲置的宫殿也不例外。”[59] 经过玛丽亚·特蕾莎的建筑师帕卡西的修改和缩减后，费希尔·凡·埃尔拉赫设计的第二稿与第一稿相比，即便还不能算是民用建筑规模，也已经远不是1688年设想的那座庞然大物了。

玛丽亚·特蕾莎的“慈母”形象能够确立，部分原因是她勇敢地生育了众多的子女，还因为与他父亲和祖父在公众场合的严肃拘谨相比，她看起来是那么不同，那么有人性的光辉。[60] 终于，事情出现转机，帝王的宝座回到了哈布斯堡－洛林这个新的家族，她的儿子在弗朗茨·斯蒂芬的陪伴下加冕为神圣罗马帝国皇帝。歌德对加冕礼的描述是这样的：

> 她的丈夫可以说就是查理大帝的替身，当他身着古怪的服饰在去往天主教大教堂的路上出现的时候，他举起双手让她看宝球和权杖，还有他手上戴的古色古香的手套。看到丈夫这种滑稽样子她忍不住大笑起来。观看的群众有幸能看到这对基督教世界里最著名的夫妇之间那种完全没有受到任何影响的和谐，他们不仅为此感到高兴，而且还受到了教育。当女王挥舞着手帕高喊“万岁”向她的丈夫致意的时候，人们热情高涨，欣喜若狂。[61]

多年以后的一天晚上，玛丽亚·特蕾沙身着便装冲进了帝国剧院，用激动颤抖的声音向那里的大批观众宣布：“我们的利奥波德生了一个儿子。”她说话带着浓重的维也纳口音，说起话来就跟她写字一样，非常有力，不讲究语法。弗朗茨·斯蒂芬从来就没学会说德语，所以宫廷语言就变成了法语。但是他写的法文却非常糟糕，所以他妻子自己虽然对语言也不擅长，却要给他纠正明显的错误。以她轻松开朗的性格，玛丽亚·特蕾莎显然在那个浪漫的时代里如鱼得水。可外表是具有欺骗性的，因为从各方面来说，她始终是一个传统的哈布斯堡家族的人。

她管理家人的标准是对她绝对服从。

> （德里克·比尔斯描述道）她是一个全身心投入但高度自觉的母亲，她牢牢记得她还是一个君主和家族的掌门人。孩子长大离开家的时候，她逐一详细嘱咐他们该如何遵守宗教的仪式，如何保持身体健康，如何依据自己的身份地位安排饮食、履行职责……大斋节和其他苦行赎罪的节日必须严格依规进行，弗朗茨的葬礼庄严肃穆不得马虎。必须定期告解，参加团契。只能读经过许可可以阅读的书，穿着得体的服装。妻子要服从丈夫。有裸体形象的画作必须遮挡起来。[62]

她给所有的孩子每周至少写一封信，给他们建议、鼓励和“糖衣炮弹”。就像她自己说的，她“总是希望孙辈的孩子越多越好”，于是，她不断给女儿们和儿媳们提供如何能增加孩子的数量，或是如何照顾好出生的孩子的建议。她希望孩子们能听她的话。所有的王子和公主从小就接受训练掌握一门实用技能。约瑟夫于 1756 年被送到了宫廷印刷工约瑟夫·特拉特纳（Joseph Trattner）身边学习“印刷术”。与宫廷结缘对特拉特纳一点坏处都没有，因为短短 10 年时间他就坐拥好几百万财富。[63] 她的几个女儿成了成功的艺术家。但他们做这些都不是出于自己的选择，他们的母亲一直控制着他们生活的方方面面，甚至他们结婚以后也不放手。她告诉她最小也最任性的女儿玛丽·安托瓦内特，即后来的法兰西王后，绝不能不穿束身衣，否则会破坏体形，她在许多孩子身边都安插眼线，以保证他们听从她的命令。也许不只是玛丽·安托瓦内特，她的很多孩子都会有相同的感觉[64]，即“我爱皇后，但是，我很怕她。”

这位女王兼皇后对记忆中的父亲（甚至是他的政策）充满敬畏，她在很多方面都继续着父亲的事业。马尔科德·赫尔格特受命开始编撰一套更大部头的著作，此套吹捧哈布斯堡家族悠久历史的鸿篇巨制超过了他先前编撰的《哈布斯堡皇族外交史》。《奥地利皇室家族丰碑》（*Monumenta Augustae Domus Austriacae*）[65]是一套名副其实的哈布斯堡家族百科全书，浩浩 8 大卷，结尾是家族墓地和遗骸的一览表。当时的目的显然是为了纪念。她的宫廷图书管理员亚当·科拉尔不仅将其著名前辈的 8 卷书都再版了，而且再版书更加精美且备受赞誉。彼得·兰贝修斯也在利奥波德一世的授意下[66]，对宫廷图书馆进行了梳理，编撰出版了一套更“通俗”的缩略版。[67]所有这些工程都由宫廷出资，但是它们引发了人们了解哈布斯堡家族历史的兴趣。人们在各个档案馆和图书馆里搜寻资料编撰关于哈布斯堡家族的大众版本书籍。马克西米利安的《白色的国王》在 1775 年第一次刊印，这也是一次非常成功的商业投资，该书取自宫廷图书馆藏的手稿，由修道院长霍夫斯达特（Hoffstätter）出版，书中插图全部出于布克迈尔之手。[68]

她的另一个奇怪兴趣也是得自父亲，就是对她远祖遗骸的发掘。哈布斯堡家族的先人葬在巴塞尔的天主教堂和科尼希斯费尔登修道院，当时已经有 400 多年的时间了。当然，科尼希斯费尔登修道院曾经是个谷仓，也许对于在森帕赫死于瑞士人之手的先烈利奥波德的遗骨来说不是最能表达敬意的地方。1739 年，查理六世曾命人将墓穴打开，对其内部进行检查。他去世以后，此事就搁置下来。30 年后，他的女儿让这件事情得到了善终。1770 年 9 月 10 日，玛丽亚 · 特蕾莎向伯尔尼市政府请求允许他们把所有的遗骨都迁走。经过一番讨价还价，请求得到了批准，这些遗骨由送葬的队伍护送，重新安葬在哈布斯堡境内黑森林中圣布拉辛修道院的新墓地里。可这里也没能成为他们永久的安息之地。她孙子弗朗茨二世继位的时候，这个修道院也已经不在哈布斯堡家族的领地上了。考虑到这种情况，他在 1807 年命人将这个修道院里所有的遗骸和记录全部迁往奥地利中心地带的拉文萨尔（Laventthal），安葬在另一个圣保罗本笃会教堂。从此那些遗骸就一直安葬于这个教堂的高祭坛的前面。[69] 这件事反映了玛丽亚 · 特蕾莎的矛盾心理，在某些方面，她想摆脱过去的桎梏，而在其他方面又全盘接受。

她的长子兼继承人约瑟夫对自己的立场却确定无疑。他满怀怨恨（和怀念）地这样描述她母亲统治下的宫廷：

> 同一屋檐下集合了十二个上了年纪的已婚女人，三四个老女仆，二十个年轻的女孩，即被大家所熟知的宫廷女侍，七位公主，一位王后，两位王子，（还有）一位共同摄政的皇帝，但是根本没有什么社交生活，或者说至少没有比较理性或令人愉快的社交，因为他们都各怀心事。老女人之间，宫女之间，公主之间整天说长道短、争吵斗嘴，所以大家都待在自己屋里，哪怕要举办一个最简单的聚会，一想到“人们会怎么说”就让人放弃

> 了……聪明人与这些愚蠢的女人在一起简直无聊至极，而最终他们找到了发挥知识的渠道之时，却用得特别不是地方。而倘若他们有机会遇到趣味相投之人，他们是不会去干那些蠢事的。[70]

处处都能明显看出来，约瑟夫相信能够建立起一个“理性”的世界秩序，并对此充满渴望，也投入了很多精力。在很多方面，他就是母亲的翻版。跟母亲一样，他长时间地投入工作，不分冬夏。跟母亲一样，他好像对各种自身的不舒服没有感觉。王后待在很冷的房间里却感到精神振作，若是没有斯巴达人的胆量就只能发抖了。他们两人都反感过去那种夸夸其谈的作风。1765 年，克芬许勒（Khevenhüller）伯爵对 1741 年开始提倡的改变和创新的精神悲叹不已。“先帝查理六世去世不久就开始提出的这种令人不愉快的创新精神，日益得到加强，在目前的统治之下似乎完全成了主流。”他在复活节时哀叹，“本来早已宣布要搞的濯足仪式，尽管已经按照惯例一切都准备好了，却突然废弃不做了，已经选好的男男女女，每人从慈善机构领到了 2 达克特就完事了。”玛丽亚·特蕾莎“本来能够阻止这场令人质疑的创新，但是众所周知，一方面她自己也倾向于这么做，另一方面，她常常缺乏必要的勇气，立场总是不坚定”。[71]

约瑟夫的执政分为两个阶段，第一阶段，他在父亲去世以后与母亲共同掌权，第二阶段是 1780 年到 1790 年，他自己独立执政。两个阶段以一系列的改革为标志划分开来。他这么做，表面上看是一种纯粹的逻辑行为，但实际上是典型哈布斯堡式的，表现了不计后果克服一切障碍的干劲。他决心要将过去那些毫无用处的存在一扫而光，他跟他那些卓有成效的祖先一样富有极大的（源自理性而非上帝的旨意的）热忱。约瑟夫遭到了匈牙利人的阻挠和尼德兰人的抵制，他不甘心就此放手，他与腓力二世和斐迪南二世一样，坚定地认为自己的事业是正义的，选择的道路是正确的。约瑟夫是一个感情丰富的人。1763 年 11 月，他年轻的妻子伊莎贝拉死于天花（同样的疾病使他留下了满脸的麻点），几乎让他精神崩溃。他们结婚仅有 3 年时间。7 年后，他们共同生活的见证人，他唯一的女儿在领受了第一次也是最后一次圣餐之后，死于胸膜炎。他的悲痛再也找不到任何倾诉的对象。但是，在他给女儿的家庭教师的信中，他不是以皇帝的口吻，而是以一位心力交瘁的父亲的口吻写道："我再也不是一个父亲了，我真是无法承受。尽管我不得不接受现实，但是我无时无刻不在想，不在说'噢，上帝呀，把我的女儿还给我，把她还给我吧'。她的声音还在耳畔，她的面容还在眼前。这可怕的打击让我晕头转向。回到我自己的房间后，我才真正感到了恐惧，这种恐惧将在我余生的日子里继续陪伴着我，因为看到的每一件东西都会让我想起她。"他告诉这位家庭教师赫杰拉侯爵夫人，他把女儿的东西都送给她，但有一个请求。"我只要求你给我留下她那件绣着花朵的白色粗条纹晨衣和她写的字。我保留着她妈妈的东西，我会把它们放在一起。"[72] 在某些人身上，这些会被认为是多愁善感的表现，但是在约瑟夫身上，这是他的深情和他特别容易动感情的天性使然，他这一点跟他母亲一样。玛丽亚·特蕾莎就像任何一个好母亲那样，坚决要掌握和指引家族的未来，不管是自己的家人还是国家都是如此。她尽全力保护所有的族人不受到外敌侵害，比如一直觊觎她王位的普鲁士的腓特烈二世等人，作为回报，她要求得到忠诚和顺从。玛丽亚·特蕾莎那种母亲般的统治方式和约瑟夫家长式的统治方式是一脉相承的。

在约瑟夫 24 岁的时候统治大权意外地传到了他手上。他的父亲因为优越的生活而变得特别肥胖，但是还坚持骑马和打猎，身体看起来也很好。1765 年 8 月，全家去因斯布鲁克庆祝利奥波德迎娶西班牙公主玛丽亚·路易莎（Maria Luisa）。弗朗茨·斯蒂芬正患胸膜炎，因斯布鲁克潮湿的空气让他呼吸困难。他对城里的马克西米利安的墓地很着迷，带着约瑟夫和利奥波德反复去了很多次。8 月 18 日，他观看了长达两个小时的乏味歌剧，一回到家，就瘫倒在这座旧宫殿里他的房间门口，倒在他长子的怀里。病势凶猛，医生切开了他的血管试图给他进行放血治疗，但他还是死了。玛丽亚·特蕾莎表现出的悲痛就跟她的先人西班牙的胡安娜一样。人们费了好大力气才把她从他去世的房间拉走。回到维也纳之后，她坚持要亲自为他缝制寿衣。从那一刻起，她就只穿丧服，不穿别的衣服，以表达她最深切的哀悼之情。她的房间和马车上都悬挂着黑色的天鹅绒。霍夫堡宫二楼她与弗朗茨·斯蒂芬共同生活的那间屋子被封了起来，再也没有用过。她把自己的睡房移到了四楼。

从此以后，她总是在孤独和祈祷中度过每年的 8 月，每隔一个月的 18 日都用来作他的纪念日。她把头发剪短，认真地考虑过要去她在因斯布鲁克建造的修道院做修女。她的悲痛随着时间的推移而有所减少，但是从未彻底消失。她不去想他那些不忠和偶尔的粗鲁行为，只记住了他的温暖和活力。她把他们两人的墓地建在方济各会托钵僧教堂的地下室，墓地上有弗朗茨·斯蒂芬和玛丽亚·特蕾莎两人的雕像，对世界上所有人来说，他们看起来就像一对普通的恩爱夫妻。

约瑟夫在弗朗茨·斯蒂芬位于维也纳的住所里一堆乱糟糟的文件里找到了他亲笔写的遗嘱。遗嘱显示，他父亲的投机生意做得非常成功，他自己成为一笔巨大私有财产的唯一拥有者，根本不用依赖母亲给他钱。而且，作为罗马人民的国王，他理所当然地就是神圣罗马帝国皇帝。尽管他的母亲在弗朗茨·斯蒂芬去世后一个月让他共同执政，她“并没有把我们自己王国的权力全部或部分地凌驾于帝国的利益之上，而是继续将二者保持一致。不仅如此，对《国本诏书》也没有一丝一毫的违反”。[73]

这种杂乱无章的安排持续了15年，受到束缚的约瑟夫对此颇有怨言。在某些方面他的权威受到限制，而在另一些方面又宽松一些。军队事务理论上就是他父亲的事情（尽管他自己绝不是一个成功的士兵）。约瑟夫渴望成为一名军人，也做好准备，绝不当名义上的将军。在1777年到1779年间的“马铃薯战争”期间，敌对双方的军队在波希米亚对阵，以食用农民的马铃薯为生，而外交官们在试图解决巴伐利亚的王位继承问题。约瑟夫与他的军队待在一起，一起忍受着饥寒交迫。这场战争完全就是一场灾难。10年后，他仍是毫无建树，带领军队在塞尔维亚和特兰西瓦尼亚对战土耳其人，惨败而归，差点当了俘虏。一个新任命的将军带领他们打了胜仗。那10年间，国事疏于管理，损失也很明显。

很显然，以前那个精力充沛、身体健康的人，体力迅速下

> 降，眼神暗淡，视力减弱，腿疼很厉害（遗传自他的母亲和外祖母）。甚至早在1783年的时候，他的脑袋就因为戴假发而受到丹毒的侵蚀，而在那之前他那一头漂亮的金发逐渐呈现出了一种赤褐色……两绺鬈发后面扎个小辫子。他的面色曾经是那么清爽，如今却是红棕色，脸上的麻点看起来也加深了，塌陷的双颊让脸变长了。[74]

是什么让他牺牲了自己的健康和快乐？

他熬油点灯费尽心力为他的子民谋福。他终其一生都在努力做好一切，却没有得到任何感谢。在他生命的最后几个月里，他绝望地写信给在佛罗伦萨的弟弟利奥波德："我做什么都不走运……（至于）我所做的好事以及我个人，换来的都是骇人听闻的忘恩负义，因为人们现在竭尽他们所能公开地对我无礼咒骂。"[75] 这与他早年形成巨大反差，那时的他有坚定不移的决心和信念，认为积极的行动就一定会有公正的回报。尽管约瑟夫本人没怎么读过伟大的"启蒙"哲学家和践行者的著作，但他释放的精力和开展的一系列改革（光是法令和文书就有几千种），都是为了"启蒙"的理想。他废除了农奴制，简化了审查制度，限制了贵族的权力和特权，实行了宗教自由，创立了官僚体制（即设立了管理官员和秘密警察）来实施他的计划。他以前的导师克里斯蒂安·奥古斯特·贝克（Christian August Beck）曾写道："君主必须认识到改善臣民的安全感与福利是他们的任务。作为一国之君，他们永远也不能对公正和正义的法则视而不见……作为上帝在人间的官员，他们必须成为仁慈的立法者，永远不要希望从我们这里得到什么，而是要为我们自身的幸福而奉献。”[76] 年轻的约瑟夫在他的《梦想》（*Reveries*，1763）一书中表达了差不多一样的思想，只是说法有所不同。他意识到，他的见解

> 是对专制制度的一记掌掴，但是并没有用尽全力……想要谋求福祉，却因为有被各省人奉若神明的各种法规、章程和宣誓的誓言的阻挠而不能实现。如果理智地想一想就会知道，这些阻挠对他们只有坏处，因为国家不能幸福，君主不能成就伟业……上帝不让我违背誓言，但是我认为我们必须转变各省人的思想，让他们明白对专制制度进行限制对他们来说好处多多。[77]

换句话说，他是想强迫他们解放思想，就像他的先人强迫臣民做神圣教会忠诚的孩子一样。

幸福，也就是哈布斯堡家族给人们带来的俗世的祝福，替代了王朝以前的宗教虔诚主题。哈布斯堡家族成员依然是虔诚的天主教徒。约瑟夫自己曾说，他想让他的臣民都信奉天主教，但是现在他们将祝福给予了所有人，不论他们的信仰如何。玛丽亚·特蕾莎自己就很自豪于哈布斯堡家族由来已久的“宽厚仁慈”，她声称任何一个国家处理起反对者来，都比他们家族严厉。许多匈牙利人和捷克人对于绞刑架、火刑和血雨腥风仍然记忆犹新，他们根本不同意这种说法。但是正因为有这些过去，约瑟夫才提出了新的王朝执政方针，他之后的继位者也都坚持推行这些新政策。哈布斯堡家族成了他们治下所有民族的首批“公仆”，为建设一个“幸运的奥地利”，一个幸福的国家而不懈努力。

7

最后的侠士

The Last Cavalier

(1790—1916)

在弗朗茨·格里帕泽的史诗剧《哈布斯堡的家族冲突》(*Ein Bruderzwist in Habsburg*)的第三幕，生活在布拉格的年老的鲁道夫二世皇帝，尽管又孤独又害怕，但还是对不伦瑞克公爵尤利乌斯说，无论怎样，他对未来都充满信心。

我的家族会千秋万代，对此我坚信不疑
因为它没有人类那无用的自负
对新事物充满憧憬和鼓励
不，还因为它与宇宙同呼吸
无论是否明智，是缓慢还是迅速
它前进的步调都与永恒的大自然同步

在轨道的中心待命[1]

然而，哈布斯堡家族再也不能满足于“在自己的轨道上待命”了。玛丽亚·特蕾莎和她的儿子约瑟夫身上焕发着一种新精神。她丈夫弗朗茨·斯蒂芬在世的时候，她改革的热情无处释放。1765 年以后，她的热情奔流而出，无可阻挡。人们通常认为是玛丽亚·特蕾莎阻止了约瑟夫的激进改革，但实际上他们两人的改革热情难分伯仲，德里克·比尔斯（Derek Beales）写到玛丽亚·特蕾莎时说：“这是一个自上而下强制推行激进改革的突出事例……尽管不受欢迎，但这些在国内实施的无情措施却让他们引以为豪。”[2] 如果让他写约瑟夫，可能措辞也不会有什么不同。[3] 他们在多数事情上意见相左，但改革的原则是一致的。就像上一章提到的克芬许勒以阴郁的口气写的那样，旧的体制消亡了。

玛丽亚·特蕾莎的统治开始步履蹒跚（因为年龄的关系，18 世纪 70 年代时她的改革步伐放缓）的时候，许多人开始猜测约瑟夫二世独立执政以后帝国会变成什么样。与他交往时间最长的朋友利涅亲王很贴切地描述了当时的情景：无休止的兴奋，无休止的活力。但是他又有些尖锐地说道：“作为一个男人，他有着最了不起的长处和才能；作为君王，他将不断‘勃起’永不满足。他的国家也将处于持续的‘反常勃起’状态。”[4] 约瑟夫不知疲倦，精力异常充沛，这对他母亲和他所有的家人来说都是一种考验。他与弟弟利奥波德的关系良好而亲密，但他还是非常粗鲁无情，完全漠视他的弟弟和日渐扩大的家庭中家人的感受。在正常的情况下，这也没什么大不了的，但是约瑟夫根本就不想再婚，这样就只能由利奥波德的孩子来继承伯父的王位。

最有可能继承王位的就是那位生于 1768 年 2 月 12 日的“健康健全的小王子”，就是他让自己的祖母激动不已，冲进宫廷剧院大喊“我们的利奥波德生了一个儿子”，从而向全世界报告了新生命的到来。他的祖父是洛林人先王弗朗茨一世，也是哈布斯堡–洛林新家族的鼻祖，外祖父是来自波旁家族的西班牙的卡洛斯三世（Charles Ⅲ）。他洗礼后得名弗朗茨 · 查理 · 约瑟夫。他的伯父约瑟夫皇帝，在他还不到一个月大的时候就封他为金羊毛骑士。弗朗茨是哈布斯堡家族新一辈里面的第一位男性成员，他的好运还表现在他没有受到王宫里那些繁文缛节的束缚，而是在繁荣的佛罗伦萨宽松的环境中长大。玛丽亚 · 特蕾莎对她所有孩子的态度几乎都是过分溺爱，但是在下一辈当中，尤其是在她的第三个儿子利奥波德的家庭里，对孩子和童年产生了一种全新的认识。利奥波德生长在一个充满爱的大家庭里。他的父母对孩子的成长都是事无巨细，非常呵护。在他自己（一直在不断添丁进口）的大家庭里，他养育孩子的原则却是培养自由精神，注重个性发展。

18 世纪中期被誉为“孩子的黄金时代”。孩子是快乐和奇迹的源泉，在哈布斯堡家族尤其如此。利奥波德请来波希米亚的艺术家约翰 · 佐法尼（Johann Zoffany）给自己的家人作画，画中他俨然是一位自豪的家长，明亮的眼睛炯炯有神。他所有的孩子都效仿他的样子，一脸严肃。只有家里的狗热切地舔着其中一个小孩，打破了画面的严肃。背景是一个有象征意义的喷泉，象征着利奥波德和玛丽亚 · 路易莎不断带给这个古老家族的新生命。利奥波德提倡对年轻人和未成年人实行新的教育方式。他极为关注孩子的教育方式和目标。他悉心指导后来成为那不勒斯王后的妹妹，从如何选择和管理奶妈，如何照顾孩子，到孩子们该穿什么衣服，对所有的事情都提出自己的建议。“男孩子们在 9 岁以前，穿海军服配宽大的裤子，脖子上戴护领，头上戴球形的帽子……”女孩子们穿样式简单的连衣裙。

他鼓励孩子们有自己的看法，从老大到老幺，孩子们都可以到处疯跑，高兴就好。1776 年，孩子的姑姑来到佛罗伦萨，非常高兴地与侄子和侄女们“在地板上滚作一团”。[5] 1774 年，他对孩子们的家庭教师说：“王子们必须非常清楚他们是人：他们的地位只能取决于其他人的认可，他们自身必须履行所有应尽的责任和义务，其他人必须有权得到他们应得的利益……真正的伟大是心胸宽广、温文尔雅、平易近人、受人欢迎。与人们近距离接触没有坏处。”弗朗茨和他的兄弟们得到的教育使他们对“启蒙运动”的所有美德都能给予尊重。甚至英国大使霍勒斯·曼爵士（Sir Horace Mann）也对此印象深刻。

> 应该学习这位年轻王子的教育方式，我是说，采纳他的方式来教育他所有的孩子和出身卑微的孩子们……他的周围都是很有理性的人，没有一丝一毫的迂腐。甚至他的娱乐都是为了学习。他用裁开的地图轻松地学习地理知识，我都希望能从英国也弄一套这样的地图了。不论是散步还是骑马，他的身边总是有人陪伴着，一边娱乐一边学习。他学习了多种现代主要语言，熟练程度不亚于那些母语使用者，因为身边的侍从都来

> 自不同的国家，都用自己的母语跟他说话。这么做也让他熟悉他们。显而易见，他接受的这一整套教育会让一个15岁的年轻人取得多么大的进步。[6]

利奥波德将他在托斯卡纳那一小块领地上执行的亲切但专横的家长制运用到了自己的家人身上。他是这个国家最好学、最充满活力的人。托斯卡纳拥有欧洲最高效的秘密警察，1790年，他继承哥哥的皇位之后，将这种遭到质疑的做法推行到了整个哈布斯堡帝国。他还要求孩子们的老师和家庭教师不断向他报告家人的情况。但是既要听从使命的召唤，也要有快乐。他那在维也纳、生活充满悲伤的哥哥正忘记了这一点。1784年，在父母和老师眼里公认难缠和狡猾的弗朗茨被带到了宫廷里，被推举为未来的统治者。佛罗伦萨的友好和纵容被其“代父”约瑟夫二世皇帝斯巴达式的纪律约束所替代。

弗朗茨到达宫廷还不到几个星期，约瑟夫就以其惯有的粗暴态度递给他一张单子，上面写出了一长串他的缺点和不足，约瑟夫语气严厉，就像一个中学校长。

> 考虑到他已经17岁了，再把他与同龄的孩子比较一下，我们立刻就会产生这种想法，即他的身体发育完全被忽视了。他的成长受到了阻碍，他在身体灵活性和动作举止上明显有问题。一句话，他是一个完完全全被母亲宠坏了的孩子，他觉得自己所做的一切都是极其重要的，并存在风险，从不考虑别人正在为他做事，也不顾及别人正在为他受苦。过去16年里人

> 们对待他的方式，只是让他更加确定一种错误的想法，那就是保护好自己是唯一重要的事情。[7]

当看到弗朗茨没有好好地“改进”自己的时候，他的伯父约瑟夫跟他说，既然自己的良好建议得不到令人满意的回应，就得采取其他“令人害怕和不愉快”的办法了。

没有什么事情能让这位帝国的掌门人完全满意。他会对弗朗茨的老师承认说他确实有进步了，他在马背上更自如一些了，讲话也流利一些了。然而，“从这本日记（他要求弗朗茨坚持写的，以便于了解他每天的生活细节）里，从我侄子所有的行为上仍然能看出来，他还是不能独立思考，无法看出他有独立深刻的思想”。他道出了一个不善交际、孤独的 17 岁少年的真实情况，但是他对此唯一的解决方法就是隔离，一种让这个男孩变得更加自负的“幽闭”的方式。“让他一个人待着，他就不得不自己拿主意了。”[8]

同样是给他写信，他的父亲和伯父之间无论是语气还是情感都千差万别，从下面的信中可见一斑。1790 年，利奥波德在信中写道：“我们是好朋友，也应该继续保持彼此友爱，把公众的福祉和国家放在心上，并共同为此奉献力量。你要用你的力量和你的青春来成就这些我不能成就的事情。”与此形成鲜明对比的，是 1788 年约瑟夫以其最轻松和善意的语气所写的信：“我要求你好好塑造自己，把身体变得更强壮，完全是出于我对你的爱。你愿意按照我的要求行事，我感到非常满意。理解这种善意，锲而不舍地、行之有效地坚持下去，你会为最终结果而感到高兴，最终不辜负这个世界对你的期望，得到他们理应从你身上看到的这种结果。”而向自己的弟弟利奥波德，皇帝则说出了真实而不免刻薄的想法。

> 请允许我完全据实相告。在我手把手训练你长子的过程中，我越了解他就越相信，很显然你为了孩子们的成长用心良苦，非常认真且努力付出，但同样明显的是，你的教育方法和你聘用来教育他们的那些人都存在很大问题……已经长大的那些孩子深受其害，我严肃认真地请求你，为那些年纪尚小的孩子考虑，改变一下你那些害人的教育方法。

利奥波德的回答不卑不亢，他说几乎所有的老师都是约瑟夫亲自挑选的，他（利奥波德）“在孩子们的教育上，已经竭尽所能，倾尽全力了”。[9]

我们不必动用心理史学的那些方法，就可以合理地推断出，弗朗茨受着多种力量的影响。在维也纳，他学会了控制自己的情感，谨言慎行，总是要符合他伯父无休无止朝令夕改的要求。有时他也能从约瑟夫宫廷无休止的讯问中得到解脱。他被送到匈牙利加入一个军团，他觉得军队有固定的作息和清晰明确的要求，他比较适应那里的生活，能够应付自如。他那天生充满温情的个性在婚姻中得到了释放。他与符腾堡的伊丽莎白的婚姻是约瑟夫出于政治考虑很早就安排好的。但是，他结婚以后皇帝也不肯放弃对他的管束，仍然把他当作自己的附属品，连他的正常生理需求也受到皇帝的阻挠。伊丽莎白反复请求皇帝允许他年轻的丈夫在她第一个孩子快要降生的时候休假回来，结果遭到皇帝无情的拒绝，而且皇帝还延长了他在外地的执勤时间。他对伊丽莎白的请求唯一的回答就是：“没错，做一个士兵的妻子就是这样。”弗朗茨当兵时，在短暂的休假期间也没有机会跟妻子在一起。在短短的几个月时间里，在他 22 岁生日前后的那个星期，弗朗茨既成了鳏夫也成了皇位继承人。伊丽莎白生下了有病的女儿之后，于 1790 年 2 月 19 日凌晨亡故。这之后不到一天，挣扎到了最后一口气的皇帝，也最终撒手人寰。

弗朗茨并没有守在皇帝的床边。但他在 2 月 12 日生日那天（他女儿出生的前一天）得到了约瑟夫的礼物，那是一把钻石镶嵌的短剑，随附了一张短笺，上面写着“行将就木的伯父留念”。他们二人的关系非常复杂：弗朗茨把他看作严厉的父亲，对他又怕又极为崇敬。[10] 而约瑟夫对他侄子的爱也是发自内心的，只是他从心底里认为需要磨炼他，让他能够承担起重任。在他最后的日子里，他说：“我对皇位没有留恋，我感到内心很平静，只是有点伤心，我付出了这么多的努力，却没有给人带来快乐，而是让很多人产生怨恨。不过，坐在皇位上的人命该如此。”[11] 他在去世前的那几个月里持续遭受着疼痛的折磨，却只能强忍着，别无他法。他追求的高尚事业里，也没有什么成功可以回顾，因为他所有的计划和蓝图好像都难逃失败的命运。约瑟夫身边的人看着他日渐衰弱，可是他决不向病痛屈服。

每一天他从生病的肺里咳出来的血都在增多，经常一次咳出好几盎司，但是他坚持战斗到了最后时刻。在他生命的最后一天里，他签署了 80 份文件。到了入夜时分，他厌倦了穿着晨衣，命令仆人拿来了他的军装。在那么晚的时候，他再次穿上军装当了一回士兵，然后躺在长沙发上。第二天早上 5 点，他像个正常人一样醒来，说了句“太阳还没出来”。他做好准备去应对新的痛苦的一天。他把文件收起来，要了一盘汤作早餐，接着，他突然预感到了死神的降临，便命人去找他的忏悔神父来。但是还没等到神父来，约瑟夫就一阵抽搐，短短 4 分钟就咽了气，没来得及进行最后的宗教仪式。

他的弟弟利奥波德虽然对皇位没有任何兴趣，但最终还是离开佛罗伦萨到了维也纳。这位新皇帝立即陷入了来自四面八方的问题中。1790 年 6 月他写信给玛丽 · 克里斯汀（Marie Christine），

> 这里的内部事务像一团乱麻，简直糟透了，有能力的官员寥寥无几。这足以让任何人望而却步。外省开始蠢蠢欲动。各省、各市包括农民、贵族、商人、主教、神父及修道士在内的各色人等，大家都在要求自己的权利和特权，想办法重新获得查理曼那时得到的利益（全然不考虑是否公正合理），而且都想马上就得到满足。[12]

他看出来新的头等大事就是终止约瑟夫失败的政治实验，但当务之急是恢复秩序和律法。结果是，以前他对不同意见所持有的宽容态度很快就发生了转变。因为出现了批评他政策的政治宣传小册子，于是在 1791 年 9 月，他对下奥地利的总督做出了如下指示。

> 我强烈希望你能够尽可能地与军队和警察密切合作（必要的话可以给告密人提供诱人的奖励），找到那些写了这些危险而

恶毒的宣传册子并进行传播的人，把他们逮起来，对他们施以适当的惩罚以儆效尤……将这种恶行消灭在萌芽状态。[13]

在家族范围内还存在着一些迫在眉睫的问题：他需要找到一个适当的人选给弗朗茨做第二任妻子。他选中了在那不勒斯的妹妹（就是他曾经指导如何照顾孩子的那个妹妹）的女儿玛丽·特蕾莎。在治理国家方面，利奥波德比约瑟夫更有把握，在这类事情上也一样，这桩婚姻使双方都很满意，玛丽·特蕾莎与丈夫共同生活了 16 年之后去世，一共生了 12 个孩子。当他们两人不在一起的时候，玛丽·特蕾莎就天天写信给他，她唯一不满的是他不是每封信都会回复。“最亲爱、最美好的弗朗茨。”她写信的纸都是她用红心、勿忘我花和红色的花朵装饰过的，

我在用真正漂亮的纸给你写一封最打动你的信。我生你的气呢，首先是因为你没有告诉我任何你的消息，我担心你发生什么事了。其次，因为有人告诉我你在外面待的时间要比预期的时间长。但是当你第一眼看到我的时候，我的所有怨气就会瞬间消失的。求你了，最最亲爱的，快点回来吧。[14]

利奥波德辗转各地去争取那些被他哥哥疏远的人，想办法对付法国大革命带来的新的危险。他把弗朗茨留在都城全权代理他执政。1791 年的整个冬天，他都在遭受各种小病的困扰，但因为他总是对自己的健康大惊小怪，所以他说身体不舒服时，家人没当回事，他的医生也认为他在疑神疑鬼。然而到 1792 年 2 月

的时候，情况变严重了。1792 年 3 月，宫廷发布了一则出人意料的简报：

> 皇帝陛下 2 月 28 日突然身患风湿热并伴有胸痛。立即采取了放血和其他必要的治疗手段。2 月 29 日发热加重，经过 3 次放血似乎有所缓解。但是，当天夜里情况很不稳定，他的体力大大受损。3 月 1 日，皇帝开始呕吐并伴有严重的抽搐，吃喝进去的食物全都吐了出来。下午 3 点半呕吐之后，他在皇后面前逝世。

新继任的皇帝弗朗茨二世给自己的兄弟查理写信："这可能是降临在我们家族的最大厄运，我现在不得不给你写信。我们的父亲今天 4 点因中风驾崩，虽然没来得及接受最后的圣礼，但他是在我母亲的怀里长眠的。对于这个令人震惊的灾祸我感到十分惊恐，再也写不下去了。"[15] 他继位的第一年里，事情变得更加糟糕，简直超出了他的想象。5 月 13 日，他的妻子玛丽 · 特蕾莎经历了一次流产，两天后他母亲去世，这与他父亲的去世一样让他极为震惊和痛苦。不到一年时间，通过法国大革命上台的雅各宾派砍了国王路易十六的头。1793 年 10 月，弗朗茨自己的姑母玛丽 · 安托瓦内特也在断头台上被民主的屠刀结束了生命。[16]

法兰西将影响弗朗茨的一生，就像路易十四辉煌的事业曾让他的前人艳羡不已一样。他见证了极端主义的兴衰，对大革命不人道行为的谴责，还有拿破仑 · 波拿巴的兴起和胜利。他对法兰西第一帝国的终结和 1814 年波旁王朝复辟起到了推波助澜的作用，结果这一切在1830年又被推翻了。弗朗茨变成了反动的代表，因为他告诉法兰西大臣塔列朗（Talleyrand），他与革命的思想斗争了20年。但是，在他执掌王权近20年后，他的思想才变得僵化起来，认定了一切变革，无论是哪一种变革，在某种意义上都是民主和动乱的胜利。[17] 他1791到1792年在国务院里接替父亲的位置时，第一次体会到了“约瑟夫主义”的可怕后果，从那时起他就对激进的改革抱有极大的怀疑。当然，他也看到了旧体制的弱点和不完善，他努力想要使这种体制在皇帝手里变成高效的工具。奥地利始终面临着来自法国的威胁，法国先是让奥地利丢掉了在尼德兰的领土，接着又威胁要瓜分其名下的其他财产。如果没有这些威胁，弗朗茨还会走上极端保守的道路吗？这是他被逼无奈而选择的道路。他始终是专制君主，但如果没有那些威胁，他也许会是比较“开明”的君主。

对所有问题，弗朗茨都秉承加倍努力的态度，付上更多的热忱，这一点像他的伯父约瑟夫。1794年，在奥地利和匈牙利都发现了“雅各宾派”的阴谋活动，涉及许多平民和军官。在随后的审判中，一个被告海因里希·杰林（Heinrich Jelline）公开宣布了让他堕入革命旋涡的原因：“约瑟夫皇帝那些开明的改革在我心中燃起了热情的火焰。我以极大热情如饥似渴地阅读了大量的启蒙政治文献，逐渐变成了一个共和制度的拥护者。”[18] 这些审判只触及了这次激进阴谋活动的皮毛。弗朗茨的弟弟利奥波德曾被任命为匈牙利的摄政王，他在1795年3月给哥哥写信说：“我们虽然抓住了许多罪犯，但是并没有真正了解这件事的原委。”警察部长泼艮（Pergen）伯爵给弗朗茨以前的老师，也是皇帝最信任的人克洛拉多（Collorado）伯爵写信："不信任的想法……狂热的民主愿望都没有从根源上消灭。对现任君主的哪怕是最好的行为进行批评指责的念头，即通常所说的革命倾向，并没有得到压制。"无情镇压激进派也是为了震慑其他人。两个军官是这次阴谋活动的核心人物，严格按照玛丽亚·特蕾莎制定的刑法，他们被严厉无情地处置了。他们先是被套上枷锁关了三天三夜，然后在奄奄一息、半死不活的时候被吊死在维也纳，尸体悬挂在绞架上示众。其他参与阴谋活动的人被判终身监禁，监禁条件极为艰苦，很多人死在囚牢里。在布达佩斯，有 7 个人被斧劈或绞死，很多人被囚禁。所有经过审判并被判刑的人都被认定犯了"大逆不道"和重大叛国罪，受到了最严厉的惩罚。毫无疑问，这是因为弗朗茨在自己的姑母和姑父被处死以后，感觉他自己和家人的性命受到了威胁。

警察间谍日益增加，对于他们送来的报告，弗朗茨个人有着极大的兴趣，而且他逐步建立了自己的告密系统，绕过了官方组织。但是，尽管 18 世纪 90 年代末期，他们实行的是压制政策，间谍和告密者遍及各地，但与沙皇俄国的"警察国家"还不是一回事。麦卡特尼对此比较了解，认为这个系统因为奥地利人缺乏热情和效率而变得比较人性化：

> 极少有人因为政治原因而被捕或遭到监禁……弗朗茨跟他的父亲和伯父一样，把警察送来的报告更多看作了解公众意见等时事的手段，而不会将其用于比较险恶的目的。截获的信件从来没有被用来对付那些写信人或收信人。可能好几年时间里都会对某一个人的行为和言辞进行监视报告，但是不会因此找他的麻

> 烦，干扰他的正常生活。弗朗茨的第一任警察局长……是个彻头彻尾的反启蒙思想者，但不是虐待狂，而且……他的副手竟是一个特别开明的人。[19]

这一切听起来很令人怀疑，就像玛丽亚·特蕾莎时代的“奥地利的仁慈”式的故事。如果没有严刑拷打的监牢，就不可能造成恐惧和镇压的气氛。弗朗茨·格里帕泽的案例就很有启发意义。他毫无疑问是哈布斯堡家族的忠实拥护者，但同时也是一个有原则的人。他是训练有素的律师，希望能谋一份公共服务的职位。他最大的愿望是掌管宫廷图书馆，在帝国的政府中这是一个很多人都想要的职位。然而，尽管他是非常合适的人选，但对他的任用总是偏离他的意愿，他刚开始是在财政部门，后来又进入了档案管理部门。而那些不如他的人却一个个都得到了重用。他遇到的问题反映出了政治的阴暗。到底为什么他就不能得偿所愿？原因是他写的诗让当政者产生了担忧：他写的内容不会被外国政府“误解”吗？还有就是他创作的第一部重要的戏剧《奥托卡国王的幸福和结局》，该剧是1823年11月时送审的。两个月以后，他得到通知，这部作品“没有通过批准，不能演出，也不能出版”，没有说明理由。他告诉自己的朋友“没人明白为什么”。很幸运的是，1824年1月，皇后读到了此剧的一份手稿而且很喜欢。在她的支持下，原审查意见撤销，此剧得以通过。1824年这部剧首演的时候场场爆满。后来，格里帕泽见到了这部戏的审查官，他是一个和蔼聪明的人，很热情地跟格里帕泽打了招呼。闲谈之中，他告诉剧作家，给他的剧作下禁令只是一种防范措施。当格里帕泽以一种非常友好的语气问他这部剧到底哪个地方让他觉得不舒服，进而下令禁止它的时候，这位审查官有点生气地回答："噢，也没什么，但是我自己心里想'谁知道会不会惹出什么事'。"[20]

这位作家的麻烦还没完。后来他又写了一部剧作，皇帝暗示自己想要买下作品的版权，这是一种善意的方式，是要保证这部剧永远不要再见天日。格里帕泽吓坏了，这一次又是皇后卡罗琳·奥古斯塔出面斡旋。她劝服弗朗茨放过了他。但是从此以后格里帕泽在宫廷里再也没有如愿得到升迁，至少是没有让他做他最想做的工作。毫无疑问，他的档案里指明了他"不健康"。只要出现哪怕是一丝一毫的煽动倾向（而诗剧作家总能给审查机构那些思想丰富而有创造性的人提供新能源），都足以让他无法涉足宫廷图书馆这个"敏感"的地方。

哈布斯堡对其反对者采取的手段是控制而不是惩罚。真正的威胁只存在于18世纪90年代的那么几年，但是因为极端害怕被颠覆，哪怕只有最微小的可能性也要防范，这构成了弗朗茨后30年统治的主要色彩。"反动"这个词在他身上得到了有限却真实的反映：他对存在（真正的和想象）的革命苗头及时做出回应。但是他的回应不同于约瑟夫之前"黄金时代"传统哈布斯堡家族的腐朽独裁。他能够看出拿破仑统治下的法兰西所实行的新制度的成功之处。在战场上，法兰西屡次打败奥地利和欧洲所有的强国，甚至还像希腊神话中的人身牛头怪一样，向弗朗茨索取了首个"贡品"，即以联姻形式让弗朗茨把自己最心爱的女儿玛丽·路易丝嫁给了拿破仑。利奥波德是怀着怀疑和敬仰的双重眼光看待路易十四的，弗朗茨也一样意识到了拿破仑式宏伟气势取得的成功。这种气势尤其在大卫、杰拉德和格罗的画作中得到了充分展现。无论是原画作还是无数的再创作版画，描述的都是法兰西在整个欧洲大陆取得的胜利。弗朗茨凭借直觉和想象从他的敌人身上学到了很多东西。

* * *

当古老的哈布斯堡王朝在查理六世的手上终结的时候，整个家族面临着（也战胜了）一场合法性的危机。利奥波德二世去世时，君主制本身似乎受到了威胁，这不仅限于哈布斯堡国土，而且遍及整个欧洲。1792 年 11 月 19 日在巴黎召开的国民公会宣布，它会为“任何想恢复自由的国家”提供兄弟般的援助。第二个月，国民公会就命令军队指挥官们对奥地利治下的尼德兰“发动革命”，危险显而易见，一触即发。[21] 面对这空前的威胁，一个年轻人挺身而出。他的父亲（私底下）曾认为他的才能太一般。他的弟弟们，尤其是查理和约翰，甚至在很小的时候就显得比他强，他的能力简直无法与他们相比。构成他的“教化”（法语 *formation*，英语里找不到更准确的对应词）[22] 的要素特别重要。这是在哈布斯堡 50 多年的历史中第二次在面临国家危亡的时刻，由毫无经验的新手继承人执掌整个帝国的大权。在这两次危机中，许多人料想必定会出现的那种灾难性后果都没有出现。玛丽亚 · 特蕾莎胜利了，成为一国之母，而弗朗茨这个“好”皇帝则为哈布斯堡王朝未来的君主树立了典范。当 1848 年第三次危机降临的时候，18 岁的弗兰茨 · 约瑟夫登基为帝，他视祖父为激励自己的榜样。

形势迫使他们每一个人，即玛丽亚·特蕾莎、弗朗茨一世（作为奥地利帝国皇帝称弗朗茨一世，作为神圣罗马帝国皇帝称弗朗茨二世）和弗兰茨·约瑟夫，带领国家找到一个新的发展方向，不仅是因为他们年轻，还因为他们对时代的要求能做出本能的反应。在执政的后期，他们又全部变成了故步自封的象征，墨守成规的样板。后来的著书者记得最牢的就是他们最后阶段绝对的停滞不前，相比之下他们早年更具有活力的时刻则变得模糊了。大多数的评论都立足于一个错误的前提，即哈布斯堡王朝的制度完全是倒退的，彻底拒绝变革。在几百年的时间里，它的变化相对很小是事实，但这只是因为站在他们自己王朝的角度上看，他们的措施和办法是持续与时代要求相适应的。然而，它就像一只蜥蜴，可以懒洋洋地晒太阳，好几个小时都不动弹，可它一旦受到威胁，就会以极快的速度移动起来。

生物和生态方面的危险在动物的进化过程中是一个关键的刺激因素。基因的转变并不是以平均和平稳的速度进行的，而是经过了看起来死气沉沉的较长阶段后产生了一个急速的突变。科学史家托马斯·库恩（Thomas Kuhn）在试图描述不规律的科学发展历程时提出了一种模式，这种模式也可用于概括政治和知识领域的发展。用库恩的术语来说，弗朗茨一世统治下的哈布斯堡王朝经历了一种“范式转变”的影响，这是在欧洲的政治和知识框架内发生的一次转变。他继位还不到两个月，巴黎的革命政府就对奥地利宣战了。帝国政府的老前辈考尼茨亲王就曾对此有过预言，现在他老了，担任着保护皇家艺术学院的责任。一切都被他不幸言中了。维也纳的地方长官早就希望能推荐一位艺术家为他们的

议会大厅作一幅新皇帝的画像。这位君主同意了，但是建议他们

> 要画一个皇帝穿着元帅服、身披铠甲的形象。背景是带有血色的蓝天和军人的队伍……弗朗茨皇帝虽然不希望也不相信，但是他一定会卷入战争之中……虽然他会为自己的人民遭受苦难而内心滴血，但是他不得不发动战争。只有他忠实的子民不失去勇气，而是勇敢而持续地发扬坚忍的精神，才有可能最终取得这次大战的胜利，获得他个人和王国的幸福。而我个人是不能活着看到这一天了。[23]

不论修正史学家如何努力将“革命时代”或“工业革命”等陈腐的类别模糊化，事情还是发生了变化。弗朗茨执掌哈布斯堡王朝时所面临的形势史无前例，也没有类似的经验可供参考。他对所面临的任务的反应并不是人们声称的欠考虑或没有创造力。他只是没有我们这种后见之明罢了。

* * *

弗朗茨从其父亲和伯父身上知道了公众意见和“人民意志”的力量，而法国资产阶级革命者很久以后才将这个名词据为己有。他还是小孩子的时候，就看到了利奥波德是如何通过将开明的统治落到实处，从而获得佛罗伦萨人民的热爱的。在人民心中，“彼得洛·利奥波尔多”（Pietro Leopoldo）仍是真正的佛罗伦萨之子，而不是外来者。他也看到了在1788年的土耳其战争中，体弱多病的

约瑟夫二世是如何受到普通士兵的爱戴的，士兵们会跪倒在他面前亲吻他的手，就像对当年的亚历山大大帝一样。[24] 那么，弗朗茨是如何意识到要尝试通过新的手段，展现作为“领导人”和子民“父亲”的形象魅力的呢？我们无法得到直接的答案，但能够确定的是他从 19 世纪的早期就开始强化这两种形象的特质，并通过鼓励和资助培养了一种新的“皇家崇拜”。[25] 他通过开明的态度和平易近人的做法来体现领袖和父亲的地位。他没有丝毫架子，与百姓贴近。这位年轻的君主第一次在民众面前展现自己，是在他的加冕典礼上：他于 1792 年 6 月 6 日在匈牙利登基，7 月 15 日成为神圣罗马帝国皇帝，1792 年 8 月 6 日在布拉格成为波希米亚国王。典礼之后，他并没有回到王宫里，而是留下来进一步接近他的子民，或者说至少是维也纳的居民，这一点他的任何前任都比他逊色。

他每周抽出整整两个上午的时间，从早上 7 点到下午 1 点半，用来接见民众。他还会抽出某一个星期五，举办公开见面会，任何人都可以参加，只要在星期一提前告知宫廷，以便后者按照参加的人数安排地方。[26] 通常都会有两三百人来参加，有时候会更多。有一个对此做法嗤之以鼻的官员写道：“什么人都来了，拖家带口的、衣衫褴褛的和衣着华贵的，情况常常是，与优雅的香水味儿混在一起的，是披着毛皮的牧羊人身上臭烘烘的羊膻味和穷人身上的那种特别的穷酸味。”[27] 会见分批进行，弗朗茨每次接见 30 人左右，他用他那听着很舒服的维也纳德语以很平静的语气跟每一个人谈话。他喜欢讲德语，但是如果诉求者是捷克人、匈牙利人或意大利人的话，他就会讲他们的语言，让他们感到轻松一些。他尤其关心妇女和孩子的诉求，这是约翰·彼得·克拉夫特（Johann

Peter Krafft）在描写弗朗茨晚年接见民众的情形时说的。[28]皇帝的决定都由他的秘书做好记录，然后都得到了应有的落实。他常常会给一点钱（钱不多但很受人欢迎），但大多数情况下人们更希望出现皇帝干预官僚机构等更有效的结果。

在这种接见的场合，弗朗茨总是穿着很简单的制服，不戴任何装饰品，也不经过更多的修饰，而是以一种约瑟夫二世时代形成的风范示人。在他统治的前20年里，他的大部分时间都在打仗或者准备打仗。战争不受欢迎，弗朗茨也努力向世人说明他是一个热爱和平的人。不过，把奥地利描述成德意志自由的保卫者和反对法国统治的"解放战争"的主力军，弗朗茨也的确从中看到了有利之处。这种形象也变成了为哈布斯堡王朝所作的新画作中永恒的主题。海因里希·奥利维尔（Heinrich Olivier）在1811年与他的兄弟弗里德里希（Friedrich）一起从德绍来到了维也纳。他创作的一幅小画《神圣同盟，1815》（*The Holy Alliance*，*1815*）就体现了奥地利皇帝在反对拿破仑的斗争中居于中心地位这一新思想。奥利维尔描绘了这次解放运动的3个领导人——俄国沙皇、普鲁士国王和弗朗茨——在一座理想化的哥特式教堂里的情景。弗朗茨的形象光彩夺目，位于正中央，位于哈布斯堡家族强有力的象征圣乔治的塑像下。他身穿中世纪哈布斯堡皇帝那金光闪闪的铠甲，这是模仿布克迈尔的画作，把他美化成了跟他的祖先马克西米利安、鲁道夫一世和查理五世一样的光辉形象。另外两个君主满怀尊敬地站在他的两侧，位置稍微靠后，以突出他神授天命的优越地位。[29]

弗朗茨从不同的层次来应对革命的挑战。首先，他努力使行政管理和政府的体制能更有针对性地发挥职能。从腓力二世起，哈布斯堡就没再产生过这么多的文件，这么一再折磨其大小官员。[30] 他对已经不再发挥作用的旧体制毫不留情。他在 1804 年直接宣布以“神圣罗马帝国皇帝”的名义，令自己成为“奥地利皇帝”，这一决定是一个利用宪法的花招，许多人对它的合法性提出了质疑。他在 1806 年 11 月又宣布，原来的帝国终结了，把几百年来的传统一扫而光。人们原本就不满他抬高自己，现在这种不满升级为忍无可忍的愤恨了。法律中根本就没有可以像宣布生意破产那样宣布帝国终结的条款。[31] 弗朗茨这么做的指导思想就是他的意志至高无上。

然而，旧的制度废除了，他的新奥地利帝国（1804）与让人看不上的法兰西帝国（1804）却没多少不同。就像 1740 年前后的情形一样，出现了一种使哈布斯堡王朝命运合法化的新形式。[32] 梅特涅（Metternich）深知让国家的权威在人们眼里合法化是多么重要。他在任驻巴黎大使期间学到了很多，就像他所写的：“公众的意见是最强大的力量……就像宗教，它可以渗透到行政手段无法触及的最隐秘角落。误读公众意见就跟误读道德标准一样危险。[33] 从神圣罗马帝国皇帝变成奥地利皇帝（R. J. W. 埃文斯曾指出“奥地利”这几个字在非德语各省份的任何一个地方基本上都没有任何分量或意义），意味着需要重写历史，包括绘画和文字在内。

* * *

直到 18 世纪的最后 25 年，哈布斯堡王朝在超过 200 年的历史上才首次具有了意义。家族人口兴旺，不论男女，很多都长大成人，王朝也再次拥有了大批人才。玛丽亚 · 特蕾莎的儿女们，还有利奥波德大家庭的成员，都各具才情。弗朗茨的两个兄弟，约翰和查理，成就都极为显赫。前者是学者兼鉴赏家，后者是军事指挥官，也许是哈布斯堡家族唯一一个符合下列描述的人，即“一个真正的战略天才，认真学习战争这门艺术的学生”。[34] 约翰还因为与平民结婚而与众不同，他娶了自己故乡施蒂利亚格拉茨附近一个邮政局长的女儿安妮·普洛克（Anne Plöchl），成了16世纪以来如此行事的第一人。查理天生瘦弱多病，有癫痫病，“过继”给了姑姑玛丽亚·克里斯蒂娜，跟她和她丈夫一起生活。她丈夫是萨克森–泰申公爵，与她一起在奥地利统治下的尼德兰共同摄政。在那里，查理在与入侵的法国军队作战的过程中受到了火的洗礼。跟许多优秀的将军一样，他并不是一个脾气暴躁的人，他强烈反对再次与法国开战。人们是这样描写他的：“查理皇子反对战争的强烈态度没人能够相信，只有长期接触并了解他的人才知道。他坚决反对发动战争，甚至在法国人已经占领了维也纳，还要求把蒂罗尔也占为己有的情况下，也不赞成对其开战。”[35]

这种家庭团结的画面并不完全是现实的写照。弗朗茨对他这两个才能出众的兄弟的疑心越来越重，经常想办法破坏他们的地位。他在查理和约翰身边都安插了间谍，他们的聚会和活动情况都通过间谍汇报给他。但不管怎样，他还是对约翰皇子创造“奥地利身份”的工作给予了支持，这项工作是在他宣布发起写作《奥地利帝国》（*Empire of Austria*）的前几年开始的。[36] 这件事的开展多多少少带点偶然性。一位著名的瑞士历史学家约翰内斯·冯·穆勒（Johannes von Müller）是约翰的老师，他受邀出任了皇家图书馆馆长。他写的《瑞士邦联的历史》（*History of the*

Swiss Confederation）于 1780 年出版，是瑞士国家认同的奠基之作。约翰皇子产生了写一部可以与穆勒的著作媲美的奥地利历史的想法，但是要基于哈布斯堡家族的历史来写。

受他庇护的因斯布鲁克学者约瑟夫 · 霍迈尔（Joseph Hormayr）被任命为维也纳的宫廷秘书，他与穆勒密切合作，从古代神话，从鲁道夫和教士开始写起，共同打造国家认同的观念。一系列的作品因此得以出版。第一部是霍迈尔写的安德烈亚斯 · 霍费尔（Andreas Hofer）的传记（1809），他是反抗法国人的蒂罗尔英雄。然后是霍迈尔的《国家历史手册》(*Handbook of a National History*，1810)。紧接着出版的是他长达 20 卷的巨作《奥地利历史》(*Austrian Plutarch*)，是在约翰皇子和官方经费的支持下出版的。这部书为作家和艺术家提供了素材，如克劳迪奥 · 马格利斯（Claudio Magris）所说："这是一部翔实的爱国史书，涵盖了哈布斯堡的全部幸福史，集中描写了奥地利和波希米亚历史上最著名的人物。就像作者在他书中的前言部分所宣称的，这部书提供了'教育和效仿的榜样'。它的作用就相当于万神殿。"[37]

霍迈尔并不是第一个"爱国的"作家，很多作家也很快走上了与他相同的道路，但他无疑是最有影响力的，一方面是由于他著述极丰，另一方面是由于他在秘密团体的尊贵地位。[38] 1816 年，他被任用为帝国的历史编纂人，这是一个具有独一无二的权力和影响力的职位，但这个职位也使他逐渐与大臣梅特涅和弗朗茨产生了摩擦。他们认为爱国主义精神在对战拿破仑时期发挥了很好的作用，现在则可能成为威胁。霍迈尔自己也曾致力于推动蒂罗尔反抗法国人的民族斗争，因此成了可疑人物。但哈布斯堡家族的特点就是，他们并没有惩罚或处分他。官方采取了更委婉的方式，暗中阻止他继续从事历史、统计、文献和艺术等方面的立档工作，同时不断赞扬他的奉献精神和爱国主义的责任感。1825 年，他建议国家资助“伟大的艺术作品”工程。他认为这样做可以建立适当的宗教及民族的基础，而且更重要的是与祖国和王朝的概念紧密联系起来。他得到了许多赞赏，但是没有给他什么任务，此事不了了之。1828 年，霍迈尔离开维也纳到巴伐利亚任职，随即将笔锋一转，开始猛烈抨击弗朗茨一世和他“豢养的走狗”梅特涅亲王。

霍迈尔事件反映了在 1815 年法国最终战败之后弗朗茨“体制”所采取的复杂策略和做法。这个体制通常被称为“梅特涅体制”，用的就是弗朗茨的这位大臣的名字。但是这么称呼掩盖了一个事实，即实际上是皇帝本人提出了此体制的指导思想，却想尽办法在公众面前撇清干系。弗朗茨高高在上，与政府机构的无能无关。虽然原来的帝国终结了，可他还是以德意志的天然领袖和德意志未来护佑者的身份示人。他在莱比锡战役（battle of Leipzig）结束以后回到了维也纳城，人们为他的入城仪式建起了层层的胜利拱门。在科恩特纳托尔（Kärntnertor），他骑马经过了一座巨大的罗马式圆形拱门，拱门上方装饰着他作为得胜的罗马皇帝的画像，天空中（根据为纪念这一事件而作的版画得知）哈布斯堡家族的雄鹰在盘旋飞翔，爪中抓着象征和平的棕榈叶。[39] 弗朗茨取得最大胜利的时刻是 1814—1815 年的“维也纳会议”，各同盟国的显贵们在争论欧洲的版图之时，他扮演了一个友好的“地主”，以极大的热情保证让他的贵宾们舒心。

这次盛大聚会的代价就是皇族（或仅限于贵族）贵宾每人每天的会议开销是 5 万弗罗林，这一大笔钱对于一个因为战争而几近破产的国家来说根本负担不起。但是，会议辩论正酣之时，弗朗茨与复辟的法国国王进行了秘密谈判，忙于削弱他的两个同盟者沙皇亚历山大二世和普鲁士国王腓特烈·威廉的地位，他们俩总是频繁与弗朗茨共同出现在绘画作品中，以显示国家关系的友好。

当拿破仑从厄尔巴岛胜利返回巴黎时，这份秘密条约曝光了，很快就落入了仍然在维也纳参加会议的沙皇之手。

> 亚历山大和腓特烈·威廉都是弗朗茨的同盟者和贵宾，当时还在他家里做客。弗朗茨秘密决定与他们反目的这个条约，一直都是保密的，这些君主和他们的大臣全然不知。接下来的情形在沃尔扎艮（Wolzagen）将军的回忆录中是这样描述的："亚历山大沙皇一大早就派人去请普鲁士的大臣斯坦（Stein），跟他说：'我也请梅特涅亲王出席了，我希望你能在场为这次会见做个证人。'当亲王走进房间以后，亚历山大把那份文件递给他，问他：'你知道这件事吗？'这位亲王刚想推脱，沙皇就打断了他，对他说：'梅特涅，只要我们活着，这件事就永远不再提起。现在我们有其他的事情要做，因为拿破仑回来了。因此，我们之间的关系要比以往任何时候都更紧密才行。'说完这些话，他将条约扔进了身边的壁炉里面，然后让两个人都离开了。这件事之前，亚历山大一直都不喜欢梅特涅，甚至曾试图把他从弗朗茨皇帝身边赶走。但从此刻起，他与梅特涅成了好朋友，他们的友谊一直维持到他生命的最后一刻。"[40]

沙皇和其他许多人一样，都被奥地利独裁统治表面上的温和与和蔼可亲给骗了。这个条约的故事揭示了他们是笑里藏刀，当面友好，背后捅刀子。

弗朗茨表现得像个稀里糊涂的官员，履行职责，却不明白重大政策问题，并且安心地料理着自己的花园，直到生命的最后几天都过得像个庸人。他在维也纳人心目中的形象是清瘦驼背的身材，高高凸起的窄脑门，稀疏的金发（后来是银发），眼神坚定的一双蓝眼睛。对他的臣民来说，他集哈布斯堡皇权的威严与路人的朴实于一身。他有意识地保持这种特点，他以轻微的维也纳口音[41]说出来的话，与任何一个普通人说出来的话一样没有什么新意。他有一次对于一首诗被禁感到很不可思议，发表了对审查制度的意见，说出了“我们实行的审查制度真是愚蠢”这样的话。1832年，一个著名的演员在日记中写道，他曾亲自送给弗朗茨一个剧本让他看，希望确保剧作公演。但是这位皇帝对他说：“我会看的，但是你明白，我没有什么影响力。”[42]完完全全不是这么回事。这个制度是在弗朗茨的授意下建立起来的，由他的间谍和告密者们监管。他谁也不信，包括自己的家人在内。

建立这种独特制度的目的是模糊独裁统治的主动行为和其责任的界限。因此，很难说弗朗茨“发起”了这种大规模的爱国主义宣传，那是在他统治的最后30年建立起来的。但是，没有他的默许，任何东西都不可能进入公众领域。审查委员会对一切出版物都实行监管，包括画作和文本，口头的（比如戏剧）和书面的。甚至雕塑、餐具和织物都在限制范围内：梅特涅对这个审查制度的定性是“为了阻止宣扬那些能够破坏国家安定局面、国家利益，以及良好制度的思想”。实际上，任何“有害”的东西都逃不过他们的“法眼”，这些审查官们极为警惕，从故意袒胸露怀[43]的有伤风化的行为到有潜在政治危险的观点都不放过。只有那些获得了许可保证不会传播新思想，或者定价极高只能卖给有钱人的书才能得到销售许可。

那些所谓健康的、能通过审查的，一般都是能获得赞助出版的作品，赞助者主要是宫廷，而约翰皇子又是其中的首要人物。他意识到那些用文字记录下来的历史对他心目中的爱国宣传只能发挥一部分作用。所以，他委托维也纳一位年轻艺术家卡尔·拉斯（Carl Russ）创作了一系列共31幅以霍迈尔的书为基础的奥地利历史画卷。拉斯曾在1809年宫廷艺术展览中获得二等奖。这些画作极为成功，他因此被授予一个收入丰厚的官职，负责贝尔韦代雷那些伟大艺术收藏品的管理。拉斯所有作品都全心全意地代表了皇家的立场，显示出了在国家历史发展进程中奥地利王朝起到的作用，为“王朝艺术”的表现内容奠定了标准。[44]

拉斯和其他许多画家和雕刻家展现的是哈布斯堡家族过去的荣耀。而弗朗茨本人则积极地以赞助人的身份去展现哈布斯堡家族在国家的当前和未来所扮演的角色。这个任务需要一位技艺精湛的艺术家，他的作品应当能与画出了拿破仑光辉形象的那些法国艺术大师的作品相媲美。约翰·彼得·克拉夫特是大卫的学生，无疑没有那么深的造诣，但是他的画风更直接，画作内容说教味更浓。他得到的任务是双重的。首先，他得画出哈布斯堡家族在战场上的胜利形象，这要通过一系列群像或个人画像来展现。他重复创作着相同的主题：弗朗茨的戎装画，在阿斯彭战场上取得胜利的卡尔大公，弗朗茨接见他的盟友俄国沙皇和普鲁士国王，弗朗茨接到莱比锡战场上的胜利捷报，还有其他皇子取得军事胜利的一系列形象。这些作品奠定了表现英勇的军人形象的绘画风格。表现战场景象的画作几乎没有，因为他们只于1809年在阿斯彭取得过一次胜利。克拉夫特在给查理大公所作的画像中，强调的是哈布斯堡家族的勇气，以及哈布斯堡家族在战胜战争浩劫方面的成就。

克拉夫特的第二个任务几乎与第一个任务相反，他要表现弗朗茨的亲民形象，体现他在受到人民爱戴的同时也在为人民服务。他主要是通过三幅作品来表现这种新形象的，这些画作是弗朗茨的第四任妻子卡罗琳·奥古斯塔皇后委托他完成的，作于1828年至1832年之间。画作被放在霍夫堡宫巨大的会客厅里。第一幅表现的是1809年从普莱斯堡召开的帝国会议归来的弗朗茨。弗朗茨在他的马车里，几乎看不见人影，马车差不多被人群淹没了，人们欢呼着向空中抛帽子。男人、女人和孩子都竞相高喊着向他赞美致意。第二幅描绘弗朗茨从巴黎和谈归来，更像是罗马式的凯旋。皇帝高坐在马上，俨然是带领军队的将军形象。跟第一幅一样，人群非常密集，但他们的热情却以更崇敬的形式无声地表现出来，人们只是挥舞着帽子向他致意，并没有抛扔帽子来表现狂热的感情。夹道迎接的人们代表了城里的各个阶层和团体，他们聚在一起表达他们的感激之情。

第三幅画克拉夫特一开始建议表现约瑟夫皇帝的一个生活侧面，但是皇后却精明地提出应该表现更近一些的历史。1826年4月，弗朗茨病得很厉害，于是皇后要求艺术家去表现皇帝病后第一次出现在公众面前时的情景。画中的百姓很安静，面带焦虑，表现关怀之情。弗朗茨身着便装，面容憔悴，神情威严。画作的背景处，他那些乐于奉献的子民聚集在新建的城门[45]顶上，脚下是这位皇帝座右铭的巨大题字“公正乃王国之本”。只有这些字能看清楚。这幅画强有力地呈现了弗朗茨献给他可敬的人民的礼物。这是一份契约：他给予人民公正正义和优秀的政府，人民给予他忠诚与热爱。

“人民爱戴这位皇帝”这个主题成为克拉夫特后来画作要表现的主旨。他曾在一幅画中描绘弗朗茨接见群众的情景：他的手伸向一位乞求的母亲，而眼睛却看着她的孩子，眼神里充满了慈爱和关怀。在另一幅画中，皇帝仅由一个人（意为他不需要警卫，因为在人民中间他不会有危险）陪伴着散步，路旁正有一副灵柩经过，他停下脚步表示敬意。灵柩上面蒙的布用了哈布斯堡家族专用的颜色，所以有可能代表这个人生前是他的士兵。第三幅画中，弗朗茨的形象是一个卑微的船夫，他划着一只小船载着来访者渡过那个小小的拉克森堡旁边的湖。这些具有教育意义的画作许多都被刻成了版画，在普通民众中间流传，而且都获得了极大的成功。帝国内几乎家家都有某种代表忠诚和爱国的“视觉符号”。如果谁家没有挂上这种受认可的图像，就一定会被某双监视的眼睛注意到的。[46]

另外一种不断推广的“视觉符号”是皇帝与家人享受天伦之乐的普通人形象。18 世纪的人们对表现天真无邪的画面情有独钟，而现在对于孩子和童年进行赞美则成了弗朗茨审查制度下的“安全”主题。成人感兴趣的事物遭到禁止，所以童年的温馨画面就可以用来批评一个把成人当幼儿看待的社会。[47]这种主题的绘画也同样受到了菲利普 · 奥托 · 朗格（Philipp Otto Runge）等德国浪漫派画家的青睐，而他们是不受这些限制的。[48] 在以儿童为主题的奥地利画家中，最有名的是彼得·芬迪（Peter Fendi，他受到了克拉夫特一个学生约瑟夫·丹豪泽的热烈追捧），他所画的皇帝和皇后含饴弄孙[49] 的画作是许多此类画作的开山之作，理想化地表现了哈布斯堡家族成员享受天伦之乐的幸福生活。

弗朗茨给他大儿子斐迪南留下的“政治遗嘱”中，最重要的一个观点就是“要保证家庭团结，并将此作为最高目标”[50]，而这种和谐与团结的画面也多次在表现这位皇帝及其家人日常生活的家庭画作中呈现过。利奥波德·富特波尔（Leopold Fertbauer）在1826 年创作了一幅画，背景是田园景致中一所乡村屋子的内部[51]，3 个魁梧健壮的年轻人神情骄傲地笔直站立着。他们是弗朗茨的两个儿子和他的外孙，即皇子斐迪南和弗朗茨·卡尔，以及拿破仑和玛丽·路易丝的儿子赖希施塔特公爵（Duke of Reichstadt）。而那些女性人物，皇后、玛丽·路易丝和皇后同父异母的姐姐索菲，则悠然自得地坐着。弗朗茨满怀爱意地站立着，手扶着皇后的椅子。画面四周的绿叶生机勃勃，呼应着皇帝子孙们健康成长的主题。而由彼得·芬迪创作的一幅同类画作与此相隔差不多十年，是在皇帝去世前几个月完成的。富特波尔画作表现的是亲密的家庭生活情景，而芬迪的作品则是以“家庭团聚”命名的系列画作，再现了哈布斯堡家族聚会的大场面。[52]

画中，作为“人民之父”的皇帝也是家庭中的父亲。他的家庭明显是一个人丁兴旺的大家庭，一共 13 个孩子，或在安静地玩耍，或在父母的周围享受着家庭的温暖。弗朗茨被这些孩子们包围着，几乎看不见了，与梅滕斯和佐法尼给玛丽亚·特蕾莎和利奥波德二世所作的画异曲同工。画作背景中突出了一个古典的雕塑，表现了一个老英雄[53]正将未来的旗帜交给一个赤裸的青年人。没过几个月，这一带有预示性的绘画就变成了现实。1835年3月2日，即他父亲忌日的第二天，弗朗茨突然发烧，在家人的陪伴下，得到了教会的精神抚慰后，安静地离开了人世。从沃尔夫创作的一幅广为流传的印刷品宣传画上，我们可以看到皇帝在弥留之际，士兵和官员守候在他身边，普通的维也纳公民悲伤地跪在他面前。[54]在这位“好皇帝弗朗茨”死后，立即掀起了对他疯狂崇拜的热潮。维也纳的贵妇争先恐后，想得到皇帝生前用过的最后一个枕头里的一根羽毛。出现了大批的版画、小册子和一些小装饰品以纪念这位在位长久的皇帝。他死后不到5天就开始了一场角逐，因为要在维也纳为弗朗茨这位好皇帝建一座巨大的塑像，于是整个帝国的各个城镇都竞相行动起来，要赶在别人之前拥有一座先皇的塑像。

葬礼是按照传统的方式举行的，但是在圣斯德望大教堂，头一次在巨大的灵柩台上竖起了一根高耸的柱子，柱顶上是一只双头鹰。连续3天，维也纳民众排长队从此经过，表达他们最后的敬意。[55]然后按照礼制集结了送葬的队伍，蜿蜒长队步入方济各会教堂，在那里为先皇举行了传统的葬礼仪式。麦卡特尼对弗朗茨的一生做了最好最忠于事实的总结。

> 他这个人既不坏也不蠢……是一位充满深情的丈夫和慈爱的父亲……他的四位妻子当中，至少有一位是真正爱他的，也因此全身心地想他之所想，爱他之所爱。他家族中的其他人似乎也

> 很喜欢他、尊敬他……他出奇精明，拥有一种令人不安的天分，那就是不管在什么情况下他都能自圆其说，偶尔会表现出一种嘲讽的幽默，而许多现代的历史编撰者震惊于他一些看起来比较骇人的言论，却往往忽略了这一点。[56]

他接着说，弗朗茨没有“一丁点利奥波德真正的立宪思想”，而是坚持约瑟夫的“彻底的君主专制思想，就像艾森曼所写的那样[57]，不仅是把它作为统治手段，也作为统治的目的”。

* * *

弗朗茨在位长达43年，人们都忘记了他继位之前的时光是什么样子了。而他的儿子斐迪南继位之后要做的最重要的事，就是掀起人们缅怀他的热潮。斐迪南总是被人们描述为一个和蔼却头脑不太灵光的人，因为深受癫痫之苦，所以根本没有能力控制住任何局面。[58]有些画家在给他画像时有意掩盖住他那不成比例的大脑袋、稀疏的头发和突出的金鱼眼，还有他那看起来总在发烧的红脸膛，但大多数都尊重了事实。就像他的先祖西班牙的卡洛斯二世一样，斐迪南好像不可能有后代，但跟卡洛斯不同的是，他体格健壮，一直活到1875年，最终在布拉格去世。他居住在维也纳时受到了人们的尊敬，在布拉格也一样。但如果他没有子嗣，继承就有赖于他弟弟的后代，他的弟弟弗朗茨·卡尔娶了先皇的皇后卡罗琳·奥古斯塔同父异母的妹妹、巴伐利亚的索菲。他们有4个儿子，弗兰茨·约瑟夫（1830年出生）、斐迪南·马克西米利安

（1832 年出生），卡尔 · 路德维格（Karl Ludwig，1833 年出生）和路德维格 · 维克多（Ludwig Victor，1842 年出生），是未来的希望。他们唯一的女儿玛丽亚 · 安娜 · 皮亚出生于 1835 年，但在 5 岁时夭折。

这几个孩子让弗朗茨一世在生命的最后几年里感到非常欣慰，他们也常常出现在彼得 · 芬迪那些甜蜜温馨的画作中。但是，他最喜欢的是他的长孙，也就是弗朗茨 · 卡尔和索菲所生的第一个孩子。他出钱让瓦尔德米勒（Waldmüller）给三岁的小弗兰茨 · 约瑟夫画像，这孩子戴着顶大军帽，几乎把自己盖住了[59]，而早在 1835 年，这个小孩子就拍了无数的照片。[60] 他 1842 年第一次领受圣餐的情景被制成了版画广泛销售，几乎从出生开始，弗兰茨 · 约瑟夫就已经被他未来的臣民所熟知。汉斯 · 保尔（Hans Pauer）曾列出 3300 多幅他的单人画像，但这些仅仅是能找到的和被收藏的画作，必然也不会包括无数流行于民间的画像、明信片和诸如此类已经找不到的图像作品。到了照相机时代，人们创作和复制画像的能力大幅提高，要想得到精确的图片数量简直就是异想天开了。

因此，弗兰茨 · 约瑟夫无疑是哈布斯堡王朝皇帝中“曝光率”最高的一个。但是，尽管有大量的图像资料，对他日常的生活也有不间断的记载，对他后期家庭悲剧也有各种推测，学术界和民间对他个人及他统治的帝国都有大量的研究，但我们仍然难以真正了解他，仍然有许多疑问。许多人都错误地认为他是一个愚钝的人，行为僵化，在人际关系方面表现得很无情。[61] 这些人都被假象迷惑了双眼。公众时刻关心着弗兰茨 · 约瑟夫的一举一动，可他始终保护着自己的隐私。他也许是马克西米利安一世以来哈布斯堡家族最复杂难懂的君主，他被迫向世界妥协，当时，权力已经开始从那些生来就有统治大权的人手中溜走。尽管有许多人质疑他是否算得上真正成功，但他绝不是失败的君主。

* * *

我曾随口说弗兰茨·约瑟夫是“独裁者”，就受到了已故的A. J. P. 泰勒的批评[62]。他说得没错，因为这位皇帝从来没拥有过如此大的权力。[63]西欧统一的局面已经消失。不管弗兰茨·约瑟夫是不是独裁者，事实上耳濡目染的一切都让他渴望成为那样的人。尽管从婴儿时期开始，他就被当作帝国未来的统治者接受培养和教育，但结果却难以预测。他童年时受到百般呵护和关爱，他那充满活力的个性、惹人喜爱的粉嫩皮肤和浓密的金发，都让身边的大人们怜爱不已。他的表哥赖希施塔特公爵称他是上面涂了一层奶油的草莓冰激凌。溺爱孩子的祖父送了他一辆6匹马拉着的马车，走到哪儿都有帝国的警卫给他行礼。祖父还会带着他在皇宫的庭院里散步。彼得·芬迪画过一幅画，画面上祖父弗朗茨把他抱起来往一个哨兵的武器袋里放纸币，他的腰间挂着皇帝送给他的一把小军刀。[64]皇帝让他坐在自己的腿上，他最先学会的意大利语词汇是皇帝教的，也许这让皇帝想起了自己在佛罗伦萨度过的牧歌式的童年吧。士兵玩偶是弗兰茨·约瑟夫的最爱，他在5岁生日的时候得到了第一套小轻骑兵军服。

除了他的母亲，对弗兰茨·约瑟夫的人生影响最大的就是他的祖父了，尽管他5岁的时候祖父就去世了。这个孩子最清晰的记忆是当祖父去世的时候，他很想放声大哭，却不得不控制住自己的情感。弗朗茨死后仍然继续在他孙子的生活中占有支配地位。当弗兰茨·约瑟夫长大一些的时候，他的母亲（实际上他的父亲那时候以及后来都对他没有任何影响力）为他制订的教育计划，都是严格依照弗朗茨培养自己孩子时所给予的指示精神来做的。这些指示带着他自己在约瑟夫二世宫廷里的可怕经历的印记，因为当时他实际上遭到了皇帝的单独监禁。弗朗茨在指示中明确指出：任何小皇子都不能独处，必须时刻有人看管、有人教导。每天都有老师在教导，要让哈布斯堡家族的孩子获得必需的身体素质和专业技能。

弗朗茨认为，要培养的是身体素质和专业技能，而非智力技能，这反映了他反对过度用脑的一贯偏见。这种想法还是基于他伯父约瑟夫的例证，他强调的是约瑟夫辛勤工作的能力和他鞠躬尽瘁的奉献精神，而不是他进行改革和变革的热情。后来的批评家们都对他给予年轻皇子们的教育提出了反对意见。艾伦·帕默（Alan Palmer）在他对弗兰茨·约瑟夫的研究中是这样说的：

> 即使按当时的标准来衡量，作为一个教育计划，这个方案也有着严重的缺陷：有太多死记硬背的学习，太不重视教授如何思考问题。除了他自己的弟弟们，他与教室里的其他孩子实际上没有任何接触。经过了半个世纪，社会发生了巨大的变迁，可弗兰茨·约瑟夫在19世纪30年代末所学的东西与其祖父在60年前学的东西没什么两样，只是提高了对帝国少数民族语言的关注。[65]

事实上，在利奥波德的计划中，弗朗茨所受到的启蒙教育与为弗兰茨·约瑟夫所制订的教育计划有很多不同之处，正是因为半个世纪的社会巨变，计划受到了更多的限制，变得更严密了。

这个教育计划让弗兰茨·约瑟夫没有时间产生旁门左道的想法，而是严格地遵循既定的道路。帕默接着比较了为萨克森－科堡的阿尔伯特制订的教育计划，为女王维多利亚和阿尔伯特的孩子们制订的教育计划。准确地说，为他们的长子威尔士亲王特别制订的教育计划到底有多成功，还存在很多疑问。用更好的说法，弗兰茨·约瑟夫受到的是培养，其培养计划太过详细，但却与未来君主的生活现实密切相关。他是否有高明的骑马技能比他是否能欣赏歌德的诗歌更重要，甚至比了解霍迈尔写的历史更重要。事实上弗兰茨·约瑟夫在这两方面都不错，只是他最喜欢的消遣是涂涂画画，而且他也有这方面的天分。弗朗茨的影响力再次得到了证明，他首先强调要有从军的经历，他自己在军队里度过的时光是他在维也纳时最快乐的时光。其次，孩子还必须掌握多种语言。弗朗茨能与他的匈牙利臣民讲匈牙利语，这让他少了很多阻碍，而他的孙子也展示出了相同的能力。

我花了这么多篇幅来驳斥对弗兰茨·约瑟夫的培养所提出的批评意见，是因为大多数情况下这些批评都没有考虑到当时的时代要求，他们的评判标准也不符合奥地利帝国统治者的实际需求。受到更多诟病的是索菲的孩子们被一股脑灌输进去的那些道德标准，这其中不包括她最小的儿子路德维格·维克多，他受到的管束要少得多。而他作为母亲的最爱，更是家里的“老幺”，如果他也受到教育要有担当和责任感的话，也许他未来的生涯会少些坎坷。

弗兰茨·约瑟夫受到的教育遵循了哈布斯堡家族最简单的信条：这个家族是上帝拣选来完成他的使命的，他们活着的目的就是为上帝服务。他们受命统治，要遵照传统的信条为人民谋福利。他们要不惜牺牲自己的生命和舒适给臣民带去满足和幸福。不幸的是，尽管这些原则很高尚，却不允许帝国的人民有任何自由意志，没有任何权利来决定他们自己的幸福。

在约瑟夫二世时期逐渐凋敝的"奥地利式的虔敬"，现在又重生了。彼得·芬迪[66]所作的一幅水彩画中，索菲的三个孩子跪在一幅基督和圣母马利亚的画像前，他们的母亲在身旁守护着他们，这幅画无声地反映出，传统的哈布斯堡家族价值观重新得到了重视。弗兰茨·约瑟夫每周除了要接受梅特涅亲王的政治教育之外，还要接受维也纳的大主教劳舍尔（Rauscher）的教育，他倡导重振18世纪遭到理性主义者攻击的天主教。四面八方灌输给他的就是"合理性""职责"和"信仰"的必要性。他全盘接受。

多年以后，应该说他具备了一个理想军官应该具备的所有素质，视野有限，百分百忠诚，事实也证明他非常勇敢。他所受的教育就是要生产出一个"产品"。就像让－保尔·布莱德（Jean-Paul Bled）所说的："不管我们怎么评价弗兰茨·约瑟夫所受的教育，这种教育的优点是具有连贯性。尽管涉猎很广，但是给他灌输反对自由主义的思想，为他实行专制统治做好准备是他的老师们的中心任务。这方面的教育给他打下了永久的烙印。"[67]这个"产品"符合时代需要，因为谁也不想看到现有制度的消亡。哈布斯堡王朝统治的某些地区正经历着蓬勃的大繁荣和工业的大发展。"毕德迈雅时期"的画作中充斥着心满意足、身形肥硕的男男女女，那都是当时市民的真实写照。1830 年法国和比利时发生的巨变，并没有真正波及奥地利。人们并没有什么特别的不满，只是有点政治上的“消化不良”。弗兰茨·约瑟夫就是在这种持续的“往昔美好时代”里适时地接受了治国的教育和培养。

* * *

1848 年 3 月的革命爆发之后，欧洲国家的统治集团几乎都不知道该如何应对。[68] 在维也纳，是要采取强硬的立场还是妥协处理，宫廷对此犹疑不决。虽然不像 1870 年打击巴黎公社时那样血腥，但最终还是无情的镇压起了作用。最后，对现有制度形成真正威胁的力量来自匈牙利而非维也纳。梅特涅亲王逃离了都城，有人说他把自己打扮成了一个洗衣女工，最后消失得无影无踪。这种宫廷空虚的状态下，大公夫人索菲在家族内的影响力变大了。此时此刻她是“哈布斯堡宫廷里唯一的顶梁柱”。她从一开始就坚信这场革命一定会以流血结束。要么是她的家人重演 1793 年玛丽·安托瓦内特的可怕命运，要么是“罄竹难书”的反叛者付出血的代价。她做好了准备，要不惜一切代价保护好自己的孩子们，这再一次显示出哈布斯堡家族的女人比男人更有才能，更能掌控大局。她把弗兰茨·约瑟夫送到了蒂罗尔，在那里有奥地利驻意大利的军队来保护他，那支部队的指挥官是战地元帅拉德斯基（Radetzky），是对战拿破仑军队的英雄。她写信给拉德斯基说：“我要把我最珍贵的‘心血’交到你的手里！你要在前进的道路上引领他，这样他才会大无畏地光荣前行。把他看作你的儿子吧，因为他是一个优秀而诚实的孩子，而且他从小就喜欢做一名军人。”[69] 拉德斯基本来就面临着萨伏依王国的威胁，兵力不足的军队只能靠着他的精神和个人魅力勉强支撑[70]，现在又增加了“做保姆”的额外负担，他不可能欣然接受。但是他意识到王朝的未来要落在这个羞涩的年轻人身上，他虽然年龄还小，当个中尉都不够格，但是已经穿上了上校的军服。格里帕泽曾写诗赞美“军队里最年长的士兵”，弗兰茨·约瑟夫出现在拉德斯基的部队里，给那首诗里一行著名的诗句“奥地利就在你的营盘里”增添了新的含义。[71]

1848 年春天的意大利之行给年轻的皇子留下了不可磨灭的印象。首先，他看到了因斯布鲁克周围的乡民对哈布斯堡家族怀有的忠诚和深切的爱戴，这与那些阴险残酷的维也纳人完全不同。其次，到了部队，他有一种回家的感觉。他跟祖父一样，在军队生活严格的规矩里找到了一切疑问的答案。1848 年 5 月 6 日，他在桑塔露琪亚参加了一次战斗，这次奥地利军队战胜萨伏依王国军队的战斗规模很小，但是意义非凡。他在战斗结束的当晚 8 点给母亲写了一封信，得意地告诉她自己第一次面对炮弹爆炸的情景，以及他是何等幸运，毫发未伤。[72] 在他们往来的信件中，他还告诉母亲，哈布斯堡家族的坚定决心对部队起着巨大的鼓舞力量。他说，皇帝的宣言以意大利文印制了 600 份，忠心耿耿的部队士兵都在传阅。[73]

1848 年 6 月 5 日，他回到北方与家人团聚，弗兰茨·约瑟夫经历了一次成长的洗礼。他一次又一次与自己的士兵并肩战斗，经历战争危险。他以一种新的眼光去理解都城里发生的事，那些背叛的维也纳市民与爱戴他的士兵形成了鲜明对照，这些士兵不惜冒着生命危险保卫了国家的利益。毫无疑问，他热爱战场上的气氛和光荣（他也同样看到了，拉德斯基在尽力确保他远离最危险的情况）。他感触更深的是他尽了自己的职责并长大成人。桑塔露琪亚之战以前，他给母亲写信时还完全是个孩子，而在那以后，他令人欣喜地拥有了一个男人的自信。[74]之前，他穿着军装是因为他的身份和地位使然。现在，军装是他通过自己的努力得来的，当之无愧。终其一生，安静地在办公桌旁办公时，他总习惯穿一身军装，那是在桑塔露琪亚战斗中穿过的那套军服的简化版，穿了65年多的时间。

人们很容易感受到年轻的弗兰茨·约瑟夫身上的魅力。他充满爱心，对自己的弟弟和他们的家庭生活都非常关心。他对母亲的爱是全心全意的。他对皇后伯母非常依顺，十分尊敬。斐迪南皇帝评价他有“一颗善良的心”。然而，这种表面上的魅力极具欺骗性。弗兰茨·约瑟夫拥有哈布斯堡家族特有的倔强和固执，几乎到了病态的程度。他对于任何事情的应对都不是基于理性和内心的分析，而是出于一种本能的确定感。而且，跟他的祖先二世一样[75]，不管好事坏事，他一律都会按照上帝的旨意办。斐迪南在1619年波希米亚危机时对他忏悔神父说的话应该也是弗兰茨·约瑟夫的心里话：“我权衡了来自各方面的危险，既然知道不会再有人类的支援了，我就向上帝请求帮助。如果是上帝的旨意让我经历这场劫难，那就来吧。”

1848年10月，维也纳的形势出现了索菲早就预料到的恶变。北方部队指挥官温迪施格雷茨（Windischgrätz）亲王派来了洛布科维茨（Lobkowitz）伯爵带领的一大队轻骑兵，以保卫聚集在霍夫堡古老城墙里的皇室家族。那些轻骑兵在内苑安营扎寨，守卫着每一道门每一扇窗。通往城里的宫门也关闭紧锁，但是从里面他们也能听到外面大街上的喧闹声。10 月 6 日傍晚，透过窗户就能看见战争大臣拉图伯爵被剥光了衣服的尸体被吊在灯柱上。当时的人们尽量用委婉的措辞来描述他的尸体是遭到了“残酷的损害”，因为当时他全身无数的刀伤剑伤还在血流如注。

洛布科维茨当即决定让皇室家族在第二天凌晨离开城堡去寻求温迪施格雷茨的大部队的保护。一整夜，大家都在忙于打点行装，准备长途旅行的马车。弗兰茨·约瑟夫希望自己以军官身份骑马护送车队，但是被告知这么做太危险，他应该坐在封闭的马车里。10 月 7 日，第一缕晨曦刚一出现，霍夫堡的外城门打开了，第一队轻骑兵刀剑出鞘，慢慢骑马出门，后面紧跟着的是第一批马车，马车上窗帘紧闭，两侧是端着卡宾枪的轻骑兵。车夫的身旁坐着一位神枪手，其他人都居于左马驭者的位置。随着这队似乎往美泉宫方向的黑色马车的不断行进，气氛变得十分紧张。护卫队随时准备迎击进攻，尤其在城门口的时候，结果什么事都没发生。有几个维也纳人也在那么早的时候出现在大街上，他们认出了皇室的标志，竟然为皇帝欢呼起来。

不到一个小时，他们就完全出了城，大家都如释重负，甚至感觉很意外。车窗的帘子打开了，里面的人看到了冬日里淡淡的光线，轻骑兵们也刀剑入鞘，收起了卡宾枪。看起来皇室应该不会再有什么危险了，因为人们的愤怒都只是针对那些大臣和军队的指挥官的。维也纳人还错误地以为皇帝一定会站在人民一边，这也证明了弗朗茨塑造的、斐迪南继承的帝国形象的成功。马车的队伍缓慢地行进着，在过了多瑙河之后，他们在离维也纳大约

20 英里的地方停下来过夜。他们的目的地是摩拉维亚的奥洛穆茨镇（Olmütz），那里主教居住的城堡已经准备好做他们临时的住所。10 月 14 日，他们到了那里。与此同时，由温迪施格雷茨率领的大部队正向西南方，也就是他们刚丢弃的城市方向进发。这两件事绝不是巧合。

温迪施格雷茨调动部队包围了这座城市，这也是维也纳在 1683 年土耳其人围城之后首次被围困。在城郊经过了几天小规模的交战之后，城市议会同意打开城门投降。但是他们又听说匈牙利同盟的援军快到了，这些平民组成的民兵便撕毁协议准备继续战斗下去。温迪施格雷茨已经在城市周围布置了 200 多门大炮准备洗劫这座城市，他们抓住时机对城市进行了猛烈炮轰。炸弹密集，历时短暂，但是破坏力极强，把城里的人都吓坏了。当时与这位将军一同站在卡伦山（Kahlenberg）上的艺术家们后来创作了版画，画面上整个城市因为炮轰而成为一片火海。部队冲进城里时几乎没有遇到任何阻力，只有一些顽固分子还在抵抗，皇家军队有时候不得不一条街一条街地攻打。2000 名武装公民和非战斗人员在炮轰和巷战中死亡，还有 2000 人因暴乱罪名被捕。“奥地利式的仁慈”占了上风，胜利者们放弃了屠城的念头。只有 25 名领头者被枪毙，大批的平民军人被押送到意大利充军。那些带头谋杀拉图的人经过审判后立即被处以了绞刑。

* * *

又过了一个月，一切才完全结束。哈布斯堡家族的长辈们由约翰皇子牵头，已经得出定论，虽然斐迪南有一大批大臣和顾问的大力支持，在和平时期可以成为一个领袖人物，但是，在如此困难的时候，他不适合做皇帝。然而，尽管玛丽亚·特蕾莎曾和约瑟夫二世共同执政，但哈布斯堡家族还没有皇帝退位的先例。1839年[76]的家族章程中还没有皇帝退位的条款，人们自然而然地认为就应该遵循长嗣继承的原则，就像弗朗茨执政的最后几年出现继承人疑问时一样。他不愿意听到由《国本诏书》规定好的继承顺序被打乱。斐迪南继承皇位是上帝的旨意，这与奥地利帝国的国歌是一致的，任何情况下上帝都会庇佑皇帝和奥地利。[77] 1848年夏天，皇位应该传给新一代的议案被提出，就像17世纪马蒂亚斯皇帝的皇位继承人已经获得同意之后所发生的情况一样，不仅斐迪南要退位，而且下一任皇帝不是按照顺位排名理应继承皇位的他的弟弟，而是他那个1848年8月才满18岁的侄子。而即使到了那时候，他也达不到统治哈布斯堡大片领土的法定年龄。

1848年12月2日清晨做出的这个决定，其合法性受到质疑。17世纪还只涉及家族的传统问题，现在却有一个合法的家族协议，各方都签了字，对大家都有约束力。不管怎样，抛开一切的疑问，斐迪南前一晚已经在命令上签了字，早上8点，家人和当地的显贵都正式着装，聚集在主教宫殿的大会客厅里。索菲身穿白色波纹绸的宫廷礼服，头上插着一朵珠宝玫瑰花。弗兰茨·约瑟夫、马克西米利安和卡尔·路德维格穿着军装，6岁的路德维格·维克多也穿着量身定制的一套新装。除了弗兰茨·约瑟夫以外，这几个男孩子谁也不知道自己为什么被召到这里来。皇帝和皇后走了进来，屋里鸦雀无声，10月份才上任的新首相施瓦岑贝格（Schwarzenberg）亲王递给皇帝一张纸，皇帝念了上面一段简短的讲话稿。他声音低沉，有点结巴。

> 我们政府（他说）的信条就是要做法律的维护者……目的是要为人民谋福祉。但是，由于各种事件的影响，我们确信需要对宪章的条款做出修改，我们在今年3月已经着手进行此项意义深远而复杂棘手的工作。然而我们相信，我们更需要一个年轻人来承担这项崇高的任务，并圆满完成任务。[78]

施瓦岑贝格接着宣读了退位令，退位令中包括了弗朗茨·卡尔放弃皇位继承权的声明，再次重申了皇帝说过的需要年轻人接班的内容。然后弗兰茨·约瑟夫走上前来跪在伯父的面前，皇帝把手放在他的头上给予他祝福："上帝保佑你。勇敢地承担起责任。上帝会保佑你。我不介意，我做这一切心甘情愿。"[79]

但还是存在严重的问题。就在新帝走进举行仪式的这个房间之前，他还是犹豫了。整个夏天他都疑虑重重，只是在妻子和其他家庭成员，尤其是伯父的压力之下他才说服了自己。弗朗茨·卡尔也十分不愿意让位给自己的儿子，他度过了许多不眠之夜，直到有一天梦见了自己的父亲才释然。在梦里，父亲将手放在孙子的头上，表示他同意了这么做。还有一小部分人在推动变革，比如温迪施格雷茨将军、皇后、约翰皇子及大公夫人索菲，可这是一个完全与传统背道而驰的革命性行为。

所有的文件都得到了签署并加盖了国玺之后，主教宫殿的外面响起了一阵号角声，宣布了皇权的交接。公告在天主教大教堂的台阶上宣读了出来。那位退位的皇帝在日记中记录了这天发生的大事。“新皇帝跪在老皇帝（也就是我）的面前，请求祝福。我给了他祝福，将双手放在他的头上画了圣十字……拥抱并亲吻了我们的新君主，整个仪式结束。然后我回到了自己的房间。随后我和爱妻听到圣洁的弥撒开始了……那之后我和爱妻打点好了行装。”[80] 刚到下午的时候，他们就乘坐马车往车站驶去，新皇帝骑着马跟随在马车旁边。在车站，皇帝和他们道别，他们乘坐的火车开往了布拉格，他们将在哈德恰尼宫重新安家。也许斐迪南住在那里再合适不过了，因为这是不幸的鲁道夫二世曾经的家，他也是这样被哈布斯堡家族抛弃的。

12 月 2 日的事件产生了一系列神话。因为不能称其为“加冕”，所以人们通常都称之为“即位”。但是那里根本没有“皇位宝座”，也没有任何代表皇权的标志物。只是后来很多流行的版画都把皇冠、权杖、宝球等强加在里面，想让此事有一定程度的可信性。但这件事其实是一场政变，尤其是匈牙利人很快意识到了这件事缺乏合法性。在 1867 年弗兰茨 · 约瑟夫与匈牙利签订条约之前，匈牙利持不同政见者在近 20 年的时间里都只承认他们的加冕皇帝，即退位后一直住在布拉格的斐迪南。1848 年，这个家族扫清了法律上细枝末节的问题，得到了他们想要的结果。这在家族的宗族传统中有过先例，因为在长嗣继承制得到严格执行之前，他们有一个由来已久的“分享继承”传统。说到底，起作用的不是家族的律法，而是哈布斯堡家族的集体意识。1848 年，就像以前类似的情形一样[81]，年长的皇子们经过商议并取得一致意见后代表家族发声，这是 15 世纪以来的家族做法。泰勒曾把哈布斯堡家族称为“现代欧洲历史上最严格的组织”[82]。这个家族很严格，适应力也很强。

* * *

新皇帝面临的第一个任务就是结束匈牙利的叛乱。汉诺威国王消息很灵通，曾经很成功地将革命的风暴阻挡在自己小小国家的国门之外。他接到了弗兰茨·约瑟夫的个人信件，信中大概说明了他的计划。国王写道：“在我看来，在现有的重兵攻势之下，匈牙利完全处于包围之中，很难坚持下去……我承认，当我听说斐迪南退位让他侄子弗兰茨继位的时候，我很震惊，我怀疑在目前匈牙利这种形势下，这么做可能会导致这个王国坚决拒绝回到奥地利的皇权统治之下。”[83] 镇压极为严酷，也极为困难，奥地利人还低三下四地请求俄国派兵援助。奥地利当时的指挥官海瑙（Haynau）将军所采取的原则是“绞死所有首领，枪毙那些与敌人同流合污的奥地利军官，将我们部队里那些之前是平民或者军士的匈牙利军官作为普通列兵征召入伍”。[84] 10月6日，13名将军被绞死或枪毙，500例死刑判决被通过，其中114例得到了执行，接近2000人被判长期监禁。75位逃离了国家的显贵被象征性地实施了绞刑，绞死的是他们的模拟像。除此之外，还发生了长达数月的打家劫舍、强奸和盗窃等案件，都是皇家军队干的，尤其是那些巴尔干半岛的野蛮的非正规军。哈布斯堡王朝的领土终于恢复了秩序和平静，但是匈牙利人心中的痛苦彻底击碎了持久和平的希望。

* * *

弗兰茨（家里人总是称呼他弗兰西）在奥洛穆茨的第一天就决定将他的名号定为“弗兰茨·约瑟夫一世”，名字响亮，又同时纪念了他的祖父和叔祖。

新君主继位伊始，各方就开始营造对他的狂热崇拜。首先得到强调的是他的年轻与活力。接着，在他与巴伐利亚的伊丽莎白即人们熟知的“茜茜公主”结婚以后，他的形象就成了年轻的爱人，很快，他又成了慈爱的父亲。后来，据说哈布斯堡帝国的孩子们都知道上帝的模样，因为在每一个学堂里都有他那满脸胡须的和蔼脸庞。约瑟夫·罗特（Josef Roth）在他的小说《拉德斯基进行曲》（*The Radetzky March*）中描写了与他同时代的人一眼就能认出的事物。

> 卡尔·约瑟夫盯着对面墙上挂着的皇帝画像。弗兰茨·约瑟夫身穿月白色的将军制服站在那儿，胸前斜挎着鲜红色的宽绶带，脖子上挂着金羊毛骑士饰链……卡尔·约瑟夫还记得他参军后的头几周，每当看到这幅画像时他心中那种自豪而欣慰的感觉。那时候就好像皇帝随时会从那窄窄的黑色画框中走下来，来到他身边。可是渐渐地，这位“至高无上的战争君王”在那些邮票和钱币上的形象让人习惯了，变得平淡无奇了。在军官办公室里，他的画像看起来就像是某一位天神献给他自己的隐秘祭品……在家里，一幅同样的画像挂在“地区专员”（他父亲）的书房里。画像还挂在军校的巨大的礼堂里。挂在兵营

上校的办公室里。还有成百上千的弗兰茨·约瑟夫皇帝的画像挂在哈布斯堡王朝的领土上，东西南北四面八方深入他的人民当中，无处不在，就好像上帝在全世界无处不在一样。[85]

弗兰茨·约瑟夫以约瑟夫二世和利奥波德二世的方式，把自己树立为人民的“第一号公仆”，这是个独特的君王形象。不论在战争期间还是和平年代，对于他统治时期出现的许多问题和遭受的诸多失败，他都能够直接从自身找原因，勇于承担起所有的责任。他是许多人研究的对象，可他始终让人捉摸不透。大多数对他个人的评价都是在他年老时才写出来的。这些回忆录虽然常常充满深情，但也只不过把他描述成一个不断卖弄学问和过分追求个性的人。有时候，他是一个“心地善良的老皇帝”，他自己的需求很简单，就睡在办公室后面一间小屋子里一张简朴的铁架子床上。而有的时候，他是一个军事独裁者，会因为一个军官的衣袖没按规定数量钉上扣子而大发雷霆。

有一次吃晚餐的时候，皇帝一直盯着桌子另一头一位年轻的值班军官看。晚餐结束后，宾客们都走到了花园里，弗兰茨·约瑟夫

径直走到那位中尉的面前对他大吼：“为什么不按规定穿衣服？”这位军官脸色惨白，极为不解。他说不出话来，只是盯着他的君主。很显然他根本就不知道皇帝发这么大火为的是什么。皇帝也看出来了，变得更加生气：“你的袖子上没钉纽扣。你不知道吗？”这位中尉绝望地看了一眼没有纽扣的衣袖，结结巴巴地颤声回答：“是，陛下，我真的不知道！”皇帝气得发抖，大声喊

道："那说明你是不懂规矩。这真太可恶了。"[86]

不过，这个故事还有个未成文的结局。皇帝第二天还在对此种世风日下大批特批，然后有人告诉他这件事错不在那个军官。不管规定如何，大多数做军装的裁缝都已经不再在军装上钉扣子了，因为那些扣子现在已经是纯粹的装饰了。弗兰茨·约瑟夫静静地听完，说"这是完全错误的"，然后传令让他自己的裁缝给那位年轻的军官做一套新军装，要在袖子上钉上扣子，钱由他出。他还在后来的一个场合专门把那位执勤军官找出来，对他进行了表扬。"这是完全错误的。"这句话是指他自己反常的严厉行为，还是指军装裁缝自作主张的"恶行"，我们不得而知。[87]

对一个早已作古的人，我们不可能再对其内心和性格做深入的探究，对弗兰茨·约瑟夫更是如此。库恩·海德瓦里（Khuen Héderváry）伯爵曾为皇帝服务了30年，记者亨利·威克姆·斯蒂德（Henry Wickham Steed）问过他皇帝到底是什么样的人。伯爵想了想后回答：

> 我不了解他。不论在奥地利还是匈牙利，我可能比其他任何一个大臣待在他身边的时间都长，但是我不了解他，从来都没有感觉对他是了解的。当事情很顺利，他心情大好的时候，也就是他大笑和逗趣的时候，我常常会想，"我马上要看到他真正的样子了"。而就在此时，他身上便已经蒙上了一层轻纱，隔开了他和我，让他与任何人情绝缘。轻纱后面不是一个普通人，而是一个君王，他只相信他自己神授的权力，相信他只对神负有责任。如果你想研究这

位皇帝，你必须先研究最后这60年的奥匈帝国历史。[88]

大多数对弗兰茨·约瑟夫的评价都采用了这种方式，试图呈现所看到的表象，武断地认为在这层轻纱后面他也没什么两样。于是，表象就是他的全部。

正如马尔古蒂所说，弗兰茨·约瑟夫确实是“秩序的倡导者”。老年的他喜欢有序的生活，不喜欢被打扰。他有自己的行事风格，利用自己的权威确保他的想法就是法律。他统治的前几年，政府的行为完全是他个人意志的体现。他早期的传记作家约瑟夫·雷德利希（Joseph Redlich）这样写道：

> 人们都说哈布斯堡家族中有许多人天生就具有真正艺术家的特质，因为他们有着根据自己的意志来完成从无到有过程的强大的冲动……从他们家族的先祖传下来的这种玄妙特质却在弗兰茨·约瑟夫枯燥死板的性情中没太体现出来，他总是采取实事求是的态度。这个20岁的年轻人有着与梦游相差无几的表情，表现出的是一种刻板的平静。他认为现代的、技术上行之有效的专制统治是应对革命的唯一办法，并且单凭个人意志，在其帝国的几乎所有地方都将其付诸实践。在这一点上他还真是与艺术家有相似之处，艺术家也是借助某种材料向外界传达自己的思想和想象。[89]

他是不是把这种公事公办的习惯性态度也带到了私人生活中呢？也许他在家里，甚至是在床上，也是非常沉闷，毫无生气的官僚模样吧？

对此也有不同的观点。他绝不是空有一副皮囊，不是罗伯特·穆齐尔（Robert Musil）所谓“没有个性的人”[90]，没有喜怒哀乐，没有强烈情感的人，只靠着秩序的躯壳活着。弗兰西的动力来自自己的意志和激情。在这些方面他严格克制和约束着自己。秩序、形式和制度是治理一开始那种混乱局面的办法。但在他的一生中，也有情感占上风的时候。蒙在他身上的轻纱被揭开，露出他的真容的时候也不少。首先也是最重要的时刻，就是他结婚的时候。他父亲的婚姻是包办的，他祖父的前两位伴侣是约瑟夫二世和利奥波德二世挑选的。大公夫人索菲一直认为他是个听话的孩子，希望他在这件事上能按照自己的意愿（和家族传统）行事。但是他并没有选择母亲选中的人做妻子，而是选择了那个人的妹妹。他第一次见到他的表妹巴伐利亚的海伦妮（内内，给他选定的新娘）和她的妹妹伊丽莎白（茜茜），是在温泉小镇巴德伊舍的一个度假旅馆。那是 1853 年他生日的前三天。他们第一次会面的时候，他虽然按规矩见了海伦妮，但是注意力始终没离开过当时要许配给他弟弟的茜茜。事后，卡尔·路德维格告诉他的母亲：“妈妈，弗兰西非常喜欢茜茜，胜过喜欢内内。你看吧，他一定会选择茜茜而不会选择她姐姐的。”大公夫人说：“这是什么想法？弗兰西太任性！”[91]他的弟弟说对了，而且谁也劝不动弗兰茨·约瑟夫。经历了一场旋风般的恋爱之后，他连着两天给母亲施压，让她说服自己的妹妹，即茜茜的母亲同意了这桩婚事。然后在次日，也就是 8 月 19 日的晚上，他和 16 岁的茜茜订了婚。第二天早上，在弥撒仪式的最后，弗兰茨·约瑟夫领着茜茜走上祭坛，请求神父祝福他和他未来的妻子。

他爱上茜茜是因为她“浓密的秀发，与她那双小鹿一般羞涩的眼睛非常相配”[92]，他对她的感觉充满幻想，与实际有很大差距。实际上，她是一个不善交际的女孩，不好相处，对他那不顾一切的激情感到受宠若惊，而且吓坏了。穿着军装的他潇洒英俊，要是不提他那尊贵的身份，还真是一个童话中的王子形象。他对她的爱从初次见面开始就从来没有消退过，而茜茜却好像从来没有真正对他燃起过激情。他们在巴德伊舍的最后几天时间里，他带着她坐着敞篷马车在树林里走了很远的路。当太阳落山之时，寒意袭来，他把自己的军服斗篷披在茜茜的肩上，对着她耳语：“你知道吗？我简直不知道如何表达我的快乐心情！”这个斗篷成了他们未来关系的真实写照。最终，茜茜开始不满他包办一切的令人窒息的关怀，也不能理解当她拒绝他呵护的手臂时为什么会被认为冷漠。弗兰茨·约瑟夫在给她写的信中也都是满满的爱意。每当他们分开的时候，他都会很有规律地写信给她，称呼她“亲爱的天使”，或者“最最亲爱的唯一的天使”。从 1867 年开始，茜茜对匈牙利和匈牙利人产生了极大的热情，他就总是以匈牙利语“我可爱的最亲爱的心肝”，或者“我心中的爱”作为信的开头。还有，他也不再在信中签上“弗兰茨”这个名字，而是“你的小男人”，或者“你的小人儿”。他在 1898 年 9 月 12 日给她写了最后一封信，结尾是“再见，我最美丽的最好的和最心爱的天使”。而这竟一语成谶，因为她永远也收不到了。当这封信送到日内瓦的时候，她已经去世了。她被一个意大利的无政府主义者用锋利的锉刀刺杀身亡。

当这个消息传到弗兰茨·约瑟夫那里时，他焦虑地从信使手中一把抢过电报，撕开来看。当他读到“皇后陛下刚刚过世”时，他坐在办公桌旁控制不住地痛哭起来。他嘟囔着：“我现在在这世上一无所有了……没人了解我们彼此有多相爱。”接着，他控制住了自己的情绪，说：“得第一时间把这个消息告诉给孩子们。”[93] 情感需求和职责之间的这种矛盾，始终是他和茜茜在婚姻生活中争吵的原因。他想尽办法满足她的需求，允许她不受皇后身份的束缚去自由生活、旅行并拥有自己的生活空间，不论是去希腊的各岛屿，还是在英国郡县打猎，或者在法国和德国微服游历。他想尽办法吸引她回家，最成功的做法就是在匈牙利格德勒（Gödöllö）[94] 给她建了一个家，那可是她盼望已久的事。他对她很慷慨，给她钱，送给她各种礼物。可这一切都徒劳无功。说他“在卧室里也像官僚”或许不准确，但他一直保持着皇帝的威严，那已经成了他的第二张面孔。

但在世人眼中，他们的关系非常浪漫。表面上他们是一对理想的伉俪，一个是身材修长的年轻军官，一个是一头深棕色秀发的婀娜新娘。韦斯特摩兰（Westmoreland）女伯爵亲眼见到了茜茜到达维也纳时的情景。

> 他们是你能想象得出的最迷人、最般配的夫妻。她比自己的画像好上千倍。任何一幅画都展现不出她的清新、率真、温婉和知书达理，以及她每一个优雅十足的动作。她的容貌不是那么完美，但是五官很精巧，肤色白皙清爽，嘴唇如红珊瑚，一双棕色的眼睛不是很大，眼窝很深但是眼睛很亮，头发很漂亮……她中等个头，身材迷人，身形苗条柔软，有着漂亮的肩

> 膀和圆润的胳膊，气质尊贵，声音年轻柔和。我看到她乘船抵达努斯多夫……船刚靠岸，皇帝就跑过栈桥，在众人面前拥抱了她。我无法描述这一个简单自然的动作引起的轰动效果。不仅是岸边成千上万的围观群众爆发出了经久不息的欢呼声，站在我旁边的许多人眼睛都湿润了……[95]

此事的各种纪念品供不应求。他们订婚时，一个广受欢迎的纪念品是印有他们肖像的瓷器。那位艺术家根本不知道这位神秘新娘的长相，所以把她头发的颜色完全给弄错了。维也纳瓷器工厂生产了一套三个小雕像。[96] 第一个雕像，他们身穿蒂罗尔农民的服装，她坐着仰望他，他爱护地俯视着她。第二个是他们作为新娘新郎的样子，二人手牵手，充满爱意地对望着。最后一个，他们是一对骄傲的父母，她怀抱着他们的第一个孩子索菲（她出生于 1855 年 4 月），而他则以骄傲和惊奇的目光注视着孩子。但是现实却与此有着极大的差距。

茜茜和她的婆婆大公夫人索菲两个人都有极强的个性，她们之间的冲突从茜茜婚后不久就开始了，而她们之间还有一层姨母和外甥女的关系，使得一切变得更为复杂了。茜茜的母亲既向着自己的妹妹，也割舍不下对女儿的亲情。茜茜养育自己的孩子，名字也叫索菲的长女以及第二个孩子吉塞拉（Gisela，出生于 1856 年 7 月）的方式，遭到婆婆的横加干涉，她非常不满。1856 年，她和弗兰茨 · 约瑟夫访问威尼斯的时候，不顾婆婆的反对，坚持把大女儿带在了身边。1857 年春季访问布达佩斯的时候，她则把两个孩子都带在了身边。他们第二次访问时，刚到达目的地不久，两个孩子就都发高烧病倒了，茜茜本来希望取消即将开始的对匈牙利乡村的访问。她和弗兰茨·约瑟夫都陷入了“最大的痛苦之中”，他给母亲写信：“那个小东西不断哭闹着，让人心痛不已……你可以想到茜茜和我有多么痛苦。”[97] 但是最终他坚持认为，履行国家的职责就意味着要尽到自己的义务，所以她不得不丢下正在吐血甚至把胆汁都吐出来了的大女儿，带着满脑子孩子的哭闹声起程离开了布达佩斯。5 月 28 日，当访问的行程快要结束的时候，他们得到消息说索菲的病情恶化了。他们回到匈牙利首都仅仅几个小时以后，刚刚过了两岁生日的“宝宝”就夭亡了。

茜茜始终没有对索菲的死完全释怀。这之后过了一年多，即 1858 年 8 月 21 日，她完成了哈布斯堡家族的使命，生下了一个儿子，他们盼望已久的继承人。弗兰西看到儿子的时候，流下了眼泪。他形容儿子“不漂亮，但是体格好，非常健壮”。他给儿子起的名字是鲁道夫·弗朗茨·卡尔·约瑟夫（Rudof Franz Carl Joseph），鲁道夫的名字强调了哈布斯堡家族的历史渊源。为庆祝他的诞生创作了一幅彩色版画，画面上的婴儿脖子上围着金羊毛骑士项饰，被放在一个摇篮里。摇篮吊在一根只能用“超巨型”来形容的柱子上，上方是一幅第一个鲁道夫的画像，他那幸福的父母上方是飞翔的天使。[98] 他的特殊地位还以另一种形式体现出来。弗兰茨·约瑟夫赐予他“皇储”的称号，以区别于其他的皇子，代表他是神圣罗马帝国皇帝的长子，有可能成为罗马人民的国王。但是到鲁道夫过两岁生日的时候，他父母的关系却几乎破裂。1860 年 11 月，茜茜因为健康原因执意要去马德拉旅行并在那里长住。她的御医看不出她有什么毛病，但对外称她感染了结核。[99]

维多利亚女王派了一艘游艇给她使用。她在马德拉度过了那个冬天，后于 1861 年 5 月月末回到了维也纳。过了一个月多一点，弗兰茨·约瑟夫就又要跟她道别了，因为她要动身去希腊科孚岛。10 月，弗兰茨·约瑟夫到她在地中海的度假地去看她并答应她，可以等她身体好一些再回到他身边。1862 年 8 月，她在他还有 4 天就过生日的时候突然回到了维也纳。

她继续过着飞鸟一般的日子，把维也纳当作驿站。有时候会一次待上几个月（甚至几年），然后就会离开同样长的时间。1867 年一次短暂的和解后，他们便有了最后一个孩子玛丽·瓦莱丽（Marie Valerie），她出生于 1868 年 4 月。茜茜虽然年龄不断增长，但却越长越漂亮。英国大使夫人布卢姆菲尔德（Bloomfield）男爵夫人在 1860 年第一次见到她。

> 她特别漂亮，高个，浓密的深棕色卷发瀑布般披在背后。她穿着一条品红色的缎子长裙，当折叠门推开后，她犹如一道美丽的风景出现在眼前……她明眸闪亮，面容精致，组合在一起特别动人。她讲英语，告诉我这是跟她父亲的仆人们学的！她特别喜欢狗和马，骑术相当了得，有时候能同时驾驭 4 匹马。[100]

茜茜很担心自己会变胖，她在维也纳的赫尔墨斯别墅里拥有一个私人健身房，是弗兰茨为她修建的。她在英格兰和爱尔兰骑马打猎，胆子很大，无所畏惧，敢越过最高的障碍，因此得了一个绰号“打猎皇后”。她的名字与一个被称为贝·米德尔顿（Boy Middleton）的同样胆大的苏格兰年轻人联系在了一起。她与哈布斯堡帝国及弗兰茨·约瑟夫之间的联系，只剩下孩子和对匈牙利的热爱。对布达佩斯的残酷镇压留下的旧伤痕最终因为1867年的奥匈折中方案（the Ausgleich）得以愈合，这次政治让步恢复并扩大了匈牙利的一些重要权利。[101] 这次和解的外在表现就是在布达佩斯，弗兰茨·约瑟夫和茜茜举行了加冕礼。她在匈牙利人身上看到了维也纳人缺少的人性和精神品质。她学会了匈牙利语，找了一个匈牙利的侍女和其他一些匈牙利的仆人，她明确告诉大家她热爱马扎尔人的一切。这对于弗兰茨·约瑟夫来说真是好运当头，因为茜茜以她自己的魅力赢得了匈牙利人的热爱。

在布达佩斯举行的加冕礼开始于1867年6月6日。根据传统，她开始用针线缝补圣斯蒂芬那件古老的斗篷，修补历史稍微短一点的加冕礼长袜，给圣斯蒂芬的王冠加一个衬里，因为那顶王冠对于弗兰茨·约瑟夫的小脑袋来说太大了。第二天早上7点，

> 参加加冕礼的队伍以史无前例的壮观阵容从皇宫里出发，可以说是这片国土上的大场面了。人员之多前所未有，队伍中的人身着盛装，骑着马鞍配饰金光闪闪的高头大马，所有的一切都给帝国增添了荣耀，同时也彰显了他们自己的富贵和国力。皇帝穿着匈牙利元帅服，骑在马背上，可爱的茜茜穿着（匈牙利的）民族服装，头上戴着钻石王冠，坐在8匹马拉着的国宾马车上，卫兵们身披豹皮骑着灰马，构成了令人眼花缭乱的宏伟场景，不禁让人想起了王国那些最令人自豪的辉煌，以及中世纪最兴盛时期的统治局面。[102]

弗兰茨·约瑟夫的漫长统治从 1867 年的奥匈折中方案开始，进入了稳定时期。时年 37 岁的他拥有妻子和 2 个孩子，就像他在信里所表露的那样，他深爱着他们。他的头发早早就开始变得稀疏了，这使他看起来比实际年龄要老一些，但是他还保持着无限的活力。在他 80 多岁时拍的影片中可以看到，他上马、骑马还很轻松自如。他在 50 多岁的时候还很有朝气，精力极为充沛。经历了无数的坎坷和挫折后，他已经能够在很大程度上淡然处之。[103]在布达佩斯的加冕礼还没过去几天，他就得到消息说他的弟弟马克西米利安冒险参与了法国人支持的建立墨西哥帝国的活动，被自己的臣民审判后枪毙了。这真是雪上加霜，因为兄弟们曾经就马克西米利安是否要接受这送上门的“王座”有过争吵。现在弟弟死了，他尽可能地承担了责任。奥地利海军被派去接回了弟弟的遗体并送到了的里雅斯特，他的弟弟卡尔·路德维格和路德维格·维克多在那里迎候。1868 年 1 月，马克西米利安在维也纳得到了一个皇子应该得到的一切礼遇[104]，在大雪之中被送到了方济各会教堂安葬。

将近 20 年的婚姻生活之后，弗兰茨·约瑟夫与茜茜之间达成了和解，通过其他方式满足自己的生理需求，这也许是好事吧。1875 年，他结识了一个年轻的女人——安娜·那霍斯基（Anna Nahowski），并发展为固定关系。她的日记记录了他们见面的规律。[105]也许还有其他的女人得到过他的宠幸，只是没有像这样记录下来而已。关于他与城堡剧院著名女演员凯瑟丽娜·施拉特（Katherina Schratt）的关系始终存在猜测，因为双方都声称他们只是精神恋爱的关系。他写给女方的信能够证明他们的话不假，但是施拉特的传记作者琼·哈斯利普认为，她至少曾经在某一段时间里是他不折不扣的情人。

> 在一封经过了布尔古安男爵精心编辑删减的信中，我们能看到："昨天是我离开你的床整整6个星期的日子，希望两天后我能再次坐在上面，看看这段时间都发生了什么事情。但是这伤心的日子终于马上就要结束了，我们会再次相聚，度过美好的时光。"……很明显这位女演员并不总是穿着睡衣戴着睡帽在海特辛宫（Heitzing）的早餐室迎接皇帝，而是在其他更亲密的场合，比如凯瑟丽娜穿着缎带镶边的便服，头枕着蕾丝花边的枕头，拥着缎被风情万种地躺在床上，咖啡和羊角面包放在床边的桌子上。[106]

不管这段关系性质如何，它都得到了茜茜的默许，而且他们的第一次见面还是茜茜精心安排的。在这之前，弗兰茨·约瑟夫只是在城堡剧院中的皇家包厢里欣赏"凯西"。茜茜安排画家海因里希·冯·安格利（Heinrich von Angeli）给这位女演员画了像，并把画像作为礼物送给了自己的丈夫。一切安排妥当后她还要确保他们见了面。今天看这幅画像，我们会发现安格利所画的凯瑟丽娜·施拉特，很像温特哈尔特（Winterhalter）所画的弗兰茨·约瑟夫最喜欢的那幅他年轻妻子的画像，二人都是如云秀发长及腰间。

* * *

在 1900 年巴黎的万国博览会上，奥地利军队赢得了一项大奖，不是因为它拥有最好的步枪或者是最有杀伤力的野战炮，而是因为他们有最别致的军装。路易斯·艾森曼在写到这支古老的军队时说：

> 这支军队对奥地利只有一种认识，即国家本身就是一支巨大的军队。军团中强调纪律、服从指挥官的话就是法律，完全看不出官兵出身的多样性和民族观点的不同。在军团的旗帜下，所有的奥地利人都只是奥地利人：对王朝的热爱，以及把皇帝视为最高统帅的狂热，把所有人团结在一起。就像造就一支军队那样，对广大的人口实行完全一样的政策，不就会产生只有一个奥地利的想法吗？[107]

1867 年以后，这套体制变得更加复杂，既带有奥地利帝国（*kaiserlich*）的元素，又有匈牙利王国（*königlich*）的特点，写在一起就成了“k.k.”，代表了一个新国家全名的缩写，就如同“USA”代表美利坚合众国（United States of America）一样。但是，后来出现的一个名称却更能说明这个帝国的形象。罗伯特·穆齐尔在他的小说《没有个性的人》（*The Man Without Qualities*）中称之为“卡卡尼”（Kakania），在小说中，那是中欧的一个虚构的国家，就像安东尼·霍普（Anthony Hope）虚构的“卢里塔尼亚”（Ruritania）一样。[108]

这里是欧洲的中心，古老世界的轴心……人们追求奢侈，但不像法国人那样过于讲究。人们喜欢运动，但又不像盎格鲁－撒克逊人那样疯狂。它在军事上花了大量的财力，但却只够它自己在所有的大国之中保住倒数第二的位置。

跟世界上其他最大的城市相比，它的首都是最小的，尽管如此，它还是比一般的大城市要大很多。国家的治理方式很开明，几乎感觉不到管理，所有的一切都做得不露痕迹。有着欧洲最好的官员，但只有一样缺陷：除非出身高贵或者获得国家钦点，否则任何天才和有进取心的人都不免被认为是显摆，实际上就是自以为是。

当然，又有谁愿意与没资格的人为伍呢？再说了，在"卡卡尼"会发生的，永远只是天才被当作傻瓜，而不会有傻瓜被当作天才，也许这种事在别的地方会发生。[109]

所有这一切都是真的。真正好笑的是这个"国家"的名字本身，因为它的发音会让人想到德语中的幼儿口语"卡卡"，意思是粪便。所以"卡卡尼"用英语表达最贴切的词就是"便便国"。

弗兰茨·约瑟夫统治下的这个国度，常常是被讽刺挖苦的对象，实际上却比任何国家都具有宪章精神。但是就像穆齐尔所说的，它的环境也是独一无二的。这位年老的皇帝以管理整齐划一军队的基本原则来统治一个多民族的统一帝国，倒是哈布斯堡王朝理想的最真实的表达。他个人唯有通过一丝不苟地履行职责，通过做各民族人民的皇帝，才能对得起这个理想。但是当他的儿子鲁道夫皇储提出可以通过教育公众一起来实现这个理想时，他也在金钱和威望等方面给予了全力支持。

鲁道夫的想法是要做一套关于奥匈帝国的普及版百科全书，既有文字又有图片，卖给广大民众。以前就有过类似的工程。巴伐利亚国王就曾经资助出版过一部关于自己国家的巨著，由里尔（W. H. Riehl）编撰，于1859—1867年间出版。但那部书是给受过良好教育的人和富人看的。鲁道夫早在1884年就首次提出过这个建议，但财政大臣对此的第一个反应却是认为此举是毁灭性的。他掌控着帝国的印刷所，在他看来，这个出版计划一定会损失巨大，他坚持无论如何，“出版成本都必须控制在绝对必要的范围内”。这就意味着出版的标准费用应该与政府官方文献的标准持平，意味着几乎不能有图片，鲁道夫原来设想的文字叙述部分也要更短、更浅显。皇储认为他就是想借着哈布斯堡王朝官方的名义破坏这个计划。

鲁道夫将此事直接告诉了皇帝。1884年3月，鲁道夫在一次被接见时，正式读了一段讲话稿：“陛下……奥匈帝国仍然没有一部这样的民族志，它是基于当今最先进的科学研究，采取高度完美的艺术手段，既具有激励和指导意义，又能展示我们祖国和各民族全面风貌。”皇帝立即明白了这个计划的动机和目的，他告诉儿子，自己将全力支持他，让他继续进行下去。鲁道夫最后说：

> 我们帝国不同民族的文学和艺术界会团结起来共同完成这一任务。知名人士会为此奉献力量，我们也会给年轻人提供机会，有志向的知识分子会因此而为人所知，并发挥他们的才智……这部作品将向国人和其他国家展示我们帝国所有属国人

民所拥有的宝贵知识力量，展示他们在一项光辉成就中的合作，这必将培养我们对同一个祖国的归属感，加强国力。[110]

这项对于我们帝国境内所有民族的研究，不仅为学者们展示了一个十分重要的研究领域，也将在培养共同的爱国主义精神方面发挥实际作用。

随着人们逐渐认识到这部民族志中所展示的各民族的品质和特点，以及他们彼此的信任和物质上的相互依存，将我们祖国土地上所有民族凝聚在一起的这种团结的情感必定会得到加强。

皇帝给予的支持立即得到了落实。财政大臣被告知这个计划是弗兰茨·约瑟夫亲自批准的，对此不许施加任何阻碍。皇帝给帝国所有主管艺术和科学的部门和机构写信，指示他们要全力配合皇储的工作。他亲自批准鲁道夫关于建立一个监督委员会的提议，并且要求他们定期向他汇报这个伟大计划的进展情况。最后的方案是要出版 24 册的大部头，每周都出版一小部分，以平装书的形式出版，使每个人都能买得起。帝国的每个地区都至少出版了一部反映其社会、历史和地理各个方面的分册，有一些还有彩色的插图。全部文本都配有大量的插图，为此特别成立了两个画室，一个在维也纳，一个在布达佩斯。它们要完成出版所需的 4000 多幅图。同时在布达佩斯也出版了匈牙利语的版本，以此说明这项事业是共同合作的结果。

1886 年，第一册面世，但是早在 1885 年 12 月 1 日，鲁道夫就已经将这册书的第一部分交给了他的父亲。[111] 从 1886 年开始，每周都有出版，一直持续到 1902 年关于克罗地亚、波斯尼亚和黑塞哥维那的最后几章完成，前后经历了16年的时间。[112] 也许真正能与此相提并论的就只有18世纪赫尔格特的两部巨著，但是作品针对的读者和写作的重点都发生了巨大的变化。鲁道夫的目的是在每一个公民心中建立起爱国的认同感，而不是要出版放在图书馆和法律事务所书架上无人问津的大部头。他选择的出版方式，即一册一册分开出版，或者用我们今天的术语来说是"丛书分册出版"的形式，就是要尽可能地达到广泛传播的目的。今天出版小说和其他流行作品的出版商仍然在采用这种方式。帝国印刷所后来还出版了大量其他作品，包括帝国收藏品的研究著作，还有关于奥匈帝国工业发展的系列丛书，但是没有任何一部作品跟鲁道夫主导的这个系列一样是面向广大民众的。

这些出版物却不可能深入帝国的每一个角落，满足梅特涅注重的所谓难以捉摸的"公众意见"。并不是所有的公民都识字，再加上哈布斯堡领土上民族和语言的多样性，以文字的形式来逐步给普通民众灌输爱国意识不是行之有效的手段。但是建立人们对国家的忠诚感至关重要，尤其是还有其他的力量，比如民族主义者和强调阶级观念的人，在反其道而行之。哈布斯堡王朝能够充分利用的资源还包括皇帝和皇后的个人魅力，以及皇室的历史渊源。公众对王朝的忠诚在不同阶段是通过不同的事件体现出来的，这些事件构成了弗兰茨·约瑟夫一生中的一座座里程碑。首先是1879年4月弗兰茨·约瑟夫和茜茜的银婚庆典，然后是1881年鲁道夫和比利时的斯蒂芬妮的婚礼，接着是1896年匈牙利1000年建国庆典，1898年皇帝即位50周年纪念，以及1908年皇帝在位60周年盛世庆祝活动。

他们希望促进人们对过去的身份认同和对帝国未来发展方向的认识，这通过不同形式体现了出来。首先也是最持久的形式就是建筑。沃蒂夫感恩教堂的修建是为了纪念弗兰茨·约瑟夫1853年有幸躲过了暗杀，同时也树立了样板，因为接下来的几年内帝国的各个城镇纷纷以采集收藏品和大兴土木来展示它们的爱国主义。包括医院、学校、孤儿院等在内的建筑通常都以皇帝或皇后的名字命名。在很多开幕典礼上都是皇帝或者皇室的一个成员亲自出席。这种做法的确在某种程度上拉近了君主与民众的关系。皇帝不仅仅是挂在墙上的画像，而是让很多人亲眼得见的活生生的人。1879年4月弗兰茨·约瑟夫和茜茜的银婚庆典上，安排了对哈布斯堡王朝历史的大规模纪念活动。在维也纳举行的庆典活动是由艺术家汉斯·马卡特（Hans Makart）设计的，大约1万人参加了声势浩大的游行，所有的人都穿着查理五世时期哈布斯堡佛兰德斯人的奢华服装。

这次活动花费巨大，因为涉及许多细节，又要巧妙展现迷人的历史，体现哈布斯堡家族仁政之下这块土地的富饶，以及艺术和工业蓬勃发展的主题。马卡特的风格一贯是大手笔大制作。他创作了一系列素描、速写和油画，设计服装，制订游行彩车的行动方案，最终指挥了整个庆典活动。[113] 举行庆典的当天，准备好的彩车穿行于城里的街道，获得了人们的喝彩。接着举行的持续了好几个小时的游行中，这些彩车又一一从皇帝和皇后面前驶过，皇帝和皇后坐在霍夫堡旁边环城大道上的马车里。马卡特自己以庆典总指挥的身份出现，他骑着一匹黑马，把自己打扮成了鲁本斯的形象（虽然年代不大对）。弗兰茨·约瑟夫形容这次盛典是

“为我帝国所有人民举办的一场难忘的家族庆典”。[114]

如果马克西米利安一世也举办一次胜利大游行的话，应该也能达到同样的效果。每辆彩车经过的时候，都会让人心中涌起对帝国古老历史和能量的感慨。皇室也准备了他们自己的庆典活动。在这次大游行的前几天，卡尔·路德维格皇子举办了一次宴会，会后家族成员在舞台上给弗兰茨·约瑟夫和茜茜展示了哈布斯堡家族的历史人物造型。这些皇子和公主所穿的服装，所佩戴的首饰，都是他们所扮演的那些历史人物曾经穿过和戴过的东西。他们搜遍了大小阁楼和博物馆去找合适的服装，鲁道夫在帝国的宝库“抢”到了权杖和宝球。他先是扮演了跟他同名的鲁道夫一世，然后扮演了查理五世，最后是打败了土耳其人的洛林的查理。[115]第二天又在沃蒂夫感恩教堂举行了隆重的感恩弥撒。

当这对皇室夫妻到布达佩斯接受匈牙利人的祝贺时，简直掀起了人们“近乎疯狂”的热情。[116]但是这与1896年那次掀起的激动热潮相比根本不算什么。那一次，皇帝穿着轻骑兵将军的军装，与茜茜一起乘坐玛丽亚·特蕾莎的“玻璃马车”去往在多瑙河上新建的（当时还没完工的）议会大楼。他们在那里接受了匈牙利的国家象征——神圣的圣斯蒂芬王冠，后来到了晚上的时候，在城堡山（Castle Hill）西面的一块巨大空地上，人们烤牛肉并分发给大家享用。因为刚采用了电力照明，所以那天夜里整座城市灯火辉煌，成了不夜城。[117]

1908年庆祝弗兰茨·约瑟夫在位60周年的活动，场面就暗淡了许多。茜茜那时候已经去世10年[118]，鲁道夫也去世将近20年了。发生在梅耶林（Mayerling）的那些事情，即鲁道夫在那个地方开枪杀死了他的情妇玛丽·维瑟拉（Marie Vetsera）并自杀，尽管现在大致的情形搞清楚了，但仍然是几大“神秘悬案”之一。但如果要说是因为他与父亲弗兰茨·约瑟夫的关系太紧张，导致他宁愿自杀，也要让父亲因为性丑闻或政治丑闻蒙羞，是不对的。那些待在皇帝身边的人所说的话越来越站不住脚了。鲁道夫自杀7年后，弗兰茨·约瑟夫的弟弟卡尔·路德维格在前往圣地朝圣的路上因为喝了约旦河里遭到污染的圣水身亡。仅仅两年以后，皇帝失去了茜茜，遭受了毁灭性的打击。只有他最小的弟弟活着看到了他的即位60周年大典，但他却是个令家族蒙羞的人物。他在那些低级的酒吧和声名狼藉的地方制造了不计其数的丑闻，实际上是被放逐到了萨尔茨堡附近的一个城堡里面。

1908年的庆典缺少了马卡特式的高调风头，[119] 但却是实实在在的民族风格展示。每一个省份都派来了身份显赫的贵宾，维也纳街头又一次上演了表现哈布斯堡王朝历史的大场面。开头的节目是这位老皇帝问候他的每一位前辈，看起来就好像他自己也即将加入他们。时年将近80岁的皇帝似乎变成了一个神圣的偶像，还没入土就已经位列于方济各会教堂的地下墓地之中。在新世纪中，维也纳和哈布斯堡家族已经向前迈进，弗兰茨·约瑟夫变成了那段遥远而快乐时光的标志。而《泰晤士报》的记者看到的一切却都是那么美好：

> 6月12日，12000名臣民列队从皇帝面前走过，游行持续了3个多小时。所有不同的民族的人，操着不同的语言，身着不同时代的民族服装，大声地向皇帝致意。帝国的贵族和军人

以前也曾接受过皇帝检阅，但从来没有像这样齐聚所有的民族。奥地利人此前从未意识到自己属于一个国家，但那天早上他们意识到了。维也纳的人们为每一个民族、每一个部落欢呼喝彩，不仅仅意识到了他们效忠于同一个以崇高的君主为代表的王国，还意识到他们拥有共同的历史、共同的利益、共同的敌人和共同的命运，这一切将他们紧密地联系在一起。他们对未来没有丝毫担忧。到中午的时候，天空晴朗，几乎没有一丝云彩，晴空之上一条彩虹横贯天际，颜色不那么鲜艳，但是清晰可见，就好像是一弯月牙横卧苍穹，彩虹的拱形朝南，两头朝北。整个彩虹弯向南部，好像昭示着什么。[120]

事实证明这是一个凶兆，预示的是 1914 年 6 月 28 日，一个皇子和一个杀手在萨拉热窝（Sarajevo）大街上的相遇。

* * *

皇位继承的顺序已经确定了，首先传给皇帝的侄子弗朗茨 · 斐迪南（结果因为这个皇子在萨拉热窝被刺杀而没实现），然后是侄孙卡尔[121]，最后传给卡尔的儿子奥托。弗兰茨 · 约瑟夫已经意识到自己大限将至。他在 1910 年认识了美国政治家西奥多 · 罗斯福，半开玩笑地说自己是这个古老制度的最后一位代表了。他了解社会和文化中的新思潮，也不喜欢这些新思潮，但是毫无疑问他意识到了它们的存在。他去看过维也纳分离派的艺术展览，也曾为了 1908 年的庆典，与约瑟夫 · 乌尔班（Josef Urban）一起就座于奥地利现代主义倡导者奥托·瓦格纳（Otto Wagner）设计的主席台上，他怎么能意识不到呢？（那个主席台没有使用天鹅绒和锦缎来做巨大的王冠，也没有巨大的柱子组合当作旗杆。）[122]

弗兰茨·约瑟夫的立场完全超越了其民众的利益和偏见。他憎恶民粹反犹主义者卡尔·卢埃格尔（Karl Lueger），在不同的场合下先后4次拒绝承认他当选维也纳市长。但是，变革本身对他来说并不是问题：正是弗兰茨·约瑟夫准许了一次“不计后果的冒险”，扩大了参政权的范围。在某些事情上他非常坚决，毫不动摇，比如当他感觉到军队或国家的团结统一受到挑战的时候。而在其他事情上，他的灵活性和政治智慧又让大臣们感到很不可思议。但是，他拥有的相对老派的价值观正受到越来越多的挑战。现在有许多人称他为“霍夫堡里的老绅士”，还有人想到他那宫廷式的世界观，也许还想到1908年庆典的盛况，因此称他为“最后的骑士”。有人称他为“最后的侠士”，这可能是最合适的称谓了，在英国人听来，这个称呼最能引起他们强烈的共鸣。因为它体现了一个人对某一种事业的无悔奉献和忠诚，尽管不成功，但仍然至死不渝。

8

奥地利的终结：真的结束了吗？

Finis Austriae: The End?

(1916—1995)

1867年6月19日，破晓之前，斐迪南·马克西米利安皇子，也是墨西哥皇帝，正准备慷慨赴死。他企图为自己建立一个墨西哥帝国的努力以失败告终，唯一能做的就是像一个真正的哈布斯堡人那样赴死。在刑场上，他将与他的两个官员一起被枪毙。其中一个不愿意站在左边，因为这会让他联想起跟耶稣基督一起被行刑的那两个强盗，所以马克西米利安跟他交换了位置。他们都没有蒙上眼睛，而是直视着端着枪的那队入伍的农夫。

就在指挥官要发令开枪之时，马克西米利安用西班牙语高声地喊道："墨西哥人，我这个阶层和血统的人为上帝所造，是为了造福万国，或是为万国牺牲……我原谅所有人。我祈祷大家也都能原谅我，希望我现在要流的鲜血可以造福这个国家。墨西哥万岁，独立万岁。”声音之大，足以让集合在刑场四周空地上的3000名士兵听得一清二楚。“墨西哥万岁，独立万岁”话音未落，士兵们开了枪，马克西米利安倒地身亡，身中6颗子弹。[1]

他当时使用的“*raza*”（血统，种族）一词令人费解，因为今天它的含义已经发生了极大的变化。当马克西米利安用这个词时，它的意思是“血统”[2]，而不是要说明他比卑微的墨西哥人更有种族优势。他并不是承担起了吉卜林所说的“白人的负担”，马克西米利安的意思是：我是哈布斯堡家族的人，我们是为民众服务的。在这种情况下说出来的可不是随随便便的话，他是着眼于子孙后代而说的。他也给远隔万里的维也纳的哥哥和家人留下了遗言。他最后对他们说：“我怀着信念而死，既忠于神圣的教会，又忠于我们的家族血统。”

本书有意忽略了历史上的重大事件。有时候这么做是很困难的事，尤其是最后这一章，我放弃了按常规本应该是非常重要的大事件，而转向叙述那些在我的主人公眼里很重要的事情。其中许多事情对于今天的我们，以及当时的许多人来说，似乎无关紧要。许多研究弗兰茨·约瑟夫的人都对他的超脱提出指责或感到惊奇。他也不总是那么内敛：他的继承人卡尔的妻子济塔记得，第一次世界大战刚开始的时候，奥地利的第一次捷报传回来不久后，她见到了皇帝。当她向皇帝表示祝贺时，“他以一种听天由命的语气回答：‘是的，的确胜利了，但我们的战争总是这样以胜利开始，以失败告终。而这次的结局可能会更糟。他们会说我已经老了，不能再掌控局面了，然后就会爆发革命，接着就灭亡了。’”她对他说的这些沮丧的话感到很震惊，激烈地反驳说：“但那是不可能的，我们是在为正义而战。”他笑着歪头直视着她：“没错，能看出来你还很年轻，你还相信正义会胜利。”[3]不过，每当他歪着头摆出这种典型的姿态时，他说的话都让人难以捉摸。

他的确相信正义最终会得胜，但这种胜利不是军事上或世俗意义上的胜利。我认为，我们得承认哈布斯堡家族受到的就是这种沧桑感的熏陶，具有历史的精神气质。就是这样，他们非常看重的事物，在非哈布斯堡家族的人看来根本没有意义，也不是那么重要。这不是说他们只盯着过去，因为他们几百年来所取得的成功既着眼于过去，也看重当下。

艾伦·詹尼克（Allan Janik）和斯蒂芬·图尔敏（Stephen Toulmin）在他们关于“维特根斯坦之维也纳”的巨著中，提出哈布斯堡王朝试图“废除历史”。[4]这个说法有多重含义，但主要是指哈布斯堡王朝消除了“古”与“今”的界限，创造了一个无边界的历史连续统一体。

> 在这个社群中，真正的道德原则和审美价值观只有通过理想化的抽象概念才能表达出来……在严格意义上说，这些抽象、理想化的理念是“不可说”的，因其无法构成任何相应的语言游戏。这个社群所接受的语言游戏并没有赋予“好”这个词比“好品位”中的“好”严格多少的含义。而对于绝对忠诚的奥地利人来说，弗兰茨·约瑟夫的政治主张正确与否没有意义。（哈布斯堡家族神赐的“王族领地”所有权还能有什么别的含义呢？）因此，由此发展而来的状态是，作为有意识的社会政策的副产品，那些一般意义上的评估性的语言游戏就不存在了。[5]

这就是说，随着时间的推移，哈布斯堡王朝创造了一种环境，在这种环境中，事物的意义完全取决于你想要赋予它们的意义（就像《爱丽丝梦游仙境》中的蛋头那样随意定义词语）。

在读詹尼克和图尔敏书里的那一段文字的时候，我想起了弗朗茨一世的一个故事，约翰·奥斯本（John Osborne）在他关于奥地利间谍里德尔（Redl）上校的剧本中，把它作为了题目。有人告诉弗朗茨，蒂罗尔的领袖安德烈亚斯·霍费尔在反法战争中勇敢战斗，是个爱国志士。听到这话，据说他这样回答："没错，这非常好。但他爱国是为了我吗？"即便这不是真的，也是反映了现实的虚构，因为这个故事代表了典型的哈布斯堡特点。解读的方式有很多种，他改变词语的通常意义，使其符合"王朝的逻辑"，其复杂程度不亚于维特根斯坦的哲学研究。

我认为，语言游戏是哈布斯堡体制的核心，语言游戏既包含文字也包含形象，哈布斯堡家族操控了与自己相关的象征符号和概念。本书关注的是哈布斯堡王朝如何致力于塑造自身的形象，而不是事实如何。[6] 几百年来，他们在语言游戏方面驾轻就熟，非常人能比，并为此立了规则，偶尔还会像在18世纪时那样对这些规则进行改写。我感觉到，哈布斯堡王朝绝不是只盯着过去，他们有着强烈的现实感。但是，因为他们共同拥有的过去是他们最大的，有时候也是唯一的财产，哈布斯堡家族就给人留下了不断回顾过去的印象。对他们来说，就像上面引用的弗兰茨·约瑟夫的那段话所暗示的，现在以及客观现实是转瞬即逝的。穆齐尔不可避免地要对此做一番评说。"来想想看吧，历史是多么奇怪的事情！……从近处仔细看，我们的历史非常危险凌乱，就好像是半固化的沼泽，但奇怪的是，到最后却总是会发现一条可以穿行过去的路，就是那条不知从何处延伸而来的‘历史之路’。”坐在回家的电车上，乌尔里希仔细琢磨了这些思想，最终得出了结论：“现在他脑子里突然出现了一个念头，世界历史的法则就是古老的卡卡尼政府的基本原则，即‘应付过关’的原则。卡卡尼是一个极为精明的国度。”[7]

这就又把我们拉回到那个动荡时期，那个有着很多不同名称的时代，比如“1900 年的维也纳”“跳华尔兹的火山”，或者比较平淡的说法——“现代主义的起源”。詹尼克和图尔敏，还有稍微古板一点的威廉·约翰斯顿（William M. Johnston）在他的作品《奥地利人的精神》（*The Austrian Mind*）当中，都指出了第一次世界大战之前的哈布斯堡王朝里，尤其在它的首都里，有一大批令人叹服的人才。穆齐尔对此记忆深刻。

> 人们纷纷从各个方面开始奋起反对古老的生活方式……之前受到压制，在公共生活中没有任何地位的人才得到了培养。他们彼此千差万别，目标各异，矛盾之多前所未有……人们既有信仰又是怀疑论者，既是自然主义者又矫揉造作，既健康又病态十足。人们梦见古老的城堡、林荫小路、秋日花园、清澈的池塘、珠宝、麻醉药、疾病和魔鬼，也梦见大草原、广阔的地平线、锻造厂和轧钢厂、赤身肉搏者、受苦奴隶的起义、在原始伊甸园里的男女，以及社会的毁灭。不可否认，这些是非常矛盾的口号，但是，它们却共存于同一个时代。[8]

不管这些观念是否矛盾，它们在当时都形成了一个似乎与现行制度对立的网络。

然而，在哈布斯堡帝国，官场上也广泛体现出对立。古斯塔夫·克林姆特（Gustav Klimt）、奥托·瓦格纳和西格蒙德·弗洛伊德既在体制内，又游离于体制外。卡尔·索斯克委婉地提示说，弗洛伊德在维也纳大学能够当上教授，是因为克林姆特没有得到在美术学院期望得到的职位。[9] 分离派杂志《圣春》（*Ver Sacrum*）既让现存的资产阶级集团愤恨不已[10]，又为维也纳那些服务于资产阶级市场的顶级店铺大做广告。克林姆特、瓦格纳、弗洛伊德和其他一些很激进的人，都以某种形式从强大的人际关系，也就是古老的哈布斯堡的"庇护"（*Protektion*）[11] 传统中获得了益处。所有这些人，忠实的拥护者、持不同意见者和大唱反调的人，都是在充满哈布斯堡价值观的教育体制中长大的，在教室里，在工作场所，在报纸上，他们都能看到皇帝亲切地注视着他们。人们可以反抗哈布斯堡家族，但这个家族已经成了他们生活的一部分。[12]

那么这又意味着什么呢？我是说哈布斯堡王朝的气质（尤其是哈布斯堡家族对于形象和情感的执着），为世纪末的维也纳那些生长茂盛的温室作物提供了一个理想的生长环境。这不是有意之作，就像青霉素的发现一样，只是一个偶然产生的副产品。

* * *

许多关于哈布斯堡王朝的研究都着眼于他们那悠久的历史，然后到 1918 年截止：奥地利的终结。有一两项研究记录了最后一位皇帝卡尔可怜的流亡，因为他可能比他的先祖弗朗茨一世更配得上“好皇帝”的称谓。但是哈布斯堡家族内部的看法却不同。卡尔流亡在马德拉岛上无依无靠，他在身患肺炎奄奄一息之际对他的妻子说：“我必须身经此难，我的人民才能再次团结起来。”[13]有意无意之间，他死的时候与查理五世和腓力二世的最后时刻十分相像，他把十字架放在唇边，眼睛看着卧室门外，旁边的休息室里正在举行弥撒仪式。跟查理一样，他在临死前要求进行了第二次圣礼，也许是出于相同的原因。所以，1949 年有人提出要给他举行宣福礼就不足为奇了，这也许是希望哈布斯堡家族里能最终产生一位真正无可争辩的圣人吧。

但卡尔并不是“最后的哈布斯堡人”（这是戈登 · 布鲁克 · 谢泼德为其写的传记所用的书名），自视为末代的弗兰茨 · 约瑟夫也不是。1918 年，当卡尔即将从奥地利帝国的宝座上退位之时，他的妻子济塔强烈反对这种“退位”的说法：“皇帝永远也不能退位。他可以被罢免，他的君主权力可以被宣布无效。这都可以，因为那是被强迫的，但是退位绝对、绝对、绝对不可以。我可以在你身边倒下，然后还有奥托继位。就算我们所有人都被杀了，也还有其他哈布斯堡家族的人。”[14]1865 年，马克西米利安的妻子夏洛特在她丈夫想在墨西哥退位时也说了差不多一样的话。卡尔的儿子奥托继承了父亲的皇位，他的支持者认为他是匈牙利合法的国王和真正的奥地利皇帝。他继续着哈布斯堡王朝的角色，但方式是全新的。

一种是完全传统的方式。作为一个大家族的长子，他自己有 7 个孩子。哈布斯堡家族成员散居在世界各地，总共有六七百人。不论在这个大家族中的各个家庭的大小如何，他都是首领。没有他这个首领的同意，任何皇子都不可以与“允许的范围”之外的人结婚。在20世纪80年代，奥托虽然对此限制有所放松，但还是要遵从1839年的家族章程规定。他的通常做法就是先跟年长的皇子商议，然后获取整个家族的同意。他最终采取其家族典型的做法“迂回地”解决了问题，没有改写家族的规定，而是将那些死板的规定进行了模糊化处理。[15]

这种修改导致了一个意料之外的后果，对奥托产生了直接的影响。以前，哈布斯堡家族的皇子只能与王室公主或古老贵族家庭的女儿结婚，而他的大儿子卡尔现在就在这个小圈子之外找到了意中人。1993年2月，在有着700年历史的玛丽亚采尔大教堂，卡尔皇子与海因里希·凡·提森－博内米撒（Heinrich von Thyssen-Bornemizza）男爵的女儿弗朗西斯卡结了婚。[16]婚礼上最引人注目的人不是新娘，而是男爵自己，也许他可以算得上当时世界上最富有的人。他身穿鲜红的衣服，梳着金色的发辫，身上饰有毛皮、丝绸和白鹭的羽毛，俨然一位匈牙利的权贵人物，他的出现给这件事增添了歌剧的色彩（不是理查德·施特劳斯的风格，更多的是弗朗茨·雷哈尔的匈牙利风格）。他说，这套衣服是他的父亲留给他的。

相比之下，哈布斯堡家族的穿着就黯然失色了。新郎母亲那保守的打扮更像是英国的上层地主而非欧洲皇族。但是在哈布斯堡家族所有男性服装的纽扣眼里，都扣着“金羊毛骑士”的小小标志，这是一种殊荣，提森再有钱也买不到。这是相差悬殊的两个世界的交汇。在婚礼之后，卡尔皇子接受了长时间的采访[17]，在采访中他很坦率地说，他和他的家人都没有钱，他们需要工作谋生。而这里所说的“工作”，指的是接续完成哈布斯堡家族的使命。

1922年，差不多从他父亲去世的头几天起，10岁的奥托就承担起了哈布斯堡家族命运的重担。他设法撑过了大萧条和战争，避开了纳粹的抓捕，为重建一个自由的奥地利而辛勤努力着。一代奥地利人仍然把他作为他们的领袖，其中一个就是约瑟夫·罗特，20世纪30年代，他喝酒太多，快要把自己喝死了。他的朋友们想尽办法挽救他，但都无济于事。因为大家知道罗特对哈布斯堡家族情有独钟，于是就有人提出，应该请奥托来管管他。奥托自己是这样说的，他把罗特招来面君，罗特舌头还不利索就来了。奥托以最典型的弗兰茨·约瑟夫式的态度，对着他大喊：“罗特，我作为你的皇帝，命令你停止喝酒。”这位毕恭毕敬的作家吓呆了，结结巴巴地表示了同意，然后离开。虽然他最终还是屈从于自己的欲望，但是很长一段时间内皇帝的命令产生了理想的效果。[18]

奥托的视野并没有仅仅局限于奥地利，在第二次世界大战结束之后的几十年里，他成了促成东西欧联合的主要倡导者，部分是通过欧洲经济共同体，即现在的欧盟，但更多是积极与他现在担任领导人的泛欧联盟共同推动。在40多年里，他写了大量的书籍和文章来推动这个事业的发展，现在他的儿子也加入其中。1961年，奥托自己发表声明，将所掌管的家族领地转交给卡尔，他的长子兼继承人，在被问及是否仍心存希望要恢复君主制度时，他用词相当谨慎：“我非常现实。但是让我这么说吧。就像在瑞士要求建立君主制度一样，要求在英国建立共和国会非常荒谬。但是在奥地利，谁能知道会发生什么？这需要拭目以待。”

这恰好说明了哈布斯堡家族哲学的中心思想：拭目以待。不是现在，就是将来。已经有的，可能会再来。历史学家所使用的“历史”概念将过去边缘化，而哈布斯堡家族已经把这种历史概念完全“废除”了。[19]对于哈布斯堡家族来说，只存在一个延续的现在。他们的皇子公主们坚信的是：他们就是帝国的精髓。一代又一代的家族成员会工作，为理想服务，过着清醒的、受人尊敬的单调生活，确信命运会再次眷顾他们。王朝在继续，就像约翰·菲茨杰拉德·肯尼迪墓碑边上永不熄灭的火焰，象征着未来的伟大，而不是过去的荣耀。[20]

家谱

哈布斯堡家族早期的统治者

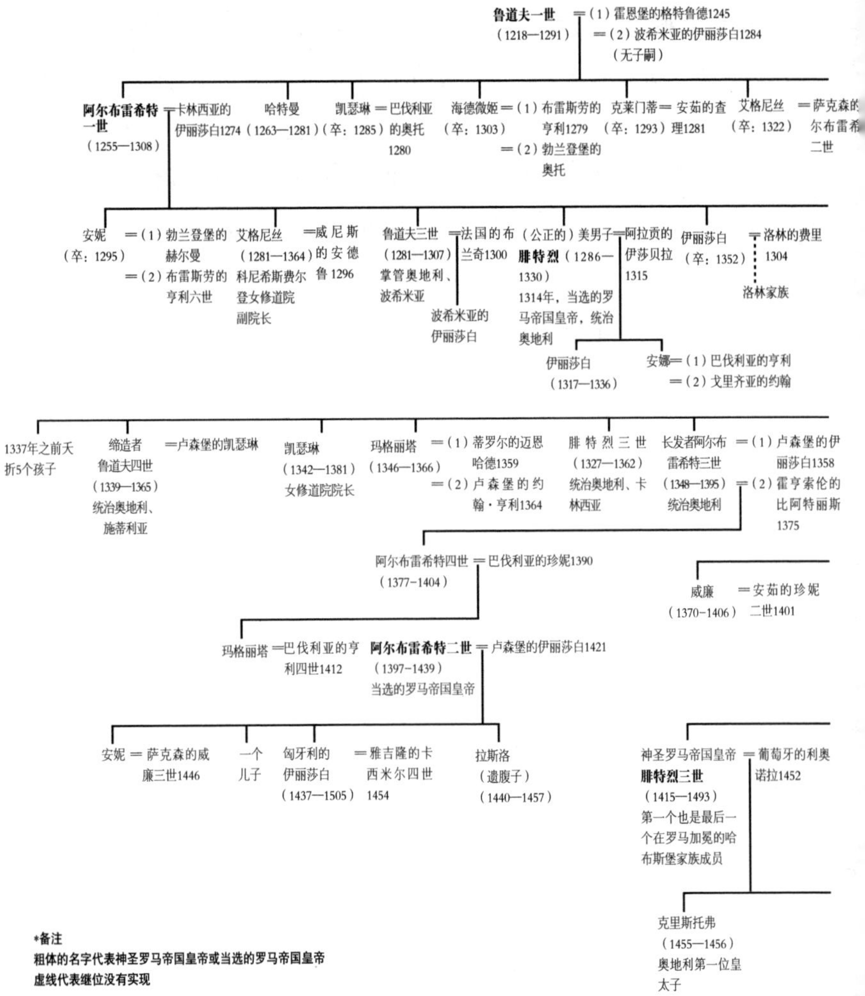

***备注**

粗体的名字代表神圣罗马帝国皇帝或当选的罗马帝国皇帝

虚线代表继位没有实现

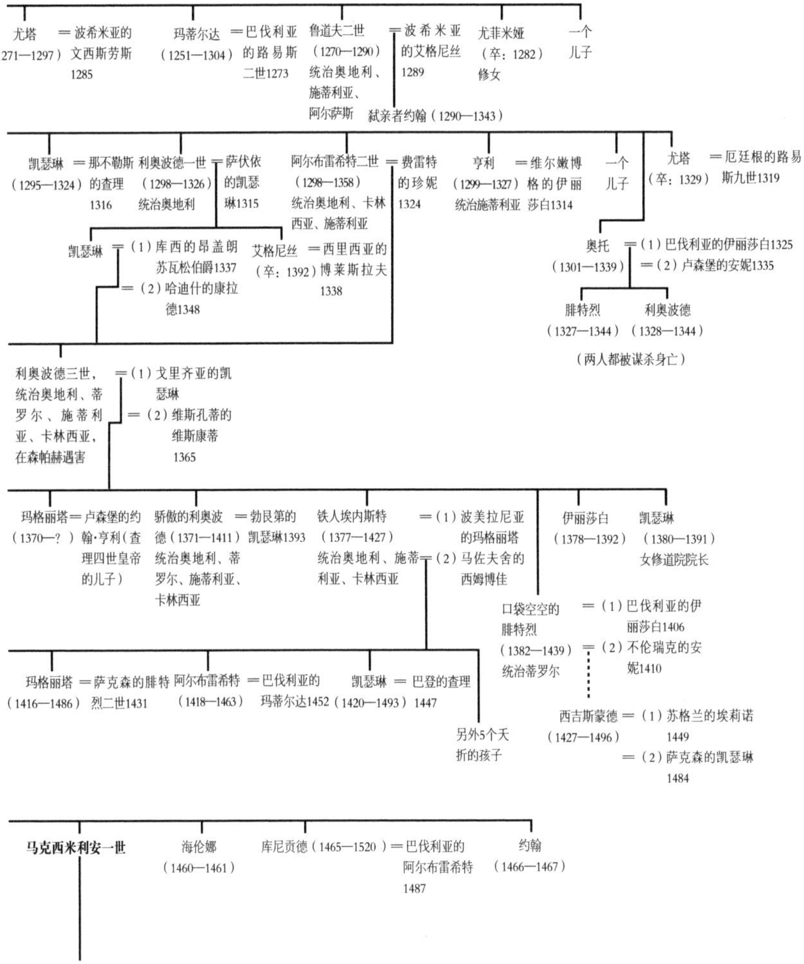

尤塔 (1271—1297) ＝波希米亚的文西斯劳斯1285
玛蒂尔达 (1251—1304) ＝巴伐利亚的路易斯二世1273
鲁道夫二世 (1270—1290) 统治奥地利、施蒂利亚、阿尔萨斯 ＝波希米亚的艾格尼丝1289
弑亲者约翰 (1290—1343)
尤菲米娅 (卒：1282) 修女
一个儿子
凯瑟琳 (1295—1324) ＝那不勒斯的查理1316
利奥波德一世 (1298—1326) 统治奥地利 ＝萨伏依的凯瑟琳1315
阿尔布雷希特二世 (1298—1358) 统治奥地利、卡林西亚、施蒂利亚 ＝费雷特的珍妮1324
亨利 (1299—1327) 统治施蒂利亚 ＝维尔嫩博格的伊丽莎白1314
一个儿子
尤塔 (卒：1329) ＝厄廷根的路易斯九世1319
凯瑟琳 ＝(1)库西的昂盖朗苏瓦松伯爵1337 ＝(2)哈迪什的康拉德1348
艾格尼丝 (卒：1392) ＝西里西亚的博莱斯拉夫1338
奥托 (1301—1339) ＝(1)巴伐利亚的伊丽莎白1325 ＝(2)卢森堡的安妮1335
腓特烈 (1327—1344)
利奥波德 (1328—1344)
(两人都被谋杀身亡)
利奥波德三世，统治奥地利、蒂罗尔、施蒂利亚、卡林西亚，在森帕赫遇害 ＝(1)戈里齐亚的凯瑟琳 ＝(2)维斯孔蒂的维斯康蒂1365
玛格丽塔 (1370—？) ＝卢森堡的约翰·亨利(查理四世皇帝的儿子)
骄傲的利奥波德 (1371—1411) 统治奥地利、蒂罗尔、施蒂利亚、卡林西亚 ＝勃艮第的凯瑟琳1393
铁人埃内斯特 (1377—1427) 统治奥地利、施蒂利亚、卡林西亚 ＝(1)波美拉尼亚的玛格丽塔 ＝(2)马佐夫舍的西姆博佳
伊丽莎白 (1378—1392)
凯瑟琳 (1380—1391) 女修道院院长
口袋空空的腓特烈 (1382—1439) 统治蒂罗尔 ＝(1)巴伐利亚的伊丽莎白1406 ＝(2)不伦瑞克的安妮1410
西吉斯蒙德 (1427—1496) ＝(1)苏格兰的埃莉诺1449 ＝(2)萨克森的凯瑟琳1484
玛格丽塔 (1416—1486) ＝萨克森的腓特烈二世1431
阿尔布雷希特 (1418—1463) ＝巴伐利亚的玛蒂尔达1452
凯瑟琳 (1420—1493) ＝巴登的查理1447
另外5个夭折的孩子
马克西米利安一世
海伦娜 (1460—1461)
库尼贡德 (1465—1520) ＝巴伐利亚的阿尔布雷希特1487
约翰 (1466—1467)

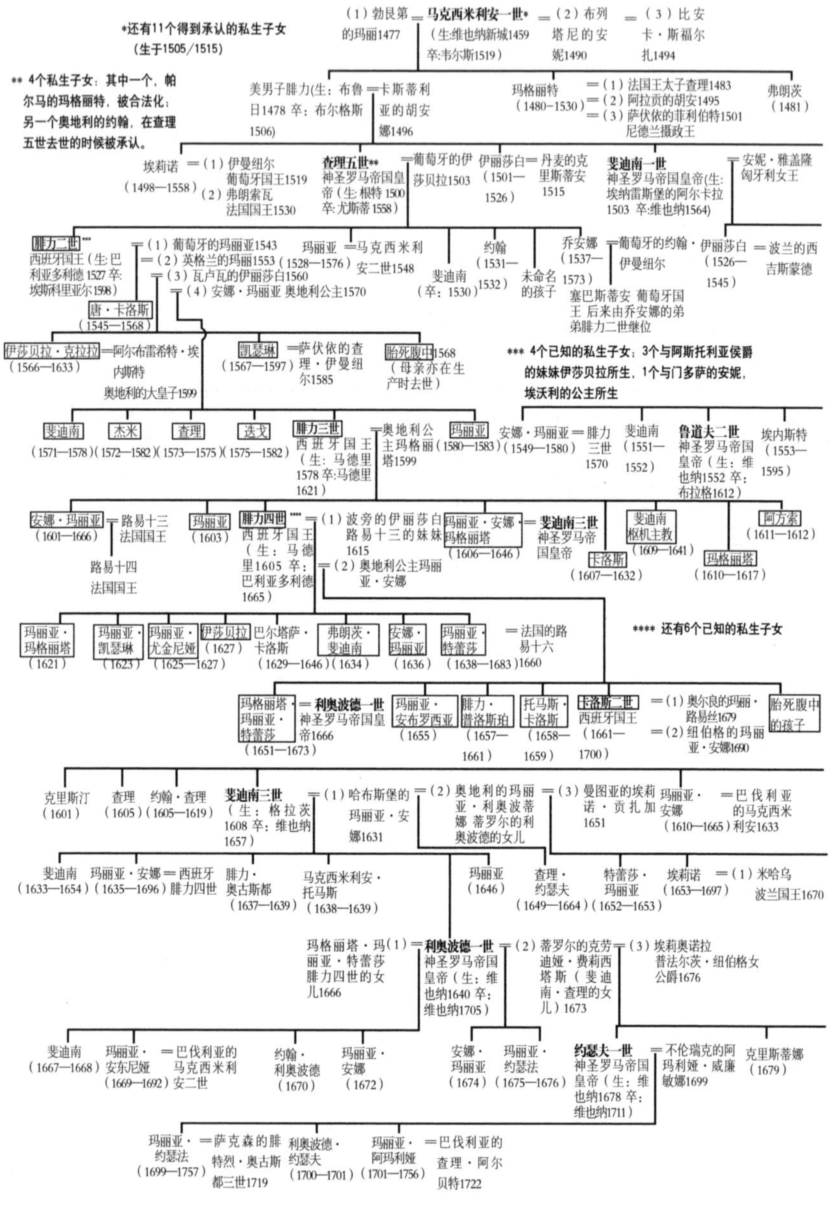
*还有11个得到承认的私生子女
（生于1505/1515）
** 4个私生子女：其中一个，帕尔马的玛格丽特，被合法化；另一个奥地利的约翰，在查理五世去世的时候被承认。
（1）勃艮第的玛丽1477
马克西米利安一世*
（生:维也纳新城1459 卒:韦尔斯1519）
（2）布列塔尼的安妮1490
（3）比安卡·斯福尔扎1494
美男子腓力(生：布鲁日1478 卒：布尔格斯1506)
卡斯蒂利亚的胡安娜1496
玛格丽特（1480—1530）
（1）法国王太子查理1483
（2）阿拉贡的胡安1495
（3）萨伏依的菲利伯特1501 尼德兰摄政王
弗朗茨（1481）
埃莉诺（1498—1558）
（1）伊曼纽尔 葡萄牙国王1519
（2）弗朗索瓦 法国国王1530
查理五世**
神圣罗马帝国皇帝（生:根特1500 卒:尤斯蒂1558）
葡萄牙的伊莎贝拉1503
伊丽莎白（1501—1526）
丹麦的克里斯蒂安1515
斐迪南一世
神圣罗马帝国皇帝(生:埃纳雷斯堡的阿尔卡拉1503 卒:维也纳1564)
安妮·雅盖隆 匈牙利女王
腓力二世***
西班牙国王（生:巴利亚多利德1527 卒:埃斯科里亚尔1598）
（1）葡萄牙的玛丽亚1543
（2）英格兰的玛丽1553
（3）瓦卢瓦的伊丽莎白1560
（4）安娜·玛丽亚 奥地利公主1570
玛丽亚（1528—1576）
马克西米利安二世1548
斐迪南（卒：1530）
约翰（1531—1532）
未命名的孩子
乔安娜（1537—1573）
葡萄牙的约翰·伊曼纽尔
塞巴斯蒂安 葡萄牙国王 后来由乔安娜的弟弟腓力二世继位
伊丽莎白（1526—1545）
波兰的西吉斯蒙德
唐·卡洛斯（1545—1568）
伊莎贝拉·克拉拉（1566—1633）
阿尔布雷希特·埃内斯特 奥地利的大皇子1599
凯瑟琳（1567—1597）
萨伏依的查理·伊曼纽尔1585
胎死腹中1568（母亲亦在生产时去世）
*** 4个已知的私生子女：3个与阿斯托利亚侯爵的妹妹伊莎贝拉所生，1个与门多萨的安妮，埃沃利的公主所生
斐迪南（1571—1578）
杰米（1572—1582）
查理（1573—1575）
迭戈（1575—1582）
腓力三世
西班牙国王（生：马德里1578 卒:马德里1621）
奥地利公主玛格丽塔1599
玛丽亚（1580—1583）
安娜·玛丽亚（1549—1580）
腓力三世1570
斐迪南（1551—1552）
鲁道夫二世
神圣罗马帝国皇帝（生：维也纳1552 卒：布拉格1612）
埃内斯特（1553—1595）
安娜·玛丽亚（1601—1666）
路易十三 法国国王
路易十四 法国国王
玛丽亚（1603）
腓力四世****
西班牙国王（生：马德里1605 卒：巴利亚多利德1665）
（1）波旁的伊丽莎白 路易十三的妹妹1615
（2）奥地利公主玛丽亚·安娜
玛丽亚·安娜·玛格丽塔（1606—1646）
斐迪南三世
神圣罗马帝国皇帝
卡洛斯（1607—1632）
斐迪南 枢机主教（1609—1641）
玛格丽塔（1610—1617）
阿方索（1611—1612）
**** 还有6个已知的私生子女
玛丽亚·玛格丽塔（1621）
玛丽亚·凯瑟琳（1623）
玛丽亚·尤金尼娅（1625—1627）
伊莎贝拉（1627）
巴尔塔萨·卡洛斯（1629—1646）
弗朗茨·斐迪南（1634）
安娜·玛丽亚（1636）
玛丽亚·特蕾莎（1638—1683）
法国的路易十六1660
玛格丽塔·玛丽亚·特蕾莎（1651—1673）
利奥波德一世
神圣罗马帝国皇帝1666
玛丽亚·安布罗西亚（1655）
腓力·普洛斯珀（1657—1661）
托马斯·卡洛斯（1658—1659）
卡洛斯二世
西班牙国王（1661—1700）
（1）奥尔良的玛丽·路易丝1679
（2）纽伯格的玛丽亚·安娜1690
胎死腹中的孩子
克里斯汀（1601）
查理（1605）
约翰·查理（1605—1619）
斐迪南三世
（生：格拉茨1608 卒：维也纳1657）
（1）哈布斯堡的玛丽亚·安娜1631
（2）奥地利的玛丽亚·利奥波蒂娜 蒂罗尔的利奥波德的女儿
（3）曼图亚的埃莉诺·贡扎加1651
玛丽亚·安娜（1610—1665）
巴伐利亚的马克西米利安1633
斐迪南（1633—1654）
玛丽亚·安娜（1635—1696）
西班牙腓力四世
腓力·奥古斯都（1637—1639）
马克西米利安·托马斯（1638—1639）
玛丽亚（1646）
查理·约瑟夫（1649—1664）
特蕾莎·玛丽亚（1652—1653）
埃莉诺（1653—1697）
（1）米哈乌 波兰国王1670
玛格丽塔·玛丽亚·特蕾莎 腓力四世的女儿1666
（1）利奥波德一世
神圣罗马帝国皇帝（生：维也纳1640 卒：维也纳1705）
（2）蒂罗尔的克劳迪娅·费莉西塔斯（斐迪南·查理的女儿）1673
（3）埃莉奥诺拉 普法尔茨·纽伯格女公爵1676
斐迪南（1667—1668）
玛丽亚·安东尼娅（1669—1692）
巴伐利亚的马克西米利安二世
约翰·利奥波德（1670）
玛丽亚·安娜（1672）
安娜·玛丽亚（1674）
玛丽亚·约瑟法（1675—1676）
约瑟夫一世
神圣罗马帝国皇帝（生：维也纳1678 卒：维也纳1711）
不伦瑞克的阿玛利娅·威廉敏娜1699
克里斯蒂娜（1679）
玛丽亚·约瑟法（1699—1757）
萨克森的腓特烈·奥古斯都三世1719
利奥波德·约瑟夫（1700—1701）
玛丽亚·阿玛利娅（1701—1756）
巴伐利亚的查理·阿尔贝特1722

鼎盛时期的哈布斯堡家族

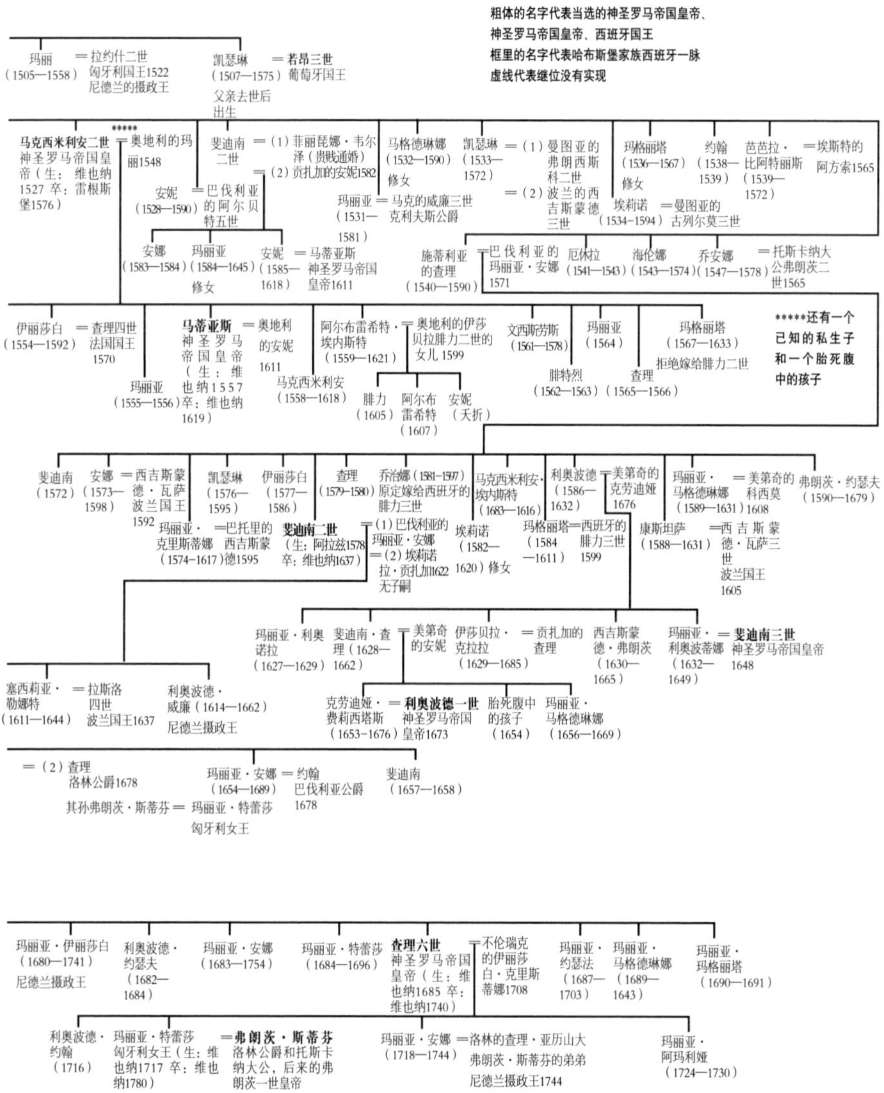

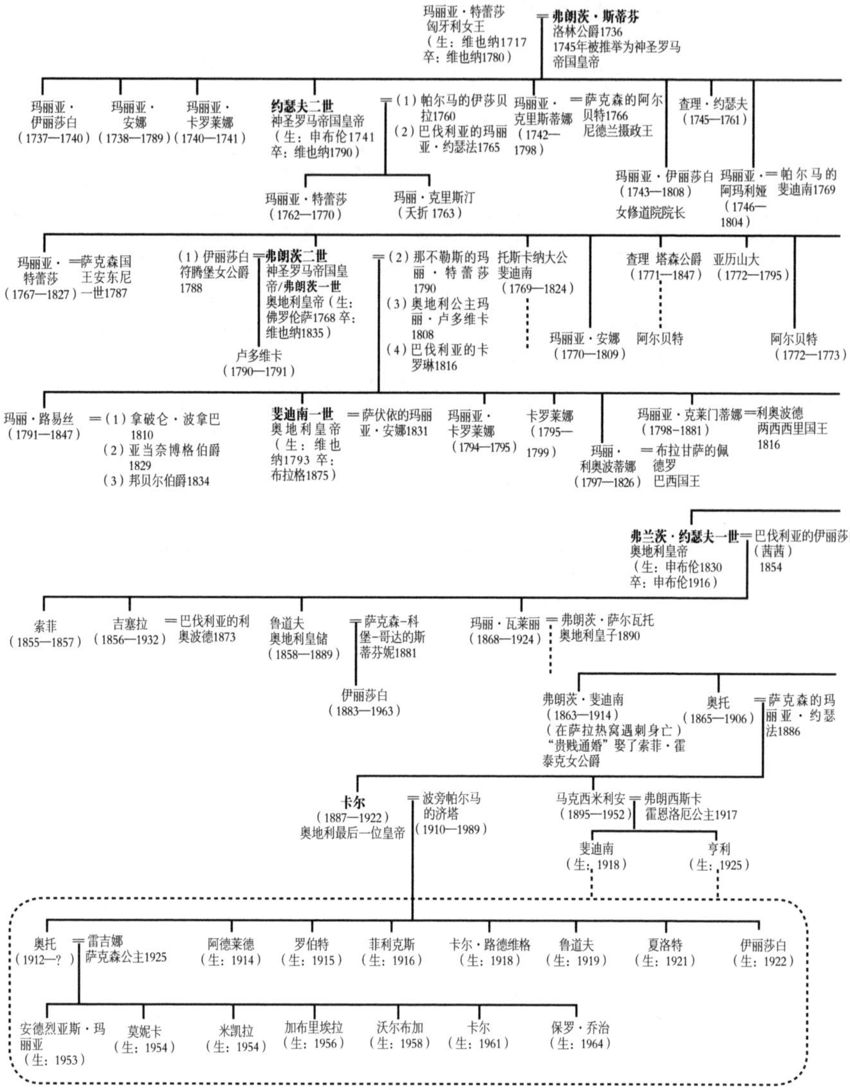
玛丽亚·特蕾莎
匈牙利女王
（生：维也纳1717
卒：维也纳1780）
═弗朗茨·斯蒂芬
洛林公爵1736
1745年被推举为神圣罗马帝国皇帝
玛丽亚·伊丽莎白
（1737—1740）
玛丽亚·安娜
（1738—1789）
玛丽亚·卡罗莱娜
（1740—1741）
约瑟夫二世
神圣罗马帝国皇帝
（生：申布伦1741
卒：维也纳1790）
═（1）帕尔马的伊莎贝拉1760
（2）巴伐利亚的玛丽亚·约瑟法1765
玛丽亚·克里斯蒂娜
（1742—1798）
═萨克森的阿尔贝特1766
尼德兰摄政王
查理·约瑟夫
（1745—1761）
玛丽亚·特蕾莎
（1762—1770）
玛丽·克里斯汀
（夭折 1763）
玛丽亚·伊丽莎白
（1743—1808）
女修道院院长
玛丽亚·阿玛利娅
（1746—1804）
═帕尔马的斐迪南1769
玛丽亚·特蕾莎
（1767—1827）
═萨克森国王安东尼一世1787
（1）伊丽莎白
符腾堡女公爵
1788
═弗朗茨二世
神圣罗马帝国皇帝/弗朗茨一世
奥地利皇帝（生：佛罗伦萨1768 卒：维也纳1835）
═（2）那不勒斯的玛丽·特蕾莎
1790
（3）奥地利公主玛丽·卢多维卡
1808
（4）巴伐利亚的卡罗琳1816
托斯卡纳大公
斐迪南
（1769—1824）
查理 塔森公爵
（1771—1847）
亚历山大
（1772—1795）
卢多维卡
（1790—1791）
玛丽亚·安娜
（1770—1809）
阿尔贝特
阿尔贝特
（1772—1773）
玛丽·路易丝
（1791—1847）
═（1）拿破仑·波拿巴
1810
（2）亚当奈博格伯爵
1829
（3）邦贝尔伯爵1834
斐迪南一世
奥地利皇帝
（生：维也纳1793 卒：布拉格1875）
═萨伏依的玛丽亚·安娜1831
玛丽亚·卡罗莱娜
（1794—1795）
卡罗莱娜
（1795—1799）
玛丽·利奥波蒂娜
（1797—1826）
═布拉甘萨的佩德罗
巴西国王
玛丽亚·克莱门蒂娜
（1798-1881）
═利奥波德
两西西里国王
1816
弗兰茨·约瑟夫一世
奥地利皇帝
（生：申布伦1830
卒：申布伦1916）
═巴伐利亚的伊丽莎白
（茜茜）
1854
索菲
（1855—1857）
吉塞拉
（1856—1932）
═巴伐利亚的利奥波德1873
鲁道夫
奥地利皇储
（1858—1889）
═萨克森-科堡-哥达的斯蒂芬妮1881
伊丽莎白
（1883—1963）
玛丽·瓦莱丽
（1868—1924）
═弗朗茨·萨尔瓦托
奥地利皇子1890
弗朗茨·斐迪南
（1863—1914）
（在萨拉热窝遇刺身亡）
“贵贱通婚”娶了索菲·霍泰克女公爵
奥托
（1865—1906）
═萨克森的玛丽亚·约瑟法1886
卡尔
（1887—1922）
奥地利最后一位皇帝
═波旁帕尔马的济塔
（1910—1989）
马克西米利安
（1895—1952）
═弗朗西斯卡
霍恩洛厄公主1917
斐迪南
（生：1918）
亨利
（生：1925）
奥托
（1912—？）
═雷吉娜
萨克森公主1925
阿德莱德
（生：1914）
罗伯特
（生：1915）
菲利克斯
（生：1916）
卡尔·路德维格
（生：1918）
鲁道夫
（生：1919）
夏洛特
（生：1921）
伊丽莎白
（生：1922）
安德烈亚斯·玛丽亚
（生：1953）
莫妮卡
（生：1954）
米凯拉
（生：1954）
加布里埃拉
（生：1956）
沃尔布加
（生：1958）
卡尔
（生：1961）
保罗·乔治
（生：1964）

后期的哈布斯堡家族

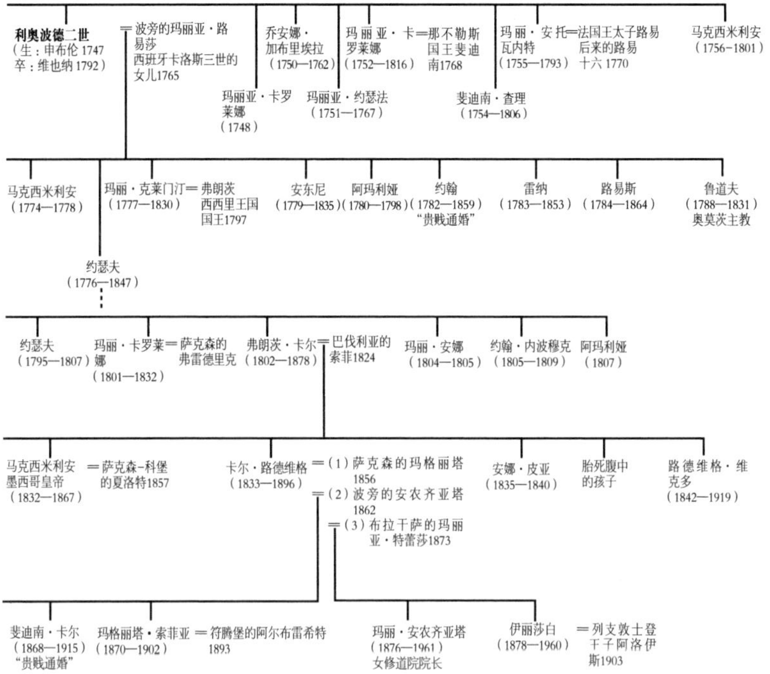

粗体的名字代表奥地利皇帝（哈布斯堡家族的统治者）

框里的名字代表后帝国时代的哈布斯堡家族成员

虚线代表继位没有实现

注 释

Notes

1. 鹰堡 *The Castle of Hawk*（1020—1300）

1. 匈牙利、塞尔维亚、库曼及波希米亚雇佣军都在西欧军队中打过仗。一些教士作家认为这些东欧人和土耳其人及鞑靼人之间并没有太大差异。
2. 参见 Joseph Planta, *The History of the Helvetic Confederacy*, London, 1807, vol.1, p. 436。
3. 参见 L. Hug and R. Stead, *Switzerland*, London, 1890, pp. 168-9。
4. 根据 *Acta Murensia*，这在 1064 年时就已经存在：参见 Emil Mauerer, *Die Kunstdenkmäler des Kantons Aargau*, Basel, 1954, pp. 256ff。
5. 尽管这些在西欧已不太常见，但在东欧和中欧仍然在使用。
6. 这里是指阿尔布雷希特，利奥波德的祖父，哈布斯堡家族第一个皇帝鲁道夫一世的儿子。他在格尔海姆战役中使用这把刀将与其争夺皇帝宝座的对手处理掉，成为哈布斯堡家族第二位皇帝。具有讽刺意味的是，他自己最后也被刺身亡。
7. 参见 Keith Thomas, *Man and the Natural World. Changing Attitudes in England, 1500-1800*, Harmondsworth, Middx, 1983, p. 64。

8. 更多关于战戟（长柄斧）的描述，参见 Hans Delbruck, *History of the Art of War*, vol. 3, p. 6。苏格兰人的双手大剑，剑刃长 4~5 英尺，对于英格兰人有着同等程度的心理威慑。
9. 他们同样也选择了战场。在他们身后是一片森林，队伍排出了 30 × 30 的方阵。战斗开始后，弗里堡（Fribourg，德语也称“弗莱堡”）的大部队向前进攻，而来自伯尔尼的市民则逃离了战场，留下山区民众独自面对敌人。很快他们被弗里堡人从三面包围，这些弗里堡人冒着接连不断的石头和箭雨费力地爬上了山坡。到了傍晚，1000 名瑞士人冲下山。他们冲进骑士的阵中，骑士则用手中的长矛刺向他们，并试图用剑和匕首砍杀他们。所有人陷入混战，交战双方缓慢地向山下移动。进攻的确鼓舞了士气，但进攻一方逐渐开始停滞不前。战斗陷入僵局，这时白天逃离战场的部队团结起来，返回了战场，从后方袭击了作战的弗里堡骑士。骑士部队腹背受敌，而瑞士人的 1000 名长矛兵和戟兵没有了压力，开始大肆砍杀骑兵。
10. 由半个哈布斯堡人苏瓦松伯爵昂盖朗 · 德 · 库西率领，表面上看，目的是索回本应属于他母亲的哈布斯堡家族领土。但实际上，这就是一种掠夺。
11. 故事的结局是：“他从友人中跳出，冲进敌阵最密集的部位，直面他的厄运：他倒下了，挣扎着想站起来，但一切都是徒劳。这时，一个瑞士人上来给了他致命一击。利奥波德大喊‘我是奥地利公爵’，但那个人要么是听到他的喊声后并不相信，要么是认为在如此惨烈的战斗中哪怕是最高级别的长官也不享有特权。公爵受了致命伤。一名叫作马丁 · 马特德（Martin Mattered）的弗里堡方旗骑士见证了这场灾难。他震惊地站在那里，旗帜从利奥波德手中滑落。他飞身扑过去保护他君主的尸体，使其免受进一步的伤害，同时也搭上了自己的性命。”
12. 参见 C. W. O. Oman, *The Art of War in the Middle Ages, AD 378-1515*, rev. and ed. J. Cornell Beeler, New York, 1953, pp. 77-8。
13. 哈布斯堡骑士“被自身的沉重盔甲压得喘不上气，加之闷热的天气、口渴还有疲劳……他们技术还不熟练，尚未成为训练有素的步兵。他们更适合去做符合骑士精神的英雄，而不是严格遵守战术的士兵。此外，他们的君主对瑞士农民的轻蔑也使得他们轻敌了”。

14. 当然，香颂的重点是他甚至不会去挽救自己的生命。
15. 参见 R. E. and T. N. Dupuy, *The Encyclopedia of Military History from 3500 BC to the Present*, London, 1970, p. 205 关于 Oman 的引用。
16. 参见 Bonjour, H. S. Offler, and G. R. Potter, *A Short History of Switzerland*, Oxford, 1952, p. 49。他们指出，到 11 世纪末，阿勒曼尼公爵已经“失去了莱茵河以南的领地”。正是在这个真空地带，哈布斯堡家族兴盛起来。
17. 从技术层面上讲，鲁道夫只是罗马人民的国王，但他一直被记在皇帝的谱系中。
18. 参见 Adam Wandruszka, *The House of Habsburg. Six Hundred Years of a European Dynasty*, tr. Cathleen and Hans Epstein, Garden City, NY, 1964, p. 28。
19. 例如，William Coxe, *History of the House of Austria...*, London, 1895, vol. I, p. 5。我比较喜欢考克斯对于这些传统故事的复述，因为他的语言明快，能传达出原始故事的力量。此外，如他所说，“关于鲁道夫的统治和性格，参考了很多相关的年鉴、编年史以及历史书籍，有些为当时人所著，有些则为后世作者所著，另外还参考了各种相关论文以及赫尔格特和格伯特关于外交政治和家谱的研究”。
20. 参见 Janet L. Nelson, “The Lord’s anointed and the people’s choice: Carolingian royal ritual”, in David Cannadine and Simon Price (eds.), *Rituals of Royalty Power and Ceremonial in Traditional Societies*, Cambridge and New York, 1987, p. 156。
21. 当然，未经罗马教皇加冕，他还不能算是神圣罗马帝国皇帝，他也从来没能得到教皇的加冕。但在现实中，这并没有削弱他对帝国诸侯的权威。鲁道夫一直被认为是神圣罗马帝国的皇帝，所以我也以“皇帝”称呼他，但同时也意识到这在技术层面上讲是不正确的。
22. 奥托卡通过选举获得了施蒂利亚公国，通过迎娶最后一位巴本贝格公爵——“爱争吵的腓特烈”（Frederick the Quarrelsome）——的遗孀确保了其地位。他打败了匈牙利国王，迫使其放弃了对奥地利领土的索取，并在 1269 年说服了卡林西亚公国的最后一位公爵让位给他。因此他的领土从北部的苏台德（Sudeten）山脉一直延伸至亚得里亚海岸。
23. 叙述见 Coxe, vol. 1, p. 25。

24. 奥托卡的旗帜是波希米亚的白狮，格里帕泽为此设想了一个场景，预示着鲁道夫的胜利（红狮对白狮的胜利）。

25. 《奥托卡国王的幸福和结局》（*König Ottokars Glück und Ende*）于1825年出版，在这本书中，鲁道夫成了哈布斯堡家族微妙、无形力量的体现，以其顽强的毅力战胜了躁动的奥托卡国王——一位拿破仑·波拿巴那样的人物。在格里帕泽的笔下，鲁道夫的神话成就了他的后人，最后一位哈布斯堡的神圣罗马帝国皇帝是弗朗茨，他完成了始于鲁道夫的循环。鲁道夫从普通人走上皇帝宝座，而弗朗茨则成了一个新造的哈布斯堡帝国的化身。令人难以置信的是，这部作品最初竟没有通过梅特涅的审查，这令格里帕泽也错愕不已。他向贝多芬诉苦说，他无法想象如此具有爱国思想的作品竟然会引起质疑。最终，作品得以出版，并受到了皇帝弗朗茨一世和维也纳公众的欢迎。在遭遇困境时，鲁道夫成了王朝的激励——不仅对于格里帕泽是如此。1808年，诗人海因里希·冯·柯林（Heinrich von Collin）号召用鲁道夫精神帮助弗朗茨，在他的诗《奥地利至上》中写道："鲁道夫从天堂发出召唤 / 告知下面的弗朗茨：一切都会坚持下来 / 因为奥地利的精神 / 奥地利万岁！"（参见 *Deutsche Literatur, Politische Dichtung* II, p. 59）

26. "对实际记录不满意的历史学家可以参考相关叙事资料。尽管存在一些错误，但它们包含了大量的诠释和评论，很能体现当时的社会状况……宪章、历史叙事、史诗以及宫廷的恋爱故事都值得我们关注。每一类都有着不同程度的真实性，每一类都有自己的虚构。"参见 Dominique Barthélemy, "Civilising the fortress: Eleventh to thirteenth century", in Philippe Aries and Georges Duby, *A History of Private Life II: Revelations of the Mediaeval Worlds*, tr. Arthur Goldhammer, Cambridge, Mass., and London, 1988, p. 85。

27. 太阳与帝国的关联在基督教产生前就有了，哈布斯堡家族沿袭加洛林王朝的先例，特别强调这种关联。例如，纳尔逊（p. 67）引用的书信体诗《黑色的埃尔莫尔德》（*Ermold the Black*）呼应了同样的主题："当太阳照亮整个地球时 / 他的温暖令所有云彩飞扬 / 为树木、庄稼和水手带来了欢乐 / 就像国王的出现给他的子民带来快乐一样。"

28. 参见第三幕，第一场。

29. 参见 J. J. Fugger, *Spiegel der Ehren des hochtlöblichsten Kayser und Königlichen Erzhauses Österreich*, Nuremberg, 1682, p. 58, “Rudolphus ehret das H. Sacrament”, anno 126.。

30. 当然，它出现在 14 到 17 世纪，但也很受德意志浪漫主义画家和诗人的欢迎。弗朗茨 · 普法尔（Franz Pfarr）和弗里德里希 · 奥利维尔（Friedrich Olivier）的画作非常有名。

31. 然而，约瑟夫二世并不是这样，甚至玛丽亚 · 特蕾莎也不像他父亲查理六世那样着迷于这种巴洛克风格，虽然她个人也是虔诚的信徒。参见 D. Beales, Joseph II, vol. 1: *In the Shadow of Maria Theresa*, Cambridge and New York, 1987, pp. 441-55。他援引 *Mitteilungen des Österreichischen Staatsarchivs* 中 1979 年科瓦奇的文章，表示“如果一个人调查了 1765—1766 到 1780—1781 年间公众膜拜仪式的变化，就会发现 17 世纪初开始的哈布斯堡崇拜热完全消失了”。也许“搁置”这个词比“消失”更恰当，因为哈布斯堡统治的宗教元素在 19 世纪再次得到了强调。皇帝弗兰茨 · 约瑟夫最受欢迎也是最具特色的形象之一就是祈祷中的皇帝，在明信片以及爱国公民的墙壁上随处可见。

32. 参见 Baron von Margutti, *The Emperor Francis Joseph and His Times*, London, n.d., pp. 181-3。

33. 参见 Fugger, “K. Rudolph’s Krönungs Handlung”。

34. 参见 Coxe, p. 57，其中引用了这一“同时代作家的公正颂文”。

35. 正是教皇卜尼法斯八世声称他的外在缺陷表明了他内在精神的扭曲——他为什么没有亲手杀死当选皇帝呢？有的故事声称他的缺陷是出生时医生提起他的双脚造成的，但这是虚构的。

36. 腓力解决了这个问题，他唆使一个遭到卜尼法斯诽谤、与其不共戴天的敌人在阿纳尼（Anagni）绑架了他。

37. 这些事件发生的准确位置存在一些争议。历史学家认为，阿尔布雷希特或者在河岸当着其家人的面被杀，或者是在后来的科尼希斯费尔登修道院所在的位置被杀的。但这两种说法都有问题。事后分析表明，如果皇帝的陪同人员如故事中所说是在罗伊斯河的对岸见证了这起谋杀，那么事件就不可能发生在建造教堂的地方。虽然经过了几个世纪，但登陆的地点不可能改变那么多。我的看法是，教堂的选址是基于动机而非地形考虑。

38. 后来还有哈布斯堡家族的候选人，但他们都没有成功。

39. 参见 Mauerer, Bd III, *Das Kloster Königsfelden*, Basel, 1954.。虽然其他哈布斯堡的纪念碑在家族的历史上有据可查，例如马克西米利安在因斯布鲁克的墓地，但科尼希斯费尔登在现代文献中从没有出现过，似乎在瑞士以外完全被遗忘了。我要感谢梅莱斯夫妇让我注意到这一点，他们还告诉我这之后的历史，包括哈布斯堡遗物的译本在 18 世纪依然存在。

40. 毫不奇怪，象征符号在人类学领域要比在历史学领域影响更大，当然也有少数例外，如马克 · 布洛赫（Marc Bloch）的研究以及法国心态史的传统。罗德尼 · 尼达姆（Rodney Needham）在其《象征符号的分类》一书中指出："人类社会有许多重要的东西，我们可以预见，在任何社会聚合中，这些东西都会被象征符号标记，以表明其重要性。"参见 Rodney Needham, *Symbolic Classification*, Santa Monica, Calif., 1979, p. 4。这本书也为我介绍了另外两本很有价值的书：A. M. Hoccart, *Kings and Councillors: An Essay on the Comparative Anatomy of Human Society*, Chicago and London, 1970 和 A. N. Whitehead, *Symbolism: Its Meaning and Effect*, Cambridge, 1927, reprinted 1958.。

41. 参见 *The Cambridge Mediaeval History*, vol. vii, Cambridge, 1932, p. 147。"他因此伪造了 5 个早期皇帝发布的文件，其中一个是经亨利四世确认的由尤利乌斯 · 恺撒和尼禄颁布的法令……欺诈行为做得还可以，但尤利乌斯 · 恺撒和尼禄显然引起了查理的怀疑，他把文件拿给他的朋友彼特拉克，后者断然拒绝承认这些文件。"

42. 并没有文件可以证明鲁道夫的罗马血统。但这些似乎是基于某种家族传统，可以支持这一说法的是，许多这类断言被怀疑者认为太不可能成立，因此危及了其合法地位，怀疑者还据此推说整套文件都是伪造的。《大特权》一文旨在将口头传统书面化——比如古老的关于大公头衔的起源传说。

43. 参见 Marcel Beck, Peter Felder, Emil Mauerer and Dietrich W. H. Schwarz (eds.), *Königsfelden: Geschichte, Bauten, Glasgemälde, Kunstschätze: lcono-graphie der Glasgemäldet,* Olten und Freiburg im Breisgau, 1983, pp. 115-26。

44. 参见 Whitehead, pp. 61-2："象征符号不仅仅是空洞的幻想或腐败的堕落，它是人类生活中所固有的元素。”

45. 就像瓦卢瓦王室（House of Valois）的圣丹尼斯（St Denis）。

46. 但是，阿尔布雷希特之死及后来发生的事情也揭示了这个家族的另一面，一个很少有人提及的家族特征：他们的残忍无情。即使是在 1308 年，他们的报复行为也是极端的。披着法律外衣的报复一直是几个世纪以来反复出现的主题——似乎为了保护哈布斯堡的家族血统，任何措施都是不过分的。

2. 我们的事业 *Cosa Nostra (Our Cause)*（1300—1400）

1. 参见 Barthélemy, in Aries and Duby, p. 397。

2. 参见 Roberta Gilchrist, *Gender and Material Culture: The Archaeology of Religious Women*, London, 1994, p. 150。

3. 当然，14 和 15 世纪法国和英国战争再起，拥有坚固的城堡和城镇成为关键，“只要敌人不是准备花上几周甚至几个月的时间去铲除护墙，城堡高耸的城墙就足以抵御外来的侵略”。参见 Christopher Duffy, *Siege Warfare. The Fortress in the Early Modern World 1494-1660*, London, 1979, p. xiii。

4. 从克洛维开始，法国国王从神圣的密封瓶取油受膏。传说是异教徒国王克洛维在洗礼的时候，赶来见证这一时刻的庞大人群妨碍了神父将圣油传递给主教圣雷米（St Remi）。主教发现计划受阻，跪在地上，向上帝祈求帮助。一只乳白色的鸽子从天而降，带来一小瓶圣油，使得克洛维得以完成受膏仪式。当 400 年后“秃头查理”在兰斯（Rheims）加冕时，主教兴克马告诉会众：“克洛维受洗时用的天赐圣油我们还有一些，作为他的后人，查理也将用此天赐圣油受洗，成为神圣的国王。”参见 F. Oppenheimer, *The Legend of the Sainte Ampoule*, London, 1953。

5. 鲁道夫崇拜同利奥波德崇拜一样，很有地方色彩。但是，与利奥波德不同，鲁道夫从未被封圣，也未被宣福。利奥波德在 1485 年马克西米利安开始其宣传活动时被封圣。查理曼也从来不是一个圣徒，只列入了较低级别的“真福品”，这些级别分类到 17 世纪才被精确化。在哈布斯堡王朝的编年史和意象中，这 3 个人都具有圣徒应该具有的所有品质。无论这些宣称多么可疑，但不断地将这些“圣洁的”生命同哈布斯堡血统联系在一起，目的还是要证明奥地利家族乃上帝所拣选的。

6. 参见 M. T. Clanchy, *From Memory to Written Record: England 1066-1307*, Oxford, 1993, pp. 148-9。
7. 在阿尔布雷希特五世成为皇帝之前，这个王冠也被用在钱币和图像上。
8. 这在过去不仅仅是一个理论问题。1400 年，查理四世的继承人、他的大儿子文西斯劳斯被罢黜，由普法尔茨伯爵鲁珀特三世（Rupert Ⅲ）取代。
9. 见 Article 4。
10. 诏书（bull，拉丁语为 *bulla*）得名于公开文件的封印认证。如果没有这种印章，文件将被视为无效。大多数的文件使用铅印密封，但一些重要的文件则会用金印密封，《金玺诏书》（*Golden Bull*）就因此得名。
11. 正是在这一点上，他们的罗马起源传统有了具体的体现。
12. 引自 Alphons Lhotsky, *Privilegium maius. Die Geschichte einer Urkunde*, Munich, 1957, pp. 81-90。据说，五段法令分别是：1058 年皇帝亨利四世致奥地利总督，巴本贝格的埃内斯特，1156 年皇帝腓特烈一世致巴本贝格公爵亨利，1228 年皇帝亨利七世致巴本贝格公爵利奥波德，1245 的皇帝腓特烈二世致奥地利和施蒂利亚公爵腓特烈，1283 年皇帝鲁道夫致他的两个儿子。
13. 当然，阿方斯 · 洛斯基（Alphons Lhotsky）的简短却可靠的作品不这么认为（见注释 12）。
14. 参见 Coxe, p.120。
15. 参见克兰奇关于英国司法状况的描述。证据的效力问题大同小异。
16. 参见 Jack Goody, *The Logic of Writing and the Organisation of Society*, Cambridge, 1986, p. 136。
17. 阿方斯 · 洛斯基认为，他的大臣约翰 · 冯 · 普拉茨海姆（Johann von Platzheim）是另外一个可能人选。参见 *Privilegium*, p. 16。
18. 这些只是作为古代异教皇帝的让步出现在亨利四世 1058 年的“特权法令”中。文件的其余部分明确表示，这是拥有绝对权力的皇帝给予的恩赐，罗马的先例只是它的一个序言。其他四个文件则没有提到罗马起源。

19. 参见 Marie Tanner, *The Last Descendant of Aeneas*, New Haven, Conn., 1993, p. 88ff。与哈布斯堡家族的特殊联系出现在安娜·科雷特（Anna Coreth）关于“虔诚的奥地利家族”的研究中。
20. 参见 M. Dugast-Rouillé, *Les Maisons Souveraines d'Autriche*, Paris, 1967, p. 81。
21. 教父在姻亲关系上与生父没有太大区别。
22. 参见 Lhotsky, pp. 16-17。他推测了《大特权》的起源，并认为他的父亲和阿尔布雷希特一世在科尼希斯费尔登的遗孀对于鲁道夫文件中出现的观点都表达了类似的态度。
23. 参见 Barthélemy, in Aries and Duby, p. 90。他指出，通常我们忘记了，亲情既是现实的，同时也是想象的。
24. 同上，p. 97。“在中世纪早期，人的名（而非姓）是他真实身份的基本标识。姓则通过一代又一代的重复保留下来。名字会从父亲传给儿子，叔父传给侄子……祖先的美德流淌在同名后裔的血液里。”
25. 在中世纪，许多圣徒不是教会确立的，而是由崇拜他们的人封的。参见 Aviad M. Kleinberg, *Prophets in Their Own Country: Saints and the Making of Sainthood in the Late Middle Ages*, Chicago, Ill., and London, 1992。
26. 参见 Michael Wilks, *The Problem of Sovereignty in the Later Middle Ages*, Cambridge, 1963。
27. 引自 Brian Tierney, *The Crisis of Church and State 1050-1300*, Englewood Cliffs, NJ, 1964, pp. 131-2。英诺森强调，所有的世俗权力都来自上帝，由教皇代理。
28. 当然，除非他是哈布斯堡家族成员。皇帝腓特烈三世在 1446 年认可了《大特权》。
29. 参见 Barbara W. Tuchman, *A Distant Mirror. The Calamitous Fourteenth Century*, London, 1979, pp. 92-125。
30. 虽然克雷芒六世在 1348 年的教皇诏书中暗示了这一观点：上帝用瘟疫折磨信基督的子民。
31. 参见 Norman Cohn, *The Pursuit of the Millennium*, London, 1957, p. 67，引用了 Jean le Fevre, “Les lamentations de Matheolus”。
32. 参见 Jean Gerson，*De Auferibilitate Sponsi ad Ecclesia*，p. 300，引自 Steven

Ozment，*The Age of Reform, 1250-1550. An Intellectual and Religious History of Late Mediaeval and Reformation Europe*, New Haven, Conn., 1980, p. 163。

33. 从 13 世纪末开始，就有了很强的反教权主义（集中于教会的贫困问题）以及反教宗主义倾向。到 14 世纪，这股反教权浪潮已经变得势不可当。

34. 参见 Ozment, p. 164。

35. 见 *Reformatio Sigismundi*, tr. and cited in Gerald Strauss, *Manifestations of Discontent in Germany on the Eve of the Reformation*, Bloomington, Ind., and London, 1971, pp. 4-8。斯特劳斯注意到，第一版出现后，人们会定期制作新的版本，它是早期印刷领域最受欢迎的小册子之一，在 1476 至 1522 年间至少经过 8 次印刷。他说："每个研究 15 世纪末、16 世纪初宗教改革问题的人对它都很熟悉。"

36. 西吉斯蒙德同父异母的兄弟文西斯劳斯作为皇帝也应该是十字军东征的支持者，而西吉斯蒙德同他的紧张关系也是其这么做的一个强烈动机。他想要证明自己才是基督教的天然领袖，而不是文西斯劳斯。关于征讨耶路撒冷的目的，参见富洛伊沙的纪事。

37. 同森帕赫战役一样，编年记录者无法弄清战役的每个阶段都发生了什么。我努力从各种叙述中找到可能的答案。

38. 见 Edward Gibbon, *The History of the Decline and Fall of the Roman Empire*, J. B. Bury ed., London, 1909, vol. vii, p. 36。

39. 引自 Margaret Aston, *The Fifteenth Century: The Prospect of Europe*, London, 1968, p. 79。

40. 胡斯若屈服于压迫，是可以活下来的，但他选择了死亡。胡斯的牺牲被认为体现了整个民族的精神。5 个多世纪后，在 1968 年，一个名叫扬 · 帕拉赫（Jan Palach）的捷克学生坐在布拉格的文西斯劳斯广场（Wenceslaus Square）上自焚，以抗议俄国的入侵。他的名字现在在捷克的政治神话中和胡斯分量相当。但颇具讽刺意味的是，在反对胡斯一案中贡献最大的是他的朋友兼同事——斯特凡 · 帕莱赫（Stefan Palech）。

41. 也许康士坦茨教会大会最大的成就就是颁布法令《定期》（*Frequens*），这一法令要求教皇定期召开教会大会。这从根本上改变了教会内部的权力关系，永久性地削弱了教皇的权力。

42. 他的主要目的是保证自己在教皇选举上的话语权，这才是他召开康士坦茨大会的真正目的。他在处置腓特烈时的言辞其实是说给教会代表和那些意大利城邦代表听的。

43. 这是教会大分裂的反证归谬法，大分裂最终在康士坦茨大会得以解决。3位教皇头衔的拥有者被剥夺称号，马丁五世被选举为新教皇。

44. 他对西吉斯蒙德的敌意由来已久。当初选举新皇帝时，他支持的就是另外一位候选人，他还按照《大特权》的精神，一直拒绝向他的帝国封地宣誓效忠。

45. 然而，在其他地方也并非没有发生过。在苏格兰，在英王爱德华一世的命令下，约翰·巴利奥尔（John Balliol）被剥夺了王权。这里，我要感谢安东尼·古德曼（Anthony Goodman）教授给我提供的信息。

46. 参见 Coxe, p. 198。

47. 同上，p. 160。

48. 引自 Paul Frischauer, *The Imperial Crown,* London, 1939, pp. 80-81。

3. 普世帝国 *Universal Empire*（1400—1500）

1. 佚名人士写于 1162 年，以庆祝他在米兰的胜利。

2. 引自 Cohn, pp. 110-11。根据科恩（Cohn）的说法，这源于一个名叫 Regebogen 的歌唱家，是关于返世的腓特烈的预言之一。

3. 一些研究表明，并不是这样的，但没有定论。

4. 鉴于他的健康状况，这似乎根本不可能。这只是经典的中世纪假性因果：先吃了西瓜，后来死了，所以就是因吃西瓜而死。当然，这里面还有中世纪人喜欢的道德教训：缺乏节制导致死亡。

5. 见 Friedrich Heer, *The Holy Roman Empire*, tr. Janet Sondheimer, London, 1968, p. 124。

6. 见 Coxe, p. 214。

7. 然而，她发现腓特烈嗜睡的症状存在很多问题，而且维也纳新城的气候过于寒冷。参见 Bernd Rill, *Friedrich lll, Habsburgs Europäischer Durchbruch*, Graz, 1987, pp. 110-26。

8. 这个带有防御城墙的小镇是维也纳到格拉茨的必经之地，由巴本贝格家族建于 1192 年。腓特烈在 15 世纪 50 年代时扩建了这里，改建了城堡，并新装了教堂以献给他的最爱——圣乔治。教堂内部一系列精美的彩窗和教堂外面庭院入口处的腓特烈雕像遥相呼应，雕像被 89 个代表着他所辖领土的纹章所包围。陈列的中心是他的格言 AEIOU。

9. “Wer spricht von Siegen? Übersteh’n ist alles.”

10. 参见 Coxe, p. 216。

11. 同上，p. 212。

12. 在亚琛加冕为罗马人民的国王后，他下令确认了奥地利家族享有的特权，但大公的称号是在 1453 年经过帝国授权后才有的。参见 Lhotsky, p. 33。腓特烈的法令比《大特权》一文还要激进，反映了想要（于 1415 年）摆脱“钱包空空的腓特烈公爵”称号的愿望。从此，奥地利公爵变成了大公：如果申请称号三次后仍未得到皇帝的确认，便可以自动获得称号。他们的头衔授予仪式在奥地利境内举行，被授予人骑在马背上，身着皇家披风，头戴公爵的冠冕，上面是皇帝的拱形装饰和十字，手中拿着一种名为“命令权杖”的权杖。大公出生即为皇帝的枢密院委员，他们的领土不受帝国禁令的限制。任何反叛他们的行为或思想都被视为叛国，同时也不可以挑衅他们进行单独决斗。他们没有参加帝国议会的义务，并且被免除所有的帝国税，唯一的责任就是提供 12 名重甲骑兵，为期一个月，以对抗匈牙利的土耳其人。给予他们的自由是全面性的。他们可以征税，并且可以发布公开文告。他们可以创建伯爵、男爵等所有下级头衔。如果家族男性成员缺乏，那么女性成员则享有继承权。如果其他领土遭遇继承危机，大公就可以随意处理他们的土地。任何帝国土地，只要他们喜欢，都可以让渡。他们的子民不会在其领土之外被诉讼、被要求作证或接受封地。

13. 参见 Lord Twining, *A History of the Crown Jewels of Europe*, London, 1960。

14. “皇帝的皇冠代表着整个世界。奥古斯都（皇帝）因此佩戴它，象征着他在全世界的皇权。皇冠上的拱形装饰代表着分割世界的海洋。”引自 Twining, p. 49。

15. 仅有的两次使用查理曼皇冠加冕的记录都来自哈布斯堡家族：鲁道夫一世和1442 年的腓特烈三世。在鲁道夫的加冕典礼上，人们特别指出这是自查理曼以来第一次使用该皇冠，但这里面可能有夸张的成分。这两位哈布斯堡家族成员也是仅有的在这个皇冠的象征意义上大做文章的皇帝。腓特烈特意打造了纪念币以庆祝在亚琛的加冕，硬币上的皇冠象征着罗马人民的国王。
16. “Rex et sacerdos.”
17. 见 Twining, p. 43：“教皇尤金四世（Eugenius Ⅳ）1433 年为皇帝西吉斯蒙德加冕，据描述，教皇先是在皇帝头上放置了一顶小红帽，然后为他佩戴了白色带角的法冠，最后再在上面佩戴了皇冠。皇帝在罗马被加冕法冠这一做法是中世纪的习俗。”
18. 同上。“1442 年，皇帝腓特烈三世从纽伦堡金匠那里定制了一套新的皇权装备。其中皇冠的创新点在于里面嵌入了一顶不可分离的法冠。”
19. 参见 Helmuth and Stulhofer Grössing, “Versuch einer Deutung der Rolle der Astrologie in den persönlichen und politischen Entscheidungen einiger Habsburger des Spätmittelalters” , in *Österreichische Akademie der Wissenschaften, Philosophisch-historische Klasse*: Anzeiger, 117 (1980), pp. 267-83。
20. 作为一个忠诚的锡耶纳人，他可能会有一些偏向自己的城邦。
21. 庆祝场面出现在平图里基奥（Pinturicchio）的著名画作中。
22. 宣誓声明：“我腓特烈，罗马人民的国王，以圣父、圣子和圣灵的名义，对着使人重生的十字架和圣人遗物（这些他一直带在身上）承诺并发誓，如果得到上帝的许可来到罗马，我将竭尽所能弘扬神圣的教会，支持其主持教皇。我的建议、许可或劝告永远不会令他失去生命、自由和荣誉。未经教皇的许可，我也不会在罗马下达任何触及教皇或罗马人民的法令。任何落入我们手中的圣彼得遗产，我们都将移交教皇。我们指定的意大利王国的管理者也将竭尽所能协助教皇捍卫圣彼得的遗产。请上帝和他神圣的福音传道者帮助我。”见 Fugger, *Spiegel der Ehren*, p. 575。尽管这一誓词语气还算柔和，但明显带着皇帝的反抗：所有这些让步都是皇帝给予教皇的恩典，也意味着他随时可以收回。
23. 大部分归结到马克西米利安身上的思想其实是属于腓特烈的，这也是为什么本章将二人放在一起讨论。

24. 他的算计还是在马克西米利安身上出了错：后者在土星的不祥预兆下出生。终其一生，他都认为自己必须同土星宫阴郁性格做斗争。

25. 尽管他最初不愿意接受它。

26. 亚当 · 万德鲁兹卡写到（pp. 73-4），腓特烈三世无疑是最棘手也是最独特的，但肯定不是最有吸引力的哈布斯堡家族的历史人物。其他的哈布斯堡家族成员很少受到如此不公的待遇。

27. “Erzschlafmütze.”

28. 参见 H. Wiesflecker, *Kaiser Maximilian I: Das Reich, Österreich und Europa an der Wende zur Neuzeit*, Vienna, 1971-80, vol. 1, p. 352, cited in G. Benecke, *Maximilian I 1459-1519. An Analytical Biography*, London, 1982, p. 186。

29. “考文纽斯”（Corvinus）这个名字的由来意义重大，因为它表明不仅是哈布斯堡家族沉迷于“罗马血统”。同哈布斯堡家族一样，马加什也确信他自己有着罗马血统。他将自己的血缘追溯到罗马领事马库斯 · 瓦列里乌斯 · 考文纽斯（Marcus Valerius Corvinus），后取“考文纽斯”为姓。然后他又由马库斯 · 瓦列里乌斯将血统追溯到宙斯的一个儿子，这同哈布斯堡家族将自己的祖先追溯到挪亚异曲同工。马加什还声称自己是匈牙利人眼中的英雄阿提拉的后裔。这一论点（经马加什同意）被安东尼奥 · 邦菲尼（Antonio Bonfini）写在《匈牙利史》（*History of Hungary*）中。

30. 原因比较复杂。马加什 · 考文纽斯被选为波希米亚国王，但腓特烈拒绝为他加冕，原因是另外一个候选人的继承理由更充分。马加什因此报复性地占领了腓特烈在施蒂利亚、卡林西亚的领地及下奥地利的部分领土，直到 1490 年去世前，他一直将维也纳作为他的西部首都。

31. “Rerum irrecuperabilis felix oblivio.”

32. “Tene mensuram et respice finem.”

33. 参见 Petrus Lambecius, *Diarium sacri itineris cellensis interrupti*。

34. “Austria est imperare orbi universo.” 事实上，可以从他成为皇帝之前的一系列笔记看出，哈布斯堡家族是上帝之选的思想早在他穿上紫色的皇袍前就已经在头脑中根深蒂固了。

35. “Hic regit, ilia, tuetur.”
36. 参见 J. G. Fraser, *The Golden Bough*。
37. 字面意思是“背负基督的人”，源自圣克里斯托弗（St. Christopher）的传说，但这也呼应了“圣”鲁道夫与主的家族传说。
38. 一反家族传统，他不到一岁就死了，可谓命运多舛，有人说这是因为他的名字同弑亲者一样。
39. 参见 Joseph Grünpeck, *Die Historia Fridericii et Maximiliani* (first published 1514), ed. O. Benesch and E. M. Auer, Berlin, 1957。
40. 后来，他被认为是德意志英雄阿米尼乌斯（Arminius）转世。参见 Simon Schama, *Landscape and Memory*, New York and London, 1995, pp. 100-110。这本精彩著作的一些章节和我的主题有关，例如第 4 章“苍翠的十字架”和第 5 章“意识流”，但这本书全方位地展示了这种新历史文体的潜能。
41. 利奥诺拉则来自一个充满冒险精神的家族，但她在马克西米利安 8 岁那年去世了。
42. 他的孙女伊丽莎白 1515 年嫁给了丹麦国王，另一个孙女玛丽 1522 年嫁给了匈牙利和波希米亚国王拉约什，还有一个孙女凯瑟琳成了葡萄牙王后。
43. 来自给普鲁申科的一封信。参见 C. A. J. Armstrong, “The Golden Age of Burgundy: Dukes That Outdid Kings” in A. G. Dickens (ed.), *The Courts of Europe, Politics, Patronage and Royalty 1400-1800*, London, 1977, p. 72。
44. 在尼德兰，城邦总管宣称自己拥有这项权利。他甚至被关押在布鲁日，而根特人则讨论是否要处死他。
45. 维斯弗莱克的传记研究同时接纳了这两种观点，但他认为总体上，马克西米利安更像是规划师而不是实用主义者。这也许是因为他在王朝宣传上的长期筹划能力要远超过他处理政治和经济事务的能力。
46. “因为马克西米利安对问题的解决没有连贯性，所以他总是在拆东墙补西墙，很快导致官僚主义的混乱，马克西米利安只能亲自出面解决问题。这样的问题发生得越多，他就越是决心规划更为复杂的部门和机构，最终在下一次资金危机到来时，一切都不出意料地崩溃了。”参见 Benecke, pp. 125-6。
47. 同上，Benecke, pp. 125-6，以及个人交流。

48. 她的最大吸引力就是她那价值不菲的嫁妆。

49. 马克西米利安同多名女子生下 11 个私生子证明了这一点。

50. 腓力的死对于斐迪南来说是一个意外之喜，因为这位年轻的勃艮第公爵于 1506 年前来西班牙，索取胡安娜在其母死后在卡斯蒂利亚继承的产业。斐迪南倚仗伊莎贝拉的遗嘱，拿到了摄政权。西班牙社会两极分化，一场内战似乎随时可能爆发。腓力的死加之胡安娜随后疯掉，使得事情得以解决，且最终结果对斐迪南有利。

51. 当然，尽管要求世袭继承的呼声越来越高，但这两个国家的王位都是选举产生的。

52. 马克西米利安自己的女儿玛格丽特已经被正式许配给法国王储，她 3 岁时就被带到法国宫廷。她在那里待了 8 年后遭到了退婚。

53. 事实上，他作为家庭首领，不得不同意他的妹妹同匈牙利联姻。

54. 阿拉贡的斐迪南在“美男子腓力”死后成了（外孙）斐迪南的监护人，他本来计划利用自己外孙的联姻与法国建立更紧密的关系，联姻匈牙利他绝不会同意。

55. “ Felix Austria nube ...”

56. 画作绘于 1515 或 1516 年，现在陈列于维也纳艺术史博物馆。有人认为（参见 Wolfang Hilger, *Ikonographie Kaiser Ferdinands I, 1503-1564*, Vienna, 1969, p. 18）这一形象为卡斯蒂利亚的胡安娜或比安卡 · 斯福尔扎。但是，这幅画作中的形象跟其他胡安娜的图像相似度不高。他的论点是，作为腓力的妻子及查理和斐迪南的母亲，胡安娜出现在画作中似乎更合乎逻辑，而玛丽早在 1482 年就去世了。但是，有两个证据表明画作中的很可能是玛丽。首先是马克西米利安对玛丽的感情，两人共同生养了他们的骨血后代，同时玛丽也是他和勃艮第的纽带。其次，她的眼睛望向天空，暗示着她现在处在天堂，而胡安娜当时还活着，被关在托尔德西里亚斯。同时，很多证据显示画中人更不可能是比安卡。

57. 丢勒的著名雕刻《骑士、死亡和魔鬼》（1513）和布克迈尔的马术肖像画之间的联系并不十分清晰。埃尔文 · 潘诺夫斯基认为丢勒一般会让人想起布克迈尔，而布克迈尔的画作似乎又派生于早期的丢勒。后来布克迈尔为马克西米利安的墓地所作的马术肖像画呼应的都是丢勒的骑士画。

58. 这里的重点是“画作”，也许还应该加上“在他的巅峰期”。丢勒的马克西米利安版画是极为逼真的，相比之下，1518 年的肖像画却显得毫无生气，尽管从事后分析看，丢勒作画时，马克西米利安高高在上地坐在自己的小房间里。但到了 1518 年，马克西米利安的健康状况已经很差了，他的腿长期受病痛折磨。事实上，在很长一段时间里，画作曾被误认为不是出自丢勒之手。毫不奇怪，当画家在 1521 年将画作呈给马克西米利安的女儿玛格丽特看时，后者极不喜欢。毫无疑问，她记忆中的父亲应该是一个大英雄。

59. 马克西米利安有过两次根盖特战斗经历，一次是在 1479 年，另外一次是在 1513 年，两次对法都取得了胜利。

60. 关于印刷史方面，参见 Elisabeth Eisenstein, *The Printing Revolution in Early Modern Europe*, Cambridge, 1983，以及她另外一部更为宏大著作的第一卷 *The Printing Press as an Agent of Change*, Cambridge, 1979。此外，还有 Lucien Febvre and Henri-Jean Martin, *The Coming of the Book: The 1450-1800*, London，1976。关于印刷技术史方面，最好的短篇研究是 S. H. Steinberg, *Five Hundred Years of Printing*, Harmondsworth, Middx, 1955。

61. 参见 K. Wehmer, *Mit Gemälde und Schrift. Kaiser Maximilian I und der Buchdruck*, Stuttgart, 1962。

62. 11 部出版的作品（或者相关手稿以及未完成的片段）包括《凯旋游行》（*The Triumphal Procession*）、《凯旋门》（*The Triumphal Arch*）、《珍贵的恩赐》（*Theuerdank*）、《比赛和化装舞会》（*Tournaments and Masked Balls*）、《皇帝马克西米利安的神圣亲属》（*The Holy Relatives of Emperor Maximilian*）、《皇帝马克西米利安的族谱》（*The Genealogy of the Emperor Maximilian*）、《炮术书籍》（*The Books of Artillery*）、《狩猎书籍》（*The Book of Hunting*）、《白色的国王》（*Weisskunig*）、《腓特烈和马克西米利安历史》（*Historic Frederici et Maximiliani*），以及《蒂罗尔狩猎书籍》（*Tirolean Book of Hunting*）。另外还有 18 本书在马克西米利安在世时还没有进入流程。

63. 关于马克西米利安的文学作品，参见 Gerhild Scholz-Williams, *The Literary World of Maximilian I: An Annotated Bibliography*, St Louis, Mo., 1982。

64. 他在 15 世纪 90 年代开始用拉丁文写自传。1499 年他向纽伦堡学者皮克海默

（Pirkerheimer）展示了其中的部分草稿，并表示对他的“士兵水平的拉丁文”感到抱歉。皮克海默把这个故事讲给了墨兰顿，后者将其记入了 *Cronica Carionis aucta*（1563）。

65. 同上，pp. 10-11。

66. 可以参见 Hans Springinklee 的版画（Maximilian I wird das Allmacht Gottes empfohlen），表现了一种“神化”的理念。参见 Österreichische Nationalbibliotek, Vienna, *Biblos Schriften*, Bd 23. *Maximilian I,1459-1519, Austellung*, Vienna, 1959, p. 134。

67. 参见 Tanner, *The Last Descendant of Aeneas*, p. 103, Yale, New Haven and London, 1993。

68. 之后的哈布斯堡家族都将遵循马克西米利安的这个模式：16 世纪末在布拉格宫廷的鲁道夫，17 世纪末置身书籍和音乐之中的利奥波德，甚至后来 19 世纪末的皇储鲁道夫，都计划写百科全书来歌颂哈布斯堡家族的智慧和成就。

69. 他总在干涉，有时他会命令让一幅图像多次返工重画。

70. “weiss”其实是双关语，有双重含义——“白色的”和“智慧的”。

71. 参见 Scholz-Williams, p. 13：“《白色的国王》将混乱的生活变得井井有条，给马克西米利安动荡的生活以逻辑性的动机。”

72. 事实上，马克西米利安为规范帝国官方文件中使用的德文做出了很大的贡献，他下令刻出尖角字体（Fraktur）字模用于印制《珍贵的恩赐》一书，这对 20 世纪 40 年代之前的德文书写文化产生了巨大的影响。

73. 最终 1775 年在维也纳由约瑟夫 · 库尔茨伯肯出版的作品包含至少 237 块木刻。

74. 这在很大程度上是因为敏锐的观察视角。参见 Paul Veyne, “Conduct without belief and works of art without viewers”, *Diogenes*, vol. 143,1988, pp. 2-4。

75. 参见 Erwin Panofsky, *The Life and Art of Dürer*, Princeton, NJ, 1967, p. 179。我对拱门的描述改编自此书的第 176—178 页。

76. 参见 Marie Tanner, pp. 102-4。她认为：“马克西米利安突破了追踪祖先的传统界限。在构建他的神话过去时，马克西米利安聚焦于一个中心思想：越来越宽的种族网最终都聚集在他的家谱上。文化边界在其家谱的整合过程中不构成任何障碍：神圣的血液源远流长，种族的分别不是他愿景的重点。马克西米利安对于祖先的高强度考古探索是空前的。历史学家被他分派到欧洲各地，去探寻可能的传奇过去。北方文艺复兴最著名的人文主义者，包括约翰内斯·阿文蒂努斯、海因里希·倍倍尔、康拉德·策尔蒂斯、希罗尼穆斯·格布维勒、沃尔夫冈·洛齐乌什、雅各布·门内尔、约翰内斯·瑙克勒、康拉德·波伊廷格、约翰·思达比斯以及弗朗西斯库斯·伊雷尼库斯，向我们展示了到底有多少不世的人才参与到了其中。

77. *Heiligen aus der Sipp-, Mag-, und Swagerschaft*。

78. 参见 *The Triumph of Maximilian I. 137 Woodcuts by Hans Burgkmair and Others*（Stanley Applebaum 对于文本描述、引言以及注释做了翻译）, New York, 1964, p. 18。

79. "Quod in celis sol hoc in terra Caesar."

80. 参见 Victor von Kraus, *Maximilians I Vertraulicher Briefwechsel mit Sigmund Prüschenk, Freiherrn zu Stettenberg*, Innsbruck, 1875, p. 48。

81. 参见 G. E. Waas, *The Legendary Character of Kaiser Maximilian*, New York, 1941, p. 80。

4. 金色男人 *El Dorado (The Golden One)*（1500—1550）

1. 希尔认为该画作取材于君士坦丁大帝，潘诺夫斯基则对画作中的圣矛持怀疑态度，理由是这个古老而笨重的物体，上面有一枚从基督的十字架上取下的钉子捆在矛尖上，似乎不应该是画作中的样子。但是他说，提香借鉴了丢勒的版画，将查理描绘为一名基督教战士，但同时突出表现他为罗马帝国皇帝，因此习惯随身携带长矛彰显其至高无上的权力。参见 E. Panofsky, *Problems in Titian, Mostly Iconographic*, London, 1969, pp. 84-6。

2. 这些也是勃艮第的传统代表色。

3. 参见 Frances Yates, *Astraea, the Imperial Theme in the Sixteenth Century*, London, 1975, pp. 1-28。

4. 加蒂纳拉在皇帝选举后于 1519 年 7 月 12 日写信给查理。参见 Karl Brandi, *The Emperor Charles V*, tr. C. V. Wedgwood, London, 1965, p. 112。

5. 他对直系亲属（口头和书面上）都用西班牙语，在最初的几年和他的弟弟及侄子是用法语交流的。他很有语言天赋：虽然 1517 来到西班牙时基本不会说西班牙语，但他很快就学会了，并成功地让西班牙语成了他的第二母语。
6. 潘诺夫斯基认为，提香画中的腓力通常戴着正式的领饰，坐着的时候，手里通常拿着权杖；而查理在非正式肖像中则显得更为自然。查理作为皇帝自然可以更为放松，而腓力时刻都记着自己并没有皇帝那至高无上的称号。
7. 他的初衷是将自己的陵墓建在维也纳新城的圣乔治教堂，并立起 34 位罗马“先人”的半身像，还有 100 名跟哈布斯堡家族相关的圣徒雕像及其直系先祖的雕像。这后来在因斯布鲁克得以实现，但规模缩减了不少，然而这说明了马克西米利安有多么重视圣乔治骑士团，将其看作家族血统的体现和美德的结晶。他还计划在施派尔高坛前建造一座有 12 根立柱的圆形建筑，每根柱子上面立一尊皇帝雕像，戴着巨大的皇冠。参见 Heer, *The Holy Roman Empire*, p. 144。
8. 查理死后落入法国之手。查理决心全面收复他的勃艮第领土，包括第戎。
9. 至于大象是不是真的（像雉鸡那样），我们不得而知。
10. 参见 Brandi, pp. 30-31。
11. 新骑士团的灵感来自法国国王导师梅济耶尔。
12. 见 Huizinga, p. 195。
13. 同上，pp. 196-8。
14. 这一时期还产出了托马斯 · 马洛礼爵士（Sir Thomas Malory）的史诗传奇《亚瑟王之死》(*Morte d'Arthur*)。亚瑟王和圣杯的传奇故事在整个欧洲都非常受欢迎。马克西米利安墓地的青铜守护先人之一就是亚瑟王。
15. 瓦萨里 1550 年第一次在他的作品《意大利最杰出的建筑师、画家和雕塑家传记》(*Lives of the Most Excellent Italian Architects, Painters and Sculptors*）中用到 rinascità 这个单词。儒勒 · 米什莱（Jules Michelet）在 1855 年第一次使用这个词的引申义。
16. 例如，将文艺复兴时期定义为“西方历史上的一个特殊时期，传统的中世纪世界在这一时期向新的、变革导向的社会过渡，转向多元的道德、宗教价值观”；参见 Ilan Rachum, *The Renaissance*, London, 1979, p. 458。

17. 见 J. H. Plumb, in J. H. Plumb, *The Horizon Book of the Renaissance*, New York and London, 1961, p. 7。

18. 玛丽 · 卡罗瑟斯（Mary Carruthers）在一项很重要的研究中将其描述为一种“纪念文化”：“我的观点是中世纪文化从本质上说是纪念性质的，同现代西方的文化纪录片一样有深度。这一文化当然需要技术——记忆技术和印刷技术——但它并不局限于这些技术……书籍……虽然在中世纪晚期已经流行起来，但直到许多世纪后才真正影响到记忆训练的基本价值。事实上，在中世纪那种纪念文化中，人们对书本的理解与我们今天的理解是不同的。

    “书籍（包括写下的和印出来的）不等于文本。‘文本’是人们创造‘文学’的原材料。我们认为，文本只能通过书籍体现，因而将二者混为一谈。但在纪念文化中，书籍只不过是其中一种‘帮助人们记住文本’的方法。”参见 Mary J. Carruthers, *The Book of Memory. A Study of Memory in Medieval Culture*, Cambridge, 1990。

19. 伊丽莎白 · 爱森斯坦（Elisabeth Eisenstein）对于“变革的催化剂”的说法持比较谨慎的态度，但它的优势是无法否认的，因为它最终瓦解了悠久的纪念文化模式。但旧的习惯经过了很长一段时间才消亡，在近 3 个世纪的时间里，新的印刷文化的发展都带着旧文化的痕迹。新文化的诞生也不是没有痛苦和困难的，印刷文本的发展必须适应那些不和谐的图像和符号。而且，“文本”一词本身带着一系列 20 世纪的假设。

    新的印刷技术还是沿用了手抄文本的形式。德意志的第一批印刷字体反映了手写字母的形状、标点及排列。此外，文本中的图像也尽可能遵循手抄本插图的规定，只是技术不允许图像自由地散落在文本中或周围，特别是在边缘部位，只能作为散块嵌入文本中。这些图像的功能也来自手抄本。通常，它们是“沉重”文本的轻松一刻。但更普遍的是在“暗示记忆”，或者充当文本语篇的“合唱或评论员”角色。这个过程中的图像极为重要。玛丽 · 卡罗瑟斯引用了 15 世纪末期一位法国学者对记忆技巧的评论：“最好的学习材料是那些插图书籍，不同的颜色让人记住那些不同的语句，因此可以牢固记住想学的东西。”（p. 9）但由于新印刷形式的限制，部分功能开始消失（包括颜色）。逐渐地，单色版刻画或雕版图像成了文本的焦点，通常浓缩着周围的语句所表达的含义。象征性的图像更是强有力地表达了文字的内涵。这一压缩过程使得中世纪对于版心外插入图像和文本嵌入图像的区分变得模糊，努力在这种新的格式下使用不同的表达方式。并不是所有的图像都是形象化的，早期的印刷机植入了一系列的“设备”，以使这些装饰可以被植入文本内。这些装饰并不是可有可无的，而是真正意义上不可或缺的。关于标点符号的发展，参见 M. B. Parkes, *Pause and Effect. An Introduction to the History of Punctuation in the West*, Aldershot, UK, 1992。关于页边图像，参见 Michael Camille, *Images on the Edge: The Margins of Mediaeval Art*, London, 1992；以及“Seeing and reading: some visual implications of medieval literacy and illiteracy”, *Art History*, VIII, 1985, pp. 26-49。

20. “Maior erit Hercule.”

21. 费尔南多 · 切卡 · 克雷梅德斯（Fernando Checa Cremedes）引用了阿方索 · 格雷罗（Alfonso Guerrero）鲜为人知的《荣誉殿堂》(*El Palacio De Fama*)，认为查理不但打破了地理上的界限，而且打破了时间的界限，超越了过去所有的英雄人物。参见 Fernando Checa Cremedes, *Carlos V y la Imagen del Héroe en el Renascimiento*, Madrid, 1987, p. 199。

22. 比较有名的是爱德华 · 阿姆斯特朗（Edward Armstrong）及威廉 · 罗伯森（William Robertson）。

23. 参见 M. J. Rodríguez-Salgado, *The Changing Face of Empire: Charles V, Philip II and Habsburg Authority*, Cambridge, 1988, p. 3。

24. “如果查理临终时列出自己的成就表的话……总结词肯定就两个字：徒劳。”见 Karl Burckhardt, *Gedänken über Karl V*, 引自 Otto von Habsburg, *Charles V*, tr. Michael Ross, London, 1970。

25. 参见 Janet Cox-Rearick, *Dynasty and Destiny in Medici Art: Pontormo, Leo X, and the Two Cosimos*, Princeton, NJ, 1984, p. 214。查理共享着科西莫 · 迪 · 美第奇（Cosimo di Medici）的摩羯座标志。美第奇家族认为摩羯座代表着帝王的威严，因此对其奉若神灵。查理在 1541 年进军米兰城时使用了摩羯座的意象。

26. 参见 E. Vehse, *Memoirs of the Court and Aristocracy of Austria*, tr. Franz

Demmler, 1896, vol. 1, p. 32。

27. 参见 Royall Tyler, *The Emperor Charles the Fifth*, London, 1956, pp. 30-31。泰勒指出，德 · 拉 · 马尔什的《骑士的奉献》巧妙地提出了奥地利——他未来继承的领地的一部分——曾经是一个王国。德 · 拉 · 马尔什“在古志”中发现，奥地利是由一位特洛伊王子普里阿摩斯建立的，另一个特洛伊王子帕里斯（Paris）在法国建立了与其同名的城市。他的儿子法兰西奥（Francio）为它取名“法兰西”（France）。但在他死后，帕里斯的下属选择了普里阿摩斯的儿子奥地利的马克米尔作为新的国王。然后他的儿子法拉蒙建立了法国王室。此外，奥地利的第一个纹章是五只金云雀，“同特洛伊的纹章一样”。

28. 他从 8 岁起就有一个西班牙语老师，名叫路易斯 · 德 · 瓦卡（Luis de Vaca），但显然他在这方面没有取得多大的进步。

29. 参见 Brandi, p. 88。

30. 参见 F. Braudel, *The Mediterranean and the Mediterranean World in the Age of Philip II*, tr. Sian Reynolds, London, 1973, vol. 1, pp. 361-4。

31. 跨大西洋通信一直到 1550 年都在持续增长，据统计，1550 年时有 133 艘西行船只和 82 艘东行船只。然后，这一数字突然下降，最终稳定在 60~65 艘西行船只，东行船只则更少。但船只体积越来越大，载重也越来越大。参见 J. H. Parry, *The Spanish Seaborne Empire*, London, 1966, pp. 121-3。

32. 路德主要攻击批判的是赎罪券的贩卖，这种赎罪券承诺购买者无须任何悔过就可以被赦免罪行，这在历史上还是第一次。他也不是唯一一个厌恶这种明目张胆地利用教皇特权敛财的人。赎罪券的活动最终被停止了，但在此之前路德已经将攻击的范围扩展到特权和滥用职权的问题上。可以说，路德的创新点不是教义层面的，而是利用了印刷行业，通过出版小册子将问题扩大到了传统的学术界和宗教界之外。在路德发起运动的第一年，德意志涌现出数千本相关内容的小册子，引发了关于教义和教皇权威的大讨论。毫不奇怪，路德将印刷技术形容为“上帝最高的恩典，福音传播借此蓬勃开展”。参见 Eisenstein, pp. 148-55。

33. 引自 Brandi, pp. 131-2。

34. 许多人认为是相反的情况，也有很多当时的故事说路德宗的王侯向查理提出了折中方案，都被其拒绝。他在1546年写给腓力的信中说道："你已经从我之前的信件里了解了我向新教宣战的主要原因，这是无法避免的，所以我不再谈这点了。现在我想说的是，虽然我宣战的目的如你所知是为了捍卫教义，但似乎宣称战争是为了惩罚逆贼才是上策……"引自F. Manuel Fernández Álvarez, *Charles V: Elected Emperor and Hereditary Ruler*, tr. J. A. Lalaguna, London, 1975, p. 131。但是，如果当时的教会大会包容了路德的立场，查理应该不会以教义仲裁者的姿态出现。

35. 医生、地理学家以及天文学家彼得鲁斯·阿皮亚努斯（Petrus Apianus）试图解释自然秩序的内在力量。在他的新宇宙学中，朱庇特和查理被描绘为双生形象，查理管理世界，而他的另一面朱庇特则控制着宇宙力量。这是查理退隐尤斯蒂后带在身边的为数不多的书之一。参见Marie Tanner, "Titian: The Poesie for Philip II", unpublished PhD thesis, New York University, 1976, p. 6。

36. 他发表了详细的说明，明确规定了在什么情况下用什么称号，以及皇帝的纹章如何标记。盾徽根据查理与各领地之间的不同关系也有所区分。例如，卡斯蒂利亚和阿拉贡的纹章同皇帝的个人盾徽并列，而不是出现在后者的下方。而在勃艮第，公国的纹章被纳入王冠之中。这些都不是小事，因为这些羽冠会出现在赋予文件和法令法律效力的印章上。

37. 实际上是钢做的，但是进行了精致的镀金和镀银处理。1506年他的父亲进入西班牙时，也有很多人是这样认为的。

38. 参见J. H. Elliot, *Imperial Spain*, 1469-1716, London, 1963, pp. 141-5。

39. "奥地利家族"的传统——统一家族首领下的分割继承——始于鲁道夫四世。

40. 《萨利克法典》是古法兰克人的法律，由查理曼修订和编纂。它并不像通常人们认为的那样禁止女性统治，但的确在其中有章节指出女性禁止继承土地，这一条后来被用来禁止女性获得继承权。

41. 胡安娜从母亲那里继承了卡斯蒂利亚的王冠，但伊莎贝拉的王冠本身也是从另一个女人——胡安娜·贝尔特兰尼佳（Juana 'la Beltraneja'）——那里得到的。贝尔特兰尼佳被查理关押一直到1530年去世。但贝尔特兰尼佳经常用"我，女王"这种传统形式签署她的信件和文件。

42. 参见*Orlando Furioso*, canto XV, 18, tr. Sir John Harington, 1634 edn。引自

Yates, Astraea..., p. 53。

43. 他违背了之前的协议，没有娶英格兰的玛丽公主，他的儿子腓力后来在 1554 与玛丽结婚。
44. 参见 Rodríguez-Salgado, pp. 20-24。
45. 同上。
46. 见 *London Gazette*, 1690, 2553/1；同上，1705, 4161/2。
47. 参见 Paula Sutter Fichtner, *Protestantism and Primogeniture in Early Modem Germany*, New Haven, Conn., and London, 1989。
48. 他只负责一些无关痛痒的事务，加之教皇的特许，因此“换道”还是很容易的。
49. 参见 Rodríguez-Salgado, pp. 128。
50. 同上，pp. 86-7，引用了 F. Fernández Álvarez, *Corpus Documental de Carlos V, Salamanca*, 5 vols., 1971-81, vol. 2, p. 12，查理在 1548 年 4 月 9 日写给腓力的信。这也是土耳其人的做法，年龄同性别一样重要：绝经后的女性可以比任何男人更自由地行使权力。
51. 参见 Andrew Hess, *The Forgotten Frontier. A History of the Sixteenth Century Ibero-African Frontier*, Chicago, Ill., and London, 1978。
52. 从 1510 年直到 1529 年，西班牙都占有佩农（Peñón）堡垒，它的失守使得阿尔及尔成了巴巴罗萨海盗船的基地。
53. 土耳其人于 1534 年击败了一个实力较弱的穆斯林统治者，占领了突尼斯。
54. 发表于 F. Walser, *Berichte und Studien zur Geschichte Karl's V*, pp. 167-72，引自 Fernández Álvarez, *Charles V*, p. 102。这也是查理计划进攻突尼斯的一个因素，这一港口对意大利港口是有利的，但是对于遭受阿尔及利亚海盗侵犯的西班牙商人是不利的。
55. 他的目的表面上看是要恢复被罢黜的穆斯林政权。在考虑伊斯兰教和基督教之间的对立时，我们应该记住布罗代尔的箴言：“认为在两个敌对的宗教之间存在一道密不透风的屏障是不明智的。人来人往中，国家、信仰的界限不甚明确。人们更关注的是航运和贸易的需要，战争和海盗的危害，以及共犯或背叛的可能。（见 Braudel, *The Mediterranean*, vol. 2, p. 759）。
56. 参见 W. Prescott, *History of the Reign of Charles V*, George Routledge edn, n.d.,

pp. 262-3，作者引用了当时的信息来源。

57. 参见 Braudel, p. 818。

58. 同上，p. 270。

59. 引自 Tanner, *The Last Descendant* ..., p. 113。

60. 见 Prescott, p. 264。

61. 参见同上，以及 Fernández Álvarez, *Charles V*, p. 106。

62. 参见 Joanneath Spicer, “The renaissance elbow”, in Jan Bremmer and Herman Roodenburg (eds.), *A Cultural History of Gesture*, Ithaca, NY, and London, 1991, p. 85。

63. 参见 Hugh Trevor Roper, *Princes and Artists, Patronage and Ideology at Four Habsburg Courts, 1517-1633*, London, 1976, p. 28。

64. 参见 Terzi (Franciscus Tertii), *Pictoris aulici austriacae gentis imaginum*, pt 1, 1569。根据里帕所说，壁形金冠同时意味着对世界上所有居住地的统治。

65. 参见 Jonathan Brown and J. H. Elliott, *A Palace for a King. The Buen Retiro and the Court of Philip IV*, New Haven, Conn., and London, 1980, pp. 147- 56。

66. 参见 Tanner, Titian ..., pp. 159-60。

67. 枢机主教圣克鲁斯（Santa Cruz），引自 Rodríguez-Salgado, pp. 30。

68 参见 Prescott, *History of the Reign of Charles V*, pp. 470-71。关于权力转移的相关问题，参见 Rodríguez-Salgado, pp. 126-35。

69. 见 Rodríguez-Salgado, pp. 126。

70. 参见 Geoffrey Parker, *Philip II*, Boston, Mass., 1978, p. 160。

71. 谈论历史的相似性是有风险的，但这的确呼应了皇帝弗兰茨 · 约瑟夫对其妻茜茜之死的反应。我们知道弗兰茨 · 约瑟夫有多么钦佩他伟大的先人。

72. 参见 William Stirling, *The Cloister Life of the Emperor Charles the Fifth*, London, 2nd edn, 1853, pp. 129,142。

73. 同上，pp. 217。

74. 同上，chap. Ⅸ。

75. 见 Patrimonio Real, legajo 29, fol. 12。“ Ordena y manda que su cuerpo esté y se deposita en este dicho monasterio hasta quel Rey nuestro Señor su hijo ordena donde a de ser su enteramiento.”

5. 决不妥协的血战 *A War to the Last Extremity*（1550—1660）

1. 依我个人的经验，在某些比较传统和“民间”的西班牙风俗中，尤其是在圣周期间的游行队列中，以及当地节日时基督徒和摩尔人游行中，直到现在还能见到这些服饰。
2. 这个统一阵线只破裂了一次，当时，马克西米利安的小儿子马蒂亚斯皇子上了尼德兰持不同意见的新教徒的当，公开反对他的西班牙堂兄。1576 年，为了遏制尼德兰人的反叛，在勒班陀对战土耳其人的胜者奥地利的唐 · 胡安（查理五世的私生子）曾经被任命为尼德兰的统治者。尼德兰的议会曾邀请马蒂亚斯，这个真正的哈布斯堡皇子，“大胆的查理”的嫡传后裔来做他们的统治者。他于 1577 年接受了邀请，一直到 1581 年都是他们名义上的首脑。在尼德兰广泛传播的一张匿名海报上，唐 · 胡安和他的前任雷克森斯躺在棺材里（两个人脖子上都挂着金羊毛骑士的项饰）。画面的左右两侧是两个骑在马上穿着铠甲的人物：左边是马蒂亚斯，右边是奥兰治的威廉，两个人都被描绘成了反抗西班牙暴政的尼德兰英雄。一个标有“正义”标签的人物形象正在递给马蒂亚斯一个皇冠。一个弄臣形象的人手里拿着一根顶端饰有小小的腓力二世形象的棍子，他手指着他，模仿着莱昂内那尊查理五世战胜异教徒的著名雕像的动作。这幅绘画传达了两个意思。一是尼德兰人不会攻击哈布斯堡王朝，只有他们的奴仆才会这么做：几乎所有的绘画都有阿尔瓦的暴行描绘，在这幅画中阿尔瓦也是中心人物，受到了时间和弄臣的嘲讽。而腓力本人直接受到讽刺的情况极为罕见。第二，这表示奥地利哈布斯堡王朝与反叛的尼德兰人是潜在的同盟，与他们一样拥有对国家的统治权。参见 James Tanis & Daniel Horst, *Images of Discord. A Graphic Interpretation of the Opening Decades of the Eighty Years War*，Bryn Mawr, Pa, 1993, pp. 108-9。
3. 参见 Earl Rosenthal, *The Palace of Charles V in Granada,* Princeton, NJ, 1985, p. 252。“那些有哲学头脑的廷臣们不可避免地会赋予这个圆形和方形以超自然和寓言的意义。当然，方形或矩形引起的联想意义与圆形相比范围要小一些。方形或矩形所表示的基本含义是稳定、恒久、美德，但还有第二层含义，与此世、陆地有关。圆形的象征意义包括不朽、永续、自治和完美，但大多数人进到这个圆形的院落里时，联想到的都是我们这位皇帝被赋予了统治权的地球……就查理来说，随着他的西班牙子民在全世界扩张，他统治全球的梦想似乎快要实现了。如果说这个具有廊柱的圆形院落就已经是一个大花园，那里的植物都是从他的两个帝国的各处引进而来的，那么这个圆形的院落与他要统治全球的野心也就不无关系了。如果这是真的，那么这个花园的形状就代表了他的重担，他需要回到这里放松休息。圆形代表的另外一个含义我们也不能忽略，那就是查理五世是这个圆形不可撼动的唯一中心点，是一切的参照物。”罗森塔尔（Rosenthal）援引了西塞尔·里帕（Ccsare Ripa）关于圆形和方形的寓意解读。他主要是从一个建筑师的角度出发进行解读的，尽管他的研究具有很高的水准，但是格拉纳达这座宫殿的重要性仍然没有完全解释清楚。用一个封闭的花园代表这个世界，同样适用于赫内拉利菲宫的庭院花园，这座宫殿与阿尔罕布拉（Alhambra）山上的阿拉伯和基督教的宫殿仅有几百码的距离。从这里看，外面的世界很远，从墙上的空洞可以望见周围的山和格拉纳达的湿地，但是订购的植物种植在低处，在喷泉的周围。沿着建筑的墙面有水流下。静谧的花园里回响着水的声音，查理五世的宫殿也有同样的感觉（和水的气味）。确实，整个阿尔罕布拉宫所在的地方是一个郁郁葱葱的岛屿，周边是不毛之地，建筑给人以复杂的感观体验，是光影、听觉、视觉和嗅觉的全面体验。在这座宫殿新建的花园中也应该有同样的效果。在这座宫殿里和阿尔罕布拉建筑群里工作了好几个月之后，我个人认为，在这座宫殿工作的人必定会对它的象征功能印象深刻。也因为它所在的位置被穆斯林环境所包围，它具有的象征意义就更错综复杂，有待全面解读。

4. 选择马德里不能为人所理解还有其他原因。对于勃艮第贵族约翰内斯·维茨（Johannes Wyts）来说，“马德里是迄今为止全西班牙最脏最恶心的城市，那里的街道简直就是开放的下水道（这也是街道的名字），倒在大街上的大小便遍地横流，一股难以形容的恶臭扑鼻而来。”他肯定是在夏天去的马德里。引自 A. Alvar Ezquerra, *FelipeII la Corte y Madrid en 1561*, Madrid, 1985, pp. 62-3。

5. 引自 Brown & Elliot, p. 2; Luis Cabrera de Cordoba, *Filipe Secundo, Rey de Espanay* I, Madrid, 1876, p. 298。也参见阿尔瓦·埃斯克拉（Alvar Ezquerra）

所引用的 16 世纪 80 年代的一首匿名诗，意译为："在马德里城 / 有我们伟大的国王腓力的宝座 / 是卡斯蒂利亚、阿拉贡和葡萄牙王国的宫廷 / 这里是西班牙的中心 / 在明净的天空下……他在那里制定的法律统治的世界如此广大……"（p.69）

6. 这是在基督教世界里。土耳其帝国和莫卧儿王朝那些巨大的丰碑无疑可与之媲美。

7. 也可以参见 Peter Pierson, *Philip II*，London, *1976*

8. 伊莎贝拉在蜜月期间从阿尔罕布拉宫具有异国风貌的奈斯尔宫搬了出来，住进了基督教的圣哲罗姆修道院，而她很可能就是在那里怀上了腓力。

9. 参见 Parker, *Philip II*, pp. 171-2。准确地说，他没有把斐迪南和伊莎贝拉的尸骨迁回来的原因还不清楚。成千上万件的各类圣贤的尸骨都迁回了埃斯科里亚尔修道院。可能是他尊重了伊莎贝拉的指示，她表示她和斐迪南应该长眠于格拉纳达，那个地方是他们共有的王冠上的珠宝，是基督教胜利的象征。腓力在这种事情上总是很听话，也没有什么迷信。把"双王"迁走可能意味着将格拉纳达彻底丢弃了。他们的圣殿紧紧抓住了一块还属于外国的土地，1568 年那个地方的居民发动了公开的叛乱。

10. 这座"奥地利的埃斯科里亚尔修道院"是查理六世皇帝对维也纳城外的克洛斯特新堡修道院的重建，但一直没有完工，大部分还只是建筑师心中的理想。

11. 他并没有真正上战场，只是在 25 英里之外的地方坐镇指挥。

12. 参见 Anton Capital, 'Planimetría y tradición. El Escorial como sistema de clauscros', in *IV Centenario del Monasterio de El Escorial: Ideas y Diseño (La Arquitectura),* Madrid, 1986, pp. 73-86。

13. 对于设立这些真人大小的塑像的原因和目的，人们有许多不同的说法。在圣丹尼斯（St. Denis）的法国国王的那些小教堂里也有类似的塑像，但是都没有放置在祭坛附近做祈祷状。首先，这是西班牙的特殊现象，不仅是斐迪南和伊莎贝拉一家在格拉纳达的皇家礼拜堂有类似的情况，伊莎贝拉父母在米拉弗洛雷斯（Miraflores）的教堂里也有，时间可以追溯至 15 世纪晚期。其次，这种做法成了哈布斯堡家族的传统，比如在因斯布鲁克的大教堂里，一个皇子的塑像嵌在了与祭坛有段距离的一面墙上，久久凝视着耶稣受难像。

参见 B. von Barghahn, *Age of Gold, Age of Iron*：*Renaissance Spain and Symbols of Monarchy,* New York and London, 1985, pp. 55-8, 以及 Adolf Reinle, *Das Stellvertreterbildnis,* Zurich, 1984。

14. 我们今天看到的高耸的巴洛克式万神殿是腓力三世修建的，腓力四世用“最精美的大理石和碧玉对其外表进行了装饰，并做了镀铜处理”。
15. 引自 Tanner, *The Last Descendant*... p. 167。
16. 同上，p.223。
17. 大件的东西如何处理我还没搞清楚。
18. 关于埃斯科里亚尔的文献特别多，都是关于它的建筑以及该建筑所蕴含的主题和思想等的叙述。它仿自罗马建筑，有人认为这些建筑师对位于斯普利特的戴克里先别墅一定非常熟悉。那处别墅既是皇家的宫殿，又是神殿和墓地。虽然埃斯科里亚尔修道院不是军事要塞，但是它那些高高的角楼给人的印象就像一座要塞城堡。参见 von Barghahn, pp. 50-54。
19. 参见 Capital, pp. 73-86。
20. 引自 James C. Davis (ed.)，*Pursuit of Powers: Venetian Ambassadors' Reports on Turkey, France and Spain in the Age of Philip II 1560-1600*, New York & London, 1970, pp. 83-4。
21. 可惜，腓力二世没能成为查理五世在布鲁塞尔让位于他时，在讲话中描述的那样优秀的人。
22. 引自 Parker, *Philip II*, p. 35。
23. 位于格拉纳达的这座新建筑（Real Chancillená）可追溯至腓力统治时期。
24. 参见 Parker, *Philip II*, p. 200-205。
25. 腓力的第三任妻子、瓦卢瓦的伊丽莎白过世时，腓力也深受打击。参见 Parker, *Philip II*, pp. 84-6。
26. 参见 Parker, *Philip II*, pp. 30。
27. 但并不是一直持续不断的。比如，1566 年奥斯曼帝国创始人苏莱曼去世的时候，土耳其的攻击就暂时停止了一段时间。1571 年 10 月 7 日，他的异母弟弟奥地利的唐 · 胡安在勒班陀打了胜仗，彻底摧毁了土耳其的海军势力，在那之后，争战也停止了一段时间。但是 3 年以后即 1574 年，土耳其人组织了一支新的舰队打了回来，重新占领了查理五世的“战利品”突尼斯。1578 年，尽管腓力并没有亲自参与，但是葡萄牙国王塞巴斯蒂安在阿尔卡斯尔阿尔卡比尔（Al Ksar al Kabir）的摩洛哥战役中阵亡，使得葡萄牙与西班牙帝国达成了合作。

28. 胡里奥关于摩里斯科人的重要著作指出，在这次反叛之后，阿尔皮加拉斯山区人民的生活被彻底摧毁，他对于这方面的描述堪称经典。格拉纳达地区幸存的摩里斯科人仍然按照自己的信仰在生活，尤其是 1724—1728 年之间在格拉纳达城里被有名的宗教裁判所审判的那 300 户人家，对此他也给出了总结性的观点。参见 Julio Caro Baroja, *Los Moriscos del Reinado de Granada. Ensayo de Historia Social*, Madrid, 1957，pp.258-63。

29. 例证参见 Archivo del Alhambra, A. 60 Pieza. 9. 1566。其他请参见参考书目部分。肯尼斯 · 加拉德（Kenneth Garrad）没有发表的博士论文“The Causes of the Second Rebellion of the Alpujarras”也是一个重要的参考来源，只是不能理解他的论文为什么没有成书。

30. 参见 William Stirling Maxwell, *Don John of Austria,* vol.Ⅰ, London, 1883, pp. 123-30。新教徒对于宗教裁判所运作程序的传统描述大部分都不准确。裁判所指控和审判的制度有复杂的规定，是为了保证统一的标准，避免掺杂个人的偏见。从 1561 年出版的规定修订版可以看出，宗教法庭要经过 8 个不同的审判阶段：控告，法官接受立案，收集并评估证据，法官调查，对被告进行听证，被告辩护，法官审理，判决。严刑拷打可能比许多世俗法庭用得还要少一些。但是，一旦法官决定立案了，一般就假定被告是有罪了，所有的程序就只是为了得到罪行的供认。关于宗教裁判所实际操作方面的描述，参见 R. Kagan, *Lucrecia's Dreams. Politics and Prophecy in Sixteenth Century Spain,* Berkeley, Calif., & London, 1990, pp. 136-8。

31. 参见 Andrew Hess, “The Moriscos: an Ottoman fifth column in sixteenth century Spain”, *American Historical Review,* LXXIV, October 1968, pp. 1-25。

32. 实际上，许多摩里斯科人还留在或者悄悄回到了他们原来的家。参见 Anwar O. Chejne, *Islam and the West: The Moriscos - a Cultural and Social History,* Albany, NY, 1983.

33. 他没有做到这一点。卡罗 · 巴洛哈（Caro Baroja）估计数以千计的摩里斯科人留下来了，往往是得到了他们的基督徒地主的保护。

34. 参见 Parker, *Philip II*, p. 109。

35. 笔者译自西班牙文的 *Papiers d'État de Granvelle*, t. VI, p. 421, 引自 W. H. Prescott, *Philip II*, London, n.d., p. 211。

36. 这种破坏圣像的怒火最终几乎蔓延至尼德兰全境。

37. 同上，p.275。

38. 同上，p.282。

39. 同上，p.279。引自 *Correspondance de Philippe II* , vol. 1, p. 455。

40. 引自 Geoffrey Parker, *The Army of Flanders and the Spanish Road 1567- 1659*, Cambridge, 1972, p. 132。

41. 1568 年 4 月 13 日，给腓力二世的密信，"他们捉拿了约 500 人……我已下令全部处决"，*CODOIN*, vol. 4, p. 488。

42. 见 Prescott, *Philip II*, p. 343。

43. 同上，pp. 347-87, 引自 *Correspondance de PhilippeII*, vol. 2., p. 27。

44. 1566—1567 年 75 万达克特，1570—1571 年 440 万达克特。参见 Parker, *Philip II*, p. 97。

45. 参见 David Kunzle, *The Early Comic Strip. Narrative Strips and Picture Stories in the European Broadsheet from c. 1450 to 1825*，Berkeley, Calif., and London, 1973, pp. 60-64, 438。昆泽尔谈到"这张漂亮的版画海报上的一系列可怕画面，实际上出自同时期出版的两部历史书的插图，插图都经过了放大。这两部书分别是《尼德兰的西班牙暴政》（*Spanish Tyranny in the Netherlands*）和《西印度群岛的西班牙暴政》（*Spanish Tyranny in the West Indies*）。西印度群岛的那部书的文本基于巴托洛梅 · 德 · 拉斯卡萨斯（Bartolome de Las Casas）的记述，他的记述广泛传播于西班牙的敌手中间，用法文和荷兰文不断再版。《尼德兰的西班牙暴政》是在西班牙和尼德兰之间的停战协议失效以后出版的，书中配了 20 幅大插图。图片的题目是"Verklaringe van dit Visoen ofte ghesichte /over den eyndelicken odegangh ende val van Castilien"。在鹿特丹凡 · 斯托尔克（Van Stolk）收藏品中标注为 1609 号的原件上没有其他文

字，只有《圣经》里的一句话：“你被称在天平里，显出你的亏欠。”这个文本和解释参见 Frederick Muller, *De Nederlandische Geschiednis in Platen. Beredeneerde Beschrijing van Nederlandsche Historieplaten, Zinneprenten en historische Kaarten*, Amsterdam, 1863-82。

46. 见 Martin Hume, *The Court of Philip IV. Spain in Decadence*, New York, n.d., pp. 23-4。

47. 相关问题参见 Rodrigo de Zayas, *Les Morisques et le Racisme d'État*, Paris 1992., and Louis Cardaillac, *Morisques et Chrétiens*: *un Affrontement Polémique*, Paris, 1977。

48. 引自 Parker, *Philip II*, p. 193。

49. 在这个问题上哈布斯堡王朝总体来说抱有积极的态度。他们倾向于保护犹太人，因为他们的存在能带来经济利益。斐迪南三世被指责是他们的“保护伞”，马克西米利安一世和查理都发布过命令，不许骚扰他们。鲁道夫二世继续着他父亲的亲善政策，尽管他禁止一切非天主教的信仰，但是相对来说对犹太人却很宽容，没有把他们划在禁止之列。后来的君主效仿西班牙的做法时就没有这么亲善了。1669—1670 年间，利奥波德把犹太人全部赶出了自己的国家，后来又允许他们留下，但是条件很苛刻：让他们佩戴黄色胸标，强迫他们集中居住，增加赋税。查理六世和玛丽亚·特蕾莎都执行这种政策，到约瑟夫二世的时候这些规定才被取消。

50. 参见 R. Po-Chia Hsia, *The Myth of Ritual Murder. Jews and Magic in Reformation Germany*, New Haven, Conn., and London, 1988, pp. 127-8。

51. 参见 Bernard Seeman, *The River of Life. The Story of Man's Blood from Magic to Science*, New York, 1961, p. 36.

52. 参见 Hsia, p. 145.

53. 参见 Mary Elizabeth Perry, *Gender and Disorder in Early Modern Seville*, Princeton, NJ, 1990, p. 28。

54. 1548 年，托莱多的主教，也是腓力的老师胡安·马提内兹·德·西利卡（Juan Martinez de Silica）写了第一部完整的相关法规，规定只有那些证明自己没有犹太人血统的人才能在卡斯蒂利亚的教会里任职。查理没有同意。1556 年，腓力继位以后批准了这项法规。

55. 参见 Parker, p. 101。

56. 参见 Albert Sicroff, *Encyclopaedia Judaica*, vol. 11, p. 255.

57. 值得注意的是，亨利 · 卡门（Henry Kamen）提出，血统纯正后来演变成了免于体力劳动的纯净（limpieza de oficios），这就去掉了旧说法中可能引发问题的“民主”成分。参见 Henry Kamen, *Spain in the Later Seventeenth Century, 1665-1700*，London, 1980, p. 262。

58. 也可以参见 Americo Castro, *Cervantes y los Casticismos Espanoles, 1974* (rev. edn), pp. 34-8。

59. 参见 Manuel Alvar, *Léxica del Mestizaje en Hispanoamérica*, Madrid, 1987, and Jack D. Forbes, *Africans and Native Americans. The Language of Race and the Evolution of Red-Black Peoples*, 2nd edn, Urbana, Ill., 1993。

60. 参见 William Rivers, *History of Melanesian Society*（1914）。

61. 同时代采取同样通婚模式的是处于散居中的德系犹太人。他们认为，跟“外族”通婚打断了血统的连续性，虽然一旦母系血统被中断，会产生毁灭性的破坏作用，但是与外族通婚，不论男女，都是对社会有害的行为。不过，哈布斯堡家族通行的近亲通婚却是他们不同意或完全禁止的。

62. 《利未记》第 18 章中的禁忌涉及对“骨肉之亲”的定义，而每个社会对此的理解都有很大的不同。

63. 参见 Jack Goody, *The Development of the Family and Marriage in Europe*, Cambridge, 1983, p. 176。

64. 引自 J.-L Flandrin, *Families in Former Times*, Cambridge, 1979, p. 164；也可参见 J.-L. Flandrin, *Un Temps pour Embrasser: Aux Origines de la Morale Sexuelle: VIe-XIe Siécley*, Paris, 1983。

65. 杰克 · 古迪（Jack Goody，见 63 条注释）对此做了精彩的概述，但是并没有对哈布斯堡家族做具体论述。但热拉尔 · 朗克吕（Gerard Lenclud）所写的“Marriage, transmission des biens et reproduction sociale dans la Corse traditionelle”（147—176 页），尤其是，“Famille, parenté, consanguinité”（150—152 页）反映出哈布斯堡家族的普遍态度。参见 Françoise Héretier-

Auge 及 Elisabeth Copet-Rougier, *Les Complexités de l'Alliance,* vol. 2：*Les Systémes Complexes d'Alliance Matrimoniale*, Montreux, 1991。

66. 许多社会对这些婚姻模式带来的问题都非常关注。见列维－施特劳斯的论述。他指出："我们遇到了一个恰好相反的逻辑概念：能否与母亲的兄弟的女儿或与父亲的姐妹的女儿通婚。在存在'交换通婚'的地区，我们都发现了一个逻辑观念。就是母亲兄弟的女儿和父亲姐妹的女儿是对立的类型，从阿萨姆邦（Assam）到印度尼西亚，从缅甸到西伯利亚东部都一样。苏门答腊的巴塔克人禁止与父亲姐妹的女儿通婚，他们说：'水怎么能倒流回源头呢？'另一方面，苏门答腊西部的鲁布人却认可与母亲兄弟的女儿通婚，还因此产生了一句谚语'水蛭当然要找敞开的伤口'。这也让人想起了中国一些地区认为姑表通婚是'骨血倒流'，会导致'穿骨'的危险。堂表兄弟姐妹间的通婚非常普遍，在宗教上设置禁令之前就存在着很多传统的规定。我们没必要重建那些古老的状态，即印欧社会通行的堂表兄弟姐妹间的婚姻……我们仅需要注意目前状态下的欧洲，或不远的过去，我们称之为'交换通婚'的一些结构性特点在其中有所展现。在对这类简单形式的交换的研究中，交换通婚的实用关系仍然存在。"那么这些特点都是什么呢？首先也是最重要的就是德语中对于亲属和姻亲的分类，分别称之为父系亲属和母系亲属，也称为"舞枪弄棒的亲属"和"针头线脑的亲属"。这就是我们说的印度－东方在"骨亲"和"肉亲"上的区别，"嫁出方"和"娶进方"之间的区别。参见第 28 章："The transition to complex structures"和第 29 章："The principlesof kinship"；参见 Claude Lévi-Strauss, *The Elementary Structures of Kinship*, London, 1969。

67. 这是一种同族通婚而非异族通婚的看法。当然存在着诸多压力：可能的情况是在族外找不到合适的结婚对象。但是奥地利这一脉有许多可接受的婚姻。

68. 西班牙一脉相对而言子女较少很可能是其中一个原因，但这并没有影响他们与奥地利的堂表兄弟姐妹通婚。

69. 参见 Jean-Paul Roux, *Le Sang–Mythes, Symboles, et Réalités*, Paris, 1988, p. 152。

70. 有一两个与奥地利王室结婚的人是从新教改宗过来的。

71. 有一些是第二次或第三次婚姻。育龄妇女的死亡率高得可怕。14 世纪以后哈布斯堡家族再没有任何男性死于战场上。哈布斯堡家族女性死于生产或与之相关并发症的比例超过了 70%。

72. 引自 *De iustitia et iure* (2,122, no. 4), J. Höffner, *La Ética Colonial Española del Siglo de Oro：Cristianismo y Dignidad Humana,* Madrid, 1957, p. 455。美洲帝国引起的大小问题提供了理论和实践的试验田。至少这种理论很快就被运用到欧洲的社会之中。

73. 然而，在尼德兰关于“八十年战争”主题的版画中，直接对腓力进行攻击的情况似乎比较罕见。阿尔瓦却始终是被攻击的对象，即便他已经离开尼德兰多年。在文献方面，从 1581 年奥兰治的威廉所写的《辩解书》开始，就没有这方面的限制了。这方面的简单介绍参见 Parker, *Philip II*, pp. 201-7。

74. 参见 J. Bérenger, A *History of the Habsburg Empire* 1273-1700, tr. C. A. Simpson, London, 1994, p. 214。例如，“腓力二世深受哈布斯堡家族成员优柔寡断性格的困扰，这种性格也困扰过查理五世，在维也纳这一脉的家族身上也很明显。”这个结论被紧接着的那句话又拉了回来：“不仅如此，腓力一旦决定某个政策就会毫不动摇地坚持自己的决定。因为对自己的决策能力缺乏信心，但他又太骄傲，也太囿于个人使命感而不会去征询顾问们的意见，所以他只会去跟教士商讨，而他们只会从道德和理论层面看待问题。”

75. 参见 R. J. W. Evans, “The imperial court at the time of Archimboldo” , *The Arcimboldo Effect*，London, 1987, p. 40。

76. 这就是给格里帕泽提供了最好素材的著名的“兄弟之争”。1606 年，马蒂亚斯召集所有的皇子开会，他们集体宣布鲁道夫没有执政能力，明确地表达了谋求稳定帝国统治的家族的集体意见。

77. 尤其是这本精彩的传记研究：Paula Sutter Fichtner, *Ferdinand I of Austria. The Politics of Dynasticism in the Age of the Reformation,* New York, 1982。

78. 参见 W. H. Prescott, *History of the Reign of Ferdinand and Isabella*, London, 1886, p. 701。

79. 就是说，直到出版了 R. J. W. Evans，*Rudolf II and His World* (Oxford, 1973), 以及同一位学者后来的大量研究，才迫使人们对布拉格宫廷重新进行评价。

80. 鲁道夫授予他普法尔茨伯爵的爵位。

81. 这种情感延展至整个与自然界相关的领域，尤其是在花园的设计上。在意大利那些著名的花园中，自然的物品往往会被赋予人的形态，最著名的可能是位于佛罗伦萨附近普拉提力诺（Pratelino）的那个“石头巨人”，即美第奇花园的“亚平宁山”。

82. 同上，p.167。

83. 比如，1588 年创作的《战神和维纳斯》（*Mars and Venus*），还有 1600 年前后创作的极具色情挑逗意味的《大力神和翁法勒》（*Hercules and Omphale*）。

84. 相比之下，斐迪南二世和三世都是忠于职守、全身心投入的执政者。

85. 见 John H. Elliott, “Philip IV of Spain, prisoner of ceremony”, A. G. Dickens (ed.), *The Courts of Europe: Politics, Patronage and Royalty 1400-1800,* London，1977，p.182。

86. 同上。

87. 参见 Brown and Elliott, pp. 114-15。

88. 同上，p. 114，引用 Jean Muret, in Garcia Mercadel, *Viajes de Extranjeros por Espaha y Portugal,* 2 vols., Madrid, 1952。

89. 参见 Martin Hume, *The Court of Philip IV: Spain in Decadence*, New York, n.d., pp.378-9。

90. 当然，他到达尼德兰之前，那里已经有西班牙的军队了。

91. 参见 Wandruszka, p. 11。

92. 给他们大多数都提供了很好的生活，要么提供教会职位，要么给了财产。

93. 3 个进入了教会，但是好像没费什么事就辞去圣职后结婚了。

94. 也是出于同样的原因，弗兰茨 · 约瑟夫于 1848 年登上了王位，他的批评者认为他这么做是不合法的。

95. 威基伍德（C.V.Wedgwood）认为，他的忏悔神父，尼德兰的耶稣会会士马丁 · 比肯建议他“装糊涂”，但是他知道新教极端分子会允许他废除这些妥协政策。见 p.76。这方面的概述参见 Perez Zagorin, *Ways of Lying. Dissimulation, Persecution and Conformity in Early Modern Europe*, Cambridge, Mass., and London, 1990。

96. 参见 C. V. Wedgwood, *The Thirty Years War,* London, 1938, p. 12。

97. 这不是第一次也不是最后一次捷克人把他们的统治者从窗户扔出去。当 1948 年自由捷克斯洛伐克的最后一位外交大臣扬 · 马萨里克（Jan Masaryk）从窗户“摔下去”的时候，捷克人马上就想到，天主教教士斐迪南、马丁尼茨和斯拉瓦塔从城堡区（Hradčany）宫殿的楼上被推了出去，攻击他们的人拿着锤子敲击他们的手指和指关节，直到他们从窗台上摔了下去。马萨里克可能不是被从窗户推下去的，而可能是实施了“象征性自杀”，这也是捷克的传统。

98. 引自 Robert Bireley, *Religion and Politics in the Age of the Counter- reformation. Emperor Ferdinand, William Lamormaini S.J. and the Formation of Imperial Policy*, Chapel Hill, NC, 1981, pp. 14-15。

99. 参见 Therese Schüssel, *Kultur des Barock in Österreich,*Graz, 1960, p. 24。

100. *Ferdinandi Il Romanorum Imperatoris Virtutes*,Vienna, 1638。

101. 跟美国华盛顿特区的阿灵顿公墓很相像，以前的士兵和国家公务人员都可以要求在那里长眠，而所有哈布斯堡家族的人都可以要求葬在那个皇家墓地里。

102. 参见 Stephen Orso, *Art and Death at the Spanish Habsburg Court. The Royal Exequies for Philip IV*, Columbia, Mo., 1989。

103. 这段话引自 Vehse, vol. 2, pp. 76-7，是笔者从法文翻译过来的。这是在描述利奥波德二世去世时的情形，葬礼有些地方可能比之前的那些皇帝的葬礼要更复杂一些。但是从本质上来说，葬礼仪式基本保持了自斐迪南三世以来的做法。

104. 引自 R. Kann, *A Study in Austrian Intellectual History from Late Baroque to Romanticism*, New York, 1973, pp. 74-5。

6．幸运的奥地利——幸福的国度 *Felix Austria—the Happy State* (1660—1790)

1. 一个在英国的西班牙居民报告说：“华而不实的庆典仪式内，包含了政府的秘密。”引自 Dickens, p. 165。在查理一世的统治时期，英国的财富和实力用更宏大的庆典仪式展现了出来。参见 Hart Vaughan, *Art and Magic at the Stuart Court,* London, 1994。

2. 引自当时的一位廷臣索托·阿圭勒（Soto y Aguilar）的手稿，转引自 Hume, pp. 63-4。
3. 参见 Peter Burke, *The Fabrication of Louis XIV*，New Haven and London, 1992, p. *66*。
4. 这些都由弗朗索瓦·肖沃（François Chauveau）描绘在版画当中，并收录在 1670 年出版的 *Festiva ad annulumque Decursio,* 其中的文本由查理·佩罗（Charles Perrault）撰写。
5. 即“le premier divertissement de quelque éclat”；参见 Burke，出处同上。
6. 西蒙·沙玛（Simon Schama）指出，在尼德兰，这种入城仪式已经完全被改变了。尼德兰人的皇室游行的观点可以追溯到勃艮第中世纪时代，这种形式有时会再度出现，用于欢迎来访的皇室成员，偶尔也用于向凯旋的总督随从致意。但这绝不是在向什么神秘的暴君卑躬屈膝。这类仪式本身就意味着，来访的达官贵人正式认可了本城宪章和习惯法所规定的权利与特权。于是，这座庆祝胜利的拱门的象征性含义就被巧妙地颠倒了过来……它不是表示接受了君主统治，而是代表着军队重新进入真正“文明的”社会之前必须跨越的障碍。在这个过程中，曾经靠游行来炫耀自己战利品的胜利者现在接受了强加在它的君权之上的种种条件。这个仪式受到了皇家显贵们的尊重，甚至在被占领的南部也是如此，在那里哈布斯堡王朝的总督们先后在 17 和 18 世纪采取了有策略的妥协做法，充分照顾到了布鲁塞尔、根特和安特卫普等地当地人的自尊心。约瑟夫二世皇帝对这种做法极为蔑视，视其为导致失败的历史糟粕，他试图采取压制手段进行统治，结果为自己招来了暴力反叛。参见 Simon Schama, *The Embarrassment of Riches. An Interpretation of Dutch Culture in the Golden Age*, London and New York, 1987, p. 66。
7. 见 Coxe, vol. 3, pp. 515-16。
8. 参见 John P. Spielman, *The City and the Crown. Vienna and the Imperial Court, 1600-1740*, West Lafayette，Ind.，1993, pp. 123-35。斯皮尔曼（Spielman）最近在这本书里对于驱逐犹太人的事件做了全面的解读。他指出，利奥波德的议会强烈建议他反对这次驱逐行为，首先是因为这样会使他变成言而无信的人，其次是因为经济原因。他的行事理由现在仍说不清楚。虽然他的宫廷布道人圣克拉拉的亚伯拉罕是个彻底的反犹者，对犹太人和穆斯林都很仇恨，利奥波德本人却无丝毫偏见，他与自己的“犹太大臣”塞缪尔·奥本海姆（Samuel Oppenheimer）的私人关系非常好。

9. 参见 Vehse, vol. 2, pp. 440-48。
10. 参见 Clifford Geertz：*Negara*：*The Theatre State of Nineteenth Century Bali,* Princeton, NJ, 1980; *The Interpretation of Cultures*, London, 1993。
11. 这些演出的完整节目单参见 F. Hadamowsky, *Barocktheater am Wiener Kaiserhof, 1625-1740,* Vienna, 1955, pp. 48-71。
12. 现在收藏在阿姆布拉斯宫。
13. 很多圣人使用过这个符号。
14. 参见 Burke, pp. 95-6。
15. 同上，pp. 192-3。
16. 这幅由弗朗索瓦－帕斯卡尔－西蒙·热拉尔（François-Pascal-Simon Gerard）创作的巨大画作，超过了正常人的身高（超过了 6 英尺）。画的是穿着加冕袍的拿破仑皇帝。现在作为国宝收藏在德累斯顿，编号 2518。
17. 参见 John Stoye, *The Siege of Vienna*，London, 1964, p. 65。
18. 参见 R.J.W.Evans, *The Making of the Habsburg Monarchy* 1550-1700, Oxford, 1979, p. 314。“有利奥波德王朝大量翔实的资料说明这些资源是如何得到利用的。兰贝克（Lambeck）所作的《评注》(是）个巨大的工程，要在皇帝的监督下，向学术界宣传它的宝贵财富。只有一部分得以出版（计划出版 25 部），但是已经足以说明皇帝对这些涉及希腊神学、法律、医学、哲学和历史的手稿遗产的密切关注。”对涉猎的范围，我还要再加一个词“宗谱”，因为这是利奥波德特别看重的，构成了这部《评注》第一卷的一个突出特点，可以同时参见 J. J. Fugger，*Spiegel der Ehren...*，1682。
19. 我个人对于哈布斯堡王朝如何利用图画和印刷文本为其政治服务的研究还在进行中，但初步的成果已经在 1994 年 7 月华盛顿特区举办的 SHARP 会议，以及同年 10 月在欧洲大学协会举办的“欧洲集团图像文化”会议上做了发布。我的初步结论是，哈布斯堡家族的做法很独特，而且始终坚持不懈，这在会议的相关讨论中似乎也得到了大家的肯定。
20. 参见 *Dissertio de Sacro-Sancti Romana Caesareo-Graeco Franco Germanici*

Augustissima Habsburgica Austriaco Germanica Dono iusque Regrtis ducatibus praerogativis, Don Joannes Felipe de Inazaghi, Baron de Kymburg, Freiburg im Breisgau, 1671。我使用的是在卢塞恩中心图书馆找到的版本，但是后来我又在英国和美国很多图书馆里看到了相同的版本，说明虽然它只是在为一个论点申辩，但是流传却很广泛。安娜·科雷特（Anna Coreth）在书中用两行文字提到了它，参见 Anna Coreth, *Österreichische Geschictschreibung in der Barockzeit*（*1620-1740*），Vienna, 1950, pp. 67-8。

21. 拉丁文做说明文字也同样非常恰当。我在这里已经集中说明了图画本身的象征作用，图画的象征意义连不识字的人也能明白。而拉丁文说明面向的是受过良好教育的人群，因此不存在理解的问题。使用图画，是为了让人注意到文本隐含的意义，就是没有写明的"潜台词"。因此，图画就变成了表达文本真实意图（"启发力量"）的重要形式。

22. 赫尔穆特·洛伦茨（Hellmuth Lorenz）指出，1696 年有一幅描绘"瘟疫纪念柱"的版画。那个在维也纳格拉本山谷中的纪念柱是利奥波德为了纪念瘟疫的结束而设立的，也说明了皇帝是天与地之间的中间人，是将神的恩惠普降人间的媒介。参见 Hellmuth Lorenz, "The imperial Hofburg. Theory and practice of architectural representation in baroque Vienna", C. Ingrao (ed.), *State and Society in Early Modern Austria*, West Lafayette, Ind., 1994, pp. 93-109。

23. 即"réunions"。

24. 例如，西蒙·沙玛所著《财富的尴尬》（*The Embarrassment of Riches*）就无人能及，他是通过尼德兰的艺术品来分析尼德兰社会情况的。

25. 参见 Ernst Wangermann, *The Austrian Achievement*, *1700-1800,* London, *1973*, pp. 29-30。

26. 参见 E. Crankshaw, *Maria Theresa*, London, 1969, p. 136. 同时参见 Hans Sedlmeyr, "Die politische Bedeutung des deutschen Barock", *Epochen und Werket,* II, Vienna, 1980。"自从帕勒斯特里纳在罗马建了命运女神殿以来，欧洲就再没有出现过如此充分利用地势而建的建筑。在命运女神殿的原址上，布拉曼特设计了梵蒂冈的宫廷。即便是圣日耳曼的梯田，即受到雷恩极大推崇的'空中花园'，也无法与之相比。"

27. 参见 *Fontes Rerum Austriacum,* LVII, (2) *Privatbriefe der Kaiser Leopold I und der Grafert F. E. Pötting 1662-1673*，ed. A. F. Pribram and M. Landwehr von Pragenau, Vienna, 1904, no. 336。1673 年 3 月 14 日写于申布伦。利奥波德与伯廷之间私下使用的语言使得一些人得出结论说他在语言上非常不擅长，而情况恰恰相反，他的德语、法语、西班牙语和意大利语都很流利。
28. 引自 J. H. Elliott, *Spain and Its World 1500-1700*，New Haven, Conn., and London, pp. 254-5。
29. 参见 John Nada, Carlos the Bewitched, London, 1962, p. 125, 引用 A. Legrelle, *La Mission de M. de Rébenac à Madrid et la Mort de Maria Luisa: Reine d'Espagne 1688-9*。
30. 同上，p. 140。
31. 同上，pp. 237-8。
32. 引自 Heer, *The Holy Roman Empire*，p. 226。
33. 这个小册子是基于 *Aquila insidet corportbus* 的一篇训诫。
34. 参见 Vehse, vol. 2, p. 85。
35. 参见 Charles Ingrao, *In Quest and Crisis: Emperor Joseph I and the Habsburg Monarchy*, West Lafayette, Ind., 1979。
36. 实际上查理六世很长一段时间都没有把玛丽亚 · 特蕾莎当作他的王位继承人。
37. 同上，p.90。
38. 比如，Crankshaw, p. 149。
39. 实际上玛丽亚 · 特蕾莎一直到 18 世纪 40 年代早期才学会骑马。
40. 参见 Vehse, vol. 2, pp. 123-4。
41. 规划包括查理教堂（Karlskirche）这座新的霍夫堡图书馆，曾经是利奥波德的木质剧场所在地，还有“冬季骑术学校”，即人们更熟悉的“西班牙骑术学校”。
42. 参见 Heer, *The Holy Roman Empire,* p. 236。
43. “国事诏书”（Pragmatic Sanction）就跟“印玺诏书”（bulla）一样，只是公共文件的一个分类名称。有许多实务法只是皇帝订立的公共法令，并没有得到议会的批准。只有查理的《国本诏书》才用首字母大写来表示。

44. 赫尔格特的著作从内容到方法都很少有人质疑。他以法国本笃会学者奥古斯汀·卡尔梅（Augustin Calmet）的名字在威尼斯出版了一个小册子，穆里修道院对他随便使用他们的历史记录表示不满，发表声明重申了自己的优越地位。但是除此之外，对此书（*Genealogia*）无人再提出异议。参见 A. Calmet, *Illustrissimi et reverendissimi domini, Domini Augustini Calmetii... efutatio systematis genealogici a R. P. Marquardo Herrgott ...compositi e gallico in latinum sermonem*, Venice, 174B; and Fridolin Kopp, *Vindiciae Actorum Murensium pro & contra R. D. P. Marquardum Herrgott Genealogiae Diplomaticae Augustae Gentis Habsburgicae*, n.p.1750。

赫尔格特的著作严格来说分为两卷，但是第二卷又平均分成了两个部分，所以在书架上看到的是三大卷。标题的全称是：*Genealogia Diplomatica Augustae Gentis Habsburgica*e（红字书写）*qua continentur vera Gentis huius exordia antiquitates, possessiones, praerogativae, chartis ac diplomatibus no. CMLIV, maxima parte hactantus ineditis asserta: adiectis sigillis, aliisque monumentis aere incisis, mappa item geographica et indicibus locupletissimis. Haec vero res non modo Habsburgicas universe corroborant, sed aliis etiam pluribus Illustrissimis Germaniae Nostrae Familiis*（与标题一样用红字书写）*Germaniae nostrae familiis*，*et patriae medii aevi historiae lucem foenerantur.* Tomus I-Tomi II：Pars I: *Codicem probationum exhibens, quo continentur diplomata, chartae aliaque antiquitatis monumenta ab anno Christi DCCXLIV ad annum usque MCCLXIX numero D.*Pars II: *Complectitur codices probationum, diplomata, chartas et reliqua monumenta ab anno Christi MCCLXIX ad annum MCCCCLXXXI a numero DI usque CMLIV*。

45. 见 pp.196-7。

46. 尽管处于弥留之际，但他还是指出侍从们摆放的蜡烛数目不符合他的身份地位。

47. 例证参见 Robert Pick, *Empress Maria Theresa*，*1966*，p. 53 页边，以及 Gerda and Gottfried Mraz, *Maria Theresa, lhr Leben und ihre Zeit in Bilden und Dokumenten*，Munich, 1979，p. 58。

48. 玛丽亚·特蕾莎生于 1717 年 4 月 13 日，为纪念她出生而打造的纪念章源自卡尔·舒茨（Carl Schütz）的版画，见 *Schau- und Denkmünzen welche unter den glorwürdigen Regierung der Kaiserin Königin Maria Theresia geprägt worden sind,* Vienna, 1782。

49. 是“Renascens spes orbis”的意译。

50. 见 Jean Laurent Krafft, *Histoire Générale de l'Auguste Maison d'Autriche*, Brussels，1744。

51. 童年的画面在 18 世纪期间发生了变化，但我认为即使父母跟孩子的关系没我们今天密切，这也不一定说明在之前的那些时代父母对孩子的关注比较少。关于孩子的浪漫画面在现代社会中还是主流。

52. 见 Martin van Meytens, *The Seven Children of Maria Theresa,* 1749，现存于维也纳城市历史博物馆，索引编号 61011。

53. 样品之一现存于维也纳城市历史博物馆，索引编号 78991。

54. 洛林家族更人丁兴旺，有画像为证。一幅洛林公爵的家族成员画像上画着弗朗茨·斯蒂芬的父母和 8 个兄弟姐妹，有些人早亡了。这幅由雷诺德（J. Renauld）创作的画像现存于维也纳城市历史博物馆。这是洛林的利奥波德公爵在他的两个儿子弗朗茨·斯蒂芬和查理被派遣到维也纳之前送给查理六世的礼物。原来给玛丽亚·特蕾莎许配的对象是他的长子克莱门斯，但他未成年就夭折了，于是弗朗茨·斯蒂芬顶替了他的位置。他比玛丽亚·特蕾莎年长 9 岁，后者对他一心一意。她的家庭教师富克斯女士说，1730 年圣诞节她看到了一幅他的小画像，“她盯着那幅画像看了很久，脸红了”。她的后代弗兰茨·约瑟夫一世的表现跟她一样：他拒绝了原定许配给他的那个姐姐，非妹妹巴伐利亚的茜茜不娶……关于她对弗朗茨·斯蒂芬的感情，参见 Pick, pp. 25-6。

55. 1768 年 9 月写，参见 Beales, p. 177。

56. 参见 Carol Blum, “Of women and the land”, in John Brewer and Susan Staves (eds.). *Early Modern Conceptions of Property,* London &New York, 1995, p. 163。哈里特·利沃特（Harriet Ritro）后来在写畜牧业的那本书里使用了“基因资本”一词，而这完全适用于解释哈布斯堡家族人丁兴旺的原因。

57. 引自 Heer, *The Holy Roman Empire*，p. 247。

58. 1588 年在蒂尔伯里对军队的讲话。
59. 参见他的很有见地、内容丰富的短文，“Schönbrunn, the palace which symbolises the peak of Viennese maturity” , in *Great Palaces*, London, 1964, pp. 212-22。
60. G. P. Gooch 说她是“哈布斯堡家族中最通人情的”。
61. 比尔斯引用的 J. C. 歌德的话。
62. 参见 Beales, p. 194。
63. 他印刷了科拉尔的《文选》和《评注》的新版本。
64. 同上，p. 195。
65. 《奥地利皇室家族丰碑》真的是无论从哪个方面来说都称得上“丰碑”，一套 8 卷巨著，出版时间从 1750 到 1772 年，历经 22 年。第一卷第一和第二部分，维也纳 1750 年。第二卷，布赖斯高地区弗莱堡，1752—1753 年。第三卷，布赖斯高地区弗莱堡，1760 年，第二次印刷，圣布拉辛（St Blasien），1773 年。第四卷，圣布拉辛，1772 年。卷首插图是玛丽亚 · 特蕾莎在皇家图书馆接受第一卷书的情景。
66. “当代最伟大的传记之一”，这是埃文斯对这部书的评价（参见 R. J. W. Evans, *The Making of the Habsburg Monarchy*, p. 296）。他指的是 1766—1782 年间出版的第二个版本。第一个版本比较小，而且没有第二个版本在顶部和空白处的解释性说明。原版本中所有的图画都重画了。我曾经在剑桥大学图书馆见到两套书并进行了比较。也可能其他印次出现了不同的形式。或许，让人感兴趣的并不是传记的细节问题，而是为什么要在 18 世纪 60 年代进行这项浩大的工程。
67. 见 Adam Francis Kollar, *Analecta Monumentorum omnis aevi Vindobonensia*, Vienna, 1761-2, 2 vols。
68. 费用由“皇家东方印刷所”所长兼书商 Joseph Kurzböcken 支付。
69. 参见 E. Mauerer, *Die Kunstdenkmäler des Kantons Aargau*, Bd III, *Das Kloster Königsfelden*, Basel, 1954。在圣布拉辛的重新安葬，参见 *Kunstdenkmäler des Grossherzogtums Baden,*Bd III, p. 65。
70. 引自 Beales, p. 154。

71. 同上, p. 159。
72. 同上, p. 159。
73. 同上, p. 135。
74. 见 Vehse, vol. 2, pp. 291-2。
75. 参见 D. Beales, “Was Joseph II an enlightened despot?”, Ritchie Robertson & Edward Timms, *The Austrian Enlightenment and Its Aftermath*, Edinburgh, 1991, p. 1.
76. 引自 E. Wangermann, *From Joseph II to the Jacobin Trials. Government Policy and Public Opinion in the Habsburg Domains in the Period of the French Revolution*, Oxford, 1959, p. 20。
77. 引自 Beales, “Was Joseph II an enlightened despot?”, pp. 8-9。

7. 最后的侠士 *The Last Cavalier*（1790—1916）

1. 参见 Franz Grillparzer, *Family Strife in Hapsburg, Tragedy in Five Acts*, tr. Arthur Burkhard, Yarmouth Bay, Mass., 1940。第三幕，鲁道夫对不伦瑞克公爵尤利乌斯说的话。
2. 见 Beales, *Joseph II*, p. 54。他继续说道：“在王国的统一管理，军事和民事的平衡，疆土的扩张，天主教在国家的地位，以及君主的作用等问题上，皇帝和皇后的立场显然都是针锋相对的。她觉得他的想法既不合常规又有害，总是把退位挂在嘴边……彼此都说对方自相矛盾，举棋不定，责备对方阻止了自己成就更有意义的事业。”
3. 同上，pp. 488-9。
4. 见 Ligne, *Fragment*, vol. 1, p. 183。一个更正统的版本错误地（有点无聊）提到利涅（Ligne）说约瑟夫总是在打喷嚏。引自 Beales, *Joseph II*, p. 491。
5. 参见 Walter Consuelo Langsam, *Francis the Good, the Education of an Emperor 1768—1792*, New York, 1949, pp. 17ff。
6. 同上，pp. 17。
7. 引自 Vehse, vol. 2, pp. 326-7。
8. 同上，pp. 63-4。

9. 同上，pp. 72-3。
10. 1793年2月，他命令按照以前对先皇的做法，在约瑟夫去世周年举行追思弥撒。弗朗茨写条子解释说："虽然给刚去世的先人举行周年纪念不符合常规，但我还是想要打破常规，因为我的伯父、神圣的约瑟夫二世对我来说如同父亲。"这张写给亚当·冯·施塔尔亨贝格亲王的条子引自 Langsam。在他的建议之下，他的长孙在洗礼时起名为弗兰茨·约瑟夫。
11. 参见 Saul K. Padover, *The Revolutionary Emperor: Joseph II of Austria*, New York, 1967, p. 289。
12. 引自 Langsam，p. 88。见 Wolf, *Leopold und Marie Christine*，pp. 69-70。
13. 参见 E. Wangermann, *From Joseph II to the Jacobin Trials*, p. 89。
14. 同上，p. 101，引自 Wolfsgrüber, *Franz I*, vol. 2, pp. 201-207
15. 同上，pp. 106-7。
16. 断头台首次成为适用于所有阶层、男女两性的极刑手段，提出这种做法的人是视其为一种社会进步来极力推行的。参见 Camille Naish, *Death Comes to the Maiden,* London, 1991。
17. 乔纳森·斯坦贝格（Jonathan Steinberg）在他的《昨日的震慑》（*Yesterday's Deterrent*）一书中首次将这些词用在德国的容克贵族身上。但是用于弗朗茨，这些词的效果一样，甚至更强烈些。
18. 参见 Wangermann, *From Joseph II to the Jacobin Trials*, p. 169。
19. Macartney, *The Habsburg Empire*, p. 164。
20. 参见 Douglas Yates, *Grillparzer: a Critical Introduction*, Cambridge, 1972, pp. 11-12。
21. 参见 Simon Schama, *Patriots and Liberators. Revolution in the Netherlands, 1780-1813*, London, 1977, p. 8。
22. 德语中，Bildung 具有相同的意思。
23. 参见 Langsam，p. 107, 引用 A. J. Gross-Hoffinger，*Leben, Wirken und Tod des Kaisers. Ein Charakter und Zeitgemälde ... entworfen bei Gelegenheit des Todes Franz I am I März 1835*, Stuttgart, 1835, pp. 15-16。
24. 然而，他却对跪在自己面前的请愿者说："站起来。站起来。要在神的面前下跪，而我只是一个凡人。”

25. 弗朗茨可能更喜欢“艺术”而不是“文字”。他想要禁止出版除了官方报纸以外的所有报纸，虽然是梅特涅促进了弗里德里希·施莱格尔（Friedrich Schlegel）在哈布斯堡家族的新闻事业，并支持了 1810 年“朝向最新的历史”的系列公共讲座，通过这些讲座，他在约瑟夫·霍迈尔的帮助下树立了真实的哈布斯堡帝国形象，对法国的错误刻画予以反击。参见 Edward Timms, “National memory and the ‘Austrian Idea’ from Metternich to Waldheim”, *Modern Language Review, 86*, 1991, pp. 898-1910。

26. 这种机制一直在伊朗议会中保持不变，许多传统的阿拉伯政府仍然在实行。这种比较很有意义，参见 J. C. Matejka，“Political Participation in the Arab World: the Majlis Mechanism（Middle East，North Africa）”，未出版的博士论文，得克萨斯大学奥斯汀分校，1983。

27. 参见 F. A. von Schönholz, *Traditionen zur Characteristik Österreichs, seines Staats- und Volkslebens unter Franz I*, ed. G. Gugitz, Munich, 1914, vol. 1, p. 320。

28. 关于 1836 年克拉夫特在“Kaiser Franz I erteilt eine allgemeine Audienz”中描述的情景，参见 Marianne Frodl-Schneemann, *Johann Peter Krafft, 1780-1856*, *Monographic und Verzeichnis der Gemäldey*, Vienna, 1984, p. *161*。

29. 布丽奇特·布贝尔（Brigitte Buberl）最近（1994）写到了这个画作：“海因里希·奥利维尔通过描绘这 3 位联合取得胜利的君主，来庆祝这次和平的取得，拿破仑的战败和这次维也纳大会。他把他们描绘为在哥特式教堂里身披闪亮盔甲的骑士。就像圣乔治（其形象立在他们身后的神龛里）一样，他们都是上天委以使命的基督战士。普鲁士国王的姿态（双臂伸展）构成了‘起誓’场景，让人联想到上帝见证下他们的兄弟情谊。弗朗茨皇帝那金光闪闪的形象展现了拿撒勒人画派理想化的中世纪风格，以及对统一的基督君主国梦想的赞颂。”参见 Keith Hartley (ed.). *The Romantic Spirit in German Art 1790-1990,* Edinburgh and London, 1994, p. 473。这幅画现存于德绍的安哈尔特美术馆。

30. 约瑟夫二世的确用那些无休无止的要求折磨过他的官员们，但都是一阵风似的。一旦他通过了，事情就过去了。弗朗茨天生就比较官僚，做事有条不紊，落实其意图时比较不讲情面。

31. 关于后续的情况，参见 Joachim Whaley, “Austria, ‘Germany’, and the dissolution of the Holy Roman Empire”, Ritchie Robertson 和 Edward Timms (eds.), *The Habsburg Legacy, National Identity in Historical Perspective*, Edinburgh, 1994, pp. 3-12。
32. 参见 Timms, “National memory and the ‘Austrian idea’”。
33. 引自 Timms, 同上，p. 901。
34. John Keegan, J. Keegan & A. Wheatcroft, *Who's Who in Military History*, London, 1987, p. 65。
35. 引自 Vehse, vol. 2., p. 357。
36. 他的第三任妻子卢多维卡于 1816 年去世。她生前对作家和画家都给予了积极的资助，而他的第四任妻子，巴伐利亚的卡罗琳·奥古斯塔是他 1816 年年末娶进门的，随着弗朗茨年龄越来越大，身体越来越虚弱，她逐渐代替弗朗茨进行作品的定制。
37. 参见 Claudio Magris, *Le Mythe et l'Empire dans la Littérature Autrichienne Moderne,* tr. Jean and Marie-Noëlle Pastereau, Paris, 1991, pp. 68-9。
38. 参见 André Robert, *L'idée autrichienne et les guerres de Napoléon: l'apostolat du Baron Hormayr et le Salon de Caroline Pichter*, Paris, 1933.
39. 参见 Hans Tietze (ed.), *Das Vormärzliche Wien in Wort und Bild*, Vienna, 1925, p. 17.
40. 引自 Vehse, *Court*, vol. 2., pp. 405-6。
41. 这也成了未来的皇家发音，即“正统德语”，它具有鲜明的弗兰茨·约瑟夫发音特点，带有“轻微的维也纳口音”（个人意见）。
42. 引自 Günther Duriegl, “From revolution to revolution”, R. Waissenberger (ed.), *Vienna in the Biedermeier Era, 1815-1848*, London, 1986, p. 38。
43. 卡尔·舒斯特（Carl Schuster）的《东方奴隶市场》（*Oriental Slave Market*, 1839）和卡尔·莱宝（Carl Leybold）的《纠缠不休的跳蚤》（*The Importunate Flea*, 1846）因此遭禁。而 1848 年革命期间，色情画却被用于表现对万恶旧制度的反抗，比如约翰·克里斯蒂安·舍勒（Johann Christian Schoeller）的那些画。

44. 拉斯后来转向了其他的主题。大部分“王朝艺术”都出现在约翰皇子在施蒂利亚的弗兰曾霍夫（Franzenhof）的“农庄”墙上，在拉克森堡，在他弟弟查理在魏尔堡的新古典乡村宫殿，在离维也纳不远的巴登，或者在他位于阿尔贝蒂娜的居所。参见 Roberts, pp. 409-11。

45. 这是由彼得 · 冯 · 诺比勒（Peter von Nobile）于 1815—1824 年间设计和建造的，之前的米兰建筑师不听从皇帝对于城门设计的指示，因而改由他接手。弗朗茨对于自己委托交办的事情监管得很严。

46. 例如，1831 年，亚历山大 · 克拉罗（Alexander Clarot）创作了一系列深褐色版画，其中一张表现的是观众，跟克拉夫特的作品一样，另一张表现皇帝和皇后非正式地看望正在修建运河的工人们，这条运河是为了防止霍乱的反复暴发流行而建的。这些图片参见 *Bürgersinn und Aufbegehren. Biedermeier und Vormärz in Wien 1815-48*, Vienna, 1988, pp. 70-71。

47. 芬迪（Fendi）和其他的画家把粉嫩脸蛋的贵族子弟配以粉红脸蛋的衣衫褴褛的穷孩子，在那些审查者的眼皮子底下对社会提出批评。有些审查者比较狡猾，能看出这种潜在的含义。但这些艺术家会辩称他们只是为了生动地表现孩子们的可爱。有很多这方面的例子，我想到的是《小提琴手》（*The Little Violin-Player*, 1833），或者《多米尼卡桥上卖面包圈的男孩》（*Boy Selling Pretzels on the Dominikanerbastei*, 1828）。这些画作参见 Gerbert Frodl & Klaus Albrecht Schröder (eds.), *Wiener Biedermeier: Malerei zwischen Wiener Kongress und Revolution*, Munich, 1992.

48. 对于这些问题的精彩概述，参见 Hans Bizanz, “Authentic Biedermeier painting and graphic art”, Waissenberger, pp. 161-89。

49. 这张画作参见 Tietze, p. 40。

50. 引自 Peter Paranzan, “The development of taste in home decoration”, in Waissenberger, p. 109。

51. 在维也纳城市历史博物馆。

52. 在维也纳城市历史博物馆，列在保尔（Pauer）的作品中，第 113 页，第 113 项。

53. 实际上是一个半人半马的怪物。

54. 参见 Tietze, p. 69。

55. 同上，p. 57。

56. 参见 *The Habsburg Empire, 1790-1918*，1969，pp. 147-8。诺尔曼 · 斯通（Norman Stone）用假名塞韦林 · 卡米尼夫（Severin Kameneff，“Norman Stone”的俄语）贬低了这本书，认为它是“不列颠百科全书第 900 页上的一个词条”，这让作者大为光火。这本书观点突出，思想深刻，（必须得承认）篇幅很长，很乏味。

57. Louis Eisenmann, *Le Compromis Austro-Hongrois de 1867*，Paris, 1968（1904），p. 54。

58. 实际上，他头脑敏锐，而且一直在记日记，内容条理也十分清晰。他的癫痫会短时期影响记忆，确实令他身边的人很不安。据说他的癫痫一天能发作 20 次，但这些发作绝大部分应该是从经验推测的，而不代表真正的身体状况。

59. 参见 Hans Pauer, *Kaiser Franz Joseph I. Beiträge zu Bild-Dokumentation Seines Leben*, Vienna, 1966, p. 43, item2。

60. 参见保尔书中的全表，同上，pp. 43ff, 112-14。

61. 艾伦 · 帕默（Alan Palmer，见下面的第 65 条注释）的新研究费了很大周折来纠正这个误解。

62. 在《哈布斯堡帝国：原始图片中的奥匈帝国》（*The Habsburg Empire*：*The World of the Austro-Hungarian Empire in Original Photographs*）这本书的书评中，后来他又当面指出了我的错误。

63. 约瑟夫 · 雷德利希把他传记第七章的题目定为“专制”，但是他明确说明，这是就法律和制度而言，而不是指君主的心血来潮。

64. “The Emperor Francis and the Sentry at Laxenburg”，1836. Frodl and Schröder, Pauer, p. 112。

65. 参见 Alan Palmer, *The Twilight of the Habsburgs. The Life and Times of the Emperor Francis Joseph*, London &New York, 1994, p. 16。

66. 《晚祷》，创作于 1839 年，现存于阿尔贝蒂娜博物馆。

67. 参见 Jean-Paul Bled, *Franz Joseph*，tr. Theresa Bridgeman, Oxford, 1992., p. 7。

68. 1846 年在加利西亚就出现过许多困扰。

69. 参见 Otto Ernst (ed.), *Franz Joseph as Revealed by His Letters*，tr. Agnes Blake,

London，1927, p. 130。

70. 拉德斯基将军成功地将一支杂牌军改变成了至少能够在战场上取得胜利的武装力量。关于拉德斯基对于 1848 年的军事和社会形势的清醒认识，见 Alan Sked, *The Survival of the Habsburg Empire. Radetzky, the Imperial Army and the Class War, 1848*，London，1979。
71. “In deinem Lager ist Österreich.”
72. 参见 Franz Schnürer, *Briefe Kaiser Franz Josephs an seine Mutter, 1838-1872*, Munich，1930, pp. 93-8。
73. 同上，p. 107, 1848 年 5 月 26 日。
74. 同上，p. 68ff。
75. 当然也是从直系继承人中选出来的，被认为是在危急时刻拯救哈布斯堡家族的救世主。
76. 国会图书馆的微缩胶卷，劳埃德 – 米蒂斯（Lloyd-Mitis）的收藏。
77. “Gott erhalte, Gott beschütze/Unser Kaiser, unser Land/Mächtig durch den Glaubens Stütze/Führt er uns mit weisser Hand.”
78. 引自 Adolph Schwarzenberg, *Prince Felix zu Schwarzenberg, PrimeMinister of Austria, 1848-1853*，New York, 1946, pp. 34-5, 引用 Helfert, *Geschichte Österreichs vom Ausgang des Wiener October-Aufstandes, 1848*, vol. 3, p. 333。
79. Schwarzenberg, p. 35。
80. Egon Caesar Conte Corti and Hans Sokol, *Vom Kindzum Kaiser. Kindheit und erste Jugend Kaiser Franz Josephs I und seiner Geschwiste*r, Graz, 1951, p. 332。
81. 面对之后出现的问题时也是如此，直到现在。
82. 参见 *The Habsburg Monarchy*, p. 127。
83. *Letters of the King of Hanover to Viscount Strangford*，London, 1925, pp. 169-71。
84. 引自 Macartney, *The Habsburg Empire,* London, 1971, p. 431。
85. 参见 Josef Roth, *The Radetzky Marche*，tr. Eva Tucker, London, 1974, pp. 66-7。
86. Lt-Gen. Baron von Margutti, *The Emperor Francis Joseph and His Times,* London, n.d., p. 38.
87. 这个结局被亚瑟 · 冯 · 博尔弗拉斯（Arthur von Bolfras）记在了维也纳档案

馆的文件里，但不清楚是他还是马尔古蒂跟皇帝讲了那个裁缝的事情。见 Bolfras, *Nachlasse*，维也纳档案馆。

88. Henry Wickham Steed, *Through Thirty Years. 1892-1922. A Personal Narrative*, London, 1924，vol. I.p.239。

89. 参见 Joseph Redlich, *The Emperor Francis Joseph of Austria. A Biography*, London, 1929, pp. 222-3。

90. 罗伯特·穆齐尔（Robert Musil）未完成的系列小说 *Der Mann ohne Eigenschaften* (tr. E. Wilkins and E. Kaiser, *The Man Without Qualities*, 3 vols., London, 1953-60)，1930-43, rev. edn 1952，对研究弗兰茨·约瑟夫的帝国仍然是一部重要的参考。穆齐尔 1880 年出生于克拉根福（Klagenfurt），他创作的无疑是一部虚构小说，但是这部小说也是对该帝国精确的评论，而且比许多真实的作品更精确。小说主人公乌尔里希是个没有个性的人，因为他是许多人物的集合体，是该帝国均匀化处理后的合成人。

91. 参见 Count Corti, *Elizabeth, Empress of Austria,* tr. Catherine Alison, New York, 1946, pp. 33-4。

92. 同上，pp. 29-30。

93. 同上，pp. 384-5。

94. 后来，他还在莱因泽野生园林（Lainzertiergarten）为她建了赫尔墨斯别墅。

95. 1854 年 4 月 26 日，韦斯特摩兰女士写给保利娜·尼尔（Pauline Neale）伯爵夫人的信，见 Lady Rose Weigall (ed.), *The Correspondence of Priscilla, Countess of Westmoreland*, London, 1909, p. 202。

96. 这些描述见 Ernst Trost, *Franz Joseph I,* Vienna, 1980, p. 80, 更详细描述见 Rupert Feuchtmueller & Wilhelm Mrazak, *Biedermeier in Österreich,1963*, plate 90. 这些塑像现存于奥地利实用艺术博物馆（Österreichisches Museum für angewandte Kunst）。

97. 参见 Schnürer, p.266。1857 年 5 月 19 日在旅途中写于奥芬（Ofen）的信。

98. 参见 *Rudolf, ein Leben im Schatten von Mayerling,* 1990, p. 157。这幅版画后来又于 1859 年再版，维也纳赫尔墨斯别墅存有一幅。

99. 事实上也可能是从弗兰茨·约瑟夫身上传染的性病，再加上她不愿意按照哈布斯堡家族的传统不断地生孩子，他们的关系可能因此冷淡下来。

100. Baroness Georgiana Bloomfield, *Reminiscences of Court and Diplomatic Life*, London, 1883, p. 270。

101. 关于这个协议的利弊，从它签订之日起就一直存在争论。此方面最值得一读的研究是 1904 年路易斯 · 艾森曼（Louis Eisenmann）所著的《奥匈折中方案》(*Le Compromis Austro-Hongrois*)。

102. Corti, *Elizabeth of Austria*, p. 141。

103. 茜茜遇刺身亡，世人大为震惊，50 周年庆的想法化为泡影。

104. 我没找到证据，不确定他是否真正得到了“墨西哥皇帝”的称号。

105. 参见 F. Saathen (ed.), *Anna Nahowski und Kaiser Franz Joseph: Aufzeichnungen*, Vienna, 1986。

106. Joan Haslip, *The Emperor and the Actress,* London, 1982。

107. Eisenmann, p. 155。

108. 参见 *The Prisoner of Zenda*, 1894, 以及 *Rupert of Hentzau, 1898*。

109. Musil, vol. 1, pp. 66-7。整个第八章“卡卡尼”(Kakania）都是有关内容, pp. 64-9。

110. 这段话是第二卷的导语，在第六卷提到皇储去世的事情时，又以修改后的亲笔文件形式出现于 *Die österreichisch-ungarische Monarchie in Wort und Bild; Auf Anregung und unter Mitwirkung Kronprinzett Erzherzhog Rudolf*，Druck und Verlag der kaiserlich-königlichen Hof- und Staatsdruckerei, 24 vols., 1887-1902。

111. 关于此事创作了一幅版画，在奥地利图片档案馆存有一份。

112. 一开始因为其明显的政治倾向而遭到了许多斯拉夫人尤其是捷克年轻人的联合抵制。鲁道夫却从王朝的角度认为这种抵制正说明这部作品成功了。

113. 参见 Gerbert Frodl, *Hans Makart, Monographie und Werkverzeichnis*，Salzburg, 1974。

114. 引自 Palmer, *Twilight*，p. 217。

115. 参见 Mara Reissberger, “Lebende Bilder zu einem historischen Familienfest-Kronprinz Rudolf als Erbe und Ahn”，*Rudolf, ein Leben im Schatten von Mayerling,* pp. 129-39。

116. 参见 Corti, *Elizabeth,* p. 238。

117. 参见 J. Luckacs, *Budapest, 1900,* London 1988, p. 72。

118. 弗兰茨 · 约瑟夫每年都会公开和私下里在她的忌日举行纪念活动。

119. 比 1879 年更着重于政治目的。参见 Elisabeth Grossegger, *Der Kaiser-Hüldigung-Festzug Wien 1908*，Vienna，1992。

120. *The Times,* 1908 年 6 月 13 日，引自 Geoffrey Drage, *Austria Hungary,* 1909, p.53。

121. 弗朗茨 · 斐迪南的孩子不能继承皇位，因为他的婚姻超出了 1839 年的家族章程的规定范围。但是威克姆 · 斯蒂德（Wickham Steed）说得不错，这件事也不是那么严格。他的妻子索菲 · 霍泰克（Sophie Chotek）来自古老的捷克贵族家庭，这不符合德国人"门当户对"的观点。然而，1839 年的哈布斯堡家族章程对此态度很明确。参见劳埃德 – 米蒂斯收藏品中 1839 年家族章程的微缩胶片。收藏于国会图书馆。也可参见 Steed, *The Hapsburg Monarchy,* pp. 42-9.

122. 可以比较 1881 年瓦格纳为鲁道夫的婚礼准备的装饰，所有的地方都使用了垂花装饰、科林斯圆柱、雄鹰和炫目的金色。那些图纸现存于维也纳历史博物馆，编号 96.014。克林姆特曾为宫廷剧院做了天花板的壁画装饰，所以委托他为维也纳大学大厅的天花板作壁画，当局希望看到宫廷剧院风格的壁画。所以，当人们看到他画的"令人作呕的裸体画"时感到非常震惊也就可以理解了。但是，受人尊敬的传统宫廷艺术家们已经成了"离经叛道"艺术的领头人。关于这一点，参见 *Kaiser Franz Joseph von Österreich oder der Zerfall eines Prinzips*，Vienna, 1981，以及 Carl E. Schorske, *Fin de Siècle Vienna*：*Politics and Culture,* New York, 1981, 尤其是第二和第五章。

8．奥地利的终结：真的结束了吗？*Finis Austriae: The End?*（1916—1995）

1. 这件事参见 Jasper Ridley, *Maximilian and Juarez*, New York and London, 1992, pp. 276ff。

2. 法国的养狗人现在谈到"狗的血统"时仍使用"race"一词。

3. 济塔与皇帝的会面见 G. Brook Shepherd, *The Last Habsburg*，New York, 1968,

p. 29。

4. 参见 Allan Janik and Stephen Toulmin, *Wittgenstein's Vienna*, New York, 1973, p. 267.

5. 同上，p. 266。

6. 在某些人看来，这可能是完全的后现代主义活动。

7. Musil, vol. 2, p. 73。

8. Musil, vol. 1, p. 92。

9. 参见 Schorske, p. 245

10. 参见 Peter Vergo, *Art in Vienna*，*1898-1918*，London, 1975。

11. 这个词的含义比其英文直译词"protection"（保护）要广，因为它植根于一种不同的社会制度。西班牙人管它叫"门路"（enchuffe），法国人称之为"靠山"（piston），那是一种在事业或专业上推动你前进的力量。《没有个性的人》中的乌尔里希就是个受庇护者，他被指派到一个相关委员会，筹办另一场庆典，这次是为皇帝举办在位 70 年庆典仪式。

12. 参见 Stefan Zweig, *The World of Yesterday. An Autobiography*，London, 1943, pp. 13-103。

13. Brook Shepherd, *The Last Habsburg*, p. 328。

14. 同上，p. 123, 引用 Karl Werkmann, *Deutschland als Verbündete*，Berlin, 1931。他是皇帝的新闻秘书，1918 年 11 月那些事件发生时他都在场。

15. 古老的哈布斯堡家族的传统"*fortwursteln*"，即应付过关。

16. 这座大教堂受到哈布斯堡家族格外的崇敬，对家族来说，从斐迪南二世将圣母马利亚奉为自己的最高精神领袖起，它就一直是帝国的属灵中心。根据《你好》（*Hello*）杂志的采访报道，它对新娘的家族来说也是意义重大。

17. 《你好》杂志，1993 年 2 月 13 日，pp. 4-18。

18. 感谢加利 · 施瓦茨（Gary Schwartz）在荷兰的电视上看到这个采访后告诉了我。

19. 在她对穆齐尔的研究中，汉娜 · 希克曼（Hannah Hickman）提出把（可能是不可译的）"Seinesgleichen geschieht"翻译成"历史不断再现"或者"日光之下没有新鲜事"会更好。给第 83 章定题目的时候，穆齐尔还加了一句："人为什么不编造历史呢？"参见 Hannah Hickman, *Robert Musil and the*

Culture of Vienna, London, 1984, pp. 144-5。1995 年出版了质量更好的《没有个性的人》译本，但是出版得太晚了，本书没能用上。

20. 例如，杰奎琳 · 肯尼迪（Jacqueline Kennedy）在她丈夫的葬礼结束后举行了记者招待会。她宣布："我认为我们不应该忘记肯尼迪总统……是要忘掉（他当过总统）还是想办法不要忘掉？（也许像大学期间就充满了理想的肯尼迪一样，有些年轻人的心里已经种下了种子。）那样就会出现像肯尼迪总统一样的人。而正是这样的人才是将要拯救世界的人。"引自此次记者招待会的文本，见 1995 年 3 月 16 日英国四频道播出的节目《杰姬鲜为人知的生活》（*Jackie–Secret Lives*）。非常感谢卫安妮（Anneyce Wheatcroft）回忆起这段话并帮我找到了它。

专有名词对照表

A

A Vision of the Fall of Castile	《卡斯蒂利亚覆灭的景象》
Aachen	亚琛
Aare	阿勒河
Aargau	阿尔高地区（瑞士）
Aben Farax	亚本 · 法拉克斯
Abraham a Sancta Clara	圣克拉拉的亚伯拉罕
Acis and Galatea	《阿西斯与加拉蒂亚》
Adam Wandruszka	亚当 · 万德鲁兹卡
Adolf of Nassau	拿骚的阿道夫
Adoration of the Shepherds	《牧羊人的敬拜》
Aeneas Sylvius Piccolomini	埃涅阿斯 · 西尔维厄斯 · 皮科洛米尼（后来的教皇庇护二世）

Agnolo di Tura	阿尼奥洛 · 迪 · 图拉
Alan Palmer	艾伦 · 帕默
Albert	阿尔布雷希特
Albert the Lame	跛子阿尔布雷希特
Albert Ⅵ	阿尔布雷希特六世
Alcazaba	阿尔卡萨瓦城堡
Alexander Ⅴ	亚历山大五世
Algiers	阿尔及尔
Alhambra	阿尔罕布拉
Allan Janik	艾伦 · 詹尼克
Alonso de Santa Cruz	阿朗索 · 德 · 圣克鲁斯
Alpujarras	阿尔皮加拉斯山脉
Alsace	阿尔萨斯
Altdorfer	阿尔特多费
Alva	阿尔瓦
Amalia of Hanover	汉诺威的阿玛利娅（约瑟夫一世之妻）
Andrea Doria	安德烈 · 多里亚（元帅）
Andreas Hofer	安德烈亚斯 · 霍费尔
Angelo Grimaldi	安吉洛 · 格里马尔迪
Anna Nahowski	安娜 · 那霍斯基
Anne Jagellon	安妮 · 雅盖隆
Anne of Hungary	匈牙利的安妮
Anne Plöchl	安妮 · 普洛克
Antony du Port	安东尼 · 杜 · 旁德
Argonauts	阿尔戈英雄
Arnold de Winkelried	阿诺德 · 德 · 温克里德
Ascension Day	耶稣升天节

Augsburg	奥格斯堡
Austria	奥地利
Austrian Glory	《奥地利的荣耀》
Austrian Plutarch	《奥地利历史》
Austro-Hungarian Empire	奥匈帝国
Aviad Rabin	艾维尔德 · 拉宾
Avignon	阿维尼翁

B

Babenberg dynasty	巴本贝格王朝
Bácska	巴奇卡
Balthasar Carlos	巴尔塔萨 · 卡洛斯
Baron von Margutti	冯 · 马尔古蒂男爵
Baron Salm	萨尔姆男爵
Bartholomeus Spranger	巴托罗美奥 · 斯普朗格
Basel	巴塞尔（瑞士）
Battle of Anthon	安东战役
Battle of Courtrai	科特赖克战役
Battle of Crécy	克雷西战役
Battle of Mohács	莫哈奇战役
Battle of Mühlberg	米尔贝格战役
Battle of Nördlingen	诺德林根战役
Battle of Pavia	帕维亚战役
Battle of Rocroi	罗克鲁瓦战役
Battle of Roncesvalles	龙塞斯瓦列斯战役
Battle of St Gothard	圣哥达战役
Battle of Tours	图尔战役

Battle of Zenta	森塔战役
Bavaria	巴伐利亚
Bellona	《女战神柏洛娜》
Benedict XIII	本笃十三世
Bernard Striegel	贝尔纳德·施特里盖尔
Bernard van Orley	伯纳德·凡·奥利
Bethlen Gabor	贝特朗·伽柏
Bianca Sforza	比安卡·斯福尔扎
Bishop of Seccau	塞考主教
Bishopric of Mainz	美因茨大主教
Bishopric of Worms	沃尔姆斯大主教
Bishop of Strasbourg	斯特拉斯堡主教
Black Death	黑死病
Bloomfield	布卢姆菲尔德
Bohemia	波希米亚
Bologna	博洛尼亚
Boniface VIII	卜尼法斯八世
Boniface XI	卜尼法斯十一世
Bosch	博施
Breughel	勃鲁盖尔
Brugg	布鲁格（瑞士）
Brunswick	不伦瑞克
Buen Retiro	布恩雷蒂罗宫
Burgrave of Nuremberg	纽伦堡城主
Burnacini	伯纳希尼

C

Cabrera de Cordoba	卡布雷拉 · 德 · 科尔多瓦
Cadiar	卡迪亚尔（西班牙）
Canossa	卡诺萨
Carl Russ	卡尔 · 拉斯
Carlos Ⅱ	卡洛斯二世（西班牙国王）
Castle Hill	城堡山
Cellini	切利尼
Charlemagne	查理曼
Charles Ⅰ	查理一世（英格兰国王）
Charles Ⅲ	查理三世（西班牙国王）
Charles Ⅳ	查理四世（波希米亚国王）
Charles Ⅴ	查理五世（皇帝）
Charles Ⅵ	查理六世（法国国王）
Charles Ⅷ	查理八世（法国国王）
Charles Ingrao	查尔斯 · 英格劳
Charles of Burgundy	勃艮第的查理
Charles the Bald	大胆的查理
Charlotte M. Yonge	夏洛特 · 玛丽 · 荣格
Château Gaillard	盖拉德城堡
Christopher	克里斯托弗（腓特烈三世之子）
Clasius	克劳修斯
Claude Lévi-Strauss	克洛德 · 列维 - 斯特劳斯
Claudia Felicitas	克劳迪娅 · 费莉西塔斯（利奥波德一世之妻）
Claudio Magris	克劳迪奥 · 马格利斯
Clement Ⅶ	克雷芒七世
Clifford Geertz	克利福德 · 格尔茨

Clovis	克洛维斯（法国国王）
Collorado	克洛拉多（伯爵）
Colmar	科尔马
Conde-Duque de Olivares	德·奥利瓦雷斯伯爵－公爵
Constance	康士坦茨
Constantinople	君士坦丁堡
Corpus Christi	圣体节
Coucy-le Château	库西城堡
Count of Kyburg	基尔堡伯爵
Count of Luxemburg	卢森堡伯爵
Count of Nevers	讷韦尔伯爵
Count of Zürichgau	苏黎世伯爵
Count Palatine	普法尔茨伯爵
Count Pappenheim	帕彭海姆伯爵
Coxe	考克斯
Cunegunde	库尼贡德（腓特烈三世之女）
Cymberga of Masovia	马佐维亚的西姆博加

D

Daniel Gran	丹尼尔·格兰
De Monarchia	《论世界帝国》
Diocletian	戴克里先（罗马皇帝）
Doedens	德登斯
Don John of Austria	奥地利的唐·胡安
Don Juan	唐·胡安（西班牙亲王）
Don Juan Felipe de Inazaghi	唐·胡安·费利佩·德·因扎吉
Dr. Vehse	维斯博士

Duc le Richelieu	黎塞留公爵
Duchy of Swabia	斯瓦比亚公国
Duke of Medina Sidonia	梅迪纳 · 西多尼亚公爵
Duke of Reichstadt	赖希施塔特公爵
Dürer	丢勒

E

Edward Ⅰ	爱德华一世（英国国王）
Edward Crankshaw	爱德华 · 克兰克肖
Edward Gibbon	爱德华 · 吉本
Ehrenspiegel	《荣耀镜像》
Ein Bruderzwist in Habsburg	《哈布斯堡的家庭冲突》
El Escorial	埃斯科里亚尔
El Greco	埃尔格列柯
Eleanor	埃莉诺（查理五世之姐）
Elector	选帝侯
Enguerrand de Courcy，Count of Soissons	昂盖朗 · 德 · 库西（苏瓦松伯爵）
Erasmus	伊拉斯谟
Ernest	埃内斯特（绰号“铁人”）
Ernst Wangermann	厄恩斯特 · 罔格曼
Erwin Panofsky	埃尔文 · 帕诺夫斯基

F

Ferdinand Ⅰ	斐迪南一世（皇帝）
Ferdinand Ⅱ	斐迪南二世（皇帝）
Ferdinand Ⅲ	斐迪南三世（皇帝）
Fernand Braudel	费尔南 · 布罗代尔

Ferrara	费拉拉
Fischer von Erlach the Elder	老费希尔 · 凡 · 埃尔拉赫
Flanders	佛兰德斯
Fleury	弗勒里（枢机主教）
Francis Ⅰ	弗朗茨一世（神圣罗马帝国皇帝）
Francesco Sbarra	弗朗西斯科 · 斯巴拉
Francisco Terzi	弗朗西斯科 · 泰尔齐
Franz Grillparzer	弗朗茨 · 格里帕泽
Franz Joseph	弗兰茨 · 约瑟夫（皇帝）
Franz von Lisola	弗朗茨 · 冯 · 利索拉
Fray Francisco de los Santos	弗莱 · 弗朗西斯科 · 德洛斯 · 桑托斯
Frederick Ⅰ	腓特烈一世（绰号“红胡子”，皇帝）
Frederick Ⅱ	腓特烈二世,（绰号“世界奇迹”，皇帝）
Frederick Ⅲ	腓特烈三世（皇帝，施蒂利亚公爵）
Frederick	腓特烈（普法尔茨选帝侯）
Frederick Barbarossa	红胡子腓特烈
Frederick the Fat	大胖子腓特烈
Freydal	《骑士决斗》
Friedrich Heer	弗里德里希 · 希尔
Friedrich von Amerling	弗里德里希 · 冯 · 阿默林
Froissart	富洛伊沙

G

Genealogia Diplomatica Augustae Gentis Habsburgicae	《哈布斯堡皇族外交史》
George of Podiebrad	波蒂布拉德的乔治
Gerard van Horst	杰拉德 · 凡 · 霍斯特
Gerhard Benecke	格哈德 · 贝内克

Germaine de Foix	杰曼 · 德 · 富瓦（意为“富瓦的杰曼”）
German Order	德意志骑士团
Gessler	盖斯勒（奥地利执行官）
Giovanni Botero	乔瓦尼 · 博泰罗
Giovanni Burnacci	乔瓦尼 · 布恩纳西
Gisela	吉塞拉（弗兰茨 · 约瑟夫之女）
Gloria	《荣耀》
Godfrey of Bouillon	布永的戈弗雷
Godfried of Viterbo	维泰博的霍德弗里德
Gödöllö	格德勒（匈牙利）
Goethe	歌德
Golden Bull	《金玺诏书》
Gómez Dávila	戈麦斯 · 达维拉
Gordon Brook Shepherd	戈登 · 布鲁克 · 谢泼德
Gottfried Bernhard Göz	戈特弗里德 · 伯恩哈德 · 格兹
Gottfried Wilhelm Leibniz	戈特弗里德 · 威廉 · 莱布尼茨
Göttweig	格特维克
Graf Pötting	格拉夫 · 伯廷
Granada	格拉纳达
Graz	格拉茨
Gregory Ⅶ	格里高利七世（教皇）
Gregory Ⅹ	格里高利十世（教皇）
Gregory Ⅺ	格里高利十一世（教皇）
Gregory Ⅻ	格里高利十二世（教皇）
Grünpeck	葛伦佩克
Gustav Klimt	古斯塔夫 · 克林姆特

H

Habichtsburg，Castle of the Hawk	哈比茨堡，鹰堡
Habsberc	哈布斯伯克家族
Habsburg	哈布斯堡家族
Habsburg dynasty	哈布斯堡王朝
Handbook of a National History	《国家历史手册》
Hans Burgkmaier	汉斯 · 布克迈尔
Harrach	哈拉什（伯爵）
Haynau	海瑙
Heinrich Jelline	海因里希 · 杰林
Heinrich von Angeli	海因里希 · 冯 · 安格利
Heinrich von Thyssen-Bornemizza	海因里希 · 凡 · 提森 – 博内米撒
Heitzing	海特辛宫
Henry Ⅳ	亨利四世（皇帝）
Histoire Générale de l'Auguste Maison d'Autriche	《奥地利皇室家族通史》
History of the Peloponnesian War	《伯罗奔尼撒战争史》
History of the Swiss Confederation	《瑞士邦联的历史》
Hofburg Palace	霍夫堡宫殿（维也纳）
Hoffstätter	霍夫斯达特
Hohenstaufen dynasty	霍亨斯陶芬王朝
Holy Lance	圣矛
Holy Roman Empire	神圣罗马帝国
Huber	胡贝尔（德意志版画家）
Hungary	匈牙利
Hyacinthe Rigaud	亚森特 · 里戈

I

Il pomo d'oro	《金苹果》
Imperial Diet	帝国会议
Innocent Ⅲ	英诺森三世（教皇）
Innsbruck	因斯布鲁克

J

Jack Goody	杰克 · 古迪
Jacob Fugger	雅各布 · 富格尔
James Ⅰ	詹姆士一世（英格兰国王）
Jan Cornelisz Vermeyen	扬 · 科内利斯 · 维米恩
Jan Huizinga	扬 · 赫伊津哈
Jan Hus	扬 · 胡斯
Janus	雅努斯（罗马神）
Johann Peter Krafft	约翰 · 彼得 · 克拉夫特
Johannes Gutenberg	约翰内斯 · 谷登堡
Johannes Stabius	约翰内斯 · 思达比斯
Johannes von Müller	约翰内斯 · 冯 · 穆勒
John XXⅢ	若望二十三世（教皇）
John Osborne	约翰 · 奥斯本
John Sobieski	约翰 · 索别斯基（波兰国王）
John the Baptist	施洗约翰
John the Parricide	弑亲者约翰
Josef Roth	约瑟夫 · 罗特
Josef Urban	约瑟夫 · 乌尔班
Joseph Ⅰ	约瑟夫一世（皇帝）
Joseph Ⅱ	约瑟夫二世（皇帝）
Joseph Hormayr	约瑟夫 · 霍迈尔

Joseph Mennel	约瑟夫 · 门内
Joseph Redlich	约瑟夫 · 雷德利希
Joseph Trattner	约瑟夫 · 特拉特纳
Juan Bautista	胡安 · 鲍蒂斯塔
Juana of Castile	卡斯蒂利亚的胡安娜
Julius Caesar	尤利乌斯 · 恺撒
Julius Ⅲ	尤利乌斯三世（教皇）

K

Kahlenberg	卡伦山
Kakania	卡卡尼
Karl Brandi	卡尔 · 布兰迪
Karl Ludwig	卡尔 · 路德维格（大公）
Kärntnertor	科恩特纳托尔
Kaspar Enenkel	卡斯帕 · 埃嫩克尔
Keith Thomas	基斯 · 托马斯
Khevenhüller	克芬许勒（伯爵）
Khuen Hédervary	库恩 · 海德瓦里（伯爵）
Klosterneuburg	克洛斯特新堡（维也纳）
Knights Hospitaller	善堂骑士团
König Ottokars Glück und Ende	《奥托卡国王的幸福和结局》
Königsfelden	科尼希斯费尔登（瑞士）
Königsfelden Cronik	《科尼希斯费尔登编年史》
Kyrie eleison	《求怜经》

L

La Tizón de la Nobleza	《贵族的霉变》

Ladislaus	拉斯洛
Lajos	拉约什（波希米亚王子）
Laventthal	拉文萨尔（奥地利）
Laxenburg	拉克森堡（奥地利）
Le chevalier délibéré	《骑士的奉献》
Leonhard Beck	莱昂哈德 · 贝克
Leonora of Portugal	葡萄牙的利奥诺拉
Leopold Ⅰ	利奥波德一世（皇帝）
Leopold Ⅱ	利奥波德二世（皇帝）
Leopold Ⅲ	利奥波德三世（奥地利大公）
Leopold Fertbauer	利奥波德 · 富特波尔
Leopold the Good	好人利奥波德
Libro Verde	《绿皮书》
Life	《生平》
Limmat	利马特河
Limpieza de Sangre	《血统净化法》
Linz	林茨
Lobkowitz	洛布科维茨（伯爵）
Lotharingia	洛泰尔尼亚（王国）
Louis Ⅻ	路易十二（法国国王）
Louis Margrave	路易斯 · 马格雷夫
Louis of Anjou	安茹的路易（匈牙利国王）
Ludwig Victor	路德维格 · 维克多（大公）
Luis de Molina	路易斯 · 德 · 莫利纳
Luis de Sigüenza	路易斯 · 德 · 西格恩萨

M

Malines	梅赫伦
Marc Antonio Cesti	马尔科 · 安东尼奥 · 切斯第
Margaret	玛格丽特
Margareta Maria Theresa	玛格丽塔 · 玛丽亚 · 特蕾莎（利奥波德一世之妻）
Maria Anna of Austria	奥地利的玛丽亚 · 安娜
Maria Elizabeth	玛丽亚 · 伊丽莎白（查理六世之妹）
Maria Luisa	玛丽亚 · 路易莎（利奥波德二世之妻）
Marie Antoinette	玛丽 · 安托瓦内特（法国王后）
Marie Christine	玛丽 · 克里斯汀（女大公）
Marie Valerie	玛丽 · 瓦莱丽（弗兰茨 · 约瑟夫之女）
Markus Treitzsauerwein	马库斯 · 特赖茨索尔温
Marquard Herrgott	马尔科德 · 赫尔格特
Marques del Vasto	马克斯 · 德尔 · 瓦斯托
Marsilius of Padua	帕多瓦的马西利乌斯
Marteoli	马特奥利
Martin Luther	马丁 · 路德
Martin Ⅴ	马丁五世
Martin van Heemskerck	马丁 · 凡 · 海姆斯凯克
Martin van Meytens	马丁 · 凡 · 梅滕斯
Mary of Burgundy	勃艮第的玛丽
Matthias	马蒂亚斯
Matthias Hunyadi	马加什 · 匈雅提（考文纽斯）
Maximilian Ⅰ	马克西米利安一世（皇帝）
Maximilian Ⅱ	马克西米利安二世（皇帝）
Maximilian	马克西米利安
Mayerling	梅耶林

Melchior Pfinzing	梅尔基奥 · 普芬京
Melilla	梅利利亚（阿尔及利亚）
Mercurino Gattinara	默库里诺 · 加蒂纳拉（查理五世的顾问大臣）
Merovingians	梅罗文加王朝
Mers el Kebir	米尔斯克比（又译：凯比尔港）
Messina	墨西拿港
Metternich	梅特涅（亲王）
Michael Clanchy	迈克尔 · 克兰奇
Michael Servetus	迈克尔 · 塞尔维特
Michele Suriano	米歇尔 · 苏利安奴
Mojadas	摩哈达斯（西班牙）
Montaigne	蒙田
Monumenta Augustae Domus Austriacae	《奥地利皇室家族丰碑》
Mülhausen	米卢斯

N

Napoleon Bonaparte	拿破仑 · 波拿巴
Nero	尼禄（罗马皇帝）
Neusiedel Lake	新锡德尔湖
Nicholas V	尼古拉五世（教皇）
Noble Deeds of the Habsburgs	《哈布斯堡家族的高贵事迹》

O

Odobert	奥多贝尔
Olmütz	奥洛穆茨镇
Oran	奥兰
Order of the Garter	嘉德骑士团

Order of the Golden Fleece	金羊毛骑士团
Order of St George	圣乔治骑士团
Order of St John	圣约翰骑士团
Orlando Furioso	《疯狂的奥兰多》(阿里奥斯托著)
Osma	奥斯马河
Otto	奥托(皇帝)
Otto the Great	奥托大帝
Otto Wagner	奥托 · 瓦格纳
Ottokar Przemysl	奥托卡 · 普热米斯尔(波希米亚国王)
Ottoman Empire	奥斯曼帝国
Oudenarde	奥登纳德

P

Pacicicelli	帕西西瑟里
Padua	帕多瓦
Palencia	帕伦西亚
Paolo Tiepolo	保罗 · 蒂耶波洛
Paraphrases of the Gospel of St Matthew	《马太福音释义》
Paul Ⅱ	保禄二世(教皇)
Paul Veyne	保罗 · 贝内
Peace of Cambrai	《康布雷和约》
Peace of Westphalia	《威斯特伐利亚和约》
Pergen	泼艮(伯爵)
Peter Burke	彼得 · 伯克
Peter Fendi	彼得 · 芬迪
Peter Lambecius	彼得 · 兰贝修斯
Peter Paul Rubens	彼得 · 保罗 · 鲁本斯

Philip Ⅱ	腓力二世（西班牙国王）
Philip Ⅱ，Philip Augustus	腓力二世，腓力·奥古斯都（法国国王）
Philip Ⅲ	腓力三世（西班牙国王）
Philip Ⅳ	腓力四世（西班牙国王）
Philip the Fair	美男子腓力（法国国王）
Philip the Good	好人腓力（勃艮第公爵）
Philip van Artevalde	腓力·冯·阿特威尔德
Philipp Otto Runge	菲利普·奥托·朗格
Philippina Welser	菲丽琶娜·韦尔泽
Pignatelli-Belriguardo	皮尼亚泰利－贝尔里加多
Pompeio Leone	庞贝奥·莱昂内
Pope Hadrian Ⅰ	教皇阿德里安一世
Pope Pius Ⅱ	教皇庇护二世
Portocarrero	波托卡雷罗（枢机主教）
Privilegium maius	《大特权》
Privilegium minus	《小特权》

R

Radbot	拉德波特（伯爵）
Radetzky	拉德斯基
Rauscher	劳舍尔（大主教）
Redl	里德尔
Reformatio Sigismundi	《西吉斯蒙德改革》
Reuss	罗伊斯河
Reveries	《梦想》
Richard Ⅰ	理查一世（英格兰国王）
Richard of Cornwall	康沃尔的理查（罗马人民的国王）

Rilke	里尔克
Robert Musil	罗伯特 · 穆齐尔
Roberta Gilchrist	罗伯塔 · 克里斯特
Roland	罗兰
Rudolf Ⅰ	鲁道夫一世
Rudolf Ⅱ	鲁道夫二世
Rudolf Ⅳ	鲁道夫四世
Rudolf Franz Carl Joseph	鲁道夫 · 弗朗茨 · 卡尔 · 约瑟夫（奥地利皇太子）

S

Sacrosancta	《圣礼仪》
Saint Elizabeth of Thuringia	图林根的圣伊丽莎白
Salic Law	《萨利克法典》
Sarajevo	萨拉热窝
Schaufflin	绍夫林（德意志版画家）
Schönbrunn Palace	美泉宫（维也纳）
Schwarzenberg	施瓦岑贝格
Sebastian	塞巴斯蒂安（葡萄牙国王）
Segovia	塞哥维亚
Sempach	森帕赫（瑞士）
Sienna	锡耶纳
Sigismund	西吉斯蒙德
Sir Charles Oman	查理 · 欧曼爵士
Speculum regium	《政权镜像》
Speyer	施派尔
St Arnulf	圣阿努尔夫
St Carlo Borromeo	圣卡洛 · 博罗梅奥

St Catherine	圣凯瑟琳
St Francis	圣方济各
St John Nepomuk	圣约翰 · 内波穆克
St Lorenzo del Escorial	圣洛伦佐 · 德 · 埃斯科里亚尔
Stanhope	斯坦霍普
Stein	斯坦
Stephen Orso	斯蒂芬 · 奥索
Stephen Toulmin	斯蒂芬 · 图尔敏
Steven Ozment	史蒂文 · 奥兹门特
Suleiman the Magnificent	苏莱曼大帝
Sultan Bayazid	苏丹巴耶塞特

T

Talleyrand	塔列朗
Tangier	丹吉尔
Tavera	塔维拉（枢机主教）
The Austrian Mind	《奥地利人的精神》
The Holy Alliance，1815	《神圣同盟，1815》
The House of Habsburg	《哈布斯堡家族》（万德鲁兹卡）
The Man Without Qualities	《没有个性的人》
The Radetzky March	《拉德斯基进行曲》
Theodore Roosevelt	西奥多 · 罗斯福
Theuerdank	《珍贵的恩赐》
Thomas Kuhn	托马斯 · 库恩
Tilly	蒂利
Titian	提香（意大利著名画家）
Trajan's column	图拉真柱（罗马）

Treaty of Madrid	《马德里条约》
Trier	特里尔
Triumph of Wisdom	《智慧的胜利》
Triumphal Arch	凯旋（拱）门
Triumphal Procession	凯旋游行
Tuscany	托斯卡纳
Tyrol	蒂罗尔

U

Ulric of Arburg	阿博格的乌尔里克
Ulrich Ricenthal	乌尔里希 · 理森陶
Unam Sanctam	《一圣教谕》（教皇诏书）
Urban Ⅳ	乌尔班四世（教皇）
Urban Ⅵ	乌尔班六世（教皇）

V

Valladolid	巴利亚多利德
Velazquez	委拉斯开兹
Veni, creator spiritus	《求造物主圣神降临》
Ver Sacrum	《圣春》
Vindonissa	温多尼萨
Virtues	《美德》
Visconti family	维斯孔蒂家族

W

W. H. Riehl	里尔
Weisskunig	《白色的国王》

Wenceslaus	文西斯劳斯
Wenzel Seiler	文策尔 · 塞勒
Werner	维尔纳（斯特拉斯堡主教）
Wernher of Mainz	美因茨的韦恩赫尔
Westmoreland	韦斯特摩兰（女伯爵）
Wetzlar	韦茨拉尔镇
Wiener Neustadt	维也纳新城
William Lamormaini	威廉 · 拉莫马尼
William M. Johnston	威廉 · 约翰斯顿
William of Chièvres	谢夫尔的威廉
William Tell	威廉 · 退尔
Windischgrätz	温迪施格雷茨
Winterhalter	温特哈尔特
Wolzagan	沃尔扎艮
Wülpisberg	乌尔皮斯伯格山脉
Würzburg	维尔茨堡

Y

Yuste	尤斯蒂（西班牙）

Z

Znaim	茨纳伊姆（摩拉维亚）